KB134717

NAVER 검색창에 권혁중 🔍

저자 유튜브 무료 강의

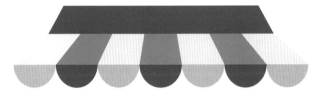

누구나 따라하는

쇼핑몰

창업&마케팅

성공하는 인터넷 쇼핑몰 도전하기

| 권혁중 저 |

여의도정보맨 집필 ▶

- 개정판 -
최신 관련법, 트랜드 반영

PUBLICATION INDUSTRY PROMOTION AGENCY OF KOREA
2019 세종 도서
교양부문

DIGITAL BOOKS
디지털북스

누구나 따라하는 쇼핑몰 창업&마케팅

성공하는 인터넷 쇼핑몰 도전하기

| 만든 사람들 |
기획 IT·CG기획부 | **진행** 양종엽 | **집필** 권혁중 |
표지디자인 원은영 · D.J.I books design studio | **편집디자인** 이기숙 · 디자인숲

| 책 내용 문의 |
도서 내용에 대해 궁금한 사항이 있으시면
저자의 홈페이지나 디지털북스 홈페이지의 게시판을 통해서 해결하실 수 있습니다.
디지털북스 홈페이지 digitalbooks.co.kr
디지털북스 페이스북 facebook.com/ithinkbook
디지털북스 인스타그램 instagram.com/digitalbooks1999
디지털북스 유튜브 유튜브에서 [디지털북스] 검색
디지털북스 이메일 djibooks@naver.com
저자 이메일 ceo@propr.co.kr
저자 블로그 https://blog.naver.com/prucc
저자 유튜브 http://bitly.kr/icBV7

| 각종 문의 |
영업관련 dji_digitalbooks@naver.com
기획관련 djibooks@naver.com
전화번호 (02) 447-3157~8

※ 유튜브 [디지털북스] 채널에 오시면 저자 인터뷰 및 도서 소개 영상을 감상하실 수 있습니다.

머리말

전자상거래(쇼핑몰)를 가르치는 대학교 겸임교수, 번듯한 여의도 사무실을 소유하고 있는 마케팅 홍보법인 대표, 그리고 KBS, MBC, SBS 등 수 많은 방송에 출연하는 경제평론가, 월 수백만원의 수익이 나오는 몇 안되는 유튜버 등등 다양한 분야에서 프로가 될 수 있었던 비결은 바로 전자상거래 덕분입니다.

지금은 금수저로 오해를 하지만 저는 수저가 없을 정도로 환경이 좋지 못했습니다. 그러다 보니 더 열심히 공부해야 했고, 더 열심히 살려고 노력했습니다. 그런 가운데 전자상거래업(쇼핑몰) 분야를 접한 것은 저에게는 기회였고 행운이었습니다. 아무도 개척하지 못한 분야였고, 학력과 배경 없어도 열심히 일하기만 하면 성공이 열리는 기회의 땅이었습니다.

지금 저는 이런 기회의 땅을 독자 여러분께 소개하려고 합니다. 지금 서점 및 인터넷에서 쇼핑몰 창업을 준비하려고 또한 쇼핑몰을 더욱 확장시키려고 책을 고르시는 여러분에게 현실적인 도움이 되고자 이 책을 집필하였습니다. 제가 전자상거래업으로 어떻게 성공할 수 있었는지, 무엇보다 컨설턴트로서 예비 창업자 및 운영자들을 어떻게 성공 시켰는지 그 비결을 알려드리고자 합니다. 물론 공짜는 아닙니다. 바로 여러분의 열정을 투자해 주세요.

여러분의 열정이 필요한 이유는 현재 우리의 환경이 그렇게 호락호락 하지 않기 때문입니다.

노년, 장년들은 준비되지 않은 은퇴로, 30~40대의 허리세대는 육아 및 부모님 부양으로, 청년들은 극심한 취업난으로, 무엇보다 여성들은 경력단절이라는 꼬리표로 이제까지 겪어 보지 못했던 낯선 환경을 경험하고 있습니다. 무엇보다 코로나19로 인한 급격한 사회변화는 세대를 초월해 모두를 힘들게 했습니다. 이런 상황에서 쇼핑몰 창업은 여러분에게 답답한 현실을 돌파할 수 있는 새로운 길을 제시할 것입니다. 제가 그랬던 것처럼 말입니다.

그러니 열정을 투자해 주세요. 여러분 스스로 더 나은 인생을 위해서 그리고 더 나아가 가족을 위해서 여러분의 열정을 쏟아 내어 주세요. 제가 옆에서 도와 드리겠습니다. 이 책과 여러분의 열정이 더해진다면 분명 성공이라는 선물이 여러분 앞에 배달되어 질 것입니다.

이 책은 쇼핑몰을 처음 시작하는 분들과 또한 이미 쇼핑몰을 운영하고 있지만 쇼핑몰에 최적화된 마케팅을 배우고 싶은 분들, 더 나아가 온라인 마케팅을 배우고 싶은 분들에게 매우 적합한 책입니다. 이유는 PART 3의 마케팅 부분은 쇼핑몰뿐만 아니라 온라인 마케팅이 필요한 모든 분야에서 바로 적용 가능하도록 다양한 사례중심으로 구성되어 있기 때문입니다.

이 책의 특징은 3개 파트, 12개 챕터, 48개 레슨, 218개의 핵심스킬로 약 500페이지에 이르는 방대한 양의 정보를 수록하였습니다. 이 한권만 있으면 온라인 사업 창업기초부터 세무, 행정, 운영 및 마케팅까지 올인원(ALL IN ONE)으로 마스터할 수 있도록 구성되어 있습니다.

더욱이 저자는 경제평론가 및 경제관련 자격증 보유자로서 전문적인 마케팅 실무, 쇼핑몰 창업에 최적화된 행정과 세무, 상표권, 저작권 등등 기존 책에서 다루지 못한 내용까지 전문적으로 수록하였습니다. 또한 정부기관 사업심사 위원 및 컨설턴트로서 얻은 풍부한 경험을 살려 여러분을 더 현실적인 성공창업의 길로 안내할 것입니다.

이 책의 특징은

첫째, 쇼핑몰을 잘 모르시는 분들이 봐도 쉽게 쇼핑몰 창업과 운영의 맥락을 파악할 수 있도록 [이지토킹 기법]으로 쉽게 풀어서 설명했습니다.

둘째, 기존 쇼핑몰 운영자도 도움이 되도록 운영 및 마케팅에서는 고급 스킬을 소개하였습니다.

셋째, 책을 읽다가 관련된 정보로 바로 이동할 수 있도록 [타임머신] 기능을 설정하였습니다. 즉, 책을 읽는 중 관련정보가 어디 있는지 바로가기 기능을 제공하였습니다. 독자들이 가장 좋아하는 부분이기도 합니다.

넷째, 쇼핑몰 창업의 순서를 한눈에 파악하도록 앞 목차에 [쇼핑몰 창업 전체 프로세스]를 제공하였습니다. 또한 각 항목에 맞는 내용이 책 어디 있는지 큐레이션 하였습니다. 이는 시간이 없으신 분들에게 필요한 기능으로 원하는 정보를 미리 읽을 수 있도록 하였습니다. 마찬가지로 독자들에게 사랑받고 있는 저만의 북 큐레이션 서비스입니다.

다섯째, 사례 중심으로 누구나 읽기 쉽게 작성하였습니다. 단순 매뉴얼이 아닌 왜 이런 기능이 필요하고, 언제 어떻게 활용하는지 실제 독자들이 궁금해 하는 내용을 담았습니다. 또한 따라하기 부분은 너무나 디테일할 정도로 꼼꼼하게 설명하였습니다.

여섯째, 살아 있는 마케팅 실무를 다뤘습니다. 실제 저자 스스로가 여의도에서 홍보마케팅 법인을 운영하며 성공으로 이끈 온라인 마케팅 실무를 담았습니다. 쇼핑몰뿐만 아니라 일반 온라인 마케팅을 배우고자 분들에게도 손색이 없도록 사례중심, 현장중심, 그리고 최대한 쉽게 풀어서 설명했습니다.

일곱째, 창업 세무, 행정, 상표권, 저작권 등 전문적인 분야도 저자가 전공하고 현재 대학에서 가르치는 내용이기에 사례 중심으로 충분히 설명하였습니다.

여덟째, 무엇보다 최신 정보를 반영하였습니다.

기존 쇼핑몰 관련 책들이 대부분 과거 만들어진 것들이라 빠르게 변화되고 있는 기술과 관련 행정 제도를 충분히 반영하지 못하고 있는 부분이 안타까웠습니다. 이 책은 개정판을 통해 현재의 제도와 트렌드를 반영하여 새롭게 기술된 책입니다.

책을 쓸 수 있도록 도와준 가족과 특히 힘내라고 응원해 준 7살 도훈이, 그리고 그저 흔한 책이 아닌 세상에 가치 있는 책을 만들어보자고 의기투합했던 디지털북스 에도 감사를 표합니다. 무엇보다 부족한 멘토를 계속적으로 지지해주고 자신의 이야기를 친구처럼 허물없이 이야기 해주시는 저의 멘티들, 삭막한 세상에서 수 세월 흐르면 잊힐 만도 한데 아직도 연락을 주셔서 인생의 친구로 삼아주시는 저를 거쳐 간 수많은 쇼핑몰 대표님들에게도 감사를 표합니다. 제 힘이 아닌 여러분의 성공 덕분에 지금의 제가, 그리고 이 책이 있습니다.

이 책으로 인해 독자 스스로가 힘을 얻고 또한 독자님들을 통해 가족 모두가 더욱 행복해 지기를 희망합니다. 긍정적인 말은 인생을 변화시킨다는 단순한 진리가 있습니다. 그렇기에 이 책을 읽고 계시는 모든 분들에게 축복을 기원 드립니다. 분명 여러분은 성공할 것입니다.

- 여의도에서 저자 **권혁중** 올림 -

CONTENTS

 PART 쇼핑몰 창업, 제대로 시작하기

CONTENTS

02 PART 쇼핑몰 구축하기

Chapter 04. 쇼핑몰 운영을 위한 사진촬영 & 포토샵 _ 112

CONTENTS

CONTENTS

03 PART 쇼핑몰 실전 마케팅

CONTENTS

쇼핑몰 창업 & 마케팅 전체 프로세스

	쇼핑몰 사업화 이해		Lesson 1
	쇼핑몰 성공사례	외국 사례	Lesson 2
	✔ 도매시장 이해하기		Lesson 3
	✔ 아이템 조사 및 결정	제정신체크 (Sanity Check)	Lesson 4
	✔ 아이템 환경 분석 (3C)	소비자 조사방법론	Lesson 4
		고객분석(Customer)	Lesson 4
		경쟁사분석(Competitior)	Lesson 4
		내 회사분석 (Company)	Lesson 4
	✔ 아이템 컨셉 잡기 (STP)	시장을 세분화하기(Segmentation)	Lesson 5
		목표시장을 찾기(Targetion)	Lesson 5
		목표시장에서 자리잡기(Positioning)	Lesson 5
PART 1. 기획 전략	✔ 쇼핑몰 환경분석 (SWOT)	외부, 내부 환경분석	Lesson 6
		SWOT 전략 도출	Lesson 6
	✔ 마케팅 전략기획 (4P)	상품전략 , 가격전략	Lesson 7
		유통전략, 프로모션전략	Lesson 7
	✔ 쇼핑몰 이름 및 도메인 정하기		Lesson 9
	정부 창업지원 제도조사	자금 혜택, 교육정보, 사무실 지원	Lesson 13
	✔ 창업자를 위한 세무상식	부가세, 소득세, 건강보험료, 국민연금	Lesson 10
	✔ 사업계획서 작성하기		Lesson 8
	✔ 사업자등록하기		Lesson 11
	✔ 사업자 통장 및 카드 개설		Lesson 12
	✔ 에스크로서비스 신청		Lesson 12
	✔ 구매안전서비스 이용확인증		Lesson 12
	✔ 통신판매업 신고하기		Lesson 11
PART 2. 디자인 전략	✔ 촬영 및 포토샵 디자인 숙지	상품촬영, 포토샵, 무료폰트, 무료사진	Lesson 14 ~ 17
	✔ 쇼핑몰 기본정보 기입		Lesson 18, 19
	✔ 카테고리 구성하기		Lesson 20
	✔ 메인 디자인		Lesson 21, 22
	✔ 상품등록 및 세팅		Lesson 23 ~ 26
	✔ SEO 설정 및 FTP, HTML 이해	사이트 검색 최적화	Lesson 24, 27
	✔ PG사, 배송 설정하기		Lesson 28, 29
	KC인증		Lesson 30
	상표권 , 저작권		Lesson 31

	✔ 홍보 마케팅 기획	손익계산서 작성	Lesson 32
		영업이익률 계산	Lesson 32
		마케팅 비용 예산 작성	Lesson 32
	✔ 온라인 마케팅 13가지 도구	검색광고를 활용한 마케팅 전략	Lesson 33
		블로그로 입소문내기	Lesson 34
		포스트로 공식 채널 운영하기	Lesson 35
		모두(modoo)로 무료 홈페이지 만들기	Lesson 36
		웹마스터도구로 사이트등록하기	Lesson 37
		스마트플레이스로 지도 등록하기	Lesson 38
PART 3. 마케팅 전략		구글 애드센스, 구글애즈로 광고하기	Lesson 39
		유튜브로 바이럴 하기	Lesson 40
		회사이메일 만들기	Lesson 41
		퍼미션마케팅 실행하기	Lesson 42
		언론보도로 홍보 확장하기	Lesson 43
		페이스북으로 타케팅하기	Lesson 44
		인스타그램로 인플루언서 마케팅하기	Lesson 45
	✔ 쇼핑몰 마케팅 성공 법칙	소비자 행동 연구	Lesson 46
		쇼핑몰 마케팅 12가지 성공법칙	Lesson 47
		CS 매뉴얼 숙지	Lesson 48

✔ = 필수 진행

인터넷 쇼핑몰 이해
하기

OPEN

쇼핑몰 성공을 위한
전략 기획

창업에 필요한 행정
세무

01
PART

쇼핑몰 창업,
제대로 시작하기

CHAPTER

01 쇼핑몰 환경 이해

Lesson 01 인터넷 쇼핑몰 이해하기

Q1 쇼핑몰을 시작하기에 너무 늦지 않았을까요?

"교수님, 쇼핑몰을 하고 싶은데 가능할까요? 늦지 않았을까요?"

"오프라인 매장을 운영하고 있는데 쇼핑몰을 하면 물건이 더 잘 팔릴까요?"

"나이가 너무 많은데, 제가 따라갈 수 있을까요?"

"쇼핑몰이 뭔지 하나도 모릅니다. 그런 제가 쇼핑몰을 운영할 수 있을까요?"

"현재 쇼핑몰을 운영 중인데 조금 더 발전하고 싶어요. 특별한 방법이 있을까요?"

"쇼핑몰 마케팅을 전문적으로 배워보고 싶은데 마케팅의 '마'자도 모르는 제가 과연 잘해낼 수 있을까요?"

많은 예비 창업자를 포함하여 교육생, 대표님들을 만나 보면 이런 비슷한 질문을 많이 받곤 합니다. 저의 대답은 항상 "YES!!"입니다.

쇼핑몰(전자상거래업)은 나이도 학벌도 따지지 않습니다. 부모의 재력도 상관없는 분야입니다. 오직 뜨거운 열정과 체계적인 전략만 있으면 성공하는 분야가 바로 쇼핑몰(전자상거래업)입니다. 즉, 쇼핑몰 창업과 운영은 아직까지 기회가 평등한 시장이라고 할 수 있습니다.

쇼핑몰로 성공한 대부분의 사람들은 많이 배우고, 좋은 직장을 다닌 경험 혹은 튼튼한 재력으로 그 자리에 오른 것이 아닙니다. 제가 가장 좋아하는 쇼핑몰 '스타일난다'의 창업주 김소희 전(前)대표만 봐도 그렇습니다. 김소희 전(前)대표는 그저 옷이 좋아서 쇼핑몰을 시작한 분이었습니다. 자신이 입은 옷을 오픈마켓에 올려서 판 것이 시초였습니다. 그렇게 시작한 스타일난다는 결국 2018년 세계 최대 뷰티 기업인 로레알이 인수할 정도로 엄청난 회사로 성장했습니다.

그래서 저는 쇼핑몰(전자상거래업)을 좋아합니다. 기회가 평등하기 때문입니다. 저는 e-비즈니스학 교수로, 방송에 출연하는 경제평론가로, 그리고 마케팅 회사 CEO로 활동하면서 사회의 많은 부분을 보게 됩니다. 지금의 젊은 세대는 취업준비, 스펙준비 그러면서 연애와 결혼 등을 포기하는 4포, 5포 세대로 비유되고 있습니다. 바로 윗세대는 직장과 육아로 인해 정신이 없으며, 시니어 세대는 준비하지 못한 은퇴에 걱정을 하고 있습니다. 이런 환경이 충분히 이해가 되는 이유는 저 또한 경험을 했기 때문입니다. 지금은 금수저라고 오해를 받지만 정말 흙수저부터 시작하여 지금의 자리로 올라 왔습니다. 취업, 직장 진급, 사내정치, 미래 은퇴 문제 등 아마 우리나라 연령별 전 세대가 느끼는 불안과 걱정을 저도 그대로 느끼고 경험했습니다. 특히 직장생활을 10년 이상 해왔기에 취업과 창업을 고민하는 청년들의 현실적인 고민, 인생 이모작을 준비하는 직장인들의 애환 모두를 잘 알고 있습니다. 이는 저만 가지는 강점이 되기도 합니다.

이 책은 그런 강점을 살려 쇼핑몰을 성공시킨 검증된 노하우를 담은 쇼핑몰 창업과 운영의 전략서 입니다. 단지 매뉴얼을 담은 이론서가 아니라 실제 필드에서 바로 적용할 수 있는 책입니다. 저와 함께 전략을 살펴보고 쇼핑몰을 하나하나 만들어 가면서 다른 책과의 확연한 차이를 느껴보시기 바랍니다.

쇼핑몰의 시작 방법을 모르거나 시작하기에 늦은 것 같다는 생각은 아무 문제가 되지 않습니다. 앞으로 저와 함께 그 모든 방법과 마케팅을 잘하는 비법까지 배우게 될 것입니다.

Q2 쇼핑몰은 무엇인가요?

전자상거래의 사전적 정의는 "재화나 용역의 거래관계에서 그 전부 또는 일부분이 전자문서에 의하여 처리되는 방법으로 이루어지는 상거래"입니다. 그렇습니다. 우리는 장사를 하는 것입니다. 다만 그것을 전자문서와 온라인으로 유통하는 것입니다.

쇼핑몰의 개념을 더욱 확고히 잡기 위하여 아래에서 유통의 구조를 살펴보겠습니다.

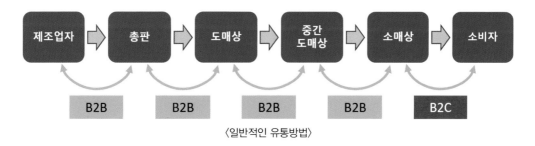

〈일반적인 유통방법〉

위 사진은 일반적인 유통 방법을 말합니다. 제조업체는 물건을 만든 다음 총판(보통 각 지역마다 1개씩 존재)으로 넘깁니다. 총판에서 각 지역 도매상들에게, 도매상은 소매상에게, 그리고 소비자는 이런 소매상으로부터 물건을 구입합니다. 즉, 쇼핑몰의 대부분의 형태는 소매상입니다. 소비자에게 물건을 직접 팔기 때문입니다. 그렇기 때문에 위의 유통 구조를 잘 이해하고 있어야 합니다. 한 가지 알아둬야 할 사실은 쇼핑몰의 유통 단계는 일반 유통 단계보다 심플하다는 것입니다.

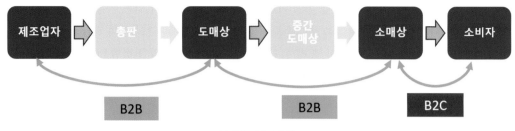

〈쇼핑몰 유통과정〉

〈쇼핑몰 유통 과정〉을 보면 소매상들은 도매상으로부터 물건을 얻습니다. 즉, 패션 아이템으로 예를 들면, 의류 쇼핑몰 운영자는 동대문 도매상가에서 물건을 가져오는 원리를 말합니다. 여기서 중요한 것은 우리가 도매상가에서 물건을 가져오면 사업자 대 사업자이기 때문에 B2B 라고 하고, 그 물건을 우리가 소비자에게 팔았다면 사업자 대 소비자이기에 B2C 라고 합니다. 이 내용은 다음에 나오는 비즈니스 모델 부분에서 자세히 설명하겠습니다.

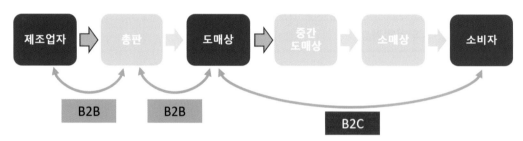

〈도매상이 쇼핑몰을 운영하는 경우〉

사진 〈도매상이 쇼핑몰을 운영하는 경우〉는 약간 변칙적인 방법입니다. 쇼핑몰은 누구나 할 수 있습니다. 그래서 요즘에는 마진 때문에 도매상들이 쇼핑몰을 만들어 소비자를 직접 만나기도 합니다. 이유는 역시 가격경쟁력을 가지고 있기 때문입니다. 도매상이 직접 쇼핑몰을 만들어 물건을 판다고 하면 소매상들보다 더 저렴하게 팔 수 있기에 가격경쟁력에서 앞설 수밖에 없습니다. 하지만 꼭 이렇게 한다고 해서 성공한다는 보장은 없습니다. 쇼핑몰은 단순히 가격 때문에 성공하는 시장이 아니기 때문입니다.

> **Q3** 쇼핑몰 비즈니스 모델은 무엇이 있을까요?

이 책은 "쇼핑몰은 이렇다"를 말하는 것이 아니라 "쇼핑몰로 이렇게 돈을 벌 수 있다"는 것을 알려주는 책입니다. 즉, 기승전결이 있는 책입니다. 그래서 우리는 유통 과정을 알아본 것입니다. 쇼핑몰을 만드는 것이 목적이 아니라 쇼핑몰을 가지고 수익을 내는 것이 목적이기 때문에 장사의 일반적인 개념을 알아야 합니다.

앞서 말했듯이 쇼핑몰 대부분의 모델은 B2C입니다. 그러다 보니 많은 분들이 쇼핑몰을 생각하면 대부분 B2C만 염두에 둡니다. 즉 소비자에게 팔 생각만 하는 것입니다. 그런데 사업이 꼭 상품을 소비자에게 파는 길만 있는 것일까요? 전혀 아닙니다. 실제 쇼핑몰로 돈을 버는 방법은 B2C뿐만 아니라 B2B도 있고, B2E도 있습니다. 다양합니다. 그렇다면 이제 쇼핑몰 비즈니스모델(BM)을 알아보겠습니다.

쇼핑몰 비즈니스 모델

① **B2B (Business to Business)** : 기업과 기업 간의 전자상거래
② **B2C (Business to Consumer)** : 기업과 소비자 간의 거래(쇼핑몰 중에서 가장 많은 비중을 차지 하는 사업모델)
- **자사몰** : 판매자가 직접 운영하는 인터넷 쇼핑몰, 흔히 부르는 인터넷 쇼핑몰
  정부에서는 전문몰이라는 이름으로 분류 하고 있다.
  예) 카페24, NHN고도, 메이크샵 등의 쇼핑호스팅을 이용하는 스타일난다, 임블리, 육육걸즈 등등
- **오픈마켓** : 누구나 쉽게 가입하여 판매할 수 있는 오픈 쇼핑몰 플랫폼
  예) G마켓, 옥션, 11번가, 스마트스토어(자사몰과 오픈마켓의 중간성격) 등등
- **종합몰** : 대형 오프라인 유통 플랫폼을 가지고 있으면서 전자상거래도 하는 종합쇼핑몰
  예) 신세계몰(SSG), 롯데몰, 현대몰, CJ몰 등등
- **편집샵** : 한 전문 쇼핑몰에 2개 이상의 전문 브랜드 제품을 모아 판매하는 유통 형태
  예) 무신사, W컨셉, 위즈위드
- **소셜커머스** : 쿠팡, 티몬, 위메프 등등 (오픈마켓과의 경계가 무너짐)
- **SNS 커머스** : 유튜브, 페이스북, 인스타그램, 카카오스토리 등 SNS 플랫폼 계정을 통해 유통하는 형태
③ **B2G (Business to Government)** : 기업과 정부 간의 거래
  예) 정부를 대상으로 조달청에 입찰하여 정부 납품권을 따냄
④ **B2E (Business to Employee)** : 기업 내에서의 전자상거래
  예) 대기업 복지몰, 폐쇄몰 등등
⑤ **C2C (Consumer to Consumer)** : 소비자와 소비자 간의 거래 인터넷을 통해 일대일 거래, 경매 만 벼룩시장, 카페에서 중고거래
  ex) 이베이, 옥션, 중고나라
⑥ **P2P (Peer to Peer)** : 개인과 개인과의 전자상거래
  C2C 와 다르게 중간 매개체가 없음. 중앙 서버가 존재 하지 않음
⑦ **B2B2C (Business to Business to Consumer)** : B2B와 B2C의 융합

Q4 B2C쇼핑몰을 자세히 알려 주세요.

자! 그럼 쇼핑몰중에서 가장 많이 차지하는 B2C 모델에는 어떤 종류가 있을까요?
이 부분은 상식적으로 알고 있어야 하고, 암기하고 있어야 합니다.

1. 자사몰(전문몰)
판매자가 직접 운영하는 인터넷 쇼핑몰, 흔히 부르는 인터넷 쇼핑몰을 자사몰이라고 부릅니다. 정부

에서는 전문몰이라고도 표현합니다. 자사몰은 우리가 흔히 말하는 쇼핑몰 비즈니스 모델입니다. 카페24, 고도몰, 메이크샵 등등 임대형 쇼핑몰이 자사몰입니다.

호스팅을 빌려서 내 이름으로 된 쇼핑몰을 운영하게 됩니다.

> **깨알정보**
>
> **호스팅?**
>
> 간단히 말씀드리면, 웹 서버를 임대하는 것을 말합니다. 소비자들이 인터넷에 365일 24시간 들어가도 쇼핑몰이 접속될 수 있도록 자료를 넣어두는 공간이 필요합니다. 대부분 그 공간을 임대하여 쓰게 되는데, 카페24, 고도몰 등이 이러한 공간을 빌려줍니다. 그래서 임대형 쇼핑몰 이라고도 불리는데, 이러한 공간을 호스팅서버라고 말합니다. 더 자세한 내용은 디자인 부분에서 배울 예정입니다.

스타일난다, 임블리 등을 생각해보면 쉽게 이해할 수 있습니다. 자신의 이름으로 된 쇼핑몰이 존재하는 동시에 브랜딩도 가능하고, 판매수수료가 없다는 장점으로 인해 쇼핑몰을 하고자 하는 분들이 가장 원하는 쇼핑몰 모델입니다. 자세한 설명은 곧 배울 오픈마켓과 비교하면서 설명하겠습니다.

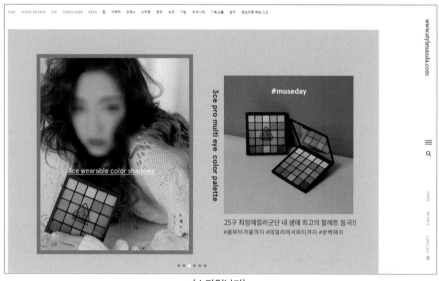

〈스타일난다〉

2. 오픈마켓

오픈마켓은 누구나 셀러로 가입하여 물건을 판매할 수 있고, 또한 구매할 수도 있는 열린 시장이기 때문에 오픈마켓이라고 불립니다. 우리가 흔히 아는 11번가, G마켓이 바로 대표적인 오픈마켓입니다. 폐쇄몰과 반대 개념으로 사람을 차별하지 습니다. 판매자들은 누구나 플랫폼에 입점하는 형태로 장사를 할 수 있습니다. 이 부분이 바로 소셜커머스와 오픈마켓을 구분하는 중요한 판단 기준이 됩니다.

스마트스토어도 오픈마켓으로 분류할 수 있습니다. 좀 더 정확히 말하면 '네이버쇼핑 오픈플랫폼'입니다. 왜냐하면 스마트스토어는 자신의 몰을 가질 수 있지만 플랫폼은 네이버 안에서 이루어지는 조금 독특한 시스템을 가지고 있기 때문입니다. 그래서 과연 오픈마켓에 속하는 것인지 고민을 할 수 있지만, 보통 마켓을 플랫폼으로 구분하기 때문에 네이버라는 플랫폼에서 구현되는 스마트스토어는 오픈마켓으로 분류할 수 있습니다.

오픈마켓은 판매수수료가 발생합니다. 예를 들어 G마켓이라는 플랫폼을 통해서 물건을 팔았다면 판매할 때마다 G마켓에 일정 비율의 돈을 지불하는 것으로, 이처럼 해당 플랫폼에 판매수수료를 내야 합니다. 판매수수료는 업종과 품목마다 다른데, 보통 의류는 판매금의 12% 정도로 책정합니다.

〈G마켓〉

〈네이버 스마트스토어〉

3. 종합몰

종합몰은 신세계몰(SSG), 현대몰, 롯데몰 등 기업이 소유하고 운영하는 쇼핑몰을 말합니다.
자! 여기서 어떤 특징을 발견할 수 있나요? 그렇습니다. 우리나라 유통을 잡고 있고 백화점을 가진 대기업이 소유하고 있다는 것입니다. 여기에서 우리는 종합몰이 왜 중요한지 알 수 있습니다. 대부분 쇼핑몰 운영자들의 실수가 종합몰을 자신과 상관없는 것으로 여긴다는 점입니다. 종합몰은 온라인 쇼핑몰 사업에서 전략적으로 매우 중요한 곳입니다. 특히 디자이너 브랜드처럼 자체 브랜딩이 필요한 쇼핑몰이라면 대기업 유통 채널을 가진 종합몰을 전략적 요충지로 삼아야 하며, 필수적으로 파악하고 대처 방안을 강구하고 있어야 합니다.

실습

종합몰에 입점을 제안하는 방법

종합몰 즉, 신세계몰, 현대몰, 롯데몰 등은 오픈마켓처럼 내가 입점하고 싶다고 해서 다 입점이 되지 않습니다. 엄격한 심사를 통해서만 입점이 가능합니다. 대기업과 거래하는 대표적인 B2B이기 때문에 세금계산서 등의 이유로 간이과세자보다는 일반과세자를 중심으로 이루어집니다. 그렇다고 해서 간이과세자가 절대 안 된다는 것은 아니니 너무 상심하지 않으셔도 됩니다.（ 타임머신 ▶ Lesson 10. 쇼핑몰 사업자가 알아야 할 세무 상식）
그럼 신세계몰을 예로 들어 상세하게 설명해보도록 하겠습니다.

❶ 신세계몰 하단을 보면 [입점상담]란이 있습니다.

❷ [상담신청]을 클릭합니다.

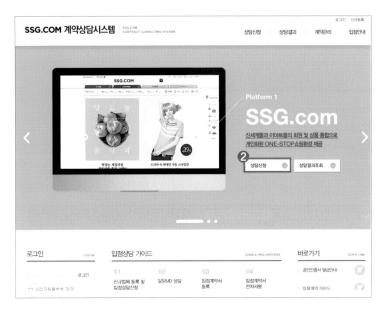

❸ [신규등록]을 클릭합니다.

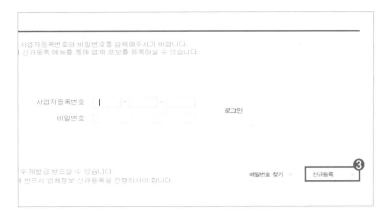

사업자등록번호 및 각종 정보를 입력합니다. 자료와 제안 내용을 입력하고, 첨부자료에 정성스럽게 만든 제안서를 첨부합니다. 제안서를 업로드한 후, 연락을 기다리면 됩니다.

[상담결과조회]를 누르면 현재 어떻게 진행되고 있는지 볼 수 있습니다.
만약 'MD에게 전화가 걸려 왔다!'면 80% 입점 가능한 상태까지 왔다고 보면 됩니다.

4. 편집샵

온라인쇼핑몰에서 말하는 편집샵은 전문 쇼핑몰 하나가 2개 이상의 전문 브랜드 제품을 판매하는 유통 형태를 말합니다. 흔히 멀티샵이라고 부르기도 합니다. 대표적으로 무신사, 위즈위드, W컨셉 등이 있습니다.

우리나라 대표적인 온라인 디자이너 편집샵

- 위즈위드 http://www.wizwid.com/
- W컨셉 http://www.wconcept.co.kr/
- 무신사 http://www.musinsa.com/

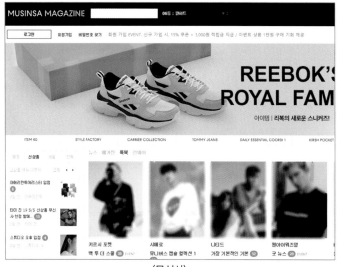

〈무신사〉

5. 소셜커머스

소셜커머스는 SNS(소셜네트워크서비스)를 활용한 쇼핑 플랫폼입니다. 보통 쿠팡, 티몬, 위메프를 말하는데, 사실 이제는 이 3개 모두 소셜커머스라고 말하기에는 무리가 있습니다.

소셜커머스는 SNS 통해 상품을 살 구매자들을 모으면 거래가 성사되는 시스템입니다. 그러다 보니 수많은 소비자들이 자발적으로 SNS 통해 홍보하게 됩니다. 하지만 지금의 쿠팡을 보면 그렇지 않습니다. 오픈마켓처럼 수량과 상관없이 누구나 판매와 구매를 할 수 있습니다. 즉, 현재의 소셜커머스와 오픈마켓은 서로의 장점을 반반씩 섞어서 발전했다고 보는 것이 이론으로나 실무로나 더 합당합니다. 하지만 아직까지 많은 분들이 쿠팡 등을 소셜커머스라고 부르고 있기 때문에 일단 이 책에서도 소셜커머스로 분류를 하겠습니다.

〈쿠팡〉

6. SNS 커머스

SNS 커머스는 상품을 SNS 플랫폼을 통해 판매하는 것을 말합니다. 대표적으로 유튜브 영상으로 상품을 설명하고 판매하는 활동이나 페이스북, 인스타그램 같은 대세 SNS에서 상품을 판매하는 일을 말합니다. SNS 커머스 운영자는 요즘 가장 핫한 직업이 되고 있습니다. SNS 특성상 소비자의 개인적인 취향에 매우 밀접하게 다가갈 수 있고 친밀한 관계까지 이어갈 수 있기에 장래가능성이 매우 높고 뜨는 시장이라 할 수 있습니다.

〈Youtube 창작자 양성을 위한 Youtube Creators〉

Q5 자사몰과 오픈마켓의 차이점 및 장단점을 알고 싶어요.

[초기비용 차이점]

	자사몰	오픈마켓
① 초도 물품 구매 비용	약100 ~ 1,000만원	약. 100~1,000만원
② 도메인 비용	22,000원(부가세 포함)	x
③ 솔루션 비용	카페24: 무료 / 고도몰: 무료, 유료	판매수수료
④ 스킨 디자인 비용	10만원 ~ 100만원	x
⑤ 사업자등록 비용	개인사업자: 무료 법인사업자: 등기 비용 유료	
⑥ 통신판매업 비용	간이과세자 & 일반과세자 : 등록면허세 약 40,500원 (매년)	
⑦ PG사 세팅 비용	220,000원 (1회)	x
⑧ 검색 사이트 등록 비용	네이버: SEO 세팅, 무료 다음: 신청 등록, 무료	x
⑨ 광고 비용	창업자금의 10%	프로모션 가능

① 초도 물품 구매 비용

초기 초도 물품 비용은 자사몰이나 오픈마켓이나 큰 차이가 없습니다. 자사몰과 오픈마켓의 차이는 유통 채널의 차이이지 상품의 차이가 아니기 때문이죠. 하지만 동매문 사업을 한다면 전략은 나눠질 수 있습니다. 자사몰일 경우 본인이 소비자와 배송기일을 정할 수 있어서 약간의 여유를 가지고 사입할 수 있지만 오픈마켓인 경우에는 플랫폼의 배송정책을 따라야 하므로 당일 사입(오늘 주문 들어오면 오늘 밤 동대문에 가서 사입하는 방법)이 힘들 때가 있습니다. 그러면 재고를 어느 정도 가지고 시작해야 하기 때문에 초기 비용이 약간 달라질 수 있습니다.

② 도메인 비용

오픈마켓은 플랫폼 안에서 팔아야 하니 도메인이 따로 필요 없습니다. 하지만 자사몰은 인터넷 주소가 필요하기 때문에 도메인이 필요합니다. 자사몰에서 도메인 1건의 비용은 약 22,000원(1년)이 들어갑니다.(**타임머신** ▶ Lesson 09. 쇼핑몰 이름 및 도메인 정하기)

③ 솔루션 비용

솔루션이라고 함은 호스팅을 말합니다. 요즘 대부분의 쇼핑 호스팅은 무료입니다. 오픈마켓은 판매자가 오픈마켓 플랫폼에 입점하여 판매하는 것이기 때문에 솔루션 비용이 따로 없습니다. 다만 상품이 판매되었을 때 판매수수료의 명목으로 수수료를 가져갑니다.

④ 스킨 디자인 비용

스킨은 쇼핑몰의 전체적인 디자인을 말합니다. 대부분 직접 만들지 않고 만들어진 디자인을 구매하게 됩니다. 즉 전문 디자이너가 쇼핑몰 디자인을 만들고 그것을 쇼핑몰 운영자들이 구입해서 사용합니다. 비용은 어떤 디자인을 사는가에 따라 다릅니다. 싼 것은 10만원도 있고, 비싼 것은 50만원도 넘습니다. (타임머신 ▶ Lesson 21. 쇼핑몰 메인 디자인 설정하기)

⑤ 사업자등록 비용

사업자등록 비용은 자사몰이나 오픈마켓이라고 다르지 않으며 행정상 동일합니다.

개인사업자의 경우 사업자등록 비용이 없습니다. 단 법인인 경우, 등기 비용과 제반 비용이 들어갑니다. (타임머신 ▶ Lesson 11. 사업자등록, 통신판매업신고 행정 절차)

⑥ 통신판매업 비용

통신판매업 등록면허세(비용)은 간이과세자, 일반과세자 모두 1년에 약 40,500원(서울시 기준)의 비용이 듭니다. (2020년 1월 관련법 개정)

단, 간이과세자는 통신판매업 신고가 면제되었습니다. (2020년 7월 관련법 개정) (타임머신 ▶ Lesson 11. 사업자등록, 통신판매업신고 행정 절차)

⑦ PG사 세팅 비용

자사몰은 PG사와 단독으로 계약을 맺어야 합니다. 그래서 약 220,000원(부가세포함)이라는 초기 세팅비용이, 오픈마켓은 이미 플랫폼과 PG사가 계약이 되어 있기 때문에 따로 계약할 필요가 없습니다. 오픈마켓에 입점하여 물건을 판매할 경우 본인이 사업자로 고객들에게 파는 것이 아니라 오픈마켓이 사업자로 판매한 것이 됩니다. 그래서 고객의 영수증에 오픈마켓 이름이 나옵니다. 입점한 후 대행으로 판매하는 것이기 때문에 따로 PG를 계약할 필요가 없습니다. (타임머신 ▶ Lesson 28. 결제관리)

⑧ 검색 사이트 등록 비용

자사몰은 네이버 같은 검색 포털에 등록이 되어야 합니다. 그래야 고객들이 쇼핑몰을 검색해서 유입이 되니까요. 하지만 오픈마켓은 자체적인 몰이 따로 없고 플랫폼 안에서 판매하는 것이기 때문에 검색 등록을 할 필요가 없습니다. (타임머신 ▶ Lesson 37. 네이버 웹마스터도구)

⑨ 광고 비용

마케팅 비용이라고 할 수 있는데, 자사몰은 개인 사이트이므로 광고 홍보에 적극적으로 비용을 써야 합니다. 쇼핑몰 운영 초반에는 영업 수익의 10%, 안정권에 오면 매출총이익의 10%를 꾸준히 쓰는 것을 추천합니다. 오픈마켓의 광고는 판매수수료에 붙어서 책정되고, 무엇보다 담당 MD와의 미팅을 통해 기존 광고가 아닌 새로운 프로모션에 대한 계약을 할 수 있습니다. (타임머신 ▶ Lesson 32. 마케팅 전략으로 성공하기)

Lesson 02 | 쇼핑몰 성공 사례

Q1 잘나가는 쇼핑몰의 한해 매출액은 얼마인가요?

우리나라에서 가장 유명한 개인 쇼핑몰은 무엇일까요? 여러 쇼핑몰이 있지만 역시 '스타일난다'라고 할 수 있습니다. 김소희라는 젊은 여자 대표가 일궈낸 '스타일난다'는 우리나라를 대표하는 쇼핑몰이라고 말해도 손색이 없습니다.

'스타일난다'의 한해 매출액이 얼마라고 생각하시나요?

10억? 100억? 500억? 최근 감사보고서를 보면 약 2,564억 원이나 됩니다. 코로나로 영향을 받았던 2020년을 제외하고 매년 수백억씩 증가하는 것을 볼 수 있습니다. 이렇게 스타일난다에 대해서 말하는 이유는 단지 매출액을 보자고 하는 건 아닙니다. 스타일난다를 보고 배울 점이 많기 때문입니다. 우리는 이런 것을 벤치마킹 이라고 합니다.

이런 질문을 하십니다.

"교수님, 스타일난다는 이미 일등 쇼핑몰이고 저는 이제 시작하는데 감히 쫓아갈 수 있을까요?"

그렇습니다. 감히 쫓아가셔도 됩니다. 잘하는 쇼핑몰의 발자취를 쫓아가야지 실체가 없는 교육이나 이론 등 말뿐인 것을 쫓아가면 안 됩니다. 예를 들어 보겠습니다. '스타일난다'는 제품을 만들어서 팔까요? 아니면 사입해서 팔까요? 그리고 그 비율은 어떻게 될까요? 잘하는 쇼핑몰은 매출 대비 마케팅 비용을 얼마나 쓸까요? 어디에다가 비용을 쓰고 있을까요? 궁금하지 않으세요? 그것을 참고하여 우리는 우리만의 쇼핑몰 전략을 세울 수 있습니다.

자! 이제 일등 쇼핑몰을 분석해서 우리만의 전략을 세워보도록 하겠습니다.

Q2 상품 매출과 제품 매출의 차이는 무엇인가요?

우리는 이제 재무제표를 볼 것입니다. 재무제표요? 이런 것을 꼭 봐야하나요?
그래서 딱 봐야할 부분만 설명하겠습니다. 먼저, '스타일난다'의 매출 부분을 살펴보겠습니다.

회사명 : 주식회사 난다		
과 목	제 15(당) 기	
Ⅰ. 매출액(주석21)		256,373,836,936
제상품매출	256,339,991,367	
기타매출	33,845,569	

스타일난다의 매출을 살펴보면 2020년 제상품매출이 2,564억 원, 기타매출이 3천4백만 원으로 나뉘어 있습니다.

2017년은 상품매출 약 286억 원과 제품매출 약 1,388억 원으로 나뉩니다. 비율을 보면 상품매출이 약 17%, 제품매출이 83%로 구성되어 있습니다.

상품 매출은 뭐고 제품 매출은 무엇인가요?

상품 매출은 쉽게 말하면 완성품을 사서 다시 파는 것을 말합니다. 우리 흔히 이런 것을 사입한다고 말합니다. 제품 매출은 원 재료를 산 후, 만들어서 파는 것을 의미합니다. 제조를 하는 것입니다. '스타일난다'는 사입하는 비율이 17%, 스스로 제작해서 파는 매출이 83% 정도 됩니다. 그런데 왜 제품 매출이 상품 매출보다 높을까요? 이유는 단순합니다. 제품매출이 더 남는 장사이기 때문입니다. 마진율로 보면 상품을 파는 것 보다 제품을 만들어서 파는 것이 훨씬 이윤이 많습니다.

그래서 잘나가는 쇼핑몰일수록 제품 매출이 높은 것이 당연합니다. 특히 '스타일난다' 같은 경우 '3CE'라는 화장품을 제조해서(ODM) 팔기 때문에 이 부분이 많은 영향을 주었을 거라고 판단이 됩니다. 화장품 매출이 매우 잘 나온다는 것을 알 수 있습니다. 물론 쇼핑몰을 처음 하실 때는 사입 비중이 거의 100%가 될 수 있습니다. 물건을 도매에서 가져와 마진을 붙여서 파는 구조입니다. 하지만 조금씩 매출이 늘고 자리를 잡아가면 대부분 스스로 제품을 만들어서 팔게 됩니다. 그것이 이윤을 더 많이 남기는 방법이라는 것을 곧 깨닫기 때문입니다. 즉, 쇼핑몰이 점차 성장하게 되면, 상품 매출 비율보다 제품 매출 비율이 더 많아지도록 해야 한다는 것을 우리는 '스타일난다'의 사례를 통해 배울 수 있습니다.

> **깨알정보**
>
> '스타일난다'의 제품 매출이 높은 이유가 단지 옷을 제작해서 팔아서 그러한 결과를 얻었다고 생각하기가 쉽습니다. 앞서 말씀 드렸듯이 '스타일난다'는 '쓰리컨셉아이즈(3CE)'라는 화장품 브랜드를 가지고 있습니다. 즉, 화장품 매출까지 모두 포함하고 있기 때문에 상대적으로 제품 매출이 높은 것입니다. 특히 화장품 쇼핑몰을 준비 중이거나 이미 시장에 진입하신 분들이라면 '스타일난다'가 좋은 성공 모델이 될 수 있습니다.

Q3 '스타일난다' 발전 순서가 궁금해요! 참고하고 싶어요.

스타일난다 역사

2004년	온라인 오픈마켓에서 의류 판매 시작
2005년	스타일난다 사이트 www.stylenanda.com 개설
2007년	법인 설립 (주)난다
2008년	랭키닷컴 및 각종 순위사이트 여성보세의류 분야 1위
2009년	코스메틱 브랜드 3 concept eyes를 출시
2010년	미용 콘택트렌즈 개발 및 출시, 다국어 사이트 운영, 여성 의류 쇼핑몰 분야에서 지속적인 1위(랭키닷컴)를 차지
2012년	KKXX 브랜드 론칭, 스타일 난다 플래그스토어(홍대본점)와 오프라인매장 오픈 롯데백화점 영플라자 명동점 입점, K-collection in seoul 패션쇼 참여
2013년	일본, 홍콩 롯데백화점 3개점 추가 오픈, 영플라점은 월 매출 8억 원 돌파 K-Style 콘서트 KKXX쇼 개최

2014년	가로수길, 명동에 플래그십 3호점 오픈, 롯데백화점 6개점 오픈
2015년	태국 오픈, 롯데백화점 분당점, 울산 / 현대백화점 판교, 신촌,
	yellow ID 간편 상담 실시
	일본 이세탄 신주쿠 팝업 스토어, 칸사이 우메다 본점 팝업 스토어 오픈
2016년	명동 핑크호텔(플래그스토어) 오픈
	일본 이세탄 신주쿠 그랜드 오픈, 한큐 오사카 그랜드 오픈
2017년	일본 하라주쿠에 첫 플래그쉽 스토어 오픈
2018년	롯데백화점 청량리점 입점
	시코르 코엑스점 입점
	신세계 면세점 강남점 입점
	대한민국 소비자만족도 평가 여성의류 및 코스메틱 부문 대상
2019년	시코르 마산점 입점
	시코르 스퀘어원 점 입점
	파주 프리미엄 아울렛 입점

여기에서 살펴봐야 할 점이 바로 화장품 론칭과 플래그스토어 오픈입니다. 온라인을 넘어 오프라인에서도 힘을 쏟고 있다는 사실을 눈여겨봐야 합니다.

앞으로 쇼핑몰과 전자상거래 분야는 온, 오프라인을 넘나들며 발전할 것이기 때문입니다. 이런 것을 '옴니채널'이라고 말합니다. 4차 산업혁명 시대에는 이렇게 발전되는 것이 맞습니다.

쇼핑몰을 준비할 때 온라인과 동시에 오프라인을 시작하라는 말이 아닙니다. '스타일난다'가 쇼핑몰 창업자 및 예비 운영자들에게 좋은 교과서가 되고 있으니 쇼핑몰이 어느 정도 자리가 잡히면 이 사실도 잊지 말아주시길 바랍니다.

Q4 벤치마킹할 해외 쇼핑몰을 소개해주세요.

① 달러셰이브클럽

〈출처: 달러셰이브클럽 유튜브〉

남자 분들은 다 공감하실 텐데, 왜 면도날은 비쌀까요?

미국에서도 똑같은 고민을 한 마이클 두빈이라는 사람이 있었습니다. 그래서 그는 저렴한 면도날을 제공해주는 쇼핑몰을 만들었습니다. 회원가입하고 월정액 1달러에 배송비 2달러를 내면 2중날 면도기 5개를 받는 것이죠. 6달러는 4중날 면도기 4개, 9달러는 6중날 면도기 4개를 받을 수 있습니다. 결과는 어떻게 됐을까요?

2016년에 세계적인 기업 유니레버에게 1조 1445억을 받고 회사를 팔았습니다. 무려 1조 1445억 원입니다!

그런데 한 가지 의미심장한 사실이 있습니다. 그럼 마이클 두빈은 이 면도날을 어디서 조달했을까요? 답은 바로 한국 기업 도루코입니다. 도루코는 1981년 이중날 면도기를 개발하면서 지금까지 군 납품을 이어와 우리나라에서 군대를 다녀온 남성이라면 다 알 정도로 '군인 면도기'로 유명합니다. 이 말씀을 드리는 이유는 도루코라는 한국산 면도기를 가지고 누구는 1조를 벌고, 누구는 그냥 면도만 한다는 것입니다. 군대에서 쓰던 면도기가 바로 도루코이고, 흔히 구입할 수 있는 면도기가 바로 도루코임에도 아이디어 하나로 그리고 실행력의 차이로 이런 결과가 만들어진다는 것입니다.

아이디어와 기획이 얼마나 중요한지 아시겠죠?

② 스티치픽스 (Stitch Fix)

쇼핑몰인데 옷과 모델이 없습니다. 그런데 연매출이 평균 8천억 원이 넘습니다. 바로 빅데이터를 활용한 쇼핑몰입니다. 이 쇼핑몰은 고객의 데이터를 수집합니다. AI(인공지능)가 키, 몸무게, 성격, 옷 입는 스타일 등 여러 가지 정보를 종합하여 옷을 선별하고 최종적으로 스타일리스트가 해당 고객에게 어울릴 것 같은 옷 5가지를 골라서 보내줍니다. 고객은 마음에 안 드는 옷을 반송하면 되고, 마음에 드는 것들이 있다면 구입을 하는 것입니다. 그중 1개만 구입해도 됩니다. 많은 투자를 받아야 하기 때문에 반드시 이 쇼핑몰의 구매 순서도를 따라 할 수는 없고 따라 하기도 어렵습니다. 하지만 투자를 떠나서 이와 같이 큐레이션을 해준다는 아이디어만큼은 보고 배워야 합니다. 중요한 사실 하나를 알려드리겠습니다. 앞으로 큐레이션을 제공하는 쇼핑몰이 성공할 가능성이 큽니다.

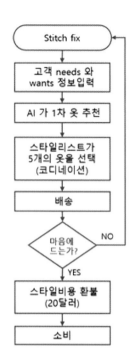

③ 렌트 더 런웨이(rent the runway)

렌트 더 런웨이는 옷을 빌려주는 서비스입니다. 요즘 우리나라에서도 비슷한 컨셉의 쇼핑몰이 많이 나오고 있습니다. 평균 기업 가치가 7000억 원인 쇼핑몰로 2009년 하버드 경영대학원 동기인 제니퍼 하이먼과 제니퍼 플라이스가 창업한 쇼핑몰입니다. 여기서 눈여겨 봐야할 것은 바로 이 쇼핑몰도 큐레이션을 한다는 것입니다. 스타일리스트가 목적에 맞는 옷을 추천하여 보내줍니다. 거기에 구매가 렌탈의 요소가 추가된 것입니다.

④ 에버레인(EVERLANE)

'급진적 투명성(Radical Transparency)'으로 유명한 쇼핑몰입니다. 즉, 원가를 다 공개해서 유명해 졌죠. 2010년 벤처캐피탈에 다니던 마이클 프레이스먼(Michael Preysman)은 50달러짜리 티셔츠 의 원가가 7.5달러에 불과하다는 사실을 우연히 알게 된 것을 계기로 스스로 의류를 만들기 시작해 창업에 성공했습니다. 생산부터 가격 결정까지 모두 다 공개하는 급진적 투명성에 소비자들은 열광 했습니다. 에버레인은 일반적으로 판매 가격을 생산원가의 4~8배 정도 책정했던 관행에서 벗어나 2배수로 정했기 때문입니다.

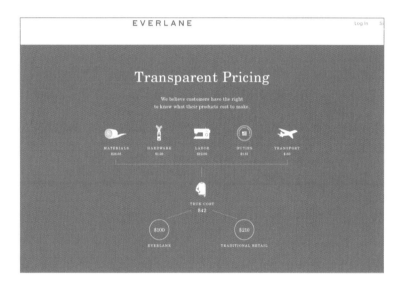

그렇다면 우리나라에는 이런 급진적 투명성을 도입한 쇼핑몰이 있을까요?
네, 있습니다. 바로 '칸투칸' 쇼핑몰입니다.

〈칸투칸 홈페이지〉

⑤ **와비파커(Warby Parker)**

너무나 유명한 안경 쇼핑몰 와비파커입니다. 컨셉은 이렇습니다. 5개의 안경테를 고객에게 보내줍니다. 그럼 고객은 5일간 착용해 보면서 본인이 원하는 안경테를 고릅니다. 고객이 고른 안경테를 시력에 맞는 안경알까지 넣은 완제품으로 제작하여 2주 안에 다시 고객에게 보내줍니다. 만약 안경이 마음에 들지 않으면 그냥 반송하면 됩니다. 배송비는 회사가 다 부담합니다. 기본 가격은 95달러입니다. 물론 95달러가 넘어가는 것도 있지만 와비파커는 모든 안경을 95달러로 하는 것을 기본 컨셉으로 잡고 시작했습니다. 무엇을 느끼시나요? 이 쇼핑몰의 기본 고민은 왜 안경테는 쇼핑몰로 판매를 할 수 없을까? 왜 그렇게 비싼가?입니다. 또한 자신에게 맞는 안경테를 누군가가 잘 골라주었으면 좋겠다라는 고객 심리를 기반으로 소비자 중심의 큐레이션을 하고 있습니다.

요약하자면, 해외 쇼핑몰에서 배워야 할 것은 IT와 접목하고 있다는 것, 큐레이션 서비스에 집중한다는 것, 퍼미션 마케팅을 중요하게 생각한다는 것입니다. 아이템을 선정할 때는 이러한 포인트를 잘 기억하셔야 합니다.

Lesson 03 도매시장 이해하기

Q1 각 상품에 대한 도매시장은 어디에 있나요?

도매시장을 정리한 정보는 넘치지만 사실 막상 가보면 빈 수레가 요란하다고 느낄만한 곳이 많습니다. 초기 쇼핑몰 창업자들은 시간이 금이기 때문에 먼저 1차적으로 갈만한 핵심 도매시장만 소개하겠습니다.

[주요 도매시장]

품목 구분	도매시장
의류	동대문(종합), 남대문 (아동복, 중장년층)
안경, 액세서리, 시계	남대문
생활용품	화곡동 도매단지, 부천 생활용품 도매단지

품목 구분	도매시장
명함, 인쇄물	충무로역과 을지로 3가역
포장 및 박스	방산시장, 을지로
양초, 천연비누	방산시장
문구/완구	동대문 창신동, 천호동 문구도매거리
식재료	남대문, 청량리종합시장, 중부시장
타일, 도기	을지로 타일도기 도매시장
미싱	을지로 미싱 특화거리
수제화, 가죽	성수동 가죽시장

특히 '서울특별시 자영업지원센터'를 참고하시길 바랍니다. 소상공인들을 위한 정보와 교육, 지원을 하고 있는 곳으로 각 도매시장을 체계적으로 소개해 놓았습니다. 이런 좋은 정보가 있음에도 몰라서 활용을 못하시는 분들이 많은 것 같습니다.

① [서울특별시 자영업지원센터] ② [시장정보] ③ [도매시장정보]

무엇보다도 좋은 점은 공공기관에서 운영하는 사이트이기에 신뢰도 높은 정보로 구성되어 있다는 점입니다. 각 시장 소개, 대표전화, 영업시간, 오시는 길, 주차 정보까지 쇼핑몰 운영자가 궁금해 하는 정보가 많이 있기 때문에 도움이 될 것 입니다.

Q2 동대문 도매시장을 알려주세요.

우리나라 최대의 의류 도매시장은 역시 동대문입니다. 그래서 동대문 도매시장의 대표적인 특징을 한 장의 표로 정리했습니다. 시장에서 큰 책이나 종이를 여러 장 들고 돌아다니면 바로 초짜 티가 나기에 휴대하기도 간편하고 스마트폰으로 사진 찍기에도 좋도록 최신 정보를 한 장으로 정리했습니다. 동대문에서 물건을 찾고 구매할 때 참고하시길 바랍니다.

밤시장 : 약 20:00 ~ 05:00	새벽시장: 약 00:00 ~ 12:00
· 토요일 휴무 · 월, 화 가장 피크 (외국인 손님들이 많음) · 월요일은 전국의 중간 도매상들 방문	· 밤시장 보다 조금 더 저렴 · 온라인 쇼핑몰 운영자들이 많이 방문 · 물건의 품질이 밤시장보다 조금 떨어짐. 하지만 새벽시장이 커지면서 요즘은 품질이 많이 좋아졌음 · 단, 00:00 ~ 02:00 는 도매상들이 가장 바쁠 때라서 신경이 예민함
· APM, APM플레이스, APM럭스 : 여성복, 남성복 · DDP(구, 유어스) : 의류, 액세서리, 신발 · 누죤: 여성복, 남성복, 구두, 액세서리, 패션잡화 · 디자이너클럽: 여성복, 남성복 · 테크노상가(21:00 ~ 09:00): 덤핑 제품, 영 캐주얼 면 제품 · 남평화시장: 지하 1층, 지상 1층 가방전문 도매상가, 2~4층 여성 의류, 남성 의류, 청바지 –> 재고 원단으로 생산, 가성비 좋음 · 신평화시장(21:00~10:00) – 속옷 · 퀸즈스퀘어(구, 광희시장): 원래 새벽시작이었으나 밤시장으로 바뀜. 다시 뜨고 있음. 　일본 보따리상이 주로 방문, 가죽옷이 유명함	· 디오트 (00:00~14:00) 저렴한 가격에 최신 디자인을 고를 수 있는 곳, 쇼핑몰 대표들이 이곳에서 많이 구입 · 청평화시장: 의류 · 동평화시장: 국내 브랜드 의류, 덤핑 의류 (지하1층: 21:00~10:00, 일요일 휴무) · 동대문신발상가: a동은 운동화 / b,c동은 숙녀화 · 평화시장: 양말, 운동복, 단체복, 스포츠 용품, 중년 여성 의류 · 신평화패션타운: 언더웨어, 캐주얼, 여성복, 남성복 · 동화패션타운: 국내 브랜드의류 도소매, 덤핑 판매 · 제일평화시장: 재래시장의 백화점

Q3 사입할 때 주의할 점은 어떻게 되죠?

사입할 때 주의할 점이 있을까요?

네, 분명히 있습니다. 의류뿐만 아니라 그 어떤 종류의 쇼핑몰이든 도매처와 거래하는 곳이라면 사입할 때의 주의할 점은 동일합니다.

첫째, 도매처에서는 현금 거래가 원칙으로 통용됩니다.
물론 법적으로는 신용카드를 받아야합니다. 하지만 대부분의 도매처에서는 신용카드나 세금계산서 발급을 좋아하지 않습니다. 관행을 따르려는 이유도 있겠지만 카드 수수료나 세금의 문제가 따라오기 때문입니다.

둘째, 세금계산서를 발급해 달라는 경우에는 대부분 10%의 가격을 더 달라고 합니다.

동대문 도매시장에 방문하여 가격을 물어보면 대부분 돌아오는 대답은 현금 가격입니다. 이때 현금 영수증이나 세금계산서를 요구하면 10%의 돈을 더 달라고 하는 경우가 많습니다. 대개 세금계산서 발급을 잘 안해주기도 합니다.

여기서 잠깐

세금계산서가 무엇인가요?

세금계산서는 사업자가 재화 또는 서비스를 제공하고 부가가치세를 받을 때 이를 증명하는 서류라고 할 수 있습니다.

(**타임머신** ▶ Lesson 10. 쇼핑몰 사업자가 알아야 할 세무 상식)

친절하게 설명해두었으니, 성격 급하신 분들은 먼저 보셔도 좋습니다.

Q4 도매시장이 겁나요. 도매시장 용어를 알려주세요.

"아저씨, 깔별로 한 고미주세요."

이 말을 이해하시는 분들은 살포시 다음 장으로 넘어가셔도 좋습니다. 만약 이해를 못하셨다면 도매시장에서 쓰는 은어를 잘 익혀두었다가 필드에서 프로처럼 자신 있게 사용하시기 바랍니다.

도매시장 은어 정리

도매시장 은어에는 일본어가 많이 섞여 있습니다. 필드에서 자주 쓰는 은어이기에 어쩔 수 없이 알려드리니 양해 부탁드립니다.

- **깔** : 상품의 색깔.
  "깔별로 주세요." "몇 깔 있어요?"
- **탕** : 염색 단계에서 미묘하게 달라지는 색을 말함.
  "사이즈마다 탕이 좀 다른데요."
- **고미** : 한 옷의 사이즈별 묶음. 예를 들어, 티셔츠 한 고미는 L, M, S 이렇게 한 묶음. FREE 사이즈는 고미라는 표현을 쓰지 않음.
  그럼 여기서 질문의 답을 드리겠습니다.
  "깔별로 한 고미주세요."의 뜻은 색깔별로 모든 사이즈의 옷을 달라는 의미입니다.
- **땡** : 상품을 빨리 소진하고자 싸게 파는 것. 보통 반품과 교환은 불가능.
- **땡물건** : 땡처리하는 물건을 모아둔 상품.
- **나오시** : 불량.
- **이미** : 가짜, 짝퉁.
- **다이마루** : 면제품. 보통 면 티를 다이마루라고 말함. 면제품을 파는 가게는 "다이마루하는 집"이라고 표현.
- **단가라** : 가로로 스트라이프 무늬가 들어간 상품.
- **후레아** : 가장자리 주름 장식.
- **장끼** : 당일 사입한 간이 영수증으로, 세금계산서용으로는 사용 못함.
- **매입 장끼** : 반품으로 인한 영수증. 반품한다고 해서 돈을 돌려받는 게 아니기 때문에 생겨남. 다음번에 매입 장끼를 가지고 가서 상품 구매 가능.

- **미송** : 아직 도매 시장에 상품이 들어오지 않아서 당장 구매가 안 될 때, 상품 값을 미리 지불하고 물건을 나중에 받는 일.
- **장차** : 전세버스.
- **파스** : 상품을 만드는 기간.
- **시야게** : 봉제 후 출고하기 전에 제품을 확인하고 실밥을 제거하는 일.
- **아이롱** : 다림질.
- **검품** : 상품의 이상 여부를 확인하고 검수하는 일.
- **오바로크** : 원단과 원단이 풀리지 않도록 하는 박음질.
- **시재** : 잔돈.
- **대봉** : 큰 비닐봉지를 말하며, 중간 크기는 중봉, 작은 크기는 소봉이라고 말함.
- **상진** : 진상 고객.
- **삼촌** : 남자 직원을 부르는 호칭.
- **이모** : 여자 직원을 부르는 호칭.

CHAPTER

02 쇼핑몰 성공을 위한 전략 기획

많은 분들이 쇼핑몰 전략을 세우지 않고 먼저 쇼핑몰을 구축하려고 합니다. 특히 마케팅은 모든 것이 다 갖춰진 후에 시작하면 된다고 오해를 합니다. 그러다보니 사업을 하면서 그게 아니라는 사실을 깨닫고 후회합니다. 처음부터 잘못된 길로 들어서서 사업을 시작한 이후, 사업 전략을 수정한다는 것은 정말 쉬운 일이 아니기 때문입니다. 그래서 쇼핑몰 시작 전, 철저한 사전준비를 하고 전략을 세워서 기획해야 합니다. 아래에 나오는 순서를 참고하시길 바랍니다. 먼저 아이템을 정합니다. 그리고 해당 아이템 중심으로 〈쇼핑몰 전략 프로세스〉에 따라 쇼핑몰 창업의 기틀을 하나하나 잡아보도록 합니다.

핵심적인 내용만 담았으니 큰 어려움 없이 전략을 세우고 기획할 수 있습니다.

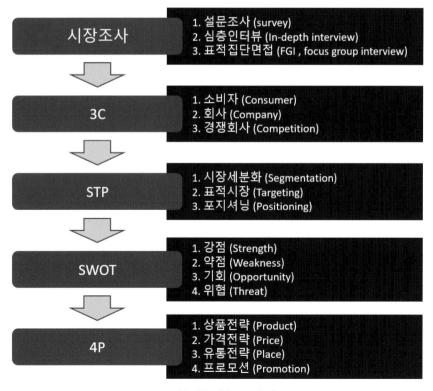

〈쇼핑몰 전략 프로세스〉

Lesson 04 아이템 결정 방법

Q1 나와 맞는 아이템은 어떻게 선택하죠?

1. 주로 관련된 사회 경험이 있거나 자신이 평소 잘 알고 있었던 아이템이 좋습니다.

> **사례**
>
> 천연삼푸로 성공한 대표님이 향후 마케팅의 방향성 때문에 컨설팅을 의뢰한 일이 있었습니다. 이미 성공했는데 이에 안주하지 않고 마케팅 자문을 구하는 자세도 대단했고, 천연 샴푸 아이템으로 성공했다는 것도 놀라웠습니다. 그래서 어떻게 사업 아이템으로 천연삼푸를 선택하게 되었는지 물어봤습니다. 이유는 생각보다 단순했습니다. 그 대표님은 과거 화장품 회사를 오래 다닌 경험이 있었습니다. 그러다 보니 관련된 영업망을 가지고 있었습니다. 이를 통해 사업 초반에는 B2B로 상품을 납품하다가 나아가 B2C까지 하게 된 것입니다.

단지 비슷한 일에 종사했다는 것이 중요하다는 말이 아닙니다. 그 아이템에 대해서 잘 알고 있다는 것이 중요합니다. 반드시 유사한 직장, 관련된 직업은 아니더라도 내가 그 아이템에 대해서 공부가 잘 되어 있으면 성공 확률이 높아집니다. 물건을 조달할 때나 홍보할 때도 유리합니다.

2. 트렌드가 꼭 중요하지는 않습니다.

물론 시장 트렌드는 존재합니다. 하지만 반드시 트렌드를 쫓는다고 성공하는 것도 아니고 다르게 간다고 해서 실패하는 것도 아닙니다. 하지만 중요한 것은 분명 하나 있습니다. 선택한 아이템을 스스로 얼마나 좋아하는지를 생각해봐야 합니다. 의류 쇼핑몰을 하는데 의류를 모르고 싫어한다면 그것만큼 어리석은 일은 없습니다. 그런 분들은 대부분 아이템의 문제가 아닌 대표 스스로가 관련된 일을 싫어하기 때문입니다.

3. 그럼 결론은? 애자일 전략을 선택하라!

많은 책들이 아이템을 찾는 비결을 알려주지만 막상 이렇다 할 열쇠는 따로 없습니다. 수많은 컨설팅과 현장에서의 성공 사례를 토대로 정리하면, 가장 중요한 아이템 선택법은 다음과 같습니다.

1) **가장 좋아하는 것** : 하다보면 시간 가는 줄 모르는, 나도 모르게 열정이 생기는 일
2) **일단 빨리 시도하는 것** : 비용을 최소한으로 해서 일단 하고 싶은 시장을 체험하라.

처음에 예비 창업자들은 본인과 맞는 아이템이 무엇인지 잘 모르는 경우가 많습니다. 사실 돈을 벌다보면 '아! 이게 바로 내 아이템이구나.' 라고 생각하게 됩니다. 무슨 이야기냐 하면, 처음에는 패션 의류 아이템을 준비했는데 이런 저런 이유로 뷰티 아이템으로 전향을 합니다. 그런데 뷰티로 돈을 벌게 되면 대부분의 쇼핑몰 경영자들은 이렇게 생각합니다. "아! 내가 원래 뷰티 아이템이 맞구나." 아마 이 글을 읽는 성공한 쇼핑몰 대표님들은 막 웃으실 수도 있습니다. 공감하시나요? 사실 맞는 이야

기입니다. 그렇기 때문에 실리콘밸리처럼 일단 빨리 시장을 체험하고 수정하는 방향으로 쇼핑몰 창업을 진행하시는 것이 좋습니다. 특히 지금처럼 모바일로 인해 소비자 트렌드가 빨리 바뀌는 시대에서는 애자일(agile) 전략이 쇼핑몰 창업에 있어서 가장 좋은 아이템 선별 방법입니다.

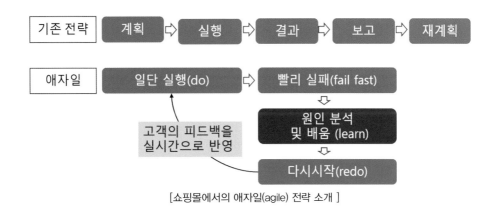

[쇼핑몰에서의 애자일(agile) 전략 소개]

Q2 아이템을 선택할 때 도움이 되는 툴을 알려주세요.

아이템을 선택할 때 도움이 되는 툴이 세 가지 있습니다. 바로 네이버 검색광고, 네이버 트렌드, 구글 트렌드입니다. 이 삼총사를 통해 내가 선택한 아이템이 얼마나 성공 가능성이 있는지 알아볼 것입니다. 또한, 사업 전략이나 마케팅 전략에서도 기본적인 자료로 사용되니 꼭 잘 익혀두시길 바랍니다.

1. 네이버 검색광고 툴로 아이템의 검색량을 확인하는 방법

네이버 검색광고 툴은 네이버 광고를 위한 관리자 사이트라고 할 수 있습니다. 검색광고 관리자에 들어가면 키워드에 대한 검색량을 제공해주고 있는데, 그 데이터를 활용하여 자신의 아이템이 사람들이 많이 찾는 키워드인지 알아볼 수 있습니다.

아래의 내용을 따라 해보시기 바랍니다.
예를 들어, 제가 '아메카지'를 아이템으로 잡았다고 가정하겠습니다.

1) 네이버 검색광고에서 '아메카지'를 검색합니다. 검색광고에 대한 자세한 내용은 Lesson 33에서 확인할 수 있습니다. (**타임머신** ▶ Lesson 33. 네이버 검색광고를 활용한 마케팅 전략)

2) ❶ [월간검색수]를 확인합니다. 주의할 점이 한 가지 있습니다. ❷ [모바일] 우선으로 판단해야 합니다. '아메카지'는 모바일 기준 26,000건, '아메카지룩'은 모바일 기준 20,000 건입니다. 한 아이템치고는 나쁘지 않는 검색량입니다. 보통 상대적이라 좋은 아이템이 몇건 이상 되어야 한다는 기준은 없지만 기본적으로 월간 20,000건이 넘어가면 좋은 아이템으로 분류됩니다.
❸ [월 평균 클릭률]도 꼭 확인해야 합니다. 많은 마케터들이 월간 검색량만 확인하는 실수를 범합니다. 꼭 월 평균 클릭률까지 확인합니다. '아메카지'의 [월 평균 클릭률]은 3.88%, '아메카지룩'

은 3.7%입니다. 월 평균 클릭률은 총 검색량에서 광고를 클릭한 비율을 의미합니다. 그럼 어떻게 해석해야 할까요? 그렇습니다. 광고를 클릭했다는 것은 구매할 의사가 있다고 간주합니다. 즉, 구매할 사람이 많은 아이템을 미리 알 수 있는 것입니다.

3) 그럼 3.88%, 3.7%는 좋은 건가요? 네, 매우 긍정적입니다. 보통 CTR(클릭률) 평균은 1% 정도라고 생각하시면 됩니다. 모두 1%를 넘겼으니 긍정적으로 해석할 수 있습니다. CTR이 뭐냐고요? 나중에 〈PART 03. 쇼핑몰 실전 마케팅〉부분에서 다루도록 하겠습니다. 단! 여기서 주의할 점은 월간 검색수가 적으면 의미가 없다는 것입니다. 100명 중에 1명이면 1%입니다. 즉, 모집단이 적으면 클릭률은 의미가 없는 것입니다. 정리해보면 '아메카지' 아이템은 모바일 기준 26,000건 중에서 광고를 946번 클릭해서 클릭률이 3.88%입니다. 사람들이 많이 찾기도 하면서 구매의사 또한 높은 아이템이라고 할 수 있습니다. 그러므로 '아메카지'는 좋은 아이템으로 분류할 수 있습니다.

하나하나 따라오니 어렵지 않으시죠?

이제는 이런 데이터를 활용하여 과학적으로 접근해야 합니다. 과거처럼 감이나 추천으로만 하는 시대는 끝났다고 봅니다. 그래서 이 책을 실전 고수들이 활용하는 방법 위주로 구성했습니다.

2. 네이버 트렌드로 검색 추이를 확인하는 방법

이제 네이버 트렌드로 아이템을 분석하는 방법을 알려 드리겠습니다.

1) [네이버 트렌드] 사이트에 들어갑니다.

2) ❶ 동일하게 [아메카지]와 [아메카지룩]을 검색해 보겠습니다. 기간은 1년으로 합니다.

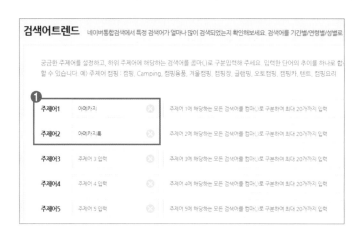

3) 와우! 1년간의 검색 추이가 나옵니다. 중요한 사실은 '네이버 트렌드'는 상대값으로, 어느 한 검색어가 100을 찍었을 때를 기준으로 그 변화의 기울기를 나타내고 있다는 것입니다. 4월 중순에 [아메카지룩] 키워드가 최고점인 100을 찍었고, 최고점을 기준으로 변화의 기울기가 표현된 것입니다.

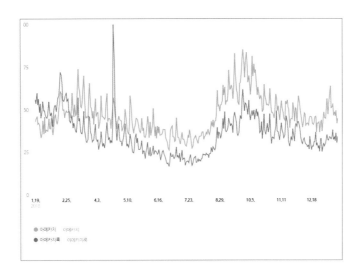

4) 데이터를 보면, 아메카지는 봄과 본격적인 가을이 다가오면 많이 찾는다는 것을 알 수 있습니다.

5) 그럼 우리는 어떤 전략을 수립해야 할까요? 그렇습니다. '아메카지'는 다른 시즌보다 봄, 가을에 잘 나가니 미리 상품을 조달해놓고 준비해야 한다는 것입니다. 아이템이 항상 잘 나가는 시즌이 따로 있습니다. 물론 4계절 내내 잘나가는 아이템도 있지만 '아메카지'는 계절을 타는 아이템이라는 사실을 간과해서는 안 됩니다.

여기서 더 팁을 말씀드리겠습니다. 방금 살펴본 '네이버 트렌드'는 사람들의 관심도를 지수화 하는 그래프라는 것을 알 수 있습니다. 즉, 상대값 입니다. 그러다보니 검색량이 얼마에서 그래프가 올랐다가 내려갔다 하는지를 알 수 없습니다. 그냥 최대치 100% 지점을 기준으로 변화의 기울기를 말합니다. 문제는 그 100%가 과연 얼마나 높은 수치인지를 모른다는 것입니다. 절대값이 없는 것이죠. 예를들어 검색량이 100건을 100%라고 본다면 그 변화의 기울기는 의미가 없습니다. 겨우 검색량이 100건이기 때문입니다.

그럼 이러한 문제를 어떻게 해결할 수 있을까요? 앞서 알려드린 '네이버 검색광고'를 활용하면 됩니다. 다시 말해 '네이버 검색광고' '네이버 트렌드'를 적절하게 활용하면 의미 있는 데이터를 뽑아낼 수 있습니다. '네이버 검색광고'는 모바일에서 월 평균 검색량 26,000건이라는 절대값을 주기 때문입니다.

3. 해외 시장에서 통하는 아이템 분석 방법! 구글 키워드 플래너와 구글 트렌드를 활용하라!

> **알기 쉬운 용어 정리**
>
> **구글 트렌드란??**
> 구글의 검색엔진을 활용한 것으로, 해당 주제에 대한 대중적인 관심도를 지수화하여 보여주는 빅데이터 서비스입니다. 설정한 기간 내, 해당 주제를 가장 많이 검색한 횟수를 100으로 하고 100을 중심으로 상대적인 변화를 기록합니다.

예비 창업자 한 분이 미국에다가 오르골(music box)을 팔아보겠다고 저를 찾아 오셨습니다.

그래서 트렌드 조사는 하셨는지 물었더니 그게 뭐냐고 하셨습니다. 여러분은 오르골이라는 아이템을 미국에서 팔지 말지 어떻게 결정하고, 만약 판다면 어떤 방법으로 파시겠습니까? 그것도 꼭 집어 '미국 시장'안에서 입니다. 잠시 시간을 가지고 보시기 바랍니다. 나라면 어떻게 할까? 이제 데이터로 확인해보겠습니다.

1) 구글 트렌드에 들어갑니다. 검색창에서 우리가 알고 싶은 [music box]를 검색합니다.

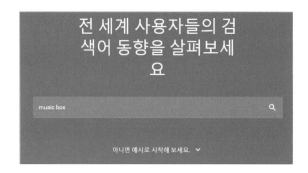

2) 우리가 알고 싶어하는 시장은 미국이니 ❶ [미국]으로, 기간은 ❷ [지난 5년], 카테고리는 ❸ [모든 카테고리], ❹ [웹 검색]으로 설정합니다.

재미있는 사실은 5년간의 그래프가 심장 파동처럼 보인다는 것입니다. 사람들은 오르골을 매년 11월 말부터 12월 초까지 가장 많이 찾았습니다. 이 사실에 대해 어떻게 해석하시겠습니까?

3) 많은 쇼핑몰 경영자들에게 같은 질문을 하면 대부분 '크리스마스'가 그 이유라고 대답합니다. 같은 생각이신가요? 만약 그렇다면 반만 맞추신 것입니다. 미국 시장을 잘 알고 있는 사람들에게 물어보면 확실히 정확하게 맞추시는 분들이 많습니다. 정답은 바로 '블랙프라이데이(Blackfriday)' 입니다. 블랙프라이데이는 추수감사절 바로 다음날로, 매해 11월 넷째 주 금요일입니다. 연중 최대의 세일이 진행되어 미국 연간 소비의 약 20% 가량을 차지할 만큼 최대의 쇼핑이 이루어지는 날입니다. 이를 통해, 우리는 오르골이 대표적인 겨울 시즌 아이템이라는 것을 알 수 있습니다.

매년 많은 소비자들이 평소 찾지 않던 오르골을 블랙프라이데이 시즌에 찾고 있습니다. 그것도 해마다 규칙적으로 말입니다. 특히, 2018년 겨울에 엄청나게 많이 찾았습니다. 그럼 우리는 어떤 전략을 짜야할까요?

글로벌 셀러라면 블랙프라이데이와 크리스마스에 맞춰 11월 초까지 미리 소싱과 리스팅을 해놓고 미국 소비자의 선택을 기다려야 합니다. 또한 오르골은 시즌이 아닐 때는 잘 찾지 않는 상품이기 때문에 평소 물건이 안 팔린다고 스트레스 받을 필요가 없습니다. 다른 시즌 아이템을 빨리 소싱하여 올려놓으면 되는 것입니다.

여기서 잠깐

소싱? 리스팅?

'소싱'은 물건을 사입하는 것이고, '리스팅'은 상품을 쇼핑몰에 올려놓는 것을 의미합니다. 즉, 소싱처에서 물건을 받아서 카페24, 아마존, 이베이 등에 상품을 등록시켜놓는 작업을 '리스팅'한다고 말합니다.

자! 정리해볼까요?

[국내 및 해외 시장에서의 아이템 분별법]

	국내	해외
검색량	네이버 검색광고	구글 키워드플래너
검색추이	네이버 트렌드	구글 트렌드

* **검색량** : 내가 선택한 아이템이 소비자들이 많이 찾는 아이템일까?

* **검색 추이** : 소비자들이 많이 찾는다면 언제 찾을까? 시즌 아이템인가? 아니면 4계절 아이템인가?

Q3 아이템에 대한 시장조사를 하고 싶은데, 방법을 알려주세요!

아이템을 대략적으로 정했다면 해당 아이템에 대한 조사를 해야 합니다. 가장 중요한 조사방법은 역시 고객에게 직접 물어보는 것입니다. 고객이 우리에게는 선생님이자 사업의 정답을 가지고 있는 존재이기 때문이죠. 그렇기 때문에 쇼핑몰을 시작할 때는 반드시 소비자 시장조사를 해야 합니다. 시장조사를 실행하는 방법은 3가지로 요약할 수 있습니다.

① **설문조사 (survey)** : 서베이는 대부분 잘 아시는 시장조사 방법입니다.

많은 사람들이 서베이 작성 경험을 가지고 있습니다. 길거리를 지나가다 설문조사에 응해 주셨거나 기업 이벤트 등에서 몇 가지 질문에 답을 해주셨다면 이미 서베이를 하신 것입니다. 단지 그동안 정보를 주는 입장이었다면 이제는 정보를 얻어오는 입장이 되어야 한다는 것입니다.

[작성 예시]

소비자 만족도 조사

아래의 설문지는 패션업의 발전에 소중한 자료로 사용됩니다. 최대한 성실하게 답변주시면 감사하겠습니다. 추첨을 통하여 총 10분에게 스타벅스 커피쿠폰을 드리겠습니다.

----

1. 성별을 적어주세요.
   ① 여자   ② 남자

2. 나이대가 어떻게 되시나요?
   ① 10~20   ② 21 ~ 30   ③ 31~40   ④ 41~50   ⑤ 51~60   ⑥ 61~ 이상

3. 주로 한달에 몇 번 쇼핑을 하시나요?
   ① 1회   ② 2회   ③ 3회   ④ 4회   ⑤ 5회 이상

4. 온라인 쇼핑은 한달에 얼마나 자주 하시나요?
   ① 1회   ② 2회   ③ 3회   ④ 4회   ⑤ 5회 이상

   ... 등등

설문에 응해주셔서 감사합니다.

위 방법처럼 많은 기업들은 이런 서베이를 통해 고객의 데이터 및 시장을 조사합니다.

보통 서베이는 조사방법론 중에서 양적 분석에 해당합니다. 양적분석은 말 그대로 데이터를 가지고 연구하기에 응답자가 많으면 많을수록 결과가 더 신뢰도나 타당도가 높아집니다.

마찬가지로 여러분께서 위와 같이 서베이를 통해 시장 및 소비자니즈 조사를 한다면 적어도 100명 이상의 설문응답을 받기를 권유 드립니다. 사실 100명은 정말 작은 범위지만 그래도 쇼핑몰을 시작하는 단계니 적어도 100명 정도 설문응답을 받아야 유의미한 결과를 얻을 수 있습니다. 요즘에는 구글 설문지를 활용합니다. 즉, 온라인 설문지를 만들어 SNS을 통해 불특정 다수에게 정보를 얻는 방법을 씁니다.

그럼 구글 설문지를 만드는 방법을 알아야 겠죠? (**타임머신** ▶ Lesson 42. DB 마케팅)

② **심층인터뷰 (In-depth interview)** : 심층 인터뷰는 주로 1대1 인터뷰를 말합니다. 소비자와 만나서 깊은 이야기를 하며, 정서적인 상호작용이 일어나기도 하고 공감대 형성도 할 수 있습니다. 쇼핑몰 예비 창업자나 운영자들은 관련 상품을 쇼핑하는 소비자를 만나 적당한 시간(주로 1시간~1시간 30분)동안 이야기를 나눕니다. 기본적인 질문을 하며 응답자의 관심을 유도하다 보면 응답자는 미처 생각하지 못했던 아이디어를 주기도 하고, 몰랐던 내용을 알려주기도 합니다.

③ **표적집단면접 (FGI , focus group interview)** : FGI도 기업에서 많이 쓰이는 조사방법론입니다. 한국어로 표적집단면접법이라고 하는데, 보통 'FGI' 라고 말합니다. 예를 들어 보겠습니다. 어린 아이를 키우고 있는 어머니 12명에게 유아크림에 대해서 묻습니다. 무엇을 써보았고, 제품에 대한 느낌은 어떤지, 어떤 점이 좋고 어떤 부분을 개선하기 바라는지를 질문합니다. 또한 평소 유아크림을 살 때 어떤 기준으로 구입하는지 등 다양한 관련 질문을 하며 서로 이야기가 오고 갈 수 있도록 유도합니다. 즉, 응답자의 생각을 최대한 끄집어내야 합니다. 그리고 추후에 응답자들의 답변을 모아 요즘 추세와 흐름, 응답자들의 생각이 어떠한지, 왜 그렇게 답변했는지 등을 해석하게 됩니다.

FGI 방법론은 제가 좋아하는 시장조사 방법 중 하나입니다.

그 이유로는 먼저 비용이 적게 듭니다. 무엇보다도 기업의 초청을 받아 FGI에 오시는 분들이기에 자신이 대접받고 있다는 생각을 하게 되고, 그로인해 해당 브랜드에 더 긍정적으로 느끼게 됩니다. 이는 자연스럽게 충성고객이 될 가능성이 높아지게 됩니다.

Q4 아이템 결정에 영향을 주는 요소는 무엇인가요?

시장조사를 하면 아이템에 적극적으로 영향을 주는 정보가 수집됩니다. 예를 들어, 어떤 고객이 이 아이템을 좋아하고, 경쟁회사는 어느 곳이며, 내가 과연 이런 니즈에 맞춰 해낼 수 있는 역량이 있는지 있는지 알 수 있습니다. 이를 3C 분석이라고 합니다.

1. consumer (소비자)
2. company (회사)
3. competition (경쟁회사)

이렇게 정의할 수 있습니다.

소비자를 알고, 우리 회사를 알며, 경쟁회사를 아는 것, 어디서 많이 들어보시지 않았나요? 그렇습니다. 손자병법의 '지피지기백전불태(知彼知己百戰不殆)'입니다. 경쟁 상대를 알고 나를 알면 백 번 싸워도 위태로움이 없다는 뜻입니다. 즉, 우리의 현재 경쟁 상대와 잠재적 경쟁 상대에 대해 공부하고 우리 회사를 공부하여 장단점을 파악해놓아야 합니다. 그러면 이미 형성된 시장에 진입하여 사업을 시작해도 충분히 성공을 거둘만한 승산이 있습니다.

3C	패션 쇼핑몰 사례
1. consumer (소비자)	20대~30대 트렌디한 고객 전국 거주 월 평균 200만원의 소득
2. company (회사)	소자본 CEO가 패션에 대한 경력이 있음. 소호 사무실
3. competition (경쟁사)	스타일난다, 임블리, 육육걸즈, 민스샵, 바온 등

Lesson 05 쇼핑몰 컨셉 도출 : STP 전략

시장조사 방법을 통해 시장과 소비자를 이해했다면 그 데이터를 가지고 자신이 어떤 쇼핑몰을 만들지 기획하고, 컨셉을 도출해야 합니다. STP 전략을 사용한다면, 이미 새로울 것 없는 분야와 시장에서도 블루오션을 찾을 수 있습니다.

Q1 사업 아이템을 어떻게 구체화할 수 있을까요? (Segmentation 전략)

시장 세분화(Segmentation)는 시장을 나누는 것입니다. 한 남자 분이 직장을 그만두고 유아동복 쇼핑몰을 창업하시겠다고 저를 찾아 오셨습니다. 저는 먼저, 유아동복을 다 취급하겠다는 생각을 버리고 시장을 쪼개라고 말씀드렸습니다. 예를 들어, 유기농(Organic) 제품만 다룬다던지 아니면 유아 양말만 하던지, 유아 모자만 다루는 방법입니다. 즉 유아동복 시장 에서 더 작은 부분으로 쪼개는 것입니다. 물론 처음 시작할 때 자본금이 풍부하면 유아동복 전체 시장을 노려볼만 하겠지만 대부분 소자본으로 시작하는 경우가 많기 때문에 반드시 시장을 쪼개서 한 우물만 파는 형태로 진입해야 합니다. 대부분 시장 세분화 과정을 거치지 않고 사업 초기, 무리한 비용을 쓰면서 점차 망하게 됩니다.

그럼 시장을 어떻게 나눌 수 있을까요? 말씀드린 대로 '시장 및 소비자 조사방법론'을 통해서 소비자의 니즈별로 시장을 나눌 수 있습니다. 소비자의 니즈별로 나눌 때는 주로 인구통계학적 변수, 심리 통계적 변수, 구매 행동 변수, 지역 변수 등을 사용하는데, 가장 중요한 것은 인구통계학적 변수를 통해 니즈를 구분하는 일입니다. 예를 들어, 여성 의류 및 패션 아이템을 아래와 같이 세분화할 수 있습니다.

	소비자 니즈	상황	연령	예상 소득	사는곳(대상)	기타 등등
시장 1	30~40대 여성(30대 여성을 중심으로) – 비즈니스 정장은 꼭 필요	세련미를 추구, 결혼 여부와 상관없이 몸매에 관심이 많음.	30~40대	한 가구당 400만원 이상	대한민국	
	소비자 니즈	상황	연령	예상 소득	사는곳(대상)	기타 등등
시장 2	20대 여성 – 캐주얼하고 편한 옷을 필요로 해	공부해야 하는 학생 및 취업준비생. 카페 등에서 장시간 책을 볼 때 편한 옷이 필요함.	20대	200만원	대한민국	
	소비자 니즈	상황	연령	예상 소득	사는곳(대상)	기타 등등
시장 3	20~30대 여성 – 면접이나 행사 때 입을 옷이 필요해	사회초년생 및 직장인. 면접, 결혼식 등 행사 때 입을 옷이 필요함.	20~30대	300만원	대한민국	

여기서 중요한 사실은 절대 자신만의 감각으로 시장을 세분화해서는 안 된다는 것입니다. 스타일난다 김소희 전 대표는 언론 인터뷰에서 고객들이 원해서 화장품(3CE)을 시작했다고 말한 적이 있습니다. 그 당시 다들 안 된다고 말리는 와중에도 단순하게 생각했다고 합니다. "고객들이 원했기 때문에 시작했다." 아마존 창업자이자 CEO인 제프 베조스는 이렇게 말하고 다닌다고 합니다. "사업의 답은 고객에게 있다."

Q2 세분화된 시장에서 나에게 맞는 시장을 어떻게 선택할까요? (Targeting 전략)

어떤 기준으로 그 세분화된 시장에서 자신과 맞는 시장을 고를 수 있을까요?
효과적인 전략을 소개하겠습니다.

1단계 얼마나 수익이 나올까? (필수)
2단계 경쟁 상황은 어떠한가? 대체 상품이 많은가? (선택)
3단계 내 철학과 맞는가? 내가 생각했던 미션과 같은가? (선택)
4단계 내가 가진 인적 네트워크와 얼마나 밀접한 관계가 있는가? (선택)

예를 들어, 세분화된 시장이 3개가 나왔다면 각각의 시장에 위 4단계를 대입해봅니다.
첫 번째는 '얼마나 수익이 나올까?'입니다. 일단 사입 금액, 인건비, 비용 등을 러프(rough)하게 한번 계산을 해봅니다. 아직 사업을 시작하지 않았고 재무에 대한 공부를 안했기 때문에 디테일하게 계산할 수 없어도 괜찮습니다. 혹시 대충 계산해 봐도 적자인가요? 적자가 나올 거라고 예상이 되면 그 시장은 표적시장(들어가야 하는 시장)에서 과감하게 **뺍니다**.

예를 들어, 위 표에서 [시장 2], 20대 여성을 메인 소비자로 하여 캐주얼한 스타일의 옷을 판매하는 시장이라고 가정해 보겠습니다. 평균 사입비가 장당 10,000원 이고 실제 비슷한 상품을 쇼핑몰에서 13,000원에 판매하고 있다면, 일단 그 시장은 제외합니다. 고객이 택배비를 낸다고 가정하더라도 고정비, 인건비, 포장비 등을 포함하면 마이너스 계산이 나오기 때문입니다. 그런 시장은 들어갈 필요가 없습니다. 정말 원하는 시장이라면 일단 나중에 돈을 좀 벌고 나서 시작해도 늦지 않습니다. 일단 사업초기에는 마이너스가 예상되는 시장은 과감하게 제외해야 합니다.

반대로 [시장 1]처럼 고정비까지 포함해서 단돈 1원이라도 흑자가 나오면 일단 그 시장은 합격입니다. 표적시장으로 구분해 놓습니다. 이런 시장은 많은 흑자를 내지 않더라도 경험이라는 소중한 것을 배울 수 있습니다. 마케팅 스킬이 늘면 점차 이윤을 남길 수 있기 때문에 단돈 1원이라도 흑자가 나오면 일단 표적시장으로 선택합니다.

	소비자 니즈	상황	연령	예상 소득	사는곳(대상)	기타 등등
시장 1	30~40대 여성(30대 여성을 중심으로) – 비즈니스 정장은 꼭 필요해	세련미를 추구, 결혼 여부와 상관없이 몸매에 관심이 많음.	30~40대	한 가구당 400만원 이상	대한민국	

[시장1에 대한 표적시장 분석법]

수익 창출?	마진 2만원 ~ 3만원선에서, 그렇게 되려면 하루에 최소 10장 씩은 팔려야 하네.
경쟁 상황?	인터넷으로 조사해 보니 한 40곳 정도, 진입장벽은 없다. 트렌드에 민감하고 경험이 있으면 누구나 할 수 있다.
내 철학과 맞는가?	나는 현재 30대이고, 내 또래들의 고민을 잘 알고 있다. 나도 같은 고민을 했고, 또래들의 고민을 해결해주고 싶다. 해보니까 재미있을 것 같다.
인적 네트워크	또래들이 많다. 모델을 해주겠다고 하는 분들도 있다. 무엇보다 쇼핑몰을 운영하는 지인이 있다.

주의할 점은 꼭 표적시장이 1개일 필요는 없습니다. 만약 표적시장이 2개 정도 나온다면 진입이 가능한 시장은 2개인 것입니다. 다만 우선순위를 정해서 다음 단계인 포지셔닝을 차례차례 해봅니다.

Q3 선택한 컨셉을 어떻게 차별화하여 경쟁에서 이길 수 있을까요? (Positioning 전략)

시장세분화(S), 표적시장(T)까지 했다면 이제는 경쟁에서 살아남기 위해 자신의 표적시장을 고객들에게 어떻게 포지셔닝할 것인가를 고민해야 합니다. 포지셔닝한다는 뜻은 소비자의 머릿속에 내 상품에 대한 특정한 대상의 이미지를 심어 놓는 것이라고 말할 수 있는데, 그렇게 하려면 두 가지를 볼 필요가 있습니다.

> **1단계** 내 상품이 경쟁 상품에는 없는 차별성이 있는가?
> **2단계** 혹시 내 상품이 최초라고 말할 수 있는 특장점이 있을까? 무조건 찾아라!

먼저 1단계, 내 상품이 가진 차별성을 어떻게 찾을 수 있을까요?
차별성에 대한 고민과 경쟁에 대한 전략을 수립할 때 '마이클 포터'의 경쟁우위 전략을 활용할 수 있습니다.

마이클 포터의 본원적 경쟁전략

1. 넓은 시장을 저원가로 접근하는 **비용 우위 전략**
2. 넓은 시장을 차별화로 접근하는 **차별화 전략**
3. 좁은 시장을 원가우위나 차별화로 접근하는 **집중화 전략**
→ 특정 고객, 특정 제품, 특정 지역 등 한정된 영역에 집중

자! 이 경쟁 전략을 쇼핑몰에 적용해보겠습니다.

① 비용 우위 전략

낮은 원가의 물량으로 밀어내는 전략입니다. 이건 이미 시장의 선도업체나 대기업들이 잘 쓰는 방법입니다. 경쟁자들이 생겼을 때 치킨게임을 하는 것입니다. 즉 1000원 하던 상품을 900원으로 내립니다. 그럼 경쟁자들도 따라서 900원으로 내리게 됩니다. 그럼 다시 800원으로 내립니다. 그렇게 서로 계속 내리다 보면 자본금이 적거나 영세한 업체는 결국 경쟁에서 밀려서 파산을 하고 맙니다. 하지만 선도업체나 대기업들은 자본력이 탄탄하기에 손해를 보더라도 버틸 수 있는 입니다. 결국 경쟁에서 승리하면 그동안 손해 봤던 금액 이상의 이익을 얻을 수 있습니다.

② 차별화 전략

차별화 전략은 경쟁업체가 따라할 수 없는 차별성을 강조하는 전략입니다. 넓은 시장에서 본인 업체만 특화된 차별점을 찾아 밀고 나가는 것인데, 많은 사람들이 차별화할 것이 없다고 합니다. 예를 들어, 사입을 주로 하는 쇼핑몰에서 차별화를 해봤자 얼마나 하겠나라고 생각합니다. 하지만 그렇지 않습니다. 차별화는 상품에만 국한되지 않고, 서비스나 다른 분야를 통해서도 가능하고, 무엇보다 고객들의 반응도 차별화가 될 수 있습니다. 얼마 전 여성 유명 쇼핑몰을 들어 가봤더니 '후기 댓글 몇 만 건 돌파! 소비자 만족 단연 1등!'이라는 카피를 올려놓은 것을 볼 수 있었습니다. 바로 이런 것이 차별화입니다.

③ 집중화 전략

쇼핑몰에서 사용하기 적합한 전략으로, 좁은 시장을 원가 우위나 차별화로 접근하는 전략입니다. 다시 말하면 특정 고객, 특정 제품, 특정 지역과 같이 한정된 영역에 집중 포지셔닝하여 고객을 설득하고 피드백을 얻는 전략입니다.

이미 우리는 시장세분화를 했기에 시장을 좁힐 수 있었습니다. 30대 의류 쇼핑몰보다 30대 여성 정장 쇼핑몰로 시장을 좁히는 것이 더 구체적입니다. 더 좁혀볼까요? 30대 여성 정장에서 30대 여성 비즈니스룩으로 한정하면 정장 중에서도 회사 다닐 때 입고 다닐 수 있는 옷으로 한정이 됩니다. 이렇게 좁은 시장에 집중해서 차별화를 하고 그 영역에서만 비용을 쏟아 붙는 것입니다. '한 우물만 판다!' 아무리 강조해도 지나치지 않습니다.

이제, 〈마이클포터〉의 경쟁우위전략을 통해 시장을 형성했다면 아래의 그림처럼 자신의 표적시장에 대해서 포지션맵을 그려야 합니다.

가로축을 퀄리티, 세로축을 가격으로 놓은 후, 경쟁사의 위치를 파악하고 상대적으로 자신의 회사 위치는 어디인지 생각해보며 현 주소를 파악할 수 있습니다. 가로 축과 세로 축의 기준은 고정된 것이 아닙니다. 다양하고 새로운 변수들도 고려합니다. 무엇보다도 소비자들이 중요하게 생각하는 기준들을 하나하나 대입해보면서 자신의 회사와 경쟁사의 위치를 확인해봅니다. 그러면 자신의 회사에서 부족한 점, 경쟁사보다 잘하고 있는 점이 무엇인지 한 번에 알 수 있습니다.

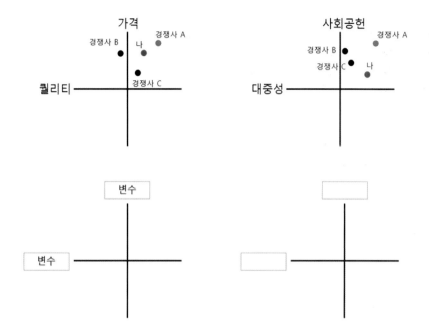

이러한 과정을 통해서 자신의 회사를 소비자 마음에 어떻게 자리 잡게 할지 결론이 나옵니다. '포지셔닝한다'는 의미가 바로 소비자의 머리와 마음속에서 어떻게 인식되는가의 문제이기 때문입니다. 예를 들어 음악을 판매하는 레이블 회사는 이렇게 포지셔닝할 수 있습니다. 단지 음악만을 판매하는 회사가 아니라 '여성이 듣기 편한 음악을 잘 만드는 레이블 회사' 이렇게 말입니다.

마찬가지로 자신의 쇼핑몰을 고객들에게 어떻게 포지셔닝하는가에 따라 쇼핑몰의 성공률이 달라집니다. 단지 '30대 여성 의류 쇼핑몰'이 아니라 '30대 여성 비즈니스 정장 쇼핑몰' 과 같이 조금만 더 구체적으로 신경 써서 STP를 하면 쇼핑몰의 컨셉이 자연스럽게 만들어집니다.

Lesson 06 | 쇼핑몰 환경 분석 : SWOT 분석

Q1 SWOT 분석은 무엇인가요?

SWOT 분석은 기업의 내부 환경을 분석하여 강점과 약점을 발견하고, 외부 환경을 분석하여 기회와 위협을 찾아내 마케팅 전략을 수립하는 일을 말합니다. 쇼핑몰 기획 단계에서 매우 중요한 전략입니다. 지금 종이를 놓고 SWOT을 그려봅니다. 각각의 항목은 아래와 같습니다.

- **강점 (Strength)** : 경쟁 기업과 비교하여 소비자로부터 강점으로 인식되는 것은 무엇인가?
- **약점 (Weakness)** : 경쟁 기업과 비교하여 소비자로부터 약점으로 인식되는 것은 무엇인가?
- **기회 (Opportunity)** : 외부 환경에서 유리한 기회요인은 무엇인가?
- **위협 (Threat)** : 외부 환경에서 불리한 위협요인은 무엇인가?

그럼 이런 질문이 생길 수 있습니다. 외부 환경을 분석하여 기회와 위협을 어떻게 찾을 수 있을까? 일반적으로 PEST 분석이나 마이클 포터의 경쟁세력모형으로 찾을 수 있습니다.

PEST 분석이란?

PEST 분석은 거시환경분석 또는 외부환경분석이라고 말합니다.

회사나 아이템을 정치적(Political) 요소, 경제적(Economic) 요소, 사회적(Social) 요소, 기술적(Technological) 요소로 분석해 보는 것입니다.

예를 들어 아이템을 인테리어로 정했다면, '현재 1인 가구(사회적 요소)의 증가는 나에게 어떤 영향을 줄 것인가?'와 같은 의문점을 가지고 분석하는 일을 말합니다.

경쟁 세력 모형 (competitive forces model)이란?

나의 경쟁사가 어디인지 알아보는 모형입니다.

마이클 포터의 5 forces 모델은 보통 5개의 경쟁 세력이 존재하고 이런 경쟁 세력이 자신에게 영향을 준다는 것을 의미합니다.

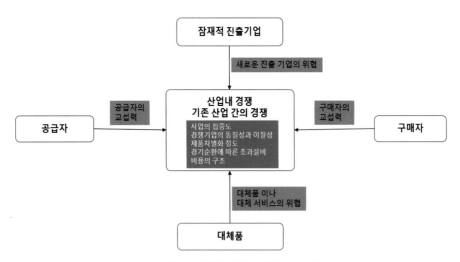

〈마이클 포터의 경쟁 세력 모형 (5 forces)〉

Q2 SWOT 분석을 통해 어떤 전략을 도출할 수 있을까요?

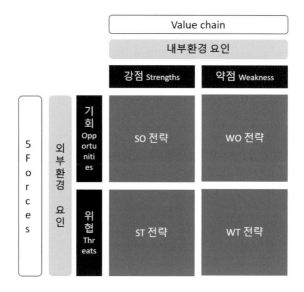

많은 사람들은 SWOT 분석을 단지 강점, 약점, 기회, 위협 요인만 나열하는 것으로 오해하고 있습니다. 하지만 정확한 SWOT 분석은 4가지 전략을 찾는 일로 아래와 같습니다.

① **SO 전략** : 강점을 살려 기회를 얻는 전략
② **ST 전략** : 강점을 살려 위협을 극복하는 전략
③ **WO 전략** : 약점을 보완하여 기회를 얻는 전략
④ **WT 전략** : 약점을 보완하여 위협을 극복하는 전략

지금, 이와 같은 4가지 전략을 도출해보시기 바랍니다. 쇼핑몰이 아주 체계적으로 변해갈 것입니다.

Lesson 07 | 쇼핑몰 마케팅 MIX 기획 : 4P 전략

Q1 상품에 대한 전략이 필요할까요? (Product 전략)

아이템을 20대 아메카지룩으로 가정했을 때, 상품 전략은 다음과 같습니다.

'고객들이 생각하는 아메카지룩 스타일은? 아메카지룩에 어울리는 색상의 조화는? 자주 코디하는 스타일은? 옷에 브랜드 라벨을 넣을까? 경쟁사들의 옷과는 다른 우리 회사 옷만의 차별성은?'과 같은 물음과 이에 따른 답을 찾는 것입니다. 다시 말해서, 상품에 대한 모든 기획이라고 생각하면 됩

니다.

상품 전략 중에서도 쇼핑몰 경영에서 가장 중요한 것은 아래와 같습니다.

1. 상품인가, 제품인가?

상품과 제품의 차이는 이미 스타일난다를 소개했을 때 말씀드렸습니다. 상품은 물건을 사서 그대로 판매하는 것이고, 제품은 자신이 직접 만들거나 가공해서 파는 것입니다. '스타일난다' 같은 경우 현재 상품과 제품의 비율이 2:8이지만 대부분의 쇼핑몰은 제품보다 상품이 많습니다. 즉, 도매시장에서 물건을 가져와서 마진을 붙여서 파는 입니다.

소자본 창업을 하는 대부분의 사람들은 사입을 100%로 하는 경우가 많습니다. 어쩔 수 없는 부분입니다. 그렇다면 처음에는 사입을 100%로 가되 나중에 돈이 조금씩 돌면 본인의 회사만 소유한 제품을 만들어낼 전략을 세워야 합니다. 마찬가지로 지금 쇼핑몰을 운영하고 있는데, 이상하게 수익은 제자리고 몸만 더 힘들어진다면 상품과 제품 구성이 어떤 비율로 되어 있는지 조사해볼 필요가 있습니다. 그럴 때는 자신만의 제품을 만들려는 시도를 해보는 것이 장기적으로 좋습니다. 매우 중요한 부분이니 꼭 체크해두시기 바랍니다.

2. 상품 구성을 새롭게 해라!

"저는 사입만 100%예요. 그럼 어떤 Product 전략을 세울 수 있을까요?"

4P 믹스에서 말하는 Product 전략은 어떻게 고객들에게 최적화된 상품을 전략적으로 보여주는가를 말합니다. 고객이 필요로 하는 상품을 만들어내고 때로는 없애기도 하고, 기존의 상품과 세트로 만들어 새로운 가치를 창출하기도 하는 등 다양한 방법이 있습니다.

아래의 사례를 살펴볼까요?

> **사례**
>
> 아이템을 디퓨저로 잡은 여자 대표님이 오셨습니다. 이미 1달 전부터 오픈마켓에서 디퓨저를 팔고 있는데, 생각보다 잘되지 않아서 고민이라고 하셨습니다.
>
> 상품을 보니 영업사원들의 답례나 판촉 상품으로 좋아 보였습니다. 포장지도 고급스럽고 디자인이 좋았죠. 그래서 B2C도 좋지만 B2B 상품으로도 만들어서 판매해보라고 권유해 드렸습니다. B2B용으로 상품을 새로 만들어 보험회사나 자동차 딜러, 영업사원들을 만나서 제안서를 주고 온라인에서 주문받도록 했습니다. 결과는 어땠을까요? 초반의 어려움을 잘 극복하고 지금까지도 사업을 잘 하고 계십니다.

이것이 바로 쇼핑몰에서 할 수 있는 Product 전략입니다.

반드시 새로운 상품을 만들어 낼 필요는 없습니다. 기존의 상품을 니즈에 맞게 묶어서 구성만 새롭게 하는 방법도 좋습니다. 예를 들어, 바쁜 직장 여성을 위한 데일리 룩 세트 상품을 구성하여 새로운 상품으로 판매할 수 있습니다. 이런 전략은 실제로 잘 통하고 있습니다. 한 번에 두 개 이상을 팔 수 있기 때문에 매출에도 도움이 됩니다. 이와 같은 마케팅을 '디드로 효과'라고 합니다. 자세한 내용은

PART 3에서 배울 예정입니다. (**타임머신** ▶Lesson 47. 쇼핑몰 마케팅 12가지 성공법칙)

> **Q2** 가격을 정할 때 참고해야 할 전략은 무엇이 있나요? (Price 전략)

상품을 선정했다면 그것에 맞는 가격을 결정해야 합니다. 상품의 가격을 어떻게 정할까요? 가격을 통한 성공 비결은 무엇이 있을까요? 몇 가지 전략적 툴을 알아보겠습니다.

1. 침투가격 전략

침투가격 전략은 쇼핑몰을 처음 시작할 때 최대한 많은 시장 점유율을 갖기 위해서 취하는 가격 전략입니다. 그렇기에 침투가격 전략은 시장의 후발업체들이 자주 쓰는 전략입니다.

장점
1. 처음 시장에 진입하기에 용이하다.
2. 오픈마켓에서는 최저가 전략으로 초반 매출을 일으킬 수 있다.
3. 시장이 재편되면 살아남은 기업은 모든 이익을 취할 수 있다.

단점
1. 마진이 많이 남지 않는다.
2. 치킨게임이 시작된다.

2. 스키밍 전략

스키밍 가격 전략은 시장 침투가격 전략과 반대되는 전략이라고 할 수 있습니다.

시장 침투가격 전략은 시장에 진입하기 위해서 낮은 가격으로 들어가 점점 가격을 높인다면, 스키밍 가격 전략은 반대로 높은 가격을 책정한 다음 가격을 점점 내리는 전략입니다.

즉, 쇼핑몰 초기에 투자한 금액을 단기간에 회수하기 위해서 사용합니다. 재무적으로 쇼핑몰이 손익분기점을 넘기고 안정화되면 점차 가격을 낮추게 됩니다. 일반적으로 브랜드 의류에서 많이 쓰입니다. 어차피 브랜드 신상이 나오면 꼭 구입하는 고객 그룹이 존재하는데, 이를 고정수요라고 합니다. 고정수요가 발생할 때 마진을 많이 남기면 됩니다.

3. 명성가격 전략

명성가격 전략은 '명품'을 떠올리면 됩니다. 명품하면 어떤 생각이 나세요? '비싸다. 고급스럽다. 가치가 있다. 가격이 절대 안 떨어진다.' 그렇습니다. 명성가격은 처음 가격 그대로 계속 갑니다. 스키밍 전략은 처음에 고가였다가 시간이 지날수록 가격을 떨어뜨리는 전략이라면 명성가격 전략은 처음 가격 그대로 계속 갑니다.

명성가격 전략은 어떻게 사용할 수 있을까요?

주로 명품을 다루는 회사들이 쓰고, 또한 브랜드를 구축하고자 하는 회사들이 구사합니다. 쇼핑몰에서도 브랜드를 관리하는 회사들은 명성가격 전략을 주로 사용합니다. 브랜드 가치를 위해서 가격을 절대 내리지 않습니다. 주의할 점은 그만큼 고객들에게 가치 제고를 제대로 해줘야 합니다.

Q3 유통은 어떻게 해야 할까요? (Place 전략)

쇼핑몰 창업과 운영은 수많은 유통 전략 중 하나입니다. 중요한 사실은 사업을 위해서 쇼핑몰을 사용하는 것이지 쇼핑몰 매출이 전부가 아니라는 것입니다. 많은 쇼핑몰 대표들이 쇼핑몰이 망하면 사업 전체가 다 망하는 것처럼 생각하시는데 그렇지 않습니다. 쇼핑몰은 유통 방법 중 하나이지 사업의 전체가 될 수 없습니다.

다시 말하면, 전자상거래 비즈니스 모델에 나온 것처럼 카페24를 활용한 자사몰도 있고, G마켓처럼 오픈마켓도 있습니다. SSG와 같은 종합몰은 물론 폐쇄몰에도 입점할 수 있습니다. 더 나아가 오프라인 샵인샵 형태로도 입점이 가능합니다. 어떤 유통방법이 가장 좋을지 선택하는 것, 그것이 바로 유통 전략입니다.

Q4 마케팅 판촉이나 프로모션 전략은 어떻게 세우나요? (Promotion 전략)

4P중에서 프로모션은 사례가 매우 다양하고 범위 또한 넓습니다. 그래서 〈PART 03. 쇼핑몰 실전 마케팅〉에서 집중적으로 다뤄보도록 하겠습니다.

Lesson 08 ' 나만의 사업 계획서 만들기

Q1 사업계획서는 무엇인가요?

사업계획서는 본인 사업의 로드맵을 그리는 작업입니다. 예를 들어 우리가 여행을 간다고 생각해보면 여행을 가기 전 우리는 어디를 갈 것인지, 누구와 갈 것인지, 어떻게 갈 것인지 정하게 됩니다. 또한 숙박을 예약하고 일정을 짠 뒤, 최종적으로 총 여행 경비를 미리 계산하게 됩니다. 만약 여행 비용이 부족하다면 어떻게 비용을 충당할지 생각하기도 합니다. 경비가 풍족하다면 더욱 알찬 여행을 위해서 스케줄을 조절하기도 합니다.

쇼핑몰 사업계획서도 마찬가지입니다. 사업 목적을 깨닫고, 그 긴 여정을 위해서 누구와 함께할 것인지 결정합니다. 자사몰을 할 것인지 오픈마켓으로 할 것인지도 정하고, 예산도 미리 짜봅니다. 사업계획서는 이런 전체적인 지도를 그리는 작업이라고 생각하시면 됩니다.

사업계획서의 거시적 목적	사업계획서의 미시적 목적
내 사업의 전체적인 로드맵이 되어준다.	창업지원 자금신청할때 제출 서류로 필요
내가 생각한 비즈니스모델의 실행 계획, 방법론이다.	입주지원사업 신청할때 제출서류로 필요
사업 진행 추진 일정을 한눈으로 요약하여 볼 수 있다.	인증을 받을 때 필요
추진 상황을 관리하여 비용 감소 등의 효율성을 높일 수 있다.	컨설팅이나 경영진단을 받을 때 필요
사업의 타당성을 점검할 수 있다.	
예견될 수 있는 위험을 미리 헷지할 수 있다.	

이제 사업계획서의 목적과 써야하는 이유는 알겠는데, 그럼 어떻게 작성해야 할까요?

Q2 사업계획서를 작성하는 방법을 알려주세요.

대부분 사업계획서를 작성하라고 하면 당황하게 됩니다. 그 이유는 대부분 어떤 항목들이 있는지 모르기 때문입니다. 그래서 사업계획서에 들어갈 항목을 정리해봤습니다. 더 자세한 사업계획서 양식은 〈실습파일〉(http://propr.co.kr/book)에 올려놓았으니 다운로드 해서 사용하시면 됩니다.

사업계획서 항목

1. 회사 개요

 (1) 일반 현황

 (2) 연혁

2. 사업 개요

3. 제품 및 기술 현황

4. 시장 환경

5. 투자 계획

6. 마케팅 계획

7. 조직 및 인원 계획

8. 매출 및 이익 계획

9. 위험 관리

10. 사업 추진 일정

CHAPTER 03 쇼핑몰 창업에 필요한 행정과 세무

Lesson 09 | 쇼핑몰 이름 및 도메인 정하기

Q1 쇼핑몰 이름과 사업자 이름이 같아야 하나요?

많은 운영자들이 쇼핑몰을 창업할 때나 운영하면서 상호와 쇼핑몰 이름을 똑같이 해야 하는 것으로 오해하거나 궁금해합니다. 아닙니다. 사업자등록증에 나와 있는 상호와 쇼핑몰 이름이 꼭 같아야 할 필요는 없습니다. 예를 들어, 스타일난다의 법인 상호는 '(주)난다'입니다. 임블리의 상호는 '비티지(주)'입니다. 난닝구닷컴의 법인명은 '(주)엔라인'입니다. 이처럼 상호와 쇼핑몰 이름은 달라도 상관없습니다. 어떻게 확인 하냐고요? 전자상거래법상 상호는 온라인 쇼핑몰 하단에 반드시 정확하게 넣어야 합니다. 모든 쇼핑몰은 하단에 상호뿐만 아니라 주소, 사업자등록번호와 같은 정보를 정확하게 기재해야 합니다.

대표이사. 신지은 | 사업자등록번호. 130-86-24632 | 통신판매업신고. 2014-서울마포-0835 | 개인정보관리책임자. 강숙현 [사업자정보확인]
회사명.(주)난다 | 전화. 0502-707-8888 | 팩스. 02-335-5274 | 이메일. nanda@stylenanda.com | 주소. 서울특별시 마포구 잔다리로 32 서문빌딩 2,3,4,6F
© 2017 NANDA All rights reserved. | **개인정보처리방침** | 이용약관 | Hosting by cafe24

〈스타일난다 하단 기업정보〉

그렇다면 쇼핑몰 이름과 도메인 이름이 같으면 좋을까요?

네, 그렇습니다. 법으로 정한 건 아니지만 소비자들이 헷갈려 하지 않기 때문에 같으면 좋은 것입니다. 만약 '스타일난다' 쇼핑몰의 도메인 주소가 stylenanda.com이 아니라면 어떻게 될까요? 더 나아가 위 도메인을 다른 누군가가 가지고 있다면 어떻게 될까요? 많은 소비자들이 헷갈려 할 것입니다. 분명 인터넷에서 stylenanda.com를 쳐서 들어왔는데 다른 사이트가 나온다고 말할 것입니다. 그래서 쇼핑몰 이름을 결정할 때는 먼저 그 쇼핑몰 이름에 맞는 도메인이 남아 있는지를 확인해야 합니다. 아무리 내 마음에 쏙 드는 쇼핑몰 이름을 찾았다고 해도 그 이름과 같은 도메인을 누군가 사용하고 있다면 포기하시는 것이 좋습니다.

좋은 도메인일수록 남들이 이미 사용하고 있을 가능성이 큽니다. 일단 구입하는 사람들이 많습니다. 그래서 쇼핑몰 이름을 정하기 전에 꼭 도메인이 살아 있는지 확인해야 합니다.

> **Q2** 도메인을 확보하고 등록하는 방법을 알려주세요.

원하는 쇼핑몰 이름에 맞는 도메인을 어떻게 확인하고 구입할 수 있을까요? 그 방법을 알려드리겠습니다.

1. 〈카페24〉 메인 사이트에 접속합니다.

원하는 도메인을 ❶ [검색] 합니다. 예를 들어 '서울걸'이라면 seoulgirl이라고 입력합니다.

2. 검색을 클릭하면 등록 가능한 도메인이 나옵니다.

❶ [등록불가능]은 도메인을 이미 누군가 구입했기에 사지 못하는 것이고,

❷ [등록가능]은 본인이 현재 살 수 있는 도메인을 가리킵니다.

보통 1년 등록에 22,000원(부가세 포함)입니다.

1년만 등록하는 것도 가능하니 원하는 등록 기간을 설정하여 등록하시면 됩니다.

3. [약관]에 동의합니다.

4. 상세 정보를 입력하신 후 결제 완료를 하시면 아래와 같이 확인 창이 나옵니다.

5. 주의할 점은 도메인을 구입했다고 해서 쇼핑몰과 바로 연결이 되는 것은 아니라는 것입니다.
쇼핑몰 관리자 페이지에서 구입한 도메인과 연결을 시켜줘야 합니다. 이에 대한 세팅 방법은 쇼핑몰 디자인 부분에서 다루도록 하겠습니다. (타임머신 ▶Lesson 19. 쇼핑몰 기본정보 작성하기)

여기서 잠깐

<카페24>에서 도메인을 구매하는 것이 좋은가요?
꼭 그렇지 않습니다. 다른 사이트에서도 구입이 가능합니다. 하지만 도메인 구입목적이 카페24 쇼핑몰을 위한 것이라면 카페24에서 도메인 구입하는 것을 추천드립니다. 완성된 쇼핑몰과 도메인을 서로 연결해야 하는데, 카페24에서 도메인을 구입했다면 연동신청하자마자 바로 연결이 가능하기 때문입니다. 만약 다른 회사에서 도메인을 구입할 경우 네임서버 등 초보자들이 봤을 때 복잡하고 어려운 세팅을 따로 해줘야 합니다.

Q3 도메인을 보면 .com / co.kr / kr 등이 있는데 차이점이 무엇인가요?

정말 많이 받는 질문입니다. 결론부터 명확하게 말씀드립니다.

1순위 .com   2순위 .co.kr   3순위 .net   4순위 .kr   입니다.

.com은 Company를 딴 글로벌 도메인으로, 많은 유명 사이트들은 국내와 해외를 막론하고 대부분 .com을 사용하고 있습니다. 일명 '닷컴'이라고 합니다. 한때 전 세계에서 닷컴열풍, 닷컴거품이라는 말이 유행하기도 했습니다. 만약 원하는 도메인의 .com 이 없다면 2순위로 .co.kr을 선택합니다. co.kr은 쉽게 말해서 대한민국 기업이라는 뜻입니다. co는 당연히 Company를 가리키고 kr은 Korea를 의미합니다.

정리하면 com과 co.kr 모두 영리 목적의 회사가 사용하는 도메인인데 com은 전 세계에서 사용하는 도메인, co.kr은 한국에서 사용하는 도메인이라고 보시면 이해하기 쉽습니다. 당연히 전 세계인이 많이 사용하는 com이 가장 좋습니다.

그럼 전략은?

처음 도메인을 신청할 때 com과 co.kr 2개가 다 남아 있다면 2개를 모두 구입하는 것을 추천합니다. 만약 둘 중 하나를 골라야 한다면 당연히 확장성이 좋은 com이 1순위이고 그 다음이 co.kr입니다. net은 인터넷 기업들이 많이 사용하는 도메인입니다. 그러니까 daum.net을 떠올리시면 이해가 쉽습니다. 쇼핑몰에서는 net 도메인을 잘 쓰지 않습니다.

.kr은 국가를 뜻하는 도메인으로 중국 같은 경우 .cn, 일본은 .jp를 씁니다. 사실 우리나라에서는 .kr을 잘 쓰지 않습니다. 워낙 .com이나 .co.kr을 많이 사용하고 있고 .kr은 나중에 나온 것이라 왠지 후발업체 이미지가 강하고 정말 도메인이 없어서 쓰나 보다 이런 이미지를 줍니다.

Q4 도메인의 소유 확인은 어떻게 하나요? 누가 가지고 있는지 궁금합니다.

도메인 확보를 하셨나요? 잘 하셨습니다. 그런데 정말 원하는 도메인이 있는데, 이미 누군가 소유하고 있을 때 그 주인이 누구일까 궁금하기도 합니다. 혹시 '내가 그 사람과 잘 이야기해서 양도받을 수는 없을까?'라고 생각할 수도 있습니다. 그럼 도메인의 소유를 확인하는 방법을 알려드리겠습니다.

1. 내가 원하는 도메인 주소를 입력합니다.

검색을 하시면 등록불가능 옆에 ❶ [도메인 정보보기]가 나옵니다.

2. 등록한 사람은 KWON, HYUKJOONG 저자 입니다.

연락처는 prucc@naver.com입니다. 또한 최초 등록 날짜는 2017년 08월 11일이고, 종료 날짜는 2019년 08월 11일입니다.

도메인은 기간 종료 전에 다시 재등록을 하시면 연장이 가능합니다. 만약 정말 원하는 도메인이 있으시다면, 종료 날짜를 잘 기억해서 기다렸다가 등록자가 등록을 안 했거나 깜박 잊었을 때 얼른 등록하시면 됩니다.

---

seoulgirl.co.kr 의 도메인 정보

query : seoulgirl.co.kr

KOREAN(UTF8)

도메인이름 : seoulgirl.co.kr
등록인 : 권혁중
책임자 : 권혁중
책임자 전자우편 : prucc@naver.com
등록일 : 2017. 08. 11.
최근 정보 변경일 : 2017. 08. 11.
사용 종료일 : 2019. 08. 11.
정보공개여부 : N
등록대행자 : (주)가비아(http://www.gabia.co.kr)
DNSSEC : 미서명

> **Q5** 도메인 정보를 노출하기 싫어요. 전 투잡이거든요.

도메인 소유자가 누구이든 위와 같은 방법으로 소유자의 메일 주소를 비롯한 해당 도메인의 정보를 확인할 수 있습니다. 그런데 간혹 이런 경우가 있습니다. 본인이 쇼핑몰을 창업하고 운영하는 것을 숨기고 싶어 하시는 분들입니다. 투잡하시는 분들을 예로 들 수도 있겠습니다. 직장을 다니는데 개인 사업으로 쇼핑몰을 운영한다는 사실을 숨기고 싶을 때, 도메인 소유자 확인을 못하게 막는 방법이 있을까요? 네, 있습니다. 현재 도메인 업체에서는 부가서비스로 도메인 소유 확인을 못하게 하는 방법도 실시합니다. 다만 유료입니다. 이 서비스를 신청하면 도메인 확인란에 소유자가 아닌 도메인 등록회사만 뜨게 됩니다. 여러 가지 개인적인 이유로 노출을 꺼려하시는 분들에게는 유용한 서비스입니다.

Lesson 10 | 쇼핑몰 사업자가 알아야 할 세무 상식

Q1 사업자등록 기준은 무엇인가요?

어떤 분들은 쇼핑몰을 하려면 무조건 사업자를 등록해야 한다고 하고, 어떤 분들은 적은 수량이면 등록하지 않아도 된다고 합니다. 도대체 어느 것이 맞는 사실일까요? 원칙대로 말하면 사업자를 등록하는 것이 맞습니다. 그런데 오픈마켓을 보면 사업자등록 없이 일반회원으로 가입해도 판매가 가능한데 이건 어떻게 설명할 수 있을까요?

자! 그 이유를 설명 드리겠습니다.

사업자 기준은 사업의 영속성 그러니까 지속적이고 반복적으로 판매하는 것을 의미합니다.

예를 들어, 평소 옷에 관심이 많은 사람이 예쁜 옷 한 벌을 구입해서 그 옷을 블로그에 올렸는데, 누군가 보고 자신에게 팔라고 댓글을 남겼습니다. 그래서 그 옷을 일회성으로 판매했다면 그런 경우는 사업자등록을 할 필요가 없는 것이죠. 지속적이고 반복적인 사업이 아니기 때문입니다. 중고거래도 마찬가지입니다. 내가 갖고 있는 악기 하나를 판다고 무조건 사업자등록을 할 필요는 없습니다. 그런데 만약 제가 SNS에 올린 옷들이 뜨거운 인기를 얻어서 한 벌, 두 벌, 세 벌 등 계속 팔리는 상황이 오는 겁니다. 한편으로 부담스러워지면서 '사업자등록을 해야 할까? 지속적이고 반복적인 사업의 기준은 뭘까?' 고민이 되기 시작합니다.

여기에 핵심이 있습니다. 도대체 그 지속적이고 반복적인 사업의 기준은 무엇일까요?

정답은 아직 명확하게 정해지지 않았습니다. 그동안 국세청에서는 6개월 안에 10회 이상의 판매나 매출 600만 원 이상을 '지속적이고 반복적인 사업의 기준'으로 삼아왔습니다. 이와 같은 경우를 사업자등록을 해야 할 대상으로 보았지만, 이제 이 규정은 사라졌습니다.

엄격하게 보면 소득이 발생하는 순간 세금도 존재해야 합니다. 그럼 이제는 1회 판매를 해도 무조건 사업자등록을 해야 할까요? 그렇지 않습니다. 공식적으로 이 규정이 사라졌다는 것이지 실제 그 기준(6개월 안에 10회 이상 판매하거나 매출 600만 원 이상)은 현실에서 아직 통용되고 있습니다. 대표적인 예가 오픈마켓이죠. 네이버 쇼핑몰인 스마트스토어에 일반회원으로 가입하면, 사업자등록을 하지 않아도 판매가 가능합니다.

이제 속 시원하게 정리가 되셨나요? 그런데 여기에 중요한 사실이 하나 있습니다.

오픈마켓은 가능하지만 자사몰은 기준이 애매합니다. 즉, 오픈마켓은 플랫폼이기 때문에 간단하게 일회성 물건을 판매하는 것이라고 간주할 수 있습니다. 회원가입하고 상품을 등록하면 수월하게 진행됩니다. 플랫폼을 기반으로 하여 판매자와 구매자가 연결되어 거래가 이루어지는 것이죠. 그런데 자사몰에서 판매하는 일은 일회성이 아니라 지속적이고 반복적으로 판매한다는 뜻으로 받아들여집니다. 국세청에서는 자사몰을 일회성 판매를 위해서 도메인을 사고, 쇼핑몰을 디자인 하는 것이 아니라고 판단하는 것입니다. 정확하게 국세청은 우리가 말하는 자사몰을 전문몰로 이해하고 있습니다. 즉 전문몰이기 때문에 지속적이고 반복적인 판매를 위해서 쇼핑몰을 만들었다고 여깁니다. 물론 이것도 아직 뚜렷한 규정이 있는 것은 아니지만, 현재 국세청에서 이와 같이 판단하고 있습니다.

정리하자면 쇼핑몰을 시작할 때는 마음 편하게 사업자등록을 하는 것이 좋습니다. 직접 해보시면 아시겠지만 10회 정도의 횟수는 지인 판매만 해도 쉽게 넘어갑니다. 무엇보다도 쇼핑몰을 창업해서 제대로 하려는 뜻이 있는 분들께는 사업자등록이 필수라고 생각하시면 됩니다.

만약 사업자등록을 하지 않고 지속적이고 반복적으로 판매하면 바로 신고가 접수되어 생각하지 않는 가산세를 낼 수도 있습니다. 이 사실을 국세청이 어떻게 아냐고요? 경쟁 쇼핑몰들이 바로 신고를 합니다. 이게 현실입니다. 그러니 쇼핑몰 창업을 결심했다면 당당하게 사업자등록을 하시면 됩니다.

> **Q2** 개인사업자와 법인사업자의 차이는 무엇인가요?

〈사업자 종류〉

사업자등록은 사업개시일 20일 이내에 사업장 관할 세무서장에게 신청해야 합니다. 즉, 사업을 시작했다면 20일 이내로 사업자등록증을 신청해야 한다고 사업자에 대한 법령에 명시되어 있습니다. 사업자등록을 미리 해도 상관없습니다. 신청할 때 보면 사업개시일을 적는 칸이 있는데, 그 칸에다가 정확한 개시일을 적으면 그 날짜를 기준으로 사업자 등록이 이루어집니다. 그런데 개인사업자와 법인사업자가 따로 있는데, 이 둘의 차이는 무엇일까요?

사업자의 종류
- **개인 사업자** : 개인이 주체가 되어 사업을 진행.
  처음 쇼핑몰을 창업한다면 대부분 개인사업자로 진행합니다.
- **법인 사업자** : 법인이 주체가 되어 사업을 진행.

회사 이름에 ㈜, 즉 주식회사를 단 상호가 있습니다. 제 회사인 (주)프로피알 처럼 말입니다. 주식회사는 법인을 의미합니다. 법인은 개인이 아니라 새롭고 독립된 주체라는 의미의 법인으로서 사업이 진행됩니다. 일반적으로 쇼핑몰을 창업하면 법인보다 개인사업자로 시작하게 되지만, 처음부터 법인을 내고 시작해도 상관은 없습니다. 단, 과세표준에 따른 세금이 다르기 때문에 처음에는 개인사업자로 시작해야 조금 더 유리합니다.

〈간이과세자 사업자등록증〉

〈일반과세자 사업자등록증〉

〈법인 사업자등록증〉

Q3 부가가치세는 무엇인가요? 사례로 설명해주세요.

제가 도매업자에게 11,000원을 주고 바지 한 벌을 사왔습니다. 원래 10,000원이지만 부가세 10%까지 해서 11,000원을 주었습니다. 그럼 돈을 받은 도매업자는 세금계산서를 저에게 발부해야 합니다. 국세청에 돈이 이렇게 오고 갔다고 신고하는 것입니다.

그럼 우리는 여기서 매입세액 1,000원이 발생했다고 말합니다. 다시 저는 11,000원에 사온 바지를 최종 소비자에게 22,000원에 팔았습니다. 물건을 22,000원에 판매한 후, 22,000원의 10%인 2,000원이 발생하게 되는데 이때 이 2,000원이 매출세액이 됩니다.

우리나라의 부가세 계산은 매출세액에서 매입세액을 빼서 계산합니다. 즉 '매출세액 2,000원 - 매입세액 1,000원'하면 1,000원이 나옵니다. 바로 이 1,000원이 부가가치세로, 나라에 납부해야 하는 세금이 되는 입니다.

> **부가가치세**
>
> 부가가치세란 상품과 서비스의 거래 과정에서 발생하는 부가가치(이윤)에 대하여 납부하는 세금을 말한다. 예를 들어, 상품 거래는 의류를 판매하는 행위, 서비스 거래는 컨설팅이나 피부관리 등을 말할 수 있다. 사업자가 납부하는 부가가치세는 매출세액에서 매입세액을 차감하여 계산한다.
> 단, 농·축·수·임산물의 판매와 교육서비스, 의료보건서비스의 제공 등 법에서 열거하고 있는 예외적인 사항에 대해서는 부가가치세를 면제한다.

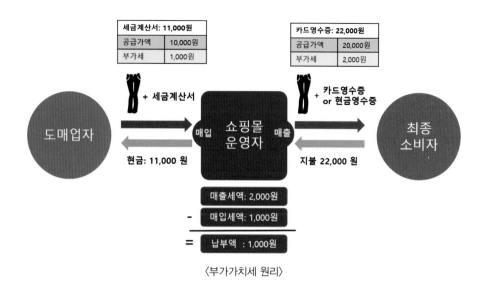

<부가가치세 원리>

쇼핑몰 창업자와 예비 운영자는 소비자가 아니라 판매자입니다.

예를 들어 점심 식사 값으로 6,000원을 소비하고 영수증을 받았다고 해봅시다. 식사비는 6,000원, 공급가액 5,455원, 부가세(부가가치세) 545원이라고 나와 있습니다. 부가세 545 원은 원래 소비자가 내야하지만 사업자가 미리 떼어놓고 한꺼번에 납부합니다. 즉, 부가가치세 과세 대상 사업자는 상품을 판매하거나 서비스를 제공할 때, 거래 금액 중 일정 금액을 부가가치세로 납부해야 합니다.

다시 말하면 식당 주인이 6,000원의 밥을 팔았을 때 실제로 버는 돈은 6,000원이 아니라 5,455원이 되는 것입니다. 소비자인 우리는 너무나 당연하게 식당 주인이 6,000원을 벌었을 거라고 생각하지만 그 안에는 이미 부가세가 포함되어 있어서 식당 주인에게는 최종적으로 5,455원이 매출이 됩니다.

쇼핑몰 창업자와 예비 운영자들은 소비자 마인드를 판매자 마인드로 바꾸는 연습이 필요합니다. 옷의 가격을 10,000원으로 정하고 판매했다고 하면 대부분 10,000원을 벌었다고 생각하는데, 909원은 판매자의 돈이 아니기 때문에 실제 매출은 9,090원이 됩니다. 처음 사업하시는 분들은 착각하실 수가 있고 이것 때문에 매우 힘들어 하십니다. '열심히 일하는데 남는 게 없다'는 말도 많이 하십니다. 그래서 처음부터 부가세를 고려하여 물건 값을 책정해야 합니다. 그래야 남는 장사를 할 수 있는 것입니다.

간이과세자와 일반과세자의 차이는 무엇인가요? (부가가치세의 종류)

[간이과세자와 일반과세자의 차이]

	간이과세자	일반과세자
기준금액 (직전 연도)	1년간의 매출액 8,000만원 미만(2024년 7월부터 기준이 1억400만원 미만으로 개정)	1년간의 매출액 8,000만원 이상(2024년 7월부터 기준이 1억400만원 이상으로 개정)
창업시 차이	주로 소비자를 상대하는 업종으로서 연간 매출액이 8천만원(과세유흥장소 및 부동산임대업 사업자는 4천8백만원)에 미달할 것으로 예상되는 소규모사업자의 경우에는 간이과세자로 등록하는 것이 유리	연간 매출액이 8천만원 이상으로 예상되거나, 간이과세가 배제되는 업종 또는 지역에서 사업을 하고자 하는 경우에는 일반과세자로 등록하여야 함
납부의무 면제 기준금액	1년간의 매출액(해당연도) 4,800만원 미만. (1년간의 매출액이 4,800만원 미만이면 부가가치세가 없다. 주의할 점은 세금이 면제되는 것이지 부가세 신고를 안 해야 한다는 것이 아니다. 부가세 신고는 꼭 해야 한다.)	없음
세액계산	(매출액×업종별 부가가치율×10%) − 공제세액 = 납부세액 ※ 공제세액 = 매입액(공급대가) × 0.5% ※ 업종별 부가가치율 (2021.7.1 이후) 1. 소매업, 재생용 재료수집 및 판매업, 음식점업 (15%) 2. 제조업, 농업·임업 및 어업, 소화물 전문 운송업 (20%) 3. 숙박업 (25%) 4. 건설업, 운수 및 창고업(소화물 전문 운송업은 제외), 정보통신업 (30%) 5. 금융 및 보험 관련 서비스업, 전문·과학 및 기술서비스업(인물사진 및 행사용 영상 촬영업은 제외), 사업시설관리, 사업지원 및 임대서비스업, 부동산 관련 서비스업, 부동산임대업 (40%) 6. 그 밖의 서비스업 (30%)	매출세액(매출액의 10%) − 매입세액 = 납부세액 ※ 업종 부가가치율 ● 모든 업종 (10%)
매입세액 공제	간이과세자는 1.5%~4%의 낮은 세율이 적용되지만, 매입액(공급대가)의 0.5%만 공제받을 수 있다	일반과세자는 10%의 세율이 적용되는 반면, 물건 등을 구입하면서 받은 매입세금계산서상의 세액을 전액 공제받을 수 있다
세금계산서 발급 여부	• **신규사업자** : 발급불가 • **직전 연도 4천8백만원 미만** : 발급불가 • **직전 연도 4천8백만원 이상** : 발급가능	세금계산서를 발급할 수 있다
부가세 환급	• **직전 연도 4천8백만원 미만** : 환급불가 • **직전 연도 4천8백만원 이상** : 환급가능	환급가능
소득세 구별	많이 착각하는 부분이 소득세이다. 간이과세자와 일반과세자는 부가가치세의 기준으로 나누는 것이지 소득세로 나누지 않는다. 즉, 소득세는 간이과세자와 일반과세자에 대해 차이를 두지 않는다.	

간이과세자와 일반과세자의 차이를 구체적으로 설명하겠습니다.

1. 연매출

한해, 예상되는 매출이 1억 400만원 미만이라면 간이과세자로 신청하실 수 있습니다.

세법개정으로 간이과세에 대한 오해들이 많이 생겼습니다. 간단하게 정리하면, 간이과세자는 이제는 두 부류로 나뉘었다고 생각하시면 이해가 빠릅니다.

즉, 세금계산서를 발급할 수 있는 연매출 4,800만원 이상인 간이과세자와, 세금계산서를 발급할 수 없는 연매출 4,800만원 미만인 간이과세자로 구분하시면 됩니다.

2. 세금이 다릅니다.

세액계산 구조가 달라 내야 할 세금이 다릅니다. 간이과세자가 부가세를 훨씬 적게 냅니다.

구분	기준 금액	세액 계산
일반과세자	1년간 매출액 1억 400만원 이상	매출세액(매출액의 10%) − 매입세액 = 납부세액
간이과세자	1년간 매출액 1억 400만원 미만	(매출액×업종별 부가가치율×10%) − 공제세액 = 납부세액 ※ 공제세액 = 매입액(공급대가) × 0.5%

3. 간이과세자 중 매출액 4800만원 미만 사업자는 세금계산서를 발행하지 못합니다.

세금계산서요? 세금계산서는 사업자가 재화 또는 서비스를 제공하고 부가가치세를 받을 때 이를 증명하는 서류라고 보시면 됩니다.

〈전자 세금계산서〉

다시 말하면 세수를 투명하게 하고자 하는 제도입니다. 그런데 간이과세자 중 매출액이 4800만원 미만인 분들은 부가세 계산구조가 다르기에 세금계산서를 발행할 수 없습니다. 이런 이유로 대부분의 기업들은 간이과세자들과 거래하는 것을 꺼립니다. 매입공제를 받을 수 없기 때문이죠. 물론 세법이 개정되면서 4,800만원 이상인 간이과세자들에게 받은 신용카드매출전표와 현금영수증은 매입세액 공제가 가능해졌습니다. 하지만 4,800만원 미만인 간이과세자에게서 받은 것은 여전히 매입공제가 안됩니다. 즉, 상대기업은 재화나 용역 거래가 되었다는 것을 증명하려고 세금계산서를 요구하게 되는데, 간이과세자들(4800만원 미만)은 세금계산서를 발급해 줄 수 없으니 거래가 이뤄지지 않게 됩니다.

예를 들어, 저를 일반과세자로 놓고 A라는 기업과 거래하는 상황을 가정해 보겠습니다. 물건 가격은 100만 원입니다. A 기업이 물건 가격인 100만원에 부가세 10만원 까지 계산해서 카드로 총 110만원을 결제했습니다. 그럼 A 기업은 매입세액이 10만원으로 이 10만원을 공제받을 수 있습니다. 하지만 제가 4800원 미만 간이과세자라면 매입공제가 되지 않습니다. 그렇다면 A기업은 물건을 100만원이 아닌 110만원을 주고 산 것이 됩니다.

A 기업이 대단한 편의를 봐주지 않는 이상, 이와 같은 이유로 웬만해서는 간이과세자와 거래하지 않으려고 할 것입니다. 이왕이면 매입세액공제를 받는 것이 이득이기 때문입니다.

B2B가 필요한 쇼핑몰 운영자에게는 이 문제가 큰 골칫거리입니다. 부가세 부담으로 인해 일단 간이로 시작하고 싶은데 사업 모델이 B2B이다 보니 어쩔 수 없이 세금계산서 발행 문제로 일반과세로 시작하는 경우가 있습니다. 아니면 간이과세로 시작하시다가 세금계산서 문제로 일반과세자로 변경하시는 경우도 있습니다. 이런 것을 '간이과세자 포기제도'라고 하는데, 부가가치세법 70조 2항에 명시되어 있습니다. 만약 간이에서 일반으로 바꿔야 할 일 있다면 일반과세자의 규정을 받아야 하는 전달 마지막 날까지 납세자의 관할 세무서에 가서 간이과세자 포기신고를 해야 합니다.

그렇기에 처음 사업시작할 때 본인 사업모델이 B2B 라면 처음부터 일반과세자로 시작하는 것이 좋습니다. 앞서 B2B 모델을 설명할 때 일반과세자로 신청하라고 했는지 그 이유를 아시겠죠?

간이과세자 신청을 못하는 사례

1. 이미 일반과세자 사업자등록증이 있는 경우
예를 들어 이미 일반과세자 사업자등록증이 있는데 간이과세자 사업자를 더 내고 싶다고 해서 간이과세자를 신청하지는 못합니다. 나라에서는 이미 일반과세자가 있는 경우, 그만한 능력이 있다고 보기 때문입니다.

2. 광업·제조업·도매업일 경우
사업자등록증을 내러 가서 제조업을 한다고 하면 간이과세자로 신고할 수 없습니다.
하지만 중간거래업자가 아닌 최종소비자에게 판매하는 경우에는 가능합니다. 예를 들어, 핸드메이드 가방을 만드는 대표님이 사업자등록을 내러 가면 제조를 하시니까 제조업 신고를 하게 됩니다. 억울한 점은 처음 시작할 때는 간이과세자로 하고 싶은데 제조업이라는 이유로 일반과세자가 된다는 것이죠. 하지만 이럴 때는 '핸드메이드'라는 사실을 강조해서 말씀하시면 됩니다. 즉, 제조를 해서 중간유통업자에게 파는 것이 아니라 최종소비자에게 직접 파는 물건이라면 간이과세자로 등록이 가능합니다.

3. 부동산매매업이나 개별소비세 과세유흥장소를 경영하는 사업, 전문직 사업서비스업 등은 간이과세자 신청이 불가능합니다.

4. 일반과세자의 사업을 양수받아서 사업하는 경우
일반과세자의 사업을 포괄하여 물려받았을 때 간이과세자로 새롭게 신청할 수 없습니다.

Q5 부가세 신고 기간과 과세 기간은 어떻게 되나요?

개인 사업 중 일반과세자는 한해동안 1기와 2기로 2회에 걸쳐 나눠서 신고합니다. 즉, 1월부터 6월까지의 부가세를 7월 25일까지 신고하여 납부하고, 7월부터 12월까지의 부가세를 다음해 1월 25일까지 납부해야 합니다. 법인은 1년에 4번입니다. 아래의 표를 참고하시기 바랍니다.

[일반과세자 부가세 신고]

과세 기간	과세 대상 기간		신고 납부 기간	신고대상자
제1기 1.1~6.30	예정 신고	1.1~3.31	4.1~4.25	법인사업자
	확정 신고	1.1~6.30	7.1~7.25	법인 · 개인 일반 사업자
제2기 7.1~12.31	예정 신고	7.1~9.30	10.1~10.25	법인사업자
	확정 신고	7.1~12.31	다음 해 1.1~1.25	법인 · 개인 일반 사업자

그럼 쇼핑몰을 창업할 때 가장 많이 신청하는 간이과세자는 어떻게 될까요?
간이과세자는 1년에 1번 신고합니다. 아래의 표를 참고하시기 바랍니다.

[간이과세자 부가세 신고]

과세 기간	신고 납부 기간	신고대상자
1.1~12.31	다음 해 1.1~1.25	개인 간이사업자

Q6 그럼 처음에는 간이과세자가 유리한가요?

꼭 그렇지는 않습니다. 예비 창업자의 상황과 환경에 따라 다르다고 볼 수 있습니다.
물론 앞서 설명한대로 부가가치세로만 봤을 때 간이과세자가 적은 세금을 납부한다는 측면에서는 좋지만, 사업은 부가세뿐만 아니라 다양한 요소들이 영향을 미칩니다. 따라서 단지 부가세가 적다고 해서 간이과세자가 유리한 것은 아닙니다.

만약, 예상 규모는 간이과세자가 맞지만 세금계산서 발행이 필요하고 B2B를 시작으로 사업이 확장되고 성장가능성이 높다면 일반과세자로 하는 것이 좋습니다. 앞서 설명한 내용을 잘 숙지하시고 간이로 할지, 일반으로 할지 잘 판단해야 하시기 바랍니다.

가장 추천하는 방법은 처음 쇼핑몰을 시작 할 때 특별한 경우가 아니라면 간이과세자로 시작하고, 세금계산서 발행이 필요하거나 일반과세자로서의 매입공제가 필요하면 그때 가서 일반으로 바꾸는 방법입니다. 쇼핑몰을 창업한 초기에는 간이과세자가 일반과세자보다 세금이나 세무에 대한 신경을 덜 써도 되는 부분이 분명히 있습니다.

Q7 간이과세자인데 매출이 없습니다. 그래도 부가세 신고를 해야 할까요?

네. 세금 신고는 매출이 있든 없든 무조건 시기에 맞춰서 해야 합니다. 매출이 없으면 없는대로, 매출이 있으면 해당 매출을 정확하게 신고해야 합니다.

예를 들어, 간이과세 사업자등록을 11월에 하셨다면 다음 해 1월 25일까지 부가세 신고를 해야 합니다. 그런데 시작한지 1~2달 밖에 안 되서 매출이 없으니까 부가세 신고를 안 해도 될 거라고 생각하시는 분들이 많습니다. 아닙니다. 신고해야 합니다. 매출이 없으면 '무실적신고'로 해야 합니다.

간이과세의 장점은 과세기간 동안 공급대가가 4800만원 미만인 경우에는 신고 의무는 있으나 납부 의무가 면제된다는 점입니다. 즉, 한해 매출이 4800만원 미만인 경우에는 납부 의무가 없습니다. 간이과세자들에 대한 특혜라고 볼 수 있는 것입니다. 주의하셔야 할 점은 부가세 납부의 의무가 없는 것이지 신고에 대한 의무가 사라지는 것은 아니라는 점입니다.

신고는 무조건 하셔야 합니다.

Q8 사업자가 알아야 할 세무 일정을 알려주세요. (1인 개인사업자의 경우)

1인 개인사업자가 혼자서 세금 신고를 한다는 가정 하에 꼭 기억해야 할 세무 일정입니다. 1인 사업자가 아닌 근로자가 있는 사업장인경우 간이든 일반이든 세무사사무소에 세무 대행을 맡기시는 것이 올바른 판단입니다. 하지만 쇼핑몰 오너라면 기본적으로 세무 일정을 숙지하고 있어야 하기 때문에 정리해 드리겠습니다.

간이과세자는 1월과 5월을 신경 쓰셔야 합니다. 반드시 스스로 신고하고 납부해야 합니다. 일반과세자는 1월, 5월, 7월을 신경 쓰셔야 합니다. 마찬가지로 스스로 신고하고 납부해야 합니다.
나머지 달은 부가세 예정 고지 및 소득세 중간 예납 부분으로 국세청에서 세금을 납부하라고 고지서가 온다면 그때 가서 고지서를 가지고 납부하시면 됩니다. 기준에 못 미치는 경우 고지서가 오지 않습니다.

마감 기간	간이과세자	일반과세자
1월 25일	전년도 부가가치세 확정 신고 및 납부 (1년치)	전년도 2기 부가가치세 확정 신고 및 납부 (하반기)
4월 25일		1기 부가가치세 예정 고지 납부
5월 말일	전년도 사업실적에 대한 종합소득세 신고 및 납부	전년도 사업실적에 대한 종합소득세 신고 및 납부
7월 25일	부과가치세 예정 고지 및 납부	1기 부가가치세 확정 신고 및 납부
10월 25일		2기 부가가치세 예정 고지 납부
11월 말	종합소득세 중간 예납	종합소득세 중간 예납

Q9　소득세는 언제 납부해야 할까요?

종합소득세

종합소득세는 개인의 각종 소득을 종합해서 하나의 과세단위로 보고 세금을 부과하는 누진세를 말합니다. 그럼 여기서 말하는 각종 소득은 무엇을 의미할까요? 우리나라 소득세법에서는 다음과 같이 징의하고 있습니다.

이자 소득, 배당 소득, 사업 소득(부동산임대 소득 포함), 근로 소득, 연금 소득, 기타 소득 이렇게 6개를 묶어서 종합소득세를 부과하고 있습니다.

한 가지 팁은 사업을 할 때 미리 5월에 납부할 종합소득세를 고려해서 상품 가격을 정해야 한다는 것입니다. 아니면 순수익의 일정 부분에서 미리 소득세를 예상하고 모아 두시는 편이 현명합니다. 부가세는 대부분 주위에서 강조하기 때문에 미리 숙지가 되어 있는데, 소득세는 5월에 있다 보니 생각지도 못하고 있다가 갑자기 큰 돈을 내야 하는 상황으로 이어집니다. 물론 한해 장사가 잘되신 분들이 그렇다는 것입니다. 소득이 있는 곳에 세금이 있는 것이지 매출이 없는데 세금이 나오거나 하지 않습니다.

Q10　건강보험료가 많이 나왔어요. 어떻게 처리해야 하나요?

사업자등록을 하면 이제 엄연한 사업자가 됩니다. 그러면 많은 부분에서 위치가 바뀌게 됩니다. 그 중 대표적인 것이 바로 건강보험료와 국민연금이라고 볼 수 있습니다. 건강보험료는 많은 분들이 가장 궁금해 하시는 부분이기도 해서, 조금 자세히 설명해 드리겠습니다. 우리나라 건강보험은 직장가입자와 지역가입자로 나눕니다. 직장 가입자는 직장이 있는 분들이 가입된 건강보험이고, 지역 가입자는 직장가입자가 아닌 분들이 가입된 보험입니다.

	직장의료보험	지역의료보험
누가 내는가?	직장 부담 1/2 본인 부담 1/2	본인 부담 100%
산정 기준	소득 (대부분 연봉이 기준)	2018년 7월 이후, 소득 중심으로 개편. 과거 지역가입자의 성별·연령 등으로 추정하여 적용하던 '평가 소득'은 폐지

[예상 건강보험료 알아보는 방법]

1. [사회보험 통합징수] 포털사이트에서 ❶ [4대보험료 계산]을 클릭합니다.

2. ❶ [건강보험료 모의 계산하기]를 클릭합니다.

3. **[지역가입자]의 건강보험료 모의계산이 [소득금액]과 [재산금액]으로 나뉘는 것을 볼 수 있습니다. 즉, 소득이 높고 재산이 많으면 그만큼 많이 나오게 됩니다.**

재산에는 주택, 건물, 토지, 선박, 항공기, 전세, 월세, 자동차 등이 모두 포함됩니다.

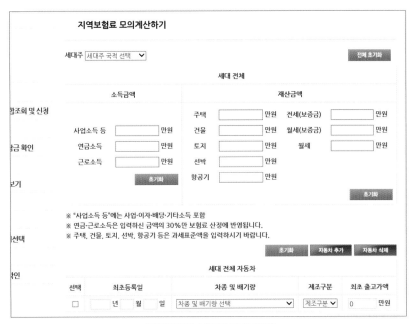

〈지역가입자 보험료 계산 항목〉

4. **직장가입자의 항목은 아래와 같습니다. 소득 중심입니다.**

〈직장가입자 보험료 계산 항목〉

창업자가 알아둬야 할 사례를 중심으로 자세히 설명하겠습니다.

[사례1] 퇴직자

질문: "얼마 전까지 직장에 다녔지만 현재, 쇼핑몰 창업을 위해서 퇴직한 상태입니다. 아직 사업자등록은 안냈고요."

답변: "일단 건강보험료와 국민연금 고지서가 날라올텐데요. 건강보험은 퇴직하였으니 지역가입자로 바로 바뀝니다. 그런데 지역가입자의 산정 기준을 소득 및 재산으로 따지게 되는데요. 만약 집, 자동차 등이 고가라면 그만큼 많이 부담이 되실거예요. 서울에서 32평 정도의 아파트를 소유한 분이라면 20만원 넘게 나오시는 경우도 많습니다. 국민건강보험 콜센터에 전화하셔서 물어보시면 대략적인 금액을 알 수 있습니다. 그러나 아직 사업자등록을 안한 상태이니 〈건강보험 임의계속가입 제도〉를 활용하시면 2년 동안 전 직장보험료 수준으로 낼 수 있습니다."

질문: "국민건강보험 임의계속가입 제도가 무엇인가요? 처음 들어봤습니다. 자세한 설명을 부탁드려도 될까요?"

답변: "임의계속가입 제도는 회사를 퇴사하신 분들이 소득은 없는데 지역가입자라는 이유만으로 건보료가 급증하여 경제적 부담이 커지는 것을 완화시키려고 만든 제도입니다. 이 제도는 2013년 5월에 처음으로 시행되었는데요. 그럼에도 아직도 많은 분들이 잘 모르고 계십니다. 퇴사를 하신 분들은 한번쯤 경험하셨을 겁니다. 퇴직하자마자 의료보험증이 지역가입자로 바뀐 채 우편으로 오고, 금액도 엄청나게 올라가죠. 그러다보니 생활고를 호소하시는 분들도 많았고, 민원이 끊임없이 발생하자 정부는 퇴사하신 분들의 경제적 부담을 덜어주기 위해 이 제도를 만들었습니다.

이 제도를 이용하시면 퇴직 후 2년 동안, 직장 다닐 때 근로자 몫으로 부담한 금액 그대로 낼 수 있습니다. 현재 이 기간을 3년으로 늘리려 하고 있습니다. 좋은 제도입니다."

질문: "아! 그렇군요. 제게 딱 맞는 정말 좋은 정보입니다. 창업을 준비 중일 때는 이 제도를 활용하면 되겠네요. 감사합니다."

[사례2] 사업자등록을 한 상태

질문: "저는 얼마 전까지 직장을 다니다가 현재 사업자등록까지 마친 상태입니다. 현재 건강보험료가 너무 많이 나와서 걱정입니다."

답변: "단지 사업자등록을 했다고 해서 건강보험료가 더 나오는 건 아니고, 지역의료보험이라는 평가소득에 따라 많이 나온 것입니다. 만약 처음부터 지역가입자라면 큰 변화가 없었을 텐데, 직장을 다니다가 지역가입자로 변경되면서 건강보험료가 크게 오른 것입니다. 이 경우에는 이미 사업자등록을 한 상태이기 때문에 건강보험 임의계속가입 제도를 활용하지 못합니다. 현행법상으로 그렇습니다."

[사례3] 청년 창업

질문: "저는 건강보험이 부모님 아래로 들어가 있어서 그동안 건강보험료를 안냈는데요. 이번에 사업자등록을 하니까 건강보험을 내라고 합니다. 어떻게 해야 할까요?"

답변: "네. 아마 가족 중 누군가의 피부양자로 등록이 되어 있었나 봅니다. 그런데 이제는 사업자 등록을 하셨기 때문에 따로 떨어져 나온 경우입니다. 건강보험등록증이 대표님 성함으로, 단독으로 나온 것이지요.

하지만 현재 재산이 없으면 건강보험료가 많이 나오지 않기 때문에 큰 부담이 없다는 장점이 있습니다. 학생이거나 결혼을 아직 안했거나 등 본인 이름으로 된 재산만 없으면 큰 금액이 나오지 않습니다. 물론 학생임에도 불구하고 부모님께서 본인 앞으로 주신 빌딩이 하나 있으면 상황은 달라집니다.

본인이 현재 소득도 없고 재산도 없는데, 생각보다 건강보험료가 많이 나와서 이상하다면 건강보험공단에 전화를 하셔서 확인해보는 것이 좋을 것 같습니다."

[사례4] 부부 두 사람 모두 사업자인 경우

질문: "안녕하세요. 저는 가정주부로 건강보험이 남편에게 속해 있다가 이번에 남편이 퇴직을 하게 되면서 지역가입자로 변경이 되었습니다. 남편이 새로 사업자등록을 했는데, 그럼 저는 어떻게 되는 건가요?"

답변: "남편 분의 건강보험 피부양자로 들어가시면 됩니다. 굳이 따로 신고를 안 하셔도 남편분이 지역가입자로 되면서 같이 신고가 되었을 것입니다. 남편 분의 건강보험에 포함이 되었기 때문에 따로 건강보험료를 낼 이유가 없습니다. 단, 남편 분과 별도로 사업자등록을 하시게 되면 건강보험료가 본인 이름으로 떨어져 나오기 때문에 독립적으로 건강보험료를 내셔야 합니다. 그런 경우에는 앞서 말한 평가소득에 따라 보험료의 금액이 결정되니 참고하시면 되겠습니다."

Q11 사업자가 주의해야 할 행동을 알려주세요.

사업자등록을 했다면 주의해야 할 사항이 몇 가지 있습니다.

1. 세무 일정을 확인하고, 세금이 밀리지 않도록 한다.

개인사업자가 신경 써야 할 세금은 부가세와 소득세입니다. 부가세는 언제라고 했죠? 간이는 1년에 1번, 일반은 1년에 2번입니다. 소득세는 언제라고 했나요? 그렇죠. 종합소득세는 간이나 일반과세자 상관없이 5월에 1번 하시면 됩니다.

2. 사업자등록증은 절대 빌려주지 않는다.

명의를 빌려주는 행위는 그 자체로 불법입니다. 무엇보다 사업자 명의를 빌려주는 행동은 정말 큰 위험을 감수하는 일입니다. 세금이 본인 이름으로 나오기 때문입니다.

친구 또는 지인이 당신 이름으로 돈을 받자고 하면 절대 명의를 빌려주지 않아야 합니다. 그것은 곧 매출세액이 잡히기 때문에 결국 여러분이 세금을 내야 합니다. 절대 자신이 번 돈이 아니라면 받아주거나 영수 처리하지 않습니다. 정직하게 벌어야 떳떳하게 쓸 수 있습니다.

3. 매출의 함정에 빠지지 마라.

간혹 이런 분들이 계십니다.

"벌써 매출이 100억이야... 10억이야..."

결론적으로 말씀드리면, 사업은 매출보다 영업 이익이 중요합니다. 당장 매출이 많이 나온다고 해서 눈앞의 상황에 함몰되지 말고 실속이 무엇인지 판단하는 눈을 가지셔야 합니다.

Lesson 11 | 사업자등록, 통신판매업신고 행정 절차

이제 사업자의 종류를 알았으니 본격적으로 쇼핑몰 창업 사업자등록, 통신판매업 등록 방법 및 절차를 알아보겠습니다. 그동안 법이 개정되었는데 잘못된 정보들이 인터넷이나 책에 있는 것을 많이 보았습니다. 정확한 사실만을 알려드리도록 하겠습니다.

Q1 사업자 등록에 필요한 서류를 알려주세요.

모든 사업자는 사업을 시작할 때 반드시 사업자등록을 해야 합니다. 앞서 그 사업자의 기준을 설명해 드렸습니다. 사업자 등록은 사업장마다 해야 하며, 사업 개시일로부터 20일 이내에 아래의 구비서류를 갖춰서 사업장 관할 세무서장에게 신청하면 됩니다.

〈사업자등록 서류〉

- 사업자등록신청서 1부 (세무서 혹은 인터넷으로 발급)
- (허가를 받거나 등록 또는 신고를 해야 하는 사업의 경우)
  사업허가증 · 등록증 또는 신고필증 사본 1부
- (허가 전에 등록을 하고자 하는 경우)
  사업허가신청서 사본이나 사업계획서
- (사업장을 임차한 경우) 임대차계약서 사본 1부
- (2인 이상 공동으로 사업을 하는 경우)
  동업계약서 등 공동사업을 증명할 수 있는 서류
  (사업자등록은 공동사업자 중 1인을 대표로 하여 신청)
- (상가건물임대차보호법이 적용되는 건물의 일부를 임차한 경우)
  도면 1부
- (금지금 도소매업, 과세유흥장소 영위자, 연료판매업, 재생용 재료수집 · 판매업의 경우) 자금 출처 명세서 1부

서류를 보니 뭔가 많이 준비해야할 것처럼 보입니다. 하지만 위 내용은 일반적인 사업자유형에 해당하는 것이고 쇼핑몰 창업자와 운영자는 아래의 서류만 준비하면 됩니다.

〈쇼핑몰을 할 때 필요한 사업자등록 서류(개인사업자)〉

- 주민등록증
- 도장 (가끔 필요한 경우가 있음)
- 임대차계약서 (사업장이 집 주소일 경우에는 필요 없음)
- 공인인증서(홈택스를 통해 사업자등록을 할 경우에만 필요)

* 사업자등록신청서는 세무서에 이미 있으며, 요즘에는 세무서에 있는 단말기로 대체하고 있습니다. 또한 홈택스에서 하면 서류가 필요 없습니다.

* 음식이나 책과 같은 허가 사항인 경우에는 먼저 관할 구청에서 신고를 하셔야 합니다.

> **Q2** 세무서에서 사업자 신고하는 방법을 알려주세요.

사업자등록을 하는 방법은 서류 준비 후, 세무서를 직접 방문하거나 홈택스를 이용하여 신고하는 방법이 있습니다.

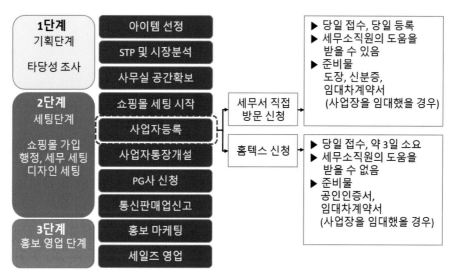

〈사업자등록 신청 방법〉

[세무서에서 처리하면 좋은 점]

1. 당일 접수 및 당일 등록이 가능합니다.

발급은 토요일, 공휴일을 제외한 영업일에 모두 가능하며 3일 이내에 처리됩니다. 단 세무서에서 사업장을 확인하는 경우에는 8일 이내에 발급이 됩니다. 세무서마다 행정 업무량이 달라서 업무량에 따라 더 빨리 나오기도 조금 더 늦게 나오기도 합니다. 쇼핑몰을 운영하시려면 이런 사실도 알고 계셔야 합니다. 서울 강남처럼 사업자등록 신청도 많고 업무가 많은 곳은 비교적 오래 걸립니다. 하지만 같은 서울이라도 업무량이 많지 않은 곳은 특별히 조사를 나갈 이유가 없기 때문에 개인사업자 같은 경우에는 바로 사업자등록 신청이 이루어집니다.

2. 세무 직원의 도움을 받을 수 있습니다.

세무서에 가서 사업자등록을 한다고 하면 세무 공무원 또는 직원들이 안내를 해줍니다.

요즘은 세무서마다 키오스크(단말기)가 설치되어 있어서 기본적인 정보 기입이나 등록은 기계만으로도 가능합니다. 기계에 등록된 사항을 직원이 확인한 후 발급하는 시스템이 잘 갖춰져 있습니다. 직원들에게 궁금한 점이나 여러 가지 사항을 물어볼 수 있고 직원들의 안내를 통해 어려움을 해결할 수 있다는 장점이 있습니다. 준비물은 주민등록증, 도장, 임대차 계약서입니다.

도장은 사인으로 대체가 가능하지만 그래도 혹시나 하는 마음으로 챙겨가시길 바랍니다. 행정 업무를 할 때 도장을 챙겨가는 습관을 들이시면 좋기 때문입니다.

중요한 것은 임대차계약서를 챙기는 일입니다.

개인사업자의 임대차계약서 - 경우의 수

1. 현재 자가(본인이 소유한 집)인 상태에서 집 주소로 사업자를 내는 경우

임대차계약서가 필요 없습니다. 내가 소유한 집에 사업자를 내는 것이기 때문입니다. 단, 주민등록상 거주하고 있는 집이어야 합니다.

2. 전세(월세 포함)인 집에서 개인사업자를 내는 경우

전세임대차계약서가 필요합니다. 간혹 전세라도 임대차계약서를 보지 않고 주민등록상에 주소가 맞는지만 보고 사업자등록을 해주는 경우도 있습니다. 하지만 전세임대차계약서가 있어야 하는 것이 원칙입니다.

3. 상가나 빌딩을 임대하여 사업자를 내는 경우

당연히 임대차계약서가 필요합니다. 등록하려는 사업자 주소지가 정말 임대가 제대로 되어 있는지 확인해야 하기 때문입니다. 중요한 것은 사업자 주소 관할 세무서로 가셔야 합니다.

Q3 홈택스로 사업자 신고하는 방법을 알려주세요.

먼저, 홈택스에서 사업자등록을 하려면 공인인증서가 필요합니다.

세무서에 가면 본인 확인이 가능하지만 홈택스는 인터넷으로 업무를 처리하기 때문에 공인인증서가 필요합니다. 그래서 홈택스에서 사업자 신청을 할 경우 꼭 공인인증서를 은행에서 미리 만든 후 준비해야 합니다. 사업자등록을 꼭 오늘 날짜에 내야 하는데, 공인인증서가 없어서 부랴부랴 은행에 갔다가 다시 세무서로 이동하시는 분들도 많이 봤습니다. 공인인증서를 발급받고 인터넷뱅킹에 접속한 후, 등록해야 하기 때문에 미리 미리 신청하고 준비해 놓는 것이 좋습니다.

이렇게 서류가 구비되면 홈택스에서 사업자등록증을 내시면 됩니다.

[홈택스로 사업자등록증 신청하는 방법]

1. [홈택스] 사이트에서 [회원가입] 후 ❶ [공인인증서 등록] ❷ [공인인증서 로그인]을 합니다.

첫 가입자는 대부분 공인인증서가 등록되어 있지 않습니다. 만약 공인인증서 등록이 안 되어 있
으면 바로 등록을 하셔야 합니다.

3. ❶ [신청/제출]을 클릭한 후 ❷ [사업자등록 신청/정정] 메뉴를 클릭합니다.

4. [사업자등록신청(개인)]을 클릭합니다.

5. 사업자등록증 신청서를 작성하게 됩니다. 세무서에 직접 방문하시면 단말기나 종이에 적어서 내야하는 부분입니다. 웬만하면 상세하게 적어서 냅니다.

❶ **상호명** : 사업자등록증에 나올 상호입니다.

❷ **기본 주소** : 만약 집 주소로 간이사업자를 낸다면 집 주소를 적습니다. 사업장을 임대했다면 임대한 사무실 주소를 입력합니다.

❸ [업종 입력/수정]을 클릭합니다.

6. 업종 코드 ❶ [검색]을 클릭합니다.

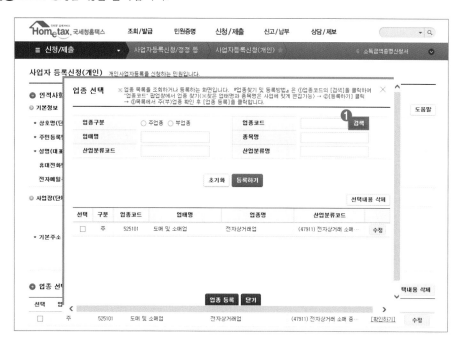

7. ❶ [525101]를 입력 ❷ [조회하기] ❸ [해당업종 더블클릭]을 한 후, 원하는 산업 종류를 선택하여 [업종등록]을 합니다. 전자상거래업 코드는 525101입니다. 이 코드는 전자상거래업 단순 경비율 업종 코드로 온라인 쇼핑몰과 같이 온라인에서 소매를 중심으로 사업하시는 분들에게 해당하는 업종 코드입니다. 쇼핑몰로 인한 전자상거래업은 대부분 이 업종코드가 주어집니다.

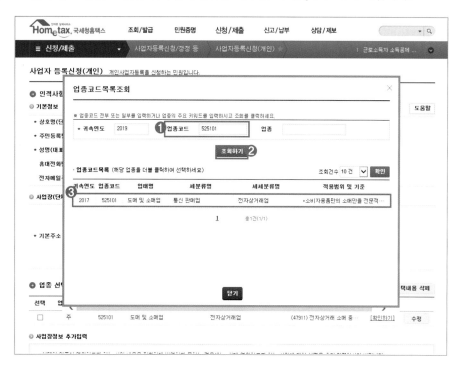

8. ❶ [개업일자]를 입력합니다.

개업일자는 실제로 사업을 시작하는 날을 의미합니다. 즉, 신청일은 오늘이지만 사업 개시일은 일주일 후라도 상관없습니다. 오늘부터 사업자 개업을 하고 싶다면 오늘 날짜를 적으면 됩니다.

❷ [임대차내역 입력]은 사업장의 내용인데, 만약 내가 사는 집 주소로 사업자를 등록한다면 [본 인소유]를 선택하고 타인 소유를 임대하여 사용하는 경우에는 [타인소유]를 선택합니다. 평수도 계산하여 적어 넣습니다. 방 한 칸 정도로 적으셔도 됩니다.

❸ [공동사업자 정보입력]에서는 공동사업자가 없으면 [없음]을 체크합니다.

❹ [사업자유형] - [간이]로 체크합니다.

❺ [인허가사업여부] - [부]로 체크합니다. 만약 인허가를 받아야 할 업종이라면 [여]에 체크하시고 서류를 제출할 때 같이 업로드를 해주셔야 합니다.

❻ [의제주류면허신청] - [없음]으로 체크합니다.

9. ❶ [선택사항]은 해당사항만 체크하시면 되는데, 쇼핑몰이기에 건드릴 것이 없습니다.

❷ [사이버몰]은 해주셔도 되지만 대부분 아직 쇼핑몰을 만들지 않은 상태로 시작하셨기 때문에 체크 안하고 넘어가셔도 됩니다.

❸ [서류 송달장소]는 국세청에서 사업자에게 고지할 내용이 있으면 우편으로 보내는데 그때 받을 주소를 적어달라는 의미입니다. 이 부분이 매우 중요합니다. 국세청에서 세금 문제로 우편을 자주 보내는데 혹시 사업자 주소지가 아닌 다른 주소지로 받고 싶다면 그 주소를 입력해야 합니다. 정확하게 적어야 혹시나 일어날지도 모를, 서류 누락이 발생하지 않습니다. 사업장 주소지로 받고 싶으면 그대로 놔두시고 안 적으셔도 됩니다.

❹ [저장후다음]을 클릭합니다.

10. ❶ [제출서류 선택]이 나옵니다. 첨부 가능한 파일 형식은 PDF 파일, 이미지 파일(JPG, PNG, GIF, TIF, BMP)입니다. 주의할 점은 이미지 파일인 경우 꼭 [파일변환]을 클릭해야 한다는 점입니다. 본인 집 주소로 간이과세자를 선택한 경우에는 업로드 할 서류가 따로 없습니다. 그래서 그냥 ❷ [다음]을 선택하면 됩니다. 혹시 임대차를 하셨거나 인허가업종이라면 관련 서류를 업로드 해주시면 됩니다.

안내에 따라 [확인]을 누르면 사업자등록 신청이 완료됩니다. 3일 정도가 지나면 사업자등록 여부에 대한 안내 문자나 메일이 옵니다. 중요한 점은 꼭, 사업자등록증 원본을 수령하러 세무서에 방문하셔야 한다는 점입니다. 세무서에 가시면 노란색 종이로 된 사업자등록증 원본을 발급받으실 수 있습니다. 홈택스에서 직접 출력할 수 있지만 원본이 반드시 필요하니 세무서에 방문하셔서 원본을 받으시기 바랍니다.

어렵지 않으시죠? 책에 나온 순서대로 사업자등록을 하시면 됩니다. 온라인 쇼핑몰 사업으로 얼마든지 성공하실 수 있습니다.

Q4 사업자등록을 할 때 비용이 들어가나요?

개인사업자는 비용이 전혀 들지 않습니다. 물론 법인사업자인 경우는 비용이 들어갑니다. 쇼핑몰 창업을 처음 하시는 분들은 대부분 개인사업자로 신청하시기 때문에 사업자등록 신청을 위한 행정 수수료가 따로 없습니다. 단, 법인은 자본금에 따라 등기 비용이 들거나 세금이 있어서 비용이 소요됩니다. 개인사업자를 중심으로 놓고 말씀 드리고 있으나 비교를 통한 분석을 위해 잠시 법인 등록비용을 알아보겠습니다. 예를 들어, 자본금을 5천만원이라고 가정하고 비용이 어느 정도 나오는지 계산해 보겠습니다. 아래의 내용은 참고용으로 법무사무소마다 수수료가 다릅니다. 수수료 비용을 아끼려면 혼자 진행해도 괜찮습니다. 시간을 아끼고 까다로운 절차를 뛰어넘기 위해 대부분 대행을 맡기는 것이지 혼자서도 충분히 법인 신청이 가능합니다.

등기 종류	법인설립등기
자본금	50,000,000원 (5천만원)
이사 수	1명
감사 수	1명
법인 설립 유형	발기법인(자본금 10억 미만)

항목	금액	비교
등록면허세	200,000원	수도권 과밀억제권역은 중과세 대상
지방교육세	40,000원	수도권 과밀억제권역은 중과세 대상
증지대	25,000원	
제비용	30,000원	
등록 대행	30,000원	
기본 보수 수수료	260,000원	
합계	585,000원	

Q5 통신판매업 신고는 어디서 하나요? 비용은요?

전자상거래업을 하는 사람이라면 필수적으로 통신판매업 신고를 해야 합니다. 통신판매업은 세무서가 아닌 사업자를 낸 관할 지역 시·군·구청 일자리경제과(지역마다 명칭이 다름)에서 가능합니다. 또한 인터넷으로는 정부24에서 가능합니다. 주의할 점은 여기서 말하는 주소지는 집 주소지가 아닌 사업자등록증에 나온 관할 행정 지역이라는 것입니다. 예를 들어, 서울시 영등포구에 사업장이 있다면, 영등포구청 일자리경제과를 찾아서 통신판매업을 신고하면 됩니다.

준비할 서류는 사업자등록증, 구매안전서비스 이용확인증, 통산판매업신고서입니다. 단, 주의할 점이 있습니다. 구매안전서비스 이용확인증을 확인해야 합니다.

통신판매업을 신고할 때 반드시 필요한 서류가 구매안전서비스 이용확인증인데, 창업하려는 쇼핑몰 종류에 따라 가져가야 할 구매안전서비스 이용확인증이 다릅니다.

과거에는 구매안전서비스 이용확인증 한 개만 있어도 됐지만 지금은 제도가 달라졌습니다. 즉, 카페24처럼 자사몰을 하려는 분들은 금융권에서 나오는 구매안전서비스 이용확인증을 가져가야 하고, 스마트스토어나 G마켓과 같은 오픈마켓의 경우, 오픈마켓에서 발급한 구매안전서비스 이용확인증을 가져가야 합니다. 오픈마켓마다 일일이 다 발급받는 것은 아닙니다. 오픈마켓 중 한 곳에서 나오는 구매안전서비스 이용확인증을 가지고 가시면 됩니다.

이런 제도가 몇 번 바뀌어서 헷갈려 하시는 분들이 많습니다. 그럼 카페24처럼 자사몰(행정기관에서는 공식적으로 '전문몰'이라고 말함)과 오픈마켓을 모두 다 하려는 사람은 어떻게 해야 할까요? 두 가지 다 필요합니다. 즉, 금융사에서 나오는 구매안전서비스 이용확인증과 오픈마켓에서 나오는 구매안전서비스 이용확인증 2개를 모두 가져가야 하는 것입니다. 행정 제도는 언제든 또 바뀔 수 있으니 직접 시·군·구청 일자리경제과에 전화를 걸어서 확인하고 가시는 것을 권유드립니다.

통신판매업 등록면허세(비용)은 간이과세자, 일반과세자 모두 1년에 약 40,500원(서울시 기준)의 비용이 듭니다. 과거 간이과세자는 과세 제외대상이었지만 세법 개정으로 2020년 1월부터 부과 대상으로 변경되었습니다. 그렇기에 간이과세자도 일반과세자와 마찬가지로 면허세를 납부해야 합니다. 비용은 지역에 따라 다릅니다. 간단하게 표로 정리해 드리겠습니다.

[통신판매업 면허세 정리]

구분	제3종 면허세 (통신판매업)
인구 50만 이상 시 및 자치구 아닌 구가 설치된 시	40,500원
그 밖의 시	22,500원
군	12,000원

[통신판매업 신고]

등록	사업자등록 기준 관할 시 · 군 · 구청 일자리경제과		
서류	사업자등록증, 구매안전서비스 이용확인증, 통신판매업신고		
	구매안전서비스 이용확인증 (지역마다 다를 수 있으니 시,군,구청에서 미리 전화로 확인)	자사몰(전문몰)만 운영할 경우	금융권에서 발급
		오픈마켓만 운영할 경우	오픈마켓 1곳에서 발급
		자사몰과 오픈마켓 둘 다 운영	금융권, 오픈마켓 각각 발급
비용(등록면허세) *서울시 기준	간이과세자	40,500원(2020년 1월 부터)	
	일반과세자	40,500원	

〈통신판매업신고증〉

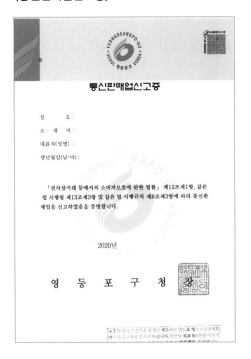

Q6 통신판매업은 꼭 해야 하나요?

통신판매업 신고는 전자상거래업 즉, 인터넷에서 상거래를 하시는 분들이라면 꼭 하셔야 합니다. 그게 법이고 제도입니다. 나라에서는 공정한 거래를 위해서 통신판매업 신고 제도를 두면서 인터넷상으로 상거래가 이루어지는 것을 관리하고 있습니다. 그렇기 때문에 인터넷에서 상품을 판매하려면 통신판매업 신고를 필수적으로 해야 합니다. 다시 말해, 내가 개인 쇼핑몰을 열지 않아도 블로그나 SNS에서 지속적이고 반복적인 거래를 하고 있다면 그것은 전자상거래에 해당하므로 사업자신고도 하고, 통신판매업 신고도 해야 합니다. 만약 통신판매업을 신고하지 않을 경우, 법에 따라 3천만 원 이하의 벌금을 내야 합니다.

단, 면제기준이 있습니다. 2020년 7월에 법이 개정되었는데 많이들 이 부분을 모르고 있습니다. 심지어 강사들마저도 잘못 가르치는 경우가 많습니다. 그래서 명확하게 개정된 법 조항을 살펴봅니다.

통신판매업 신고 면제 기준에 대한 고시

[시행 2020. 7. 29.] [공정거래위원회고시 제2020-11호, 2020. 7. 29., 일부개정]

공정거래위원회(전자거래과), 044-200-4448

☐ **제1조(목적)** 이 고시는 「전자상거래 등에서의 소비자보호에 관한 법률」 (이하 "법"이라 한다) 제12조제1항에 따라 통신판매업 신고 면제 기준에 관한 사항을 정하는 데에 그 목적이 있다.

☐ **제2조(통신판매업 신고 면제 기준)** ① 다음 각 호의 하나에 해당하는 통신판매업자는 법 제12조제1항에 따른 통신판매업 신고를 아니할 수 있다.

　1. 직전년도 동안 통신판매의 거래횟수가 50회 미만인 경우

　2. 「부가가치세법」 제2조제4호의 간이과세자인 경우

② 청약철회 등의 경우에는 제1항의 통신판매의 거래횟수에 산입하지 아니한다.

〈출처: 법제처〉

면제기준은

> 1. 직전년도 동안 통신판매의 거래횟수가 50회 미만인 경우
> 2.「부가가치세법」 제2조제4호의 간이과세자인 경우

입니다.

즉, 직전년도 거래횟수가 50회 미만인 경우 또는 간이과세자인 경우 통신판매업 신고가 면제됩니다. 하지만 현실적으로 간이과세자가 통신판매업 신고를 하는 이유는 많은 오픈마켓에서 간이과세자라도 '통신판매업신고증'을 요구하고 있기 때문입니다. 다시 말해 통신판매업을 하지 않으면 오픈마켓에 가입이 안 되니 어쩔 수 없이 등록하고 있습니다.

자! 그럼 아직도 실무에서 헷갈리시는 분들이 많기에 명확하게 정리를 해보겠습니다.

① 통신판매업 신고는 온라인 사업을 하려는 사람에게는 의무이다.

② 단, 직전년도 동안 통신판매의 거래횟수가 50회 미만인 경우 또는 간이과세자인 경우는 면제이다.

③ 하지만, 현실적으로 오픈마켓에서 간이과세자라도 통신판매신고증을 요구하고 있기에 어쩔 수 없이 통신판매신고를 해야 한다.

④ 비용은 일반과세자, 간이과세자 동일하게 40,500원(대도시기준) 이다.

⑤ 신고는 사업자등록증 주소 기준 시,군,구청에서 한다.

Lesson 12 | 사업자 통장, 에스크로서비스, 구매안전서비스 이용확인증 신청하기

Q1 사업자 통장과 카드는 꼭 만들어야 하나요?

개인사업자인 경우 사업자 통장과 카드가 필수적으로 있어야 하는 것은 아닙니다. 원하면 만들고 원하지 않으면 만들지 않아도 상관은 없습니다. 다만 사업을 위해서 사업용 통장과 카드가 따로 있으면 운영하는데 있어서 큰 도움이 됩니다. 예를 들어, 일반과세자 같은 경우 사업용 카드를 만들어 사용하면 부가세나 소득세를 계산할 때 매우 편리하게 정산할 수 있습니다. 이미 국세청에 신고가 되어 있기에 홈택스를 통해서 데이터를 불러올 수도 있습니다. 만들지 않는다고 법에 걸리지는 않지만 있으면 편리합니다.

사업자통장에도 차이가 있습니다.

개인사업자와 법인사업자의 차이가 있는데, 개인사업자 통장 같은 경우, 개인 이름이 먼저 나오고 상호가 뒤에 따라 오는 형식입니다. 그런데 법인은 법인 자체가 이름이 되기 때문에 상호만 통장에 입력됩니다.

[법인 통장]

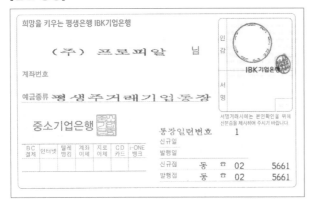

Q2 에스크로서비스는 무엇이고, 어떻게 신청하나요?

에스크로서비스를 간단히 설명하자면, 사기방지 기술이라고 할 수 있습니다.

예를 들어 보겠습니다. 사기꾼A는 소비자B에게 현금 거래로 카메라를 팔았습니다. 사기꾼 A는 송장번호까지 미리 보내면서 소비자를 안심시키고 소비자B에게 돈을 받았습니다. 얼마 후 소비자B가

택배 상자를 열어보니 카메라 대신 벽돌이 들어 있었습니다. 전화를 하니 없는 번호로 뜨고 사기꾼 A는 이미 사라지고 난 뒤였습니다.

분명 송장번호를 미리 받았기 때문에 안심했지만 사실 송장번호는 택배번호를 의미하는 것일 뿐 그 안의 내용물까지 증명이 되는 것은 아닙니다. 그럼 어떻게 해야 할까요?

이와 같은 상황을 대비하기 위한 기술이 바로 에스크로서비스 입니다. 에스크로서비스는 이 서비스를 지원하는 금융회사가 중간에 돈을 잡고 있다가 거래가 성공적으로 이루어지면 그때 가서 판매자에게 입금하는 방식을 말합니다. 다시 말해서, 소비자 B가 물건을 받고 확인하기 전까지 판매자A에게 돈이 지불되지 않는 것입니다. 전자상거래에서 보편적으로 쓸 수 있는 방법이지만 귀찮고 번거롭다는 이유로 아직까지 많은 분들이 외면하고 있습니다.

일반적으로 쇼핑몰 마케팅에서 소비자에게 신뢰를 얻는 몇 가지 전략이 있습니다. 에스크로서비스가 그중 하나로 에스크로서비스를 지원한다는 사실을 홈페이지 전면에 넣어서 광고하면 해당 쇼핑몰은 소비자들에게 좋은 이미지를 얻을 수 있습니다.

그럼 에스크로서비스는 어떻게 신청할까요?
여러분이 사업자 통장을 만들 때 같이 신청하시면 됩니다. 예를 들어, 국민은행에서 통장을 만들고 인터넷뱅킹을 신청하실 때 에스크로서비스까지 같이 신청하시면 간단하게 가입이 가능합니다. 이 서비스는 현재 국민은행, 기업은행, 농협 3곳만 가능합니다. 과거에는 다른 은행도 가능했지만 현재는 3곳 밖에 되지 않습니다. 언제든지, 은행 경영 상황에 따라 서비스의 신청이 달라질 수 있으니 꼭 미리 전화를 걸어 확인하고 방문하시기 바랍니다.

> **Q3** 구매안전서비스 이용확인증 발급 방법을 알려주세요. 그리고 언제 필요로 하나요?

앞서 설명 드린 대로 통신판매업 신고를 할 때, 구매안전서비스 이용확인증이 필수적으로 필요합니다. 자사몰(전문몰)은 금융권에서 발급을 받고, 오픈마켓은 오픈마켓에서 발급을 받아야 합니다. 현재 금융권은 국민은행, 기업은행, 농협에서만 발급이 가능합니다. 금융권에서 발급받는 방법은 은행에서 통장을 만들고 인터넷뱅킹을 신청할 때와 동일하게 에스크로서비스를 신청하면 됩니다. 국민은행에서 에스크로서비스를 신청하는 상황을 가정해 보겠습니다. 국민은행 창구로 가서 에스크로서비스를 신청합니다. 집에 와서 인터넷 뱅킹에 접속한 후, 에스크로서비스 메뉴를 찾아가면 바로 [구매안전서비스 이용확인증] 다운로드가 가능합니다.

[구매안전서비스 이용확인증]

Lesson 13 | 정부 창업지원제도 제대로 알고 활용하기

Q1 창업 지원 기관과 각 기관의 특징은 무엇인가요?

창업 초기, 여러 가지 부족한 사항이 한두 가지가 아니라는 사실을 깨닫게 됩니다. 창업 자금부터 교육, 멘토링 등을 지원받고 싶지만 어디서 어떻게 하는지 모릅니다. 그래서 이번 단계에서는 우리나라에서 창업을 지원하는 대표적인 기관을 설명하겠습니다.

1. K-Startup (http://www.k-startup.go.kr/)

- 우리나라 창업의 총괄 허브가 되는 사이트
  〉모든 창업의 정보가 이 사이트로 통합
  〉통합되다 보니 자연스럽게 모든 계층의 지원 정책이 정리되어 있음
  예를 들어, 청년, 시니어, 재창업 도전 등 많은 지원 사업이 정리되어 있음
- 과거 창업넷에서 k-startup이라는 이름으로 변경되었다가 다시 병행 표시되고 있음
  그만큼 정부지원사업은 정권에 따라 변동이 많음.

- 주요 기능으로는
  - 모든 창업지원 공고 큐레이싱 서비스 (각 지역 창업 지원 공고가 정리)
  - 창업교육 (창업 관련 온라인 강의 가능)
  - 온라인 법인 설립 시스템
  - 1인 창조 기업 비즈니스센터
  - 구인 · 구직 커뮤니티

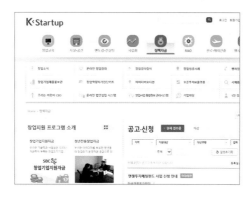

2. 1인 창조 비즈니스센터 (k-startup 안에 있는 서비스)

- 주로 사무실 공간을 제공하는 지원 정책
- 계약된 소호 사무실에 입주하면 정부가 사무실 비용을 지원
- 전액 지원은 아니고 약 1/2 정도를 지원
- 한번 지원 받으면 1인 기업으로 기록되기 때문에 신중할 필요 있음

3. 소상공인시장진흥공단 (http://www.semas.or.kr)

- 쇼핑몰, 소상공인, 자영업자라면 꼭 봐야 하는 정부지원정책 사이트
- 특히, 정부정책자금 융자가 필요하다면 꼭 알아야 함
- 정부정책자금 보는 법
  [지원사업] −[소상공인자금] −[정책자금] [지자체자금] [은행자금]
- 융자 형태지만 기술 창업이 아닌 소상공인, 쇼핑몰 운영자들도 대출이 가능하다는 점이 장점 또한 정책자금
  이다 보니 금리가 매우 저렴함

4. 창업진흥원 (https://www.kised.or.kr/)

- 대표적인 창업 포털사이트
- 청년 창업 지원 정책으로 특화되어 있음
- 창업 교육이 특징
- 쇼핑몰 창업(도소매)보다는 기술 창업에 포커싱이 되어 있음. 하지만 점차 쇼핑몰 창업에 대한 지원 정책이
  많아지고 있는 추세

5. 중소기업진흥공단 (http://hp.sbc.or.kr/)

- 줄여서 중진공으로 불림
- 중소기업진흥공단으로 중소기업 지원 사업을 총괄
- 중기부 사이트가 대외적인 이미지 역할을 담당한다면, 중진공은 실제 사업을 담당함
  그러다보니 각종 사업, 지원 정책 등 도움이 될 만한 많은 정보들이 존재함
- 소상공인, 쇼핑몰 운영자에게는 큰 도움이 됨. 특히 정책자금융자가 궁금할 때, 필수적으로 살펴봐야 하는
  사이트

6. 서울창업허브 (http://seoulstartuphub.com/)

- 서울시에서 운영하는 창업 중심 포털사이트
- 서울시 소재 사업자만 대상이 아니라 지원이 필요한 모든 기업에 문이 열려 있음

7. 서울산업진흥원(http://www.sba.seoul.kr/)

- 서울시 소재 중소기업 및 창업 경쟁력 제고를 위해서 만듦
- 지원 자체가 서울 소재 기업에 국한되어 있지만 점차 포괄적으로 넓혀 가는 중
- 시장이 바뀌더라도 지원 정책은 비슷함. 즉, 서울시 창업 포털이라고 보면 쉬움
- 무엇보다도 창업자의 유통까지 신경 써주는, 매우 현장 중심의 지원 포털

8. SBA 온라인스쿨 (http://www.school.seoul.kr/)

- 서울시에서 운영하는 온라인 창업스쿨
- SBA(서울산업진흥원)와 함께 시너지 효과를 낼 수 있는 창업 교육 포털사이트

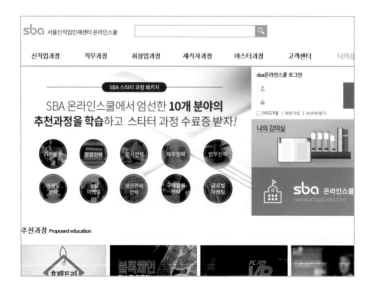

요즘 여성 창업자들이 많이 늘고 있습니다. 젊은 대학생부터 경력 단절이 되신 분들, 또한 아이들을 다 키워놓은 중년과 노년에 새로운 인생을 만들기 위해서 여러 가지 사업에 도전하시는 여성분들을 많이 만나게 됩니다. 그러다보면 여성을 위한 창업 지원 제도가 없는지 물어보는 질문을 많이 받습니다.

1. 여성기업종합지원센터(http://www.wesc.or.kr/)

- 여성 기업 지원에 관한 법률에 근거한 센터
- 여성 기업 지원에 대해서 총괄하고 있음
- 가장 많이 사용하는 메뉴가 바로 여성 창업 보육센터(사무실 지원 서비스)

2. 여성기업종합정보포털(http://www.wbiz.or.kr/)

- 여성 기업 종합 지원센터에서 운영하는 포털사이트
- 보육센터 지원이나 정책 자금, 교육 등이 이곳에서 이루어지고 있음
- '여성기업확인서'를 통해 판로를 개척할 수 있음

3. (사)한국여성인력개발센터연합 (http://www.vocation.or.kr/)

- 여성 자립을 위하여 만든 연합체
- 창업뿐만 아니라 취업도 목표로 하고 있음
- 전국 지역마다 여성인력개발센터가 있음
  서울은 강북, 강서, 구로, 관악, 노원, 동대문, 동작, 서대문, 서초, 성동, 송파, 영등포, 은평, 용산, 종로, 중랑 등에서 운영되고 있음

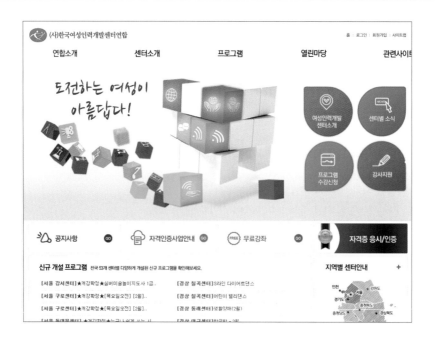

4. 서울우먼업 (http://www.seoulwomanup.or.kr/)

- '서울시여성능력개발원'이 정식 이름, 현재 서울우먼업으로 명칭을 바꿈
- 서울시 소재 여성의 취업 및 창업을 지원하고 있음
- 본원은 대방동

5. 경기여성창업플랫폼 꿈마루 (http://www.womenpro.go.kr/)

- 경기도 여성을 위한 취업, 창업 지원을 맡아서 운영
- 여성지원사업을 통합하여 전달. 경기도 도민에 맞춰 정보를 큐레이션하여 전달

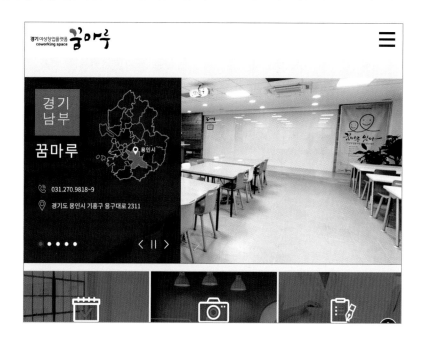

Q3　정부 창업자금을 받을 수 있을까요?

많은 쇼핑몰 창업자와 운영자가 창업 지원에 대해서 현금으로만 지원이 가능하다고 오해합니다. 아닙니다. 우리나라 창업 지원에서 현금 지원은 대부분 융자 형태로 이루어져 있습니다. 엔젤투자처럼 기업의 투자가치를 보고 투자하는 것이 아니라 융자 형태로 언젠가는 갚아야 하는 돈이 대부분입니다. 그럼에도 왜 많은 기업들이 이 창업 자금을 받으려고 하냐면 이자가 저렴하기 때문입니다. 중기부(중소벤처기업부)에서 운영하는 창업 자금은 이자가 2%대입니다. 다른 이자보다 매우 저렴합니다. 특히 신용도가 낮아서 1금융권의 높은 장벽을 넘지 못하는 분들이 많기에, 이와 같은 융자의 지원이 인기가 많습니다. 또한 특징은 현금지원보다 교육 지원이 더 많다는 사실입니다. 즉, 교육을 통해 창업자의 자립을 돕고 창업자가 필요로 하는 지원을 하는 형식입니다. 창업지원금은 위에 소개된 기관마다 자금을 운영 중에 있습니다. 매해 사업마다 다르기에 자주 들어가서 확인을 해야 합니다.

Q4　사무실 임대비를 아낄 수 있는 방법을 알려주세요.

대한민국에서 창업을 한다는 것은 참 어려운 것 같습니다. 왜냐하면 임대비가 매우 높기 때문입니다. 임대비는 고정비로 어찌 해볼 수 없는 무조건 나가야 하는 비용입니다. 창업 종류를 가릴 거 없이 임대비는 대부분 필요합니다.

그럼 우리나라에서 사무실로 쓸 수 있는 곳을 생각해 본다면 어디 어디가 있을까요?

- 오피스텔
- 빌딩 및 상가
- 공유오피스, 소호 사무실 (small office home office, soho)
- 집

간이과세자라면 집에서도 사업자등록을 낼 수 있으니 쇼핑몰 간이과세자들은 집으로 많이 사업자등록을 하기도 합니다. 하지만 제조업은 집으로는 사업자등록이 불가능하다는 것을 명심하시기 바랍니다. 단 예외 조항이 있습니다. 제조업을 한다고 해도 본인이 직접 소비자들에게 파는 상품이라면 집이라도 가능합니다. 즉, 핸드메이드처럼 내가 제조하여 직접 판매를 한다면 제조업을 신고한다 하더라도 집에서 사업자를 낼 수 있습니다.

그럼 집 빼고는 어떤 방법이 좋을까요?

1. 1인창조기업 비즈니스센터
먼저, 1인 창조기업으로 인정받을 수 있는 업종이라면 가장 우선적으로 고려할 수 있습니다. 쇼핑몰은 대부분 도소매업이라 대상에 포함되지 않지만 혹 제조업이 가능하거나 실제 하고 있는 일이 제조와 관련이 있다면 상담을 통해 입주가 가능한지 조사해 보는 것이 좋습니다.

2. 공유오피스 (소호사무실)

공유오피스 일명 소호사무실(soho)은 'small office home office'의 약자로 바로 소규모 자영업자를 위한 사무실이라고 보시면 됩니다. 사무실 보증비가 한 달 월세 정도로, 비용이 저렴하다는 것이 특징입니다. 예를 들어 한 달 월세가 30만원이라면 보증금도 30만원 정도가 됩니다. 소호사무실은 이처럼 저렴한 월세, 저렴한 보증금이 특징이고, 자리는 고정석, 유동석, 비상주시스템으로 나눠져 있습니다.

고정석은 본인 자리가 있는 것이고, 자유석은 지정된 자리가 없어서 도서관처럼 아무 자리나 먼저 와서 앉으면 되는 자리입니다. 보통 고정석이 조금 비쌉니다. 개인 방이 있기도 하고 2인 3인 4인등 룸도 있습니다. 물론 임대비가 올라갑니다. 하지만 사무실 임대비가 다른 사무실보다 저렴하기에 요즘 그 수요가 폭발적으로 늘고 있는 추세입니다.

또한 비상주시스템이라는 것도 있습니다. 사업자등록을 할 수 있도록 주소만 나오고 실제 사무실이 없는 형태를 말합니다. 그래서 상주하지 않는다라는 뜻으로 '비상주'라고 말합니다.

요즘 이런 비상주 사업자들이 많아지고 있습니다. 사업자주소지를 소호사무실에서 내고 실제 사업은 집이나 창고 등에서 시작하는 것입니다.

미국에서 "성공한 기업은 어디서 시작을 했을까?"라는 조사를 했다고 합니다. 조사해 보니 바로 차고(Garage)가 많았다고 합니다. 구글, 애플, 아마존, 양키 캔들의 시작은 차고였습니다. 그래서 미국에는 '차고 창업(Garage Startup)'이라는 말도 생겨났습니다.

그래서 저는 쇼핑몰 예비 창업자나 운영자라면 집 또는 소호사무실을 추천해 드립니다. 만약 공짜로 쓸 수 있는 지인 사무실이 있으면 자존심 꾹꾹 누르고 일단 얹혀사는 것도 추천 해 드립니다. 서럽지만 일단 성공하는 것이 우선입니다.

> **Q5** 공유오피스의 종류와 연락처가 궁금해요.

우리나라 공유오피스를 알고 싶다면 네이버에서 '소호사무실' 또는 '공유오피스'를 검색하시면 많이 나옵니다. 다만 쇼핑몰을 창업하실 경우, 쇼핑몰 전문 공유오피스를 알아보시는 것이 좋습니다. 쇼핑몰을 운영하시면 아시겠지만 업무의 반이 바로 포장박스를 만드는 일입니다. 공유오피스에서 테이프 소리를 '빡~빡~'내면 눈치를 받을 것입니다. 오픈 공간이 없는 곳도 많기 때문에 쇼핑몰 전문 공유오피스를 구해야 합니다. 우리나라에서는 쇼핑몰 전문 공유오피스로 '카페24 창업센터'가 있습니다.

〈카페24 창업센터, https://soho.cafe24.com/〉

카페24 창업센터는 쇼핑몰에 특화된 공유오피스로, 쇼핑몰을 운영할 때 반드시 필요로 하는 스튜디오, 택배, 포장 등에 최적화 되어 있다고 보시면 됩니다. 특히 가장 매력적인 부분은 택배비인데, 2,120원(부가세 포함)에 배송을 할 수 있습니다. 나중에 〈Lesson 29. 배송시스템〉에서 유통 마진을 설명할텐데 예를 들어 경쟁자들이 택배를 3,000원에 보낼 때 나는 2,120원에 보낼 수 있다면, 그리고 소비자들에게 3,000원의 택배비를 받지만 사실 나는 2,120원에 보낼 수 있다면 엄청난 이익일 것입니다. 그 차액이 새로운 마진, 즉 유통 마진이 됩니다.

[공유오피스]

공유오피스	홈페이지	연락처
카페24 창업센터	https://soho.cafe24.com/	1688-3284
위워크	https://www.wework.com/	02-521-8238
비즈온	http://www.thebizon.co.kr/	1661-7854
르호봇	http://www.ibusiness.co.kr/	1544-6154
패스트파이브	http://www.fastfive.co.kr/	02-3453-8280
오피스허브	http://www.officehub.co.kr/	02-445-8005
메트로비즈니스	http://metro-biz.com/	02-547-8007
오퍼스비즈플라자	http://www.opusbiz.kr/	02-6221-2022
하우투비즈	http://www.howtobiz.com/	1644-9046
기타 등등..		

*전화번호나 주소는 업체의 상황에 따라 달라질 수 있으니 인터넷 검색을 통해 직접 확인해주셔야 합니다. 또한 공유오피스는 이외에도 많으니 검색하시면 정보를 얻으실 수 있습니다.

쇼핑몰 사진촬영&
포토샵

'카페 24' 쇼핑몰
만들기

쇼핑몰 메인화면

쇼핑몰 상품등록

'카페 24' 쇼핑몰
운영스킬

쇼핑몰 법과 제도

PART 02

쇼핑몰
구축하기

들어가기에 앞서
이 파트는 단지 다른 일반 책들과 같이 포토샵 매뉴얼, 카페24 매뉴얼을 나열한 책이 아닙니다. 이 책은 실제 쇼핑몰을 구축하는 작업을 하나하나 실습을 통해 배워보는 과정을 담았습니다. 그대로 따라하시면 자연스럽게 쇼핑몰을 구축할 수 있습니다.
쇼핑몰은 이미지가 필요하기에 가장 먼저, 사진과 포토샵을 배울 것입니다.
모든 실습 포토샵 파일과 실습사진은 프로피알 홈페이지(http://propr.co.kr/book)에 오면 다운로드 가능합니다.

시스템 공통사항
PART 2의 기본 환경은 구글 크롬(Google Chrome)을 기본으로 하여 설명 드립니다.

CHAPTER 04
쇼핑몰 운영을 위한 사진 촬영 & 포토샵

Lesson 14 상품 사진촬영 장비와 전략

Q1 상품 촬영에 필요한 카메라는 무엇이 있나요?

상품촬영용으로 쓰는 카메라는 여러 종류가 있습니다. 이해하기 쉽게 네이버쇼핑에서 "디지털카메라"를 검색해 보겠습니다. 여러분도 지금 한번 검색해 보시기 바랍니다.

그럼 카테고리에 보면 일반디카, 미러리스디카, DSLR 카메라 이렇게 보이는 것을 확인할 수 있습니다. 상품촬영용 카메라도 이렇게 3개에서 이제는 스마트폰 카메라 까지 해서 총 4개로 나눌 수 있습니다.

① 일반디카
② 미러리스디카

③ DSLR 카메라

④ 스마트폰카메라

이중에서 저는 "DSLR 카메라" "스마트폰 카메라"를 추천합니다.

DSLR은 당연한데, 스마트폰을 활용하라고요? 그렇습니다. 요즘 나오는 최신형 아이폰이나 갤럭시 시리즈, LG 스마트폰 카메라는 정말 기술적으로 놀라운 발전을 해왔습니다. 또 제가 스마트폰을 추천하는 이유는 네이버 쇼핑 같은 경우 스마트폰을 활용한 사진 촬영을 요구하고 있다는 점 때문입니다. 예를 들어 스타일윈도우 같은 경우 매장에 있는 사진을 찍어서 올려야 하는데, 전문 사진 컷 보다는 스마트폰으로 대부분 찍어서 셀카로 올리고 있습니다. 무엇보다 스마트폰 기술력은 정말 대단합니다. 이제는 '일반 디카보다 훨씬 더 좋다'라고 자신 있게 말씀드릴 수 있습니다.

그래서 저는 전문적으로 렌즈를 바꿔가며 찍을 수 있는 "DSLR" 아니면 최신 카메라 기술이 집약된 "스마트폰"카메라를 권유 드립니다. 물론 일반디카나 미러리스가 나쁘다는 말이 아닙니다. 충분히 그만한 장점을 가지고 있습니다. 다만 상품촬영용 카메라를 새로 돈을 주고 사야한다면 "DSLR"을 사고, 카메라 비용이 부담스럽다면 굳이 돈을 들이지 말고 최신 스마트폰 사용을 권합니다.

그럼에도 일단 카메라를 공부해야 하니까 일반디카, 미러리스, DSLR 의 특징은 살펴보도록 하겠습니다.

1. 일반디카

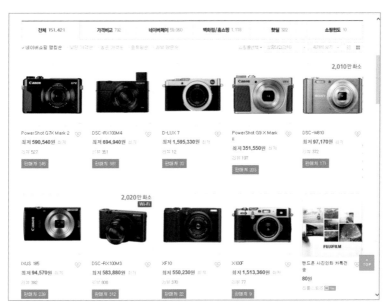

〈출처: 네이버 쇼핑 일반디카 검색〉

아마 나이가 조금 있으신 분들은 매우 친숙한 카메라입니다. 솔직히 요즘은 잘 안 씁니다. 오히려 젊은 세대들에겐 스마트폰 카메라가 더욱 친숙합니다. 하지만 과거 이런 일반 카메라가 인기를 끈 적이 있었습니다. 특징은 작고 간편하다는 것입니다.

2. 미러리스

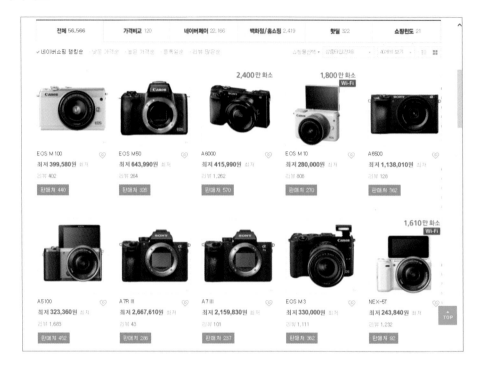

미러리스의 특징은 미러(거울)이 없는 형태로 되어 있기에 소형, 경량화가 가능합니다. 특징은 일반디카와 DSLR의 장점만 묶어서 만들었다라고 보시면 됩니다. 일반 디카처럼 가볍지만 DSLR처럼 렌즈교환이 가능하고 화질도 좋습니다. 다만 요즘에는 많이 다양해지고는 있으나 역시 아직까지 DSLR처럼 렌즈군이 다양하지 못하다는 것과 센서에 먼지가 붙는다는 단점이 있습니다. 물론 DSLR도 센서에 먼지가 붙지만 요즘 나오는 최신형 DSLR 같은 경우 먼지가 안 들어오게끔 설계되어있습니다. 또한 LCD를 보고 찍는 특성상 배터리가 빨리 소진된다는 점이 있는데, 이것은 배터리 기술력이 점점 좋아지고 있어서 어느 정도 나아지고 있습니다. 하지만 새롭게 돈을 주고 상품촬영용으로 구입을 한다면 차라리 저는 돈을 조금 더 주고 DSLR을 구입하라고 추천 드립니다. 만약 이미 미러리스가 있다면 굳이 새로 카메라를 구입할 필요는 없지만 비용을 들이고 새로 산다면 DSLR을 권합니다. 보급형 DSLR과 가격차이가 그렇게 크게 나지 않기 때문입니다.

3. DSLR 카메라

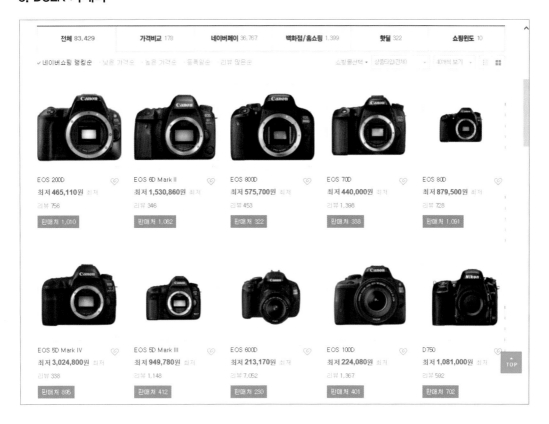

요즘 많은 분들이 꼭 전문가는 아니지만 취미로 DSLR 카메라로 사진 촬영하는 것을 흔히 볼 수 있습니다. 아기 사진을 찍기 위해서 구입하기도 하고, 가족들을 찍고 싶어서 아니면 여행할 때 풍경을 찍고 싶어서라든지 이유는 다양하지만 요즘 미러리스 보다 이런 DSLR을 구입하시는 분들이 많아지고 있습니다. 그만큼 보급형 DSLR 이 많이 나오고 여성분들이 충분히 들고 다닐 수 있는 경량화된 DSLR 이 나왔기 때문입니다. 저 또한 풀프레임인 6D를 사용하고 있습니다. 캐논 정품으로 목적은 상품촬영이나 가족사진을 위해서 사용합니다. 또한 동영상 기능을 위해서 즐겨 사용합니다. 물론 사진을 업으로 하시는 프로 작가들은 더 고가의 장비를 사용하여 상품촬영을 하고 있습니다.

Q2 DSLR과 미러리스의 차이점은 무엇인가요?

DSLR 같은 경우 뷰파인더(카메라에 눈을 대고 대상을 보는 곳)가 있습니다. 뷰파인더를 보고 사진을 찍게 되는데, 이는 렌즈를 통해서 들어오는 영상과 정확하게 일치하게 됩니다. 즉, 뷰파인더로 보는 영상과 실제 찍히는 영상이 같은 것입니다. 그렇게 구현이 가능한 것은 카메라 안에 미리(거울)이 있기 때문에 가능합니다. 즉, DSLR 같은 경우 이런 미러박스가 속에 있기에 카메라가 커질 수밖에 없는 것입니다. 그리고 무거워 질 수 밖에 없습니다.

하지만 미러리스는 이런 미러(거울)가 없습니다. 다시이야기 하면 뷰파인더가 없다는 것입니다. 미러리스를 보시면 대부분 뷰파인더가 없고 LCD 창으로 보면서 촬영하게 됩니다. 요즘 새로 나오는 미러리스 같은 경우 뷰파인더가 있는 것을 볼 수 있는데, 그것은 미러(거울)을 활용한 것이 아니라 전자식뷰파인터로 OLED 디스플레이로 나오는 것입니다. 그냥 우리가 조그마한 모니터를 보고 있다고 생각하시면 됩니다. 정리하면 대부분 미러리스에 뷰파인더가 없고 LCD 모니터를 보면서 사진을 촬영하기에 배터리 소모량이 심할 수밖에 없습니다. 대신 복잡한 미러박스가 필요 없기에 가볍고 경량화 될 수 있는 것입니다. 그럼에도 DSLR처럼 렌즈를 교환할 수 있는 장점이 있습니다. 이것이 큰 차이입니다. 따라서 미러리스 라고 표현하는 것입니다.

DSLR에서 말하는 크롭 바디와 풀프레임 바디는 무엇인가요?

DSLR 은 또한 크롭 바디와 풀프레임 바디로 나눠집니다. 쉽게 설명 드리면 빛을 받는 이미지센서 (CCD 또는 CMOS)의 크기 차이라고 보시면 됩니다.

보통 카메라가 디지털화되기 전 전문가 카메라의 필름은 35mm를 사용했습니다. 그래서 35mm 크기를 그대로 재현한 이미지센서를 가진 카메라를 풀프레임 바디라고 부르고, 35mm에서 조금 자른 (크롭: crop) 이미지를 가진 카메라를 크롭바디 라고 부릅니다.

그런데 왜 이미지크기를 줄였을 까요? 가장 큰 이유는 역시 가격 때문입니다. 풀프레임바디 이미지센서는 상당히 비쌉니다. 그래서 보급형 DSLR 카메라는 대부분 크롭바디이고 전문가용은 풀프레임 바디로 나뉘게 되는 것입니다. 풀프레임이 좋은 이유는 역시 이미지센서가 크기에 빛이 들어왔을 때 많은 정보량을 받을 수 있습니다. 그래서 사진이 크롭바디보다 더 정교하고 무엇보다 더 넓은 화면을 담을 수 있습니다. 같은 거리에서 찍으면 크롭바디 보다 더 넓은 사진을 찍을 수 있습니다. 제가 canon 6D를 사용하는 이유도 풀프레임바디 중에서 가성비가 좋기 때문입니다. 풀프레임중에서 쇼핑몰 사진작가들이 즐겨 사용하는 것은 5D mark4입니다. 이런 풀 프레임은 쇼핑몰 운영자가 쓰기에는 가격 면이나 기능면에서 굉장히 부담스러울 수밖에 없습니다.

그래서 보통 쇼핑몰 운영자가 DSLR을 구입하면 크롭바디를 구입하게 됩니다. 전문가 수준까지 촬영할 것이 아니기 때문입니다. 물론 본인이 사진촬영을 제대로 배워서 하고 싶다면 미래를 위해서 풀프레임 바디를 구입하는 것도 나쁘지 않습니다. 하지만 말씀 드렸다 시피 쇼핑몰 운영자는 첫 번째로 쇼핑몰을 잘 운영하는 것이 첫째 목표이지 사진을 잘 찍는 것이 목표가 아님을 잘 기억해야 합니다. 그 시간에 소싱을 한 번 더 하는 것이 좋습니다.

아래의 그림은 제 카메라인 풀프레임 6D입니다. 그럼 이 카메라 사진은 무엇으로 찍었을까요? 갤럭시 스마트폰으로 찍었습니다. 아웃포커싱 기능이 있어 뒤 배경을 날려주고 보여주고 싶은 부분을 뚜렷하게 보여줍니다. 즉 스마트폰 카메라의 기술력은 앞으로 더더욱 좋아 진다는 의미이고 상품 촬영도 충분히 가능해 졌다는 것입니다. 물론 초기 자본이 좋으면 카메라를 구입하시는 것도 좋지만 만약 카메라 살돈이 없는데 무리해서 구입할 필요가 없다는 뜻입니다. 차라리 그 돈으로 소싱을 다양하게 많이 하시는 것이 좋습니다.

〈캐논 6D〉

Q3 카메라 외에 필요한 장비는 어떻게 되나요?

스튜디오를 가보면 항상 보이는 것이 있습니다. 대표적인 것이 배경지, 조명기기, 삼각대입니다.

실제 저자 여의도 사무실 한곳에 마련한 쇼핑몰 스튜디오입니다.

❶ 배경지

❷ 소프트박스

❸ 스트로보 / 할로겐

❹ 삼각대

❺ DSLR 카메라

❻ 동조기

❶ 배경지는 상품촬영을 할 때 뒷 배경으로 보이는 것을 말합니다. 보통 종이재질을 많이 활용합니다. 배경에 종이로 둘둘 말아져 있는 것을 확인할 수 있는데, 그것이 바로 배경지입니다.

깨끗한 상품 촬영을 할 때 많이 사용합니다. 또한 꼭 종이로 배경을 만들지 않고 멋진 효과를 위해서 실사 프린팅된 배경이나 아니면 무대미술처럼 직접 만든 배경을 활용하기도 합니다. 스튜디오 마다 다르지만 흰 시멘트벽을 배경삼아서 촬영하기도 합니다. 하지만 대부분 종이나 천으로 만든 배경지를 통해 스튜디오 상품촬영을 합니다.

❷ 조명기기는 보통 두 가지로 나뉩니다. 지속조명과 순간조명으로 나누게 되는데, 지속조명은 말 그대로 빛을 한 방향으로 계속 비추게 됩니다. 종류로는 할로겐, 텅스텐, 삼파장등이 있습니다.

순간조명에는 카메라 셔텨에 의해서 순간적으로 조명이 터졌다가 꺼지는 조명을 말합니다. 우리가 증명사진이나 스튜디오에서 사진을 찍을 때 플래시가 터지는 것을 보게 되는데 그것이 바로 순간조명입니다. 흔히 스트로보라고 말합니다. 또한 조명기기와 항상 함께 하는 것이 바로 빛을 조절해 주는 기기들입니다. 보통 많이 쓰이는 것은 촬영용 우산, 소프트박스, 반사판, 옴니바운드, 라이트 반사판 등이 있습니다.

〈소프트박스〉

〈소프트박스 조립〉

〈스트로보 / 할로겐〉

〈동조기〉

집에서도 사진 촬영은 충분히 가능합니다. 단 부피가 큰 상품이나 의류는 집에서 찍기에는 퀄리티가 안 나오기에 추천 드리지 않습니다. 적어도 조명을 받아야 하는데, 집에서는 대부분 형광등이고, 촬영 공간도 나오지 않기에 추천 드리지 않습니다. 하지만 부피가 작은 상품인 경우 충분히 집에서 스마트폰 카메라로 멋진 상품 사진을 찍을 수 있습니다. 바로 '포토박스'를 통해서 가능합니다.

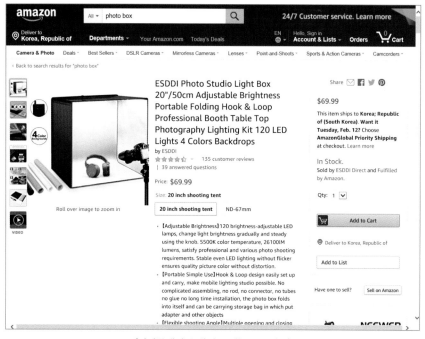

〈아마존에서 소개되고 있는 포토박스〉

포토박스는 미니 스튜디오, 포토 스튜디오라는 다양한 이름으로 불러지고 있는데 기능은 똑같습니다. 작은 박스 안에서 상품을 촬영할 수 있도록 스튜디오를 만드는 것입니다. 저도 사용해 봤는데, 솔직히 괜찮았습니다. 작은 상품들은 LED 조명 이라든지 다른 기타 조명을 받기에 매우 퀄리티 있는 사진을 얻을 수 있습니다. 단점은 접는 형식으로 보관하다 보니 내구성이 약합니다. 우리가 박스를 만들 듯 이것도 박스 형태로 펴서 만드는데 접히는 것을 피고, 또한 펴져 있는 것을 접으니 움직이는 과정가운데 박스가 망가지거나 지지력이 약해진다는 단점을 가지고 있습니다. 하지만 기능상으로 보면 저렴한 가격으로 스튜디오급 촬영이 가능하다는 점에서 매우 높은 점수를 주고 싶습니다.

Q5 상황에 따른 상품 촬영 전략을 알려주세요.

쇼핑몰에서 상품촬영에 대한 부분을 어떻게 접근해야 할까요?

크게 두 가지로 나뉩니다. 전문스튜디오에 의뢰를 하여 찍는 것과 직접 촬영하는 입니다.

물론 사입을 하시는 분들은 요즘 도매 처에서 상품사진까지 제공하는 곳이 많아지고 있어 허락을 구하고 사용하시면 너무나 간단합니다. 하지만 대부분 사입이라 할지라도 따로 상품촬영을 하는 것이 일반화 되어 있어 이번 시간을 통해 꼭 상품촬영에 대한 프로세스를 완벽하게 공부하시길 바랍니다.

그래서 이번 과정은 실제적인 이 두과정의 프로세스와 운영자로서 어떤 방법이 자신과 맞는지 그리고 어떻게 촬영을 해야 할지를 알아보겠습니다.

그 동안 많은 책들이나 강좌들이 상품촬영에 대한 이론적인 내용만 너무 많아서 현실과 동떨어져 있다는 생각을 했습니다. 어느 정도의 이론은 필요하나 군이 전문적인 이론 공부는 미래 사진작가나 전공생들에게 맡기고 우리는 우리 입장에서 필요한 실무적인 내용을 알아야합니다. 즉, 운영자로서 상품촬영을 어떻게 할 것인가? 라는 매우 현실적인 문제입니다.

먼저 운영자로서 상품촬영을 접할 때 크게 두 가지라고 말씀을 드렸습니다. 그중에서 먼저 전문 포토그래퍼 또는 스튜디오에게 맡길 때의 프로세스를 알려드리겠습니다.

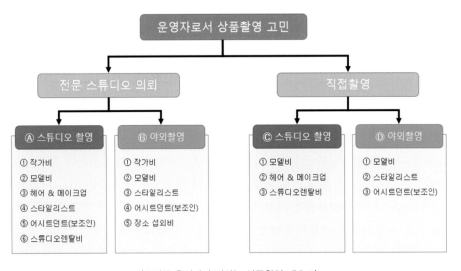

〈쇼핑몰 운영자가 접하는 상품촬영 개요도〉

Ⓐ 전략: 전문 스튜디오에서 의뢰한 스튜디오 촬영

쇼핑몰 운영자가 가장 하고 싶어 하는 촬영 포맷입니다. 아래의 견적서는 일반 스튜디오에서 실제 견적을 내는 내용입니다.

견 적 서

년 월 일			

_____ 년 월 일

_____ 귀하

아래와 같이 견적합니다.

공급자	사업자번호	570-86-00328	
	상 호	프로피알	성 명 권 혁 중 ㉙
	사업장 소재지	서울시 영등포구 국회대로 76길 18 (여의도동)	
	업 태	서비스	종 목

대표전화: 02-6736-4567

합계금액 일백오십오만원정 (₩ 1,550,000)

구분		가격	비고
인건비	남자모델	400,000	5시간,홈페이지, 쇼핑몰 용도, 3년 이내
	여자모델	400,000	5시간,홈페이지, 쇼핑몰 용도, 3년 이내
	헤어 메이크업	250,000	
	스타일리스트	0	
	어시던트	0	
	포토 그래퍼 작가	500,000	5시간, 사진 보정 포함
스튜디오 경비	조명	0	
	카메라 렌탈	0	
합계		1,550,000 원	

* 모델은 국내모델, 초상권 3년 사용. 자사 홈페이지 및 쇼핑몰용으로, 오픈마켓, 소셜, 국외 오픈마켓, 각종 인쇄물 포함
* 사진원본 제공 포함
* 보정은 한 스타일당 2~3컷

기본적으로 포토 작가비, 모델료, 헤어&메이크업, 스타일리스트 비용이 들어갑니다. 보통 작가비에는 스튜디오비, 보정비를 포함한 금액으로 책정이 됩니다.

비용은 아끼시려면 모델이 헤어&메이크업을 스스로 하고, 쇼핑몰 운영자가 스타일리스트 역할을 해주면 되지만 실제 현장에서는 스튜디오와 전체 계약을 하기 때문에 수정이 불가한 경우도 있습니다. 물론 쇼핑몰 운영자가 각각 사람을 구하면 가능합니다.

단점은 역시 비용입니다. 쇼핑몰 운영자가 가장 선호하는 방법이지 가장 많이 선택하는 방법은 아닙니다. 매번 상품이 나올 때 마다 스튜디오 촬영을 하려면 비용이 만만치 않기에 쇼핑몰 운영자 입장에서는 부담스러울 수밖에 없습니다. 하지만 퀄리티는 정말 다릅니다.

실제 저는 많은 대표님들에게 촬영만큼은 돈을 아끼지 말라고 권유 드립니다. 전자상거래 특성상 고객들이 상품을 만져보지 못하고 체험할 수 없기에 상품사진은 절대적으로 큰 영향을 줄 수밖에 없습니다. 그래서 비용이 감당하는 선에서 꼭 주력상품만이라도 스튜디오 컷을 진행하시길 권유 드립니다. 해보시면 아시겠지만 프로 포토그래퍼의 손길은 달라도 확실히 다릅니다.

ⓑ 전략 : 전문 스튜디오와 같이 하는 야외 촬영

야외촬영은 우리가 흔히 부르는 감성사진을 말합니다. 유독 우리나라 소비자들은 이런 감성사진을 매우 좋아합니다. 멋진 옷을 입고, 멋진 장소에서 예쁜 모델이 나오는 사진을 보면 마치 내가 저 옷을 입으면 나도 저렇게 아름다워질 수 있다는 생각에 사로잡히게 되지만 막상 입어보면 모델과의 몸매 차이로 인해 이내 잠옷이 되어버리는 경험을 한번쯤 해보셨을 거라 생각합니다.

보통 감성사진을 위해서 야외촬영을 할 때는 헤어&메이크업을 따로 하지 않은 편입니다.
스튜디오 컷 같은 경우 분장실이 마련되어 있어서 헤어&메이크업을 하는데, 야외 같은 경우 장소가 마땅치 않습니다. 그래서 보통 서울 같은 경우 모델비용에 헤어&메이크업 비용 포함시켜 촬영에 앞서 강남이나 청담동 샵등에서 미리 해오도록 하기도 합니다. 물론 꼭 다 그렇다는 것은 아닙니다. 모델 스스로 하기도 하는 경우도 많습니다. 하지만 꼭 스타일리스트는 야외촬영에서 필요 합니다. 왜냐하면 야외촬영 같은 경우 화장이나 스타일이 무너지기 때문입니다. 특히 한 여름이거나 사람이 많은 장소, 또는 바람이 심한 날은 정말 야외촬영하기 힘이 듭니다. 모델이 스스로 다 할 수가 없습니다. 보통 스튜디오에서 통계약으로 야외촬영을 하면 알아서 계약된 스타일리스트가 옵니다. 상황에 따라서는 스타일리스트가 없이 하는 곳도 있습니다. 그럴 때는 대부분 쇼핑몰 운영자 아니면 그 직원들이 따라 붙으며 스타일을 만들어 주어야 합니다.

장소는 상품 컨셉에 따라 달라지는데 작업을 많이한 프로 포토그래퍼같은 경우 상품 스타일을 보고 장소를 꼭 집어 주기도 합니다. 그게 직업이신 분들이라 상품과 운영자가 원하는 컨셉을 듣고 바로 장소를 찾아 주기도 합니다. 아니면 클라이언트인 쇼핑몰 운영자가 장소를 정하기도 합니다. 보통 봐뒀던 아니면 경쟁 업체가 활용했던 장소를 물색해 두었다가 야외촬영을 할 때 활용합니다.

ⓒ 전략: 직접 스튜디오 촬영

쇼핑몰 운영자가 직접 스튜디오 촬영을 한다고요? 네. 충분히 가능합니다. 물론 전문 포토그래퍼가 찍은 사진처럼은 나오지 않겠지만 요즘처럼 카메라 성능이 좋아지고, 특히 디지털 사진 필터 기술들이 발전된 상황에서는 어느 정도만 찍어놓으면 색감이나 분위기는 충분히 보정이 가능합니다.

장비는 이미 앞서 설명을 드렸습니다. 중요한건 스튜디오입니다. 네이버에서 [촬영 스튜디오 렌탈]을 검색해 보시기 바랍니다. 요즘 스튜디오들 이나 예쁜 카페들에서는 렌탈을 해주고 있습니다. 즉, 장비와 모델만 데리고 예약한 스튜디오에 들어가 시간에 맞춰 찍으면 됩니다. 일명 [셀프촬영]입니다. 혹, 카메라가 없더라도 스튜디오 렌탈하는 곳을 가면 카메라도 일정 비용을 받고 렌탈 해주고 있습니다.

ⓓ 전략: 직접 야외 촬영

직접 야외 촬영을 한다는 것은 어느 정도 사진에 대한 자심감이 있다는 증거이기도 합니다. 스튜디오 보다 더 힘든 것이 바로 야외촬영이기 때문입니다. 시시때때로 바뀌는 태양과 그림자, 노출, 초점등등 신경 써야 하는 것이 한두 가지가 아닙니다. 그렇다고 너무 실망할 필요 없습니다. 전문가들도 야외촬영을 가면 100장중 한 70장정도 건져 옵니다. 그러니 자신이 야외촬영을 나가서 사진이 안 예쁘게 나왔다고 실망할 필요가 없는 것입니다. 많은 연습을 하다보면 전문가 수준은 아니겠지만 자신만의 노하우가 쌓여 실력이 점점 늘어 갑니다.

인원구성은 어떻게 해야 할까요?

먼저 스타일리스트는 꼭 같이 가시는게 좋습니다. 물론 쇼핑몰 직원 중에 MD출신이나 헤어, 메이크업 출신이 있다면 굳이 섭외할 필요는 없지만 만약 그런 직원이 없다면 스타일리스트를 꼭 구해서 같이하시길 권유 드립니다. 스타일리스트가 알아서 액세서리나 코디를 준비해서 계속 세팅을 해주기 때문입니다.

모델 섭외는 어디서 할까요?

일단 사이트를 통해 모델을 확인할 수 있습니다. 가장 많이 찾는 사이트는 "모델나라"입니다. 또한 네이버 카페에도 동일한 이름으로 "모델나라"가 있습니다. 두 곳 모두 활성화 된 곳으로 회원가입하시고 로그인하여 모델을 확인할 수 있습니다. 또한 네이버에서 "피팅모델"을 검색하시고 모델 에이전시와 컨텍하여 진행하셔도 됩니다. 다만 야외촬영은 모델들이 꺼려한다는 것은 기억해 주셔야 합니다. 그것도 쇼핑몰 운영자가 직접 사진을 찍는다고 하면 더더욱 꺼려합니다. 신입모델은 가능해도 프로모델은 대부분 같이 하려 하지 않습니다. 상위 피팅 모델들은 돈이 문제가 아니라 자신의 사진이 잘 나와야 하기 때문입니다.

어떤 모델을 섭외 해야 할까요?

물론 자신의 컨셉과 잘 맞아야 합니다. 혹 패션 아이템 이라면 키에 대한 고민은 꼭 해보시라는 말씀을 드립니다. 우리나라 패션 1번지인 동대문 패션잡화는 대부분 우리나라 여성평균에 맞춰서 제작됩니다. 그러다 보니 서양 여성의 체형과 많이 다릅니다. 만약 키가 너무 큰 모델에게 동대문 옷을 입혀놓으면 팔이 짧거나 제대로 핏이 살지 않는 경우가 있습니다. 즉, 모델은 165cm가 적당합니다. 그래야 동대문에서 나오는 패션잡화가 핏이 잘 살고 딱 맞습니다. 그래서 보통 잘나가는 피팅 모델을 보면 165~170cm 사이가 많습니다. 너무 키가 크면 정말 핏이 안삽니다.

야외촬영 장소가 좋은 곳은 어디일까요?

쇼핑몰 운영자들을 위해서 테마별로 묶어서 큐레이션 해드리겠습니다. 또한 가장 많이 궁금해 하는 몇 가지 주요 장소 섭외에 대해서 말씀 드리겠습니다.

[야외촬영 장소 테마별 추천]

테마	촬영장소
고급스런 호텔 촬영장소	하얏트 그랜드볼룸 근처, 메이필드호텔 경내, 워커힐, 그랜드힐튼서울
예쁜 카페가 많은 촬영장소	경리단길, 망리단길, 연남동, 해방촌, 서울 익선동(고풍적인 분위기)
건물이 예쁜 대학교	고려대, 연세대, 경희대, 성균관대, 이화여대
단풍과 낙엽이 있는 촬영장소	이태원로, 삼청동길, 덕수궁길
물이 있는 촬영장소	여의도 여의서로, 청계천, 중랑천 제방길, 송정제방, 우치천변 제방길, 안양천 산책로, 서대문구 홍제천로
공원이 있는 촬영장소	올림픽공원(위례성길), 남산북측순환로, 송파나루 공원, 서울 대공원, 월드컵공원, 뚝섬 서울 숲
울창한 숲이 있는 촬영장소 (여름, 가을)	워커힐로, 관악산 산책로, 우장산공원, 방화근린공원 산책로, 서대문 안산 산책로
국립 박물관 (사립이 아니라 촬영하기 좋음)	국립국악박물관, 암사동선사주거지, 몽촌역사관, 국립중앙박물관 어린이박물관, 국립중앙박물관, 국립한글박물관, 국립어린이민속박물관, 국립민속박물관, 국립고궁박물관, 대한민국역사박물관, 청와대사랑채, 공연예술박물관
서울 이외 새롭게 뜨는 지역 촬영 장소 추천	부산의 망미단길, 전주의 객리단길, 경주의 황리단길, 울산의 꽃리단길

많은 쇼핑몰 운영자들이 호텔에서 촬영이 가능한지 물어보십니다. 결론부터 말씀드리면 가능한 곳이 있고, 불가능한 곳이 있습니다. 많은 분들이 당연히 안 될 거라고 하시는데, 그렇지 않습니다. 해보지 않으신 분들이 꼭 그런 말을 합니다. 몇 가지 팁을 드리면, 주말에는 가지 마시고 평일에 가는게 좋고, 스텝들의 옷을 청바지나 편한 옷이 아닌 정장스타일로 맞춰 가는 것이 좋습니다.

제가 추천하는 코스는 역시 경리단길입니다. 이유는 하루 코스로 다양한 배경에서 사진 촬영이 가능하기 때문입니다. 예쁜 카페 〉예쁜 건물과 길 〉호텔 〉숲 이렇게 가능합니다. 그럼 웬만한 쇼핑몰 야외촬영 컨셉이 한 번에 완성이 되는 것입니다. 특히 지방에서 올라와서 서울에서 촬영을 하시는 쇼핑몰 운영자라면 짧은 시간에 완성도 높은 다양한 컨셉의 사진을 찍어야 하는데, 경리단길이 최적의 장소입니다.

제가 추천하는 길은 일반적인 경리단길 메인 스트리트는 아니고, 시작이 골목으로 우회하는 길인데 가는 길에 아기자기한 예쁜 카페들이 많아서 좋습니다.

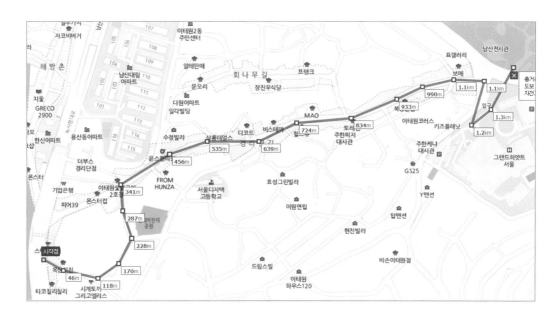

골목을 지나면 경리단길 중심거리와 만나게 되는데 그 길을 따라 올라 가면서 사진 촬영을 합니다. 그랜드하얏트 호텔이 나옵니다. 호텔을 배경으로 촬영후 길 건너에 있는 남산공원거리나 남산전시관 식물원등 숲과 함께 분위기를 연출 할 수 있습니다. 이 코스는 계절을 타지 않는 코스입니다. 남산 같은 경우 겨울에도 나무와 멋진 분위기를 낼 수 있습니다.

Q6 야외 촬영에서 주의할 점을 알려주세요.

1. 카페 안에서 촬영을 하려면 꼭 주인에게 허락을 받아야 합니다.

실내는 사적인 공간이기에 꼭 주인에게 허락을 받아야 합니다. 커피 주문은 당연히 예의고, 미리 커피를 마시면서 촬영을 하겠다고 양해를 구합니다.

2. 촬영 할 때 뒷배경의 창작물이 있다면 꼭 저작권에 주의 합니다.

공개된 장소라도 배경에 창작물이나 작품들이 나오면 그것은 저작권위반입니다. 충분히 문제의 소지가 있습니다. 그렇기에 혹 자신이 찍은 배경에 창작자가 그린 그림, 작품, 조형 등이 있다면 피해서 찍어야 합니다. 만약 창작자들이 저작권을 문제 삼으면 공개된 장소에서 찍은 것이라도 문제가 됩니다.

3. 주위 상인들이 찍지 말라고 하면 바로 중지해야 합니다.

상품촬영을 하다보면 근처 상인들이 자신의 상점은 찍지 말라고 하는 경우가 많습니다. 그 분들 입장에서는 한두 번이 아니기 때문입니다. 그때는 바로 촬영을 중지하고 다른 곳에서 찍어야 합니다.

만약 그대로 사진을 사용하고 그게 노출이 될 경우 상품이 한 창 잘나가는데 상품페이지를 내려야하는 경우가 생길 수 있습니다.

Lesson 15 │ 무료 이미지, 무료 폰트 사용하기

Q1 요즘 공유저작물 사진을 많이 활용하던데 공유저작물이 무엇인가요?

이미지나 여러 콘텐츠를 만드는데 앞서 꼭 알아야할 개념이 하나 있습니다. 바로 [공유저작물]입니다. 공유저작물(Public Domain) 이란 저작권자의 허락으로 일반 사용자가 저작권 걱정 없이 자유롭게 할 수 있는 모든 저작물을 말합니다. 음악도 있고, 사진도 있고, 동영상도 있습니다.

(참고로 더 공부가 필요하신 분들은 제가 존경하는 미국 하버드대학교 로스쿨 법학과 "로렌스 레식" 교수 또는 '공유경제'를 검색해 보세요.)

다만 이런 공유저작물은 창작자들마다 사용범위에 대한 허락 조건이 조금씩 다릅니다. 그래서 보통 창작물 옆에 이런 표시설정을 하게 됩니다. 예를 들어, 사진을 직접 찍어 블로그에 공유하면서 ❶ 마크를 달았다면 저작권자가 누구인지 밝히는 조건아래 누구든지 그 사진을 상업적이고 2차 편집하면서 사용할 수 있습니다. 요즘 언론사나 미디어 매체에서 이런 공유저작물을 많이 활용하고 있습니다. 쇼핑몰 쪽에서도 제가 이제 소개해 드렸으니 많이 활용될 것으로 보입니다.

〈출처: http://www.letscc.net/ 홈페이지〉

Q2　무료 이미지 사이트와 다운로드 방법을 알려주세요.

디자인 작업을 하다보면 이미지 사진이 필요한 경우가 많습니다. 하지만 저작권이 걸려서 마음 놓고 쓰지 못하는 경우가 많습니다. 이게 저작권이 있는 건지 아닌지 써도 되는 건지 아닌지 걱정스럽기도 합니다. 그래서 무료 이미지를 사용할 수 있는 방법을 알려드립니다.

이름	홈페이지	성격	내용	특징
①Let's CC	http://www.letscc.net/	공유저작물	이미지,동영상, 음악저작물	전세계 CCL 콘텐츠 집합소 저작권 표시를 정확하게 알고 사용해야함
②픽사베이	https://pixabay.com/	공유저작물	사진 이미지	사진 공유저작물중 상업적 용도로 사용 가능, 출처 안 밝혀도 되는 사진만을 큐레이션 해줌 하지만 저작권 표시 설정을 꼭 확인하고 사용
③아이콘 파인더	https://www.iconfinder.com/	상업 아이콘 판매, 무료 아이콘 공유	아이콘 이미지	전 세계적으로 사용하는 아이콘 이미지 집합소.무료 아이콘들도 매우 퀄리티가 뛰어남

Let's cc에서 무료 이미지 다운로드 하기

Let's CC 사이트는 이런 플리커, 유튜브, CC mixter, jamendo 등에서 공유되고 있는 CC 라이선스 콘텐츠를 통합적으로 검색될 수 있도록 하고 있습니다. 만약 디자인 소스가 필요할 때, 음악이 필요할 때, 영상 클립아트가 필요할 때 등등 공유저작물을 모아둔 여기서 검색하여 사용할 수 있는 입니다.

01　❶ [콘텐츠를 상업적으로 이용하실 건가요?] 체크합니다. ❷ [원본콘텐츠에 수정이 필요하신가요?] 체크 합니다. ❸ 원하는 이미지를 검색합니다. [clothes] 로 검색하면 이미지, 음악, 동영상 콘텐츠가 보여집니다. 다운로드하여 사용합니다.

⠿ 픽사베이 (pixabay)

픽사베이는 공유저작물 중에서도 [상업적용도 사용가능] [출처 안 밝혀도 되는 사진] 만 큐레이션
해주는 사이트입니다.

01 [픽사베이로 가서 원하는 사진 이름을 검색합니다. 글로벌 사이트이기에 영어로 검색하셔야 많은 사진
을 볼 수 있습니다. 여기서는 ❶ [clothes]를 검색해보겠습니다.

02 ❶ 스폰서 이미지(글로벌 이미지 판매회사 Shutterstock)로 유료 상품이니 클릭하지 않습니다. ❷ 아래의
무료 이미지 중 원하는 이미지를 선택합니다. 전 ❷ 이미지를 선택했습니다

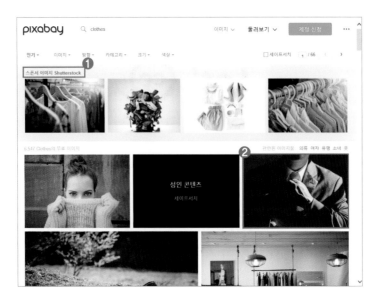

03 ❶ pixabay License를 가보면 [상업적 용도로 사용 가능] [출처 안 밝혀도 됨] 이라고 되어 있습니다. 확인 후 ❷ [무료 다운로드]를 클릭한 후 원하는 사이즈를 선택하고 다운로드 합니다.

아이콘파인더 (Iconfinder)

아이콘파인더는 유료와 무료 벡터 아이콘을 제공하는 글로벌 사이트입니다. 여러분이 쇼핑몰을 디자인할 때 필수 적으로 쓰이는 여러 가지 아이콘 이미지들을 무료로 다운로드 하여 사용할 수 있습니다.

01 원하는 이미지 ❶ [이름]을 입력후 ❷ [검색]을 클릭합니다.

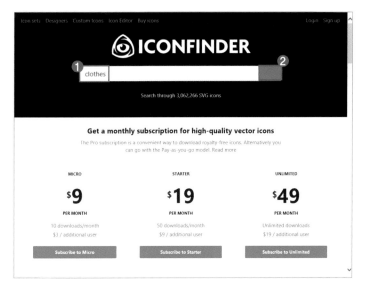

02 ❶ [Free] 선택후 꼭 ❷ [For commercial use]를 선택합니다. 그래야만 무료이면서 상업적으로도 사용할 수 있는 아이콘을 선택할 수 있습니다. 원하는 아이콘을 ❸ [클릭]합니다.

03 ❶ 원하는 사이즈를 선택합니다. 그러면 다운로드가 시작됩니다. 윈도우 환경이라면 PNG 파일을 선택합니다. png 파일은 투명 이미지이기에 포토샵에서 편집하기 편합니다.

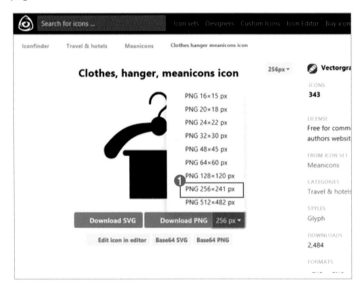

Q3 무료 폰트의 종류와 다운로드 방법을 알려주세요.

이제까지 무료 이미지 사이트를 배워봤다면 이제는 무료 폰트가 어떤 것이 있는지 알아볼 차례입니다. 왜냐하면 포토샵을 하는데 있어서 이미지와 폰트는 필수이기 때문입니다.

폰트를 쓰실 때는 꼭 이미지와 마찬가지로 저작권을 조심하셔야 합니다. 폰트는 판례상 디자인에 대한 저작권은 없지만 프로그램저작물로 보호를 받기에 꼭 무료폰트만 사용합니다. 특히 이런 경우를 조심하세요. 블로그나 웹상에서 무료 폰트라고 써도 된다고 하는 글을 읽어보신다면 의심먼저 해보시길 권유 드립니다. 대부분 개인적으로는 무료라도 단체나 상업적으로 사용하면 유료인 폰트가 많습니다.

그럼 안심하고 쓸 수 있는 무료 폰트는 무엇이 있을까요? 제가 일일이 라이선스를 확인하고 안심하게 쓸 수 있는 폰트를 정리하여 소개합니다. (그래도 라이선스를 직접 확인해 보시고 사용하는 것을 권장합니다.)

폰트이름	다운로드 사이트
네이버 나눔글꼴	http://hangeul.naver.com/ ▶ 네이버에서 "나눔글꼴" 검색
구글 노토	http://www.google.com/get/noto/#/family/noto-sans-kore ▶ 네이버에서 "구글 노토" 검색
구글 어도비	https://source.typekit.com/source-han-serif/kr/#get-the-fonts ▶ 구글에서 "어도비 본명조" 검색
서울서체	http://www.seoul.go.kr/v2012/seoul/symbol/font.html ▶ 네이버에서 "서울 서체" 검색
부산체	http://www.busan.go.kr/bhbusan ▶ 부산시 홈페이지 〉 부산소개 〉 부산의 상징 〉 부산체
제주서체	http://www.jeju.go.kr/jeju/symbol/font/infor.htm ▶ 제주시 홈페이지 〉 제주소개 〉 제주소개 및 상징 〉 서체
배달의민족 글꼴	http://www.woowahan.com/] ▶ 네이버에서 "배달의민족 폰트 다운로드" 검색
가비야 글꼴	https://company.gabia.com/font ▶ 가비야 홈페이지 〉 전체보기 〉 회사소개 〉 홍보/IR 〉 가비야글꼴캠페인
야놀자 야체	http://cast.yanolja.com/detail/2171 ▶ 구글에서 "야놀자 야체" 검색

제가 가장 잘 쓰는 폰트는 네이버 나눔 글꼴과 서울서체입니다. 서울서체는 정말 괜찮은 폰트입니다. 여러분도 기본폰트 뿐만 아니라 이런 다양한 서체를 활용해 보시기 바랍니다. 제가 지금 소개한 폰트 외에는 저는 권장하지는 않습니다.

Lesson 16 포토샵 기본 기능 익히기

쇼핑몰을 운영하기 위해서는 기본적인 사진편집을 할 줄 알아야 합니다. 대부분 사진편집은 포토샵을 통해 이뤄지기에 우리는 지금 포토샵의 기본 기능과 쇼핑몰에서 필요한 기술에 대해서 공부해 볼 것입니다. 모든 기능이름은 [어도비 포토샵 공식 매뉴얼]을 중심으로 알아보겠습니다. 그래야 정확하고 외국에서 포토샵을 말할 때도 소통이 가능합니다.

Q1 포토샵은 무엇인가요?

포토샵은 그래픽을 수정, 편집할 수 있도록 어도비사가 개발한 프로그램입니다. 그 어떤 이미지라도 포토샵을 거치면 작업자의 능숙도에 따러 전혀 다른 사진이 완성됩니다. 왜냐하면 포토샵의 기능들이 CC 버전을 거치면서 날로 놀라워 지고 있기 때문입니다.

그래서 요즘에는 단지 웹디자이너뿐만 아니라 그래픽디자이너, 포토그래퍼, 동영상 제작자들까지 다 필수 프로그램으로 다루고 있습니다. 정리하면 이미지를 편집, 수정하기 위한 전문 프로그램이다 라고 말할 수 있는 것입니다.

그렇다면 쇼핑몰을 운영하는데 모든 기능을 알 필요가 있을까요?

아닙니다. 우리의 목표는 쇼핑몰 운영자로서의 성공이지 포토샵 전문디자이너가 되는 것은 아닙니다. 쇼핑몰로 성공하신 대표님들은 대부분 전문 디자이너를 고용하여 사업을 하고 있습니다. 무엇보다 카페24 쇼핑몰에서는 AI(인공지능)가 상세페이지를 자동으로 만들어주기에 과거처럼 포토샵의 중요성은 많이 줄어들었습니다. 이 프로그램을 [에디봇] 이라고 하는데 따로 설명하였습니다. (타임머신 ▶ Lesson 23. 상품등록 및 옵션설정하기) 그렇다고 쇼핑몰 운영자가 포토샵을 모르면 안 됩니다. 기본적인 기능과 특히 디자이너와의 의사소통을 위해서 필수 기능은 꼭 알아야 합니다.

Q2 포토샵을 어떻게 다운로드 하나요?

포토샵은 상업 프로그램으로 유료입니다. 하지만 무료시험버전을 통해 포토샵을 다룰 수 있습니다. 무료시험버전은 [어도비 홈페이지] 가면 되는데 다운로드 URL 주소가 바뀔 때가 있고, 찾기 어렵다고 하여 항상 최신 버전이 링크되어 있는 네이버를 통해 알아보겠습니다.

01 ❶ [네이버 소프트웨어]에서 ❷ [포토샵]을 검색후 ❸ [개발자 다운로드]로 이동합니다.

02 ❶ [무료 체험판]을 클릭합니다. 이렇게 이동하는 이유는 항상 최신 버전을 다운로드 할 수 있는 어도비 사이트로 링크 설정되어 있어 가장 효율적이기 때문입니다.

03 ❶ [Adobe 계정] 로그인을 합니다. 혹 회원이 아니라면 ❷ [회원가입]을 해주셔야 합니다. 그럼 다운로드 페이지가 나오고 셋업할 수 있습니다. 단 무료 체험판은 30일만 사용할 수 있습니다.

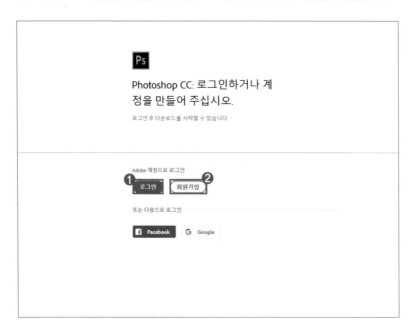

Q3 포토샵 기본 기능이 궁금해요.

1. 각종 패널

❶ **응용 프로그램 모음** : 메뉴 및 기타 응용 프로그램 컨트롤이 놓여 있습니다.

❷ **도구 패널** : 이미지, 아트워크, 페이지 등을 만들고 편집할 수 있는 도구가 있습니다. 확장기능들
은 그룹화 되어 숨겨 있습니다. 삼각형을 우클릭하면 숨겨진 확장기능들을 선택할 수 있습니다.

❸ **옵션막대제어 패널** : 현재 선택된 도구의 옵션이 표시됩니다.

❹ **색상 패널** : 색상을 선택하거나

❺ **레이어 패널** : 포토샵의 가장 기본기능이자 가장 강력한 도구인 레이어를 컨트롤 할 수 있습니다.

❻ **상태 패널** : 사진의 view 비율이나 이미지 정보를 볼 수 있습니다.

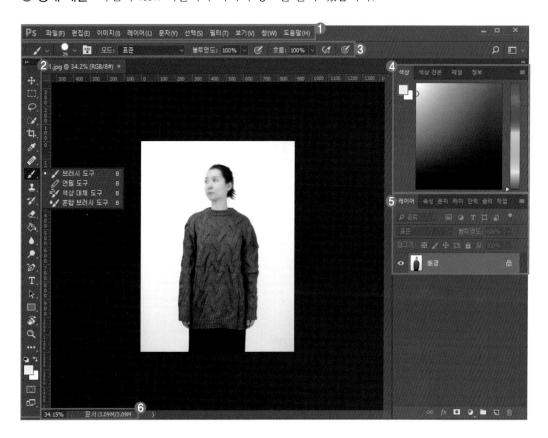

2. 도구 패널

포토샵을 열면 화면 왼쪽에 [도구] 패널이 나타납니다. [도구] 패널의 일부 도구에는 상황에 맞는 옵션 막대에 나타나는 옵션이 있습니다. 도구 아이콘 오른쪽 하단의 삼각형을 우클릭하면 숨겨진 도구를 확장하여 볼 수 있습니다.

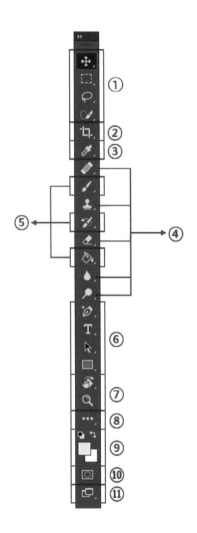

① **선택 이동**

• **이동 도구** : 선택 영역, 레이어, 안내선 등등 포토샵에서 대상을 이동시킬 때 사용합니다. 사용빈도가 가장 높습니다.

- **선택 윤곽 도구** : 사각형, 원형, 단일 행, 단일 열 선택 영역을 만듭니다.

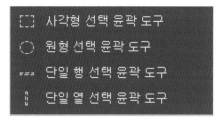

- **올가미 도구** : 자유 형태, 다각형, 자석(스냅) 선택 영역을 만듭니다.

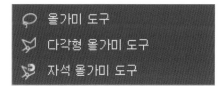

- **빠른 선택 도구** : 근처의 유사한 색상을 빠르게 자동 선택합니다.
- **자동 선택 도구** : 유사한 색상을 자동으로 선택합니다.

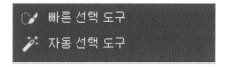

② **자르기 및 분할 영역 도구**
- **자르기 도구** : 이미지를 잘라냅니다.
- **분할 영역 도구** : 분할 영역을 만듭니다.
- **분할 영역 선택 도구** : 분할 영역을 선택합니다.

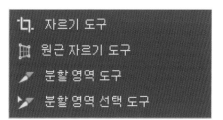

③ **측정 도구**
- **스포이드 도구** : 선택한 이미지 색상을 그대로 선택 합니다.
- **색상 샘플러 도구** : 최대 4개 영역의 색상 값을 표시합니다.
- **눈금자 도구** : 거리, 위치, 각도를 측정합니다.

- **메모 도구** : 이미지에 삽입할 수 있는 메모를 만듭니다.

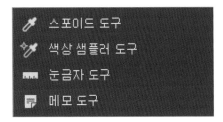

④ **재손질 도구**

- **스팟 복구 브러시 도구** : 반점이나 원하지 않은 부분을 제거합니다.
- **복구 브러시 도구** : 견본으로 이미지의 결함을 복구합니다.
- **패치 도구** : 샘플을 통해 이미지의 선택한 영역에 있는 결함을 복구합니다.
- **적목 현상 도구** : 플래시로 인한 빨간색 반사를 제거합니다.

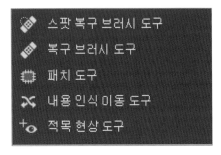

- **복제 도장 도구** : 선택한 부분의 이미지를 복제합니다.
- **패턴 도장 도구** : 선택한 부분의 이미지를 패턴으로 복제합니다.

- **지우개 도구** : 이미지의 일부를 지웁니다.
- **배경 지우개 도구** : 드래그한 영역을 지웁니다.
- **자동 지우개 도구** : 지울 영역을 한 번 클릭하면 단색 영역이 지워집니다.

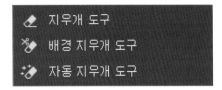

- **흐림 효과 도구** : 선택한 이미지부분의 선명한 가장자리를 흐리게 합니다.
- **선명 효과 도구** : 선택한 이미지부분의 흐린 가장자리를 선명하게 합니다.

• **손가락 도구** : 선택한 이미지부분에 문지르기 효과를 나타냅니다.

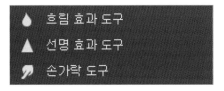

• **닷지 도구** : 선택한 이미지의 영역을 밝게 합니다.
• **번 도구** : 선택한 이미지의 영역을 어둡게 합니다.
• **스폰지 도구** : 선택한 영역의 색상 채도를 변경합니다.

⑤ **페인팅 도구**
• **브러시 도구** : 브러시로 획을 그립니다.
• **연필 도구** : 가장자리가 선명한 획(연필)을 그립니다.
• **색상 대체 도구** : 선택된 색상을 새로운 색으로 대체합니다.
• **혼합 브러시 도구** : 사실적인 페인팅 기법(캔버스의 색상 혼합, 페인트 젖은 정도 변화)을 적용합니다.

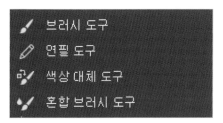

• **작업 내역 브러시 도구** : 선택한 이미지 사본을 현재 이미지 창에 표현합니다.
• **미술 작업 내역 브러시 도구** : 옵션에 표현된 여러개의 미술 스타일로 이미지에 적용합니다.

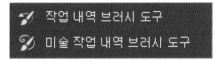

• **그레이디언트 도구** : 직선, 방사형, 각도, 다이아몬드 패턴으로 색상을 혼합하여 표현합니다.
• **페인트 통 도구** : 선택한 색상으로 칠합니다.

⑥ 그리기 및 문자도구

- **펜 도구** : 여러 개의 펜 도구로 가장자리 패스를 그릴 수 있습니다

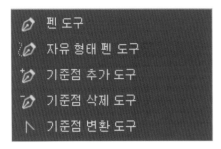

- **문자 도구** : 글을 작성합니다.
- **문자 마스크 도구** : 글자 모양에 선택 영역을 만듭니다.

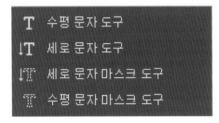

- **패스 선택 도구** : 기준점, 방향선 및 방향점이 표시된 모양 선택 영역을 만듭니다.

- **모양 도구와 선 도구** : 사각, 모서리가 둥근 직사각, 타원, 다각형 등 모양과 선을 그립니다.
- **사용자 정의 모양 도구** : 상단 옵션도구에 나오는 다양한 모양을 선택하여 적용합니다.

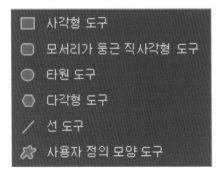

⑦ 내비게이션 도구

- **손 도구** : 이미지를 이동시킵니다.
- **회전 보기 도구** : 캔버스를 회전합니다.

- **확대 도구** : 이미지 보기를 확대하고 축소합니다.

⑧ **추가 도구 표시/숨기기**
⑨ **전경/배경 색상 표시/숨기기**
⑩ **빠른 마스크 모드 표시/숨기기**
⑪ **화면 모드 표시/숨기기**

Q4 포토샵을 시작하고 싶어요. 작업창을 어떻게 만드나요?

새로운 작업창 만들기

01 앞으로 작업할 새로운 창을 만들어 보겠습니다. 메뉴바의 ❶ [파일] ❷ [새로 만들기]를 선택합니다.

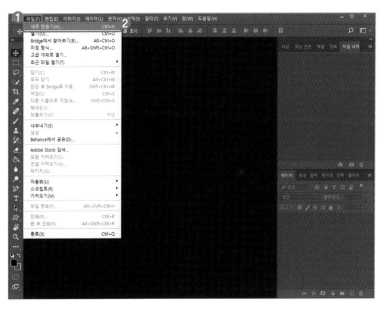

02 새로 만들기

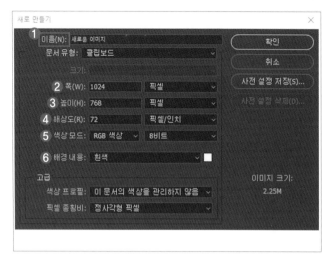

❶ 이름: 새로 작업할 이름을 적습니다.

❷ 폭 : 작업 창의 가로 사이즈를 적습니다. 단위는 픽셀로 설정합니다. 인터넷 웹상의 모든 이미지 단위는 픽셀이 기본입니다.

❸ 높이 : 세로 사이즈입니다.

❹ 해상도 : 웹상의 모든 이미지는 72입니다. 혹 작업내용이 실사출력이나 인쇄물일 경우 200 또는 300으로 설정합니다. 우리는 쇼핑몰을 위한 작업, 즉 웹상에서 이뤄지므로 72로 세팅합니다.

해상도가 높을수록 사진 용량이 커지고 그렇게 되면 웹상에서 로딩속도가 느려집니다.

❺ 생상모드 : 웹에서 사용하는 이미지는 [RGB 색상], 실사출력(인쇄물)이라면 [CMYK 색상]을 선택합니다. 우리는 쇼핑몰을 위한 웹용 이미지 이므로 [RGB색상] 으로 선택합니다.

주의할 점은 [회색 음영]을 선택하면 모든 이미지가 컬러가 아닌 흑백이 됩니다. 가끔 왜 자기 사진은 칼라가 안되냐고 물어보시는데 대부분 창을 만들 때 [회색 음영]을 선택했기 때문입니다. 주의하시기 바랍니다.

❻ 배경내용 : [흰색]을 선택합니다. [투명]은 보통 누끼를 위해서 선택되는데, 이미지 작업시 불편하므로 처음 시작은 [흰색]을 선택합니다.

03 새로운 작업창이 만들어졌습니다.

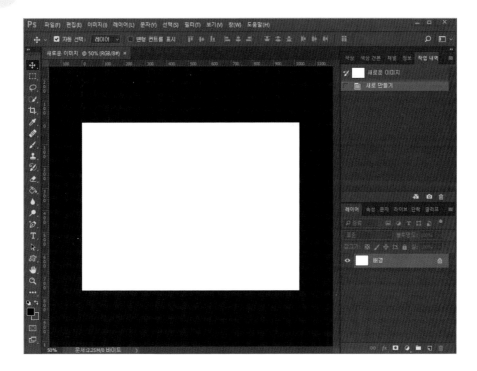

Q5 합성을 하려면 레이어가 중요하다는데 레이어 활용 방법을 알려 주세요.

◎ **실습파일** : 실습사진 〉 상품사진_의류 〉 블라우스 〉 navy 폴더 〉 0 누끼 문자.psd

포토샵을 포토샵답게 해주는 것은 역시 레이어 기능입니다. 레이어는 투명 셀로판지를 여러장 겹친 것과 같습니다. 또는 투명 유리라고 생각하셔 됩니다.

투명하기 때문에 밑에 있는 레이어를 볼 수 있고, 레이어 위에 있는 그림과 밑에 있는 그림이 겹쳐서 보이기도 합니다. 또한 셀로판지를 움직이는 것과 같이 레이어 속의 그림이나 사진을 움직여서 위치 를 변동하고 뚜렷한 사진을 불투명하게 만들 수도 있습니다.

❶ 레이어패널 메뉴

❷ 종류(필터)

❸ 레이어

❹ 레이어 그룹

❺ 레이어 축소판

⑥ 레이어를 보기 / 안보기

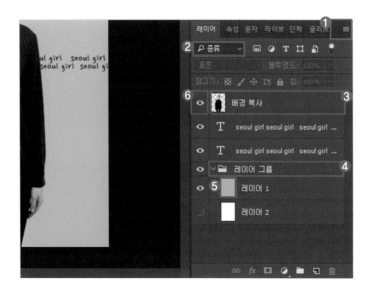

01 **새 레이어 만들기 / 레이어 삭제하기**

❶ [새 레이어를 만듭니다] 아이콘을 클릭합니다. 그러면 새로운 레이어가 만들어 집니다. 레이어는 투명 셀로판지로 앞서 보듯 ❷ 모자이크 모양이 투명하다는 뜻입니다.

또한 레이어를 새로 만드는 다른 방법은 포토샵 상단 메뉴창에서 [레이어] [새로 만들기] [레이어]를 순서대로 선택합니다.

그럼 레이어 삭제는 어떻게 할까요? 삭제할 레이어를 우클릭하여 [레이어 삭제] 또는 삭제할 레이어를 ❸ 휴지통으로 마우스로 집어서 옮겨 놓으면 삭제가 됩니다.

02 레이어 복제 방법

❶ 복제하고 싶은 레이어를 마우스로 집어 ❷ [새 레이어를 만듭니다] 아아콘에 올려 놓습니다. 그럼 레이어가 복제 됩니다. 또 다른 방법은 복제하고 싶은 레이어를 우클릭 후 [레이어 복제]를 선택하셔도 됩니다.

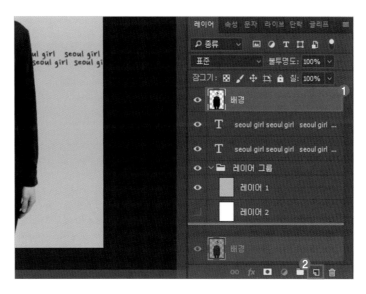

03 레이어 불투명도 조절

선택한 레이어의 ❶ 불투명도를 조절하여 아래의 레이어가 비출 수 있도록 합니다. 사진 작업할 때 활용도가 높아서 참 많이 쓰이는 기능입니다.

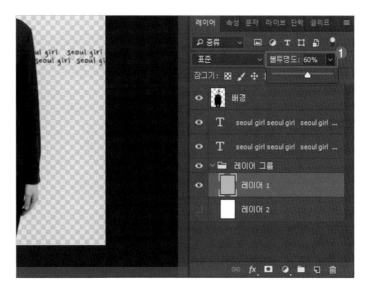

Q6 이미지 파일을 어떻게 불러오나요?

◎ **실습파일** : 실습사진 〉 상품사진_의류 〉 니트 폴더

01 사진 파일을 열어보겠습니다. ❶ [파일] ❷ [열기] 선택합니다.

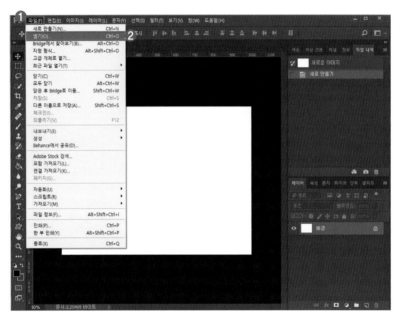

02 원하는 사진을 선택 후 [열기]를 클릭합니다.

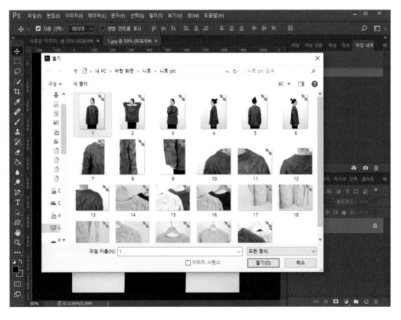

03 선택한 사진이 불러왔습니다. 너무 쉽죠? 그런데 이렇게 쉬운 것을 굳이 설명하는 이유가 있습니다. 바로 [파일 열기]는 새로운 창으로 사진을 새롭게 불러 온다는 것입니다.

04 ❶ [새로운 이미지]는 흰색 배경으로 미리 만들었던 작업창입니다. ❷ [1.jpg]는 방금 여러분이 오픈한 새로운 사진입니다. 즉, 사진파일을 오픈하면 포토샵에서 새로운 윈도우로 배열해 줍니다.

실제 쇼핑몰에서 가장 많이 사용하는 기능은 바로 내가 원하는 작업창 사이즈에 사진을 불러오는 것입니다. 많은 교육생분들이 가장 배우고자 하는 부분입니다. 그래서 새로운 창에서 사진을 어떻게 불러오는지 알아보겠습니다. 우리가 쇼핑몰에 올릴 필요한 사진 사이즈가 500×500 픽셀 사이즈 사진이라고 가정해 보겠습니다.

01 ❶ [파일]에서 [새로 만들기] 선택합니다. ❷ 폭 500 × 높이 500 픽셀을 선택한 후 [확인]을 선택합니다. 꼭 단위 [픽셀]이라는 사실 잊지 마시기 바랍니다. 실제 많이들 실수하는 부분입니다.

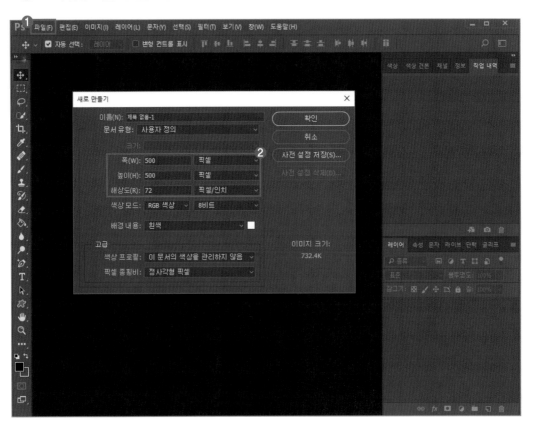

02 ❶ [파일] ❷ [가져오기]를 선택합니다. 포토샵 버전에 따라 [가져오기] 또는 [포함 가져오기] [연결 가져오기] 등으로 보일 수 있습니다.

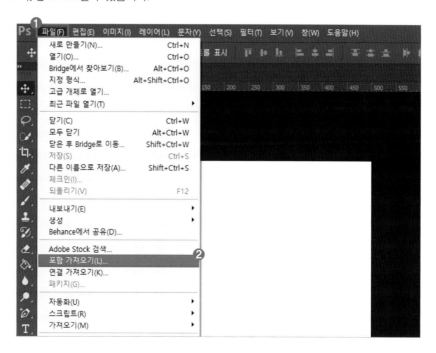

03 500 × 500 픽셀 작업창에 오픈할 사진을 선택합니다.

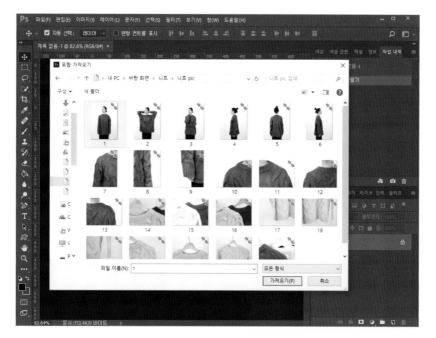

04 우리가 만든 작업창은 500 x 500 정사각형인데, 원본 사진은 세로로 촬영한 사이즈라 옆 공간이 남습니다. 사진을 확대하여 사이즈를 맞춰 줍니다. 마우스를 사진 ❶ 모서리에 가져다 대면 확대가 가능한데, 주의할 점은 꼭 Shift 키를 누른 상태에서 늘려 주어야 합니다. 왜냐하면 그래야 정비율로 확대, 축소가 가능하기 때문입니다.

05 비율을 맞춘 후 Enter↵를 선택하여 작업을 종료해줍니다. 여기서 중요한 것은 ❶ 공간은 어쩔 수 없이 버려야 하는 공간입니다. 왜냐하면 우리가 필요한건 정사이즈 인데 사진은 세로로 찍어 있기 때문입니다. 그래서 포토그래퍼 들은 사진을 찍을때 여백을 고려하여 촬영합니다. 참고로 화면 창이 꽉차서 그림과 같이 조절이 안될 경우 Alt + [마우스휠]을 돌리면 화면창 사이즈가 쉽게 조절 됩니다.

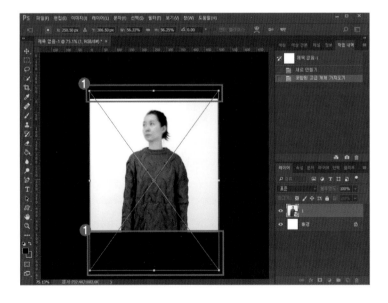

06 여기서 교육생분들이 가장 많이 실수하는 것이 세로 사진을 정사이즈에 맞춘다고 옆으로 늘려주는 경우입니다. 결국 사진이 납작하게 찌그러졌습니다. 절대 원본사진의 비율을 임의적으로 수정하면 안됩니다. 모양이 변하기 때문입니다. 꼭 [Shift] 키를 누른 상태에서 사진의 모서리로 가신 후 정비율로 사진을 늘리거나 줄이거나 해야만 모양이 그대로 살아 있습니다.

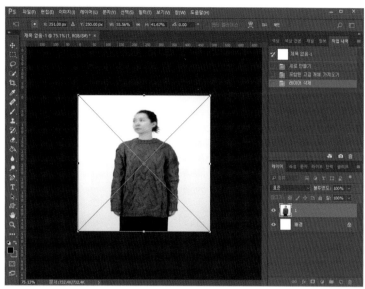

〈매우 안 좋은 사례〉

07 자! 그럼 정비율로 조절을 했다면 우리가 필요한 500 × 500 사이지의 사진이 완성된 것을 볼 수 있습니다. 사실 우리가 원하는 사이즈의 사진을 얻는 방법은 이 방법 말고도 [자르기 옵션]을 통해 쉽게 얻을 수 있습니다. 하지만 여러장의 사진을 사이즈에 맞춰 편집하려면 꼭 익혀 두어야할 스킬이니 연습을 충분히 해두어야 합니다.

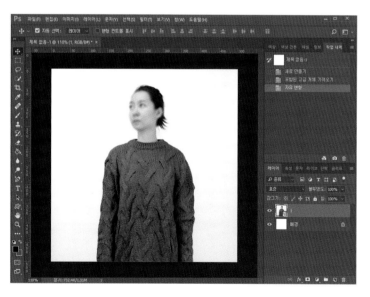

01 ❶ [파일] ❷ [다른 이름으로 저장] 선택합니다. 단축키는 친절히 포토샵에서 나와 있으니 익혀 두면 좋습니다.

02 ❶ [파일 이름]을 작성합니다. 여기서는 [500x500 pic]으로 적었습니다. ❷ [파일 형식]을 선택해 줍니다. 여기서는 중요한 것은 ❸ psd 파일로 저장하고 다시 이미지 파일인 ❹ jpg 사진(또는 다른 이미지 포멧)으로 한번 더 저장해야 한다는 것입니다. 이유는 간단합니다. 나중에 수정을 위해서입니다. 쉽게 예를 들면 우리가 학교 과제로 레포트를 써서 a4용지로 프린트 해서 제출하려고 합니다. 그런데 오타가 나서 수정을 해야 합니다. 그럼 다시 한글이나 워드를 컴퓨터로 열어서 오타를 수정해야 합니다. 프린트했다는 것은 이미지 파일로 변환했다는 것이고, 오타를 수정하기 위해서 파일을 열었다는 것은 psd 파일(포토샵 파일)을 열었다는 것과 같습니다. 모든 작업내역이 남아 있기에 수정이 가능합니다.

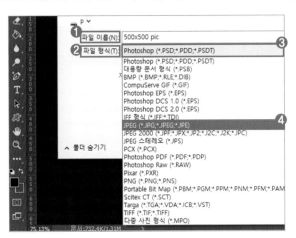

03 ❶ [큰파일]로 드래그 하여 수정합니다. 그럼 ❷ [품질]은 12, [최고]로 변하게 됩니다. 품질이 낮을수록 파일 용량을 줄어듭니다. 하지만 jpg 파일은 압축률이 좋기에 최고로 해도 용량이 부담스러울 정도로 커지지 않으니 안심하세요. ❸ [확인]을 선택합니다.

04 파일이 제대로 저장되었습니다. 실제 쇼핑몰을 운영하다보면 실제 수정할 일이 많습니다. 그래서 꼭 psd파일(포토샵 파일)으로도 저장이 되어 있어야 함을 잊지 마시기 바랍니다.

500x500 pic   500x500 pic

이미지 포맷 정리

어려운 이론적인 내용은 빼고 직관적으로 쇼핑몰에서 어떻게 활용할지에 대해서만 알아보겠습니다.

- **gif 포맷** : 화질이 낮습니다. 다만 애니메이션 그림파일(일명 짤방사진)이 가능하여 유명 쇼핑몰 메인 목록 사진으로 즐겨쓰는 파일 포맷입니다. 걱정하지 마세요. 앞으로 배워 볼 것입니다.
- **jpg 포맷** : 쇼핑몰에서 가장 많이 사용하는 포맷입니다. 압축률이 뛰어나서 고화질이지만 용량이 적습니다. 점점 더 기술이 좋아지고 있어서 과거에 비해 뛰어난 화질을 자랑합니다.
- **png 포맷** : 요즘 가장 사랑받고 있는 포맷입니다. 이론적으로 이미지에 손상을 주지 않는 압축포맷이라고 알려져 있습니다. 그러다보니 같은 사이즈의 jpg와 png를 비교하면 png가 조금 더 좋다고 알려져 있죠. jpg 와 대표적이 차이는 png 파일은 투명 배경이 가능합니다. 쇼핑몰에서는 요즘 팝업창을 화려하게 만들 때 자주 사용합니다. 박스 팝업창이 아니라 이미지 외형만 나오는 팝업창을 이 png 파일로 만들 수 있습니다.
- 이외 BMP, TIFF, RAW 파일이 있지만 쇼핑몰에서는 잘 사용하지 않습니다. 왜냐하면 용량이 매우 크기에 웹상에서 쇼핑몰의 로딩속도를 느리게 만듭니다. 속도가 생명인 쇼핑몰에서는 정말 사용하기 어려운 사진 포맷입니다.

Q9 사진을 자르는 방법을 알려주세요.

◎ **실습파일** : 실습사진 〉 상품사진_의류 〉 니트 폴더

01 쇼핑몰을 하다보면 사진을 자르고 또는 앞서 배운 대로 사이즈에 맞게 수정해야하는 일이 정말 많습니다. 빈도가 매우 높은 작업입니다. 실제 사진촬영을 하고 난 후 어떻게 쇼핑몰 사진으로 만드는지 [실습사진 니트 1 원본] 사진으로 실습해 보겠습니다.

❶ [파일] [열기] 하여 [실습사진 니트 1 원본]을 불러옵니다. 보시면 스튜디오에서 찍은 원본 사진입니다. DSLR로 찍은 고화질 사진으로 화면을 가득 채웠음에도 ❷ 화면비율이 16.67% 인 것을 확인할 수 있습니다.

❸ [자르기] 선택합니다. ❹ [원본비율]으로 되어 있다면 그림처럼 사진 외곽에 점선이 선택됩니다.

02 우리는 상세페이지에 들어갈 모델컷을 만들려고 합니다. 현재 스타일난다 같은 경우 의류모델사진사이즈가 900×1200 픽셀의 사진을 사용 중에 있습니다. 그래서 우리도 그렇게 만들어 보겠습니다. ❶ [자르기 사전 설정]을 선택해 줍니다. [자르기 사전 설정]은 자르기를 내가 원하는 사이즈에 맞춰 자르거나 또는 비율에 맞춰 자르기 할 때 유용하게 사용합니다. ❷ [W×H× 해상도]를 선택합니다. ❸ 가로를 900 세로를 1200 해상도 72 로 놓고 단위는 꼭 ❹ [픽셀/인치]를 표시합니다.

03 ❶ 모서리 끝을 잡고 비율을 잡습니다. ❷ 마우스로 사진을 이동하여 위치를 변경해 봅니다.
❸ Enter↵를 눌러 마무리 합니다.

04 그럼 900 × 1200 사이즈의 사진이 완성됩니다. 사진을 앞서 배운 대로 [저장] 합니다.

Q10 사진 사이즈를 확인하는 방법을 알려주세요.

사진을 찍거나 아니면 사진을 편집하기 앞서 사진의 사이즈를 확인하고 싶을 때가 있습니다.

가장 쉬운 방법은 컴퓨터 윈도우에서 파일의 [우클릭] [속성] [자세히] 을 선택하면 사이즈를 확인할 수 있습니다.

❶ 사진 사이즈가 900 × 1200을 확인할 수 있습니다.

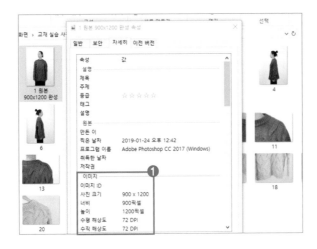

그럼 포토샵에서는 어떻게 확인할 수 있을까요?

01 ❶ [이미지] ❷ [이미지 크기]를 선택합니다.

02 ❶ 사진의 가로 사이즈 입니다. ❷사진의 세로 사이즈입니다. ❸ 해상도를 확인할 수 있습니다.

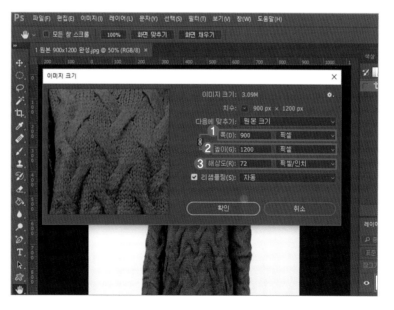

앞서 사이즈를 확인하셨다면 그 상태에서 바로 사이즈를 줄일 수 있습니다.

01

❶ 가로 사이즈를 500 픽셀로 줄였습니다.

❷ 세로 사이즈가 비율에 맞게 자동으로 변하는 것을 확인할 수 있습니다.

❸ 바로 체인모양의 [Constrain Proportions] 기능 때문입니다. 만약 여러분이 체인 아이콘을 클릭 하여 해제하여 버리면 화면 비율이 왜곡되어 변합니다. 꼭 사진을 줄일때는 체인이 제대로 걸렸는지 확인 합니다.

❹ [확인]을 선택하면 원하는 사이즈인 500 × 667 사이즈의 사진으로 줄어들게 됩니다.

Lesson 17 ┃ 상품 사진 편집하기

Q1 누끼가 무엇이고, 어떻게 만드는지 알려주세요.

◎ **실습파일** : 실습사진 〉 상품사진_의류 〉 블라우스 〉 navy 폴더

누끼(ぬき)는 일본말로 뺌, 또는 빼다라는 의미입니다. 이 의미는 정말 다양한 곳에서 사용합니다. 인쇄할때나 방송에서도 사용하기도 합니다. 쇼핑몰에서는 필요한 이미지만 포토샵으로 잘라내고 나머지 배경을 빼는 것을 의미합니다. 즉, 상품만 남기도 배경을 제거 해 버리는 작업입니다. 쇼핑몰을 할때는 너무나 중요한 작업입니다. 특히 아마존을 비롯한 많은 글로벌 쇼핑몰들은 상품만 나오도록 하기 때문에 더더욱 중요합니다. 그래서 우리는 간단하게 누끼 작업을 해보도록 하겠습니다.

01 실습사진 [블라우스 navy 0번 파일]을 [열기]로 불러 옵니다.
일반적으로 사진을 불러오면 사진 [배경 레이어]가 생기면서 ❶ [자물쇠]가 걸려 있는 것을 확인할 수 있습니다. 그럴 경우 편집이 불가능하기에 일반 레이어로 변환하여 편집을 해야 합니다. 방법은 보통 두 가지 방법을 선택할 수 있습니다.
첫째, [배경 레이어]를 더블 클릭하면 [일반 레이어]로 변환 됩니다. 둘째, [레이어 복제]를 통해 편집 가능한 레이어로 만들 수 있습니다. 혹 사진 모드가 [인덱스 색상]일 경우는 [이미지] [모드] [RGB 색상]으로 변경하시면 편집이 가능하게 됩니다. 여기서는 레이어를 더 연습할 수 있도록 [레이 복제어]방법을 선택하겠습니다.

02 사진 레이어에 ❶ [우클릭]하여 ❷ [레이어 복제]를 클릭합니다.

03 자물쇠가 달린 레이어는 우클릭하여 ❶ [레이어 삭제]로 지워버립니다.
그럼 편집이 가능하게 됩니다. 앞으로 쇼핑몰을 위한 포토샵에서 비슷한 경우가 많을 것인데 이렇게 간단하게 처리해 주시면 작업속도가 빠릅니다.

04 ❶ [자동 선택 도구]에서 우클릭 한 후 ❷ [자동 선택 도구]를 선택합니다.
[자동 선택 도구]는 선택한 색과 비슷한 색을 자동으로 선택해 주는 마술 지팡이입니다.
만약 민감도를 조절 하고 싶다면 ❸ [허용치]를 조절합니다. 그럼 어느 정도까지 포함해서 선택할 것인
지 조절이 가능합니다. 여기서는 허용치 32로 놓겠습니다.

05 [흰색 바탕]을 클릭합니다. 그럼 흰색 배경외각은 전부 선택이 됩니다. 또한 바지 사이 흰색도 Shift 를
누른 상태에서 더 선택해 줍니다.

06 Delete키를 눌러 선택한 부분을 삭제해 줍니다. 그런 다음 점선의 선택을 해제하기 위해서 Ctrl + D를 눌러 선택 해제 합니다. 누끼가 완성되었습니다.

07 중요한 것은 꼭 저장을 할 때 ❶ [포토샵 파일]로 한번, ❷ [png 파일]로 한번 따로 따로 저장합니다. 나중에 수정 편집을 위해서입니다.

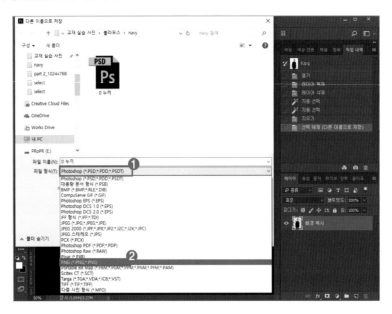

08 포토샵의 기능이 점점 더 발전함에 따라 [자동 선택 도구] 기술도 점점 고도화 되고 있습니다.
과거처럼 라인을 그리고 퀵 마스크 모드로 선택해서 그리지 않아도 누끼 작업이 가능하게 되었습니다.
그렇다보니 비교적 쉬운 누끼는 이렇게 [자동 선택 도구]로 5초 만에 따버릴 수 있습니다.

◎ **실습파일** : 실습사진 〉 상품사진_의류 〉 블라우스 〉 white 폴더

누끼는 따는 작업은 여러 가지 방법이 있지만 가장 쉽게 접근 하는 방법은 여전히 [자동 선택 도구]를 활용하는 것입니다.

01 [실습사진 블라우스 white 01 파일]을 열어줍니다. 그러면 배경도 흰색, 옷도 흰색임을 확인할 수 있습니다.

02 그럼 예전과 같은 방법으로 [자동 선택 도구]로 선택을 하면 색이 비슷한 흰색이기에 이렇게 모두가 선택이 되는 상황이 벌어집니다. 그럼 옷도 삭제가 되기에 누끼가 실패하게 됩니다.
그럴 때는 ❶ [자동 선택 도구] ❷ [빠른 선택 도구] 선택합니다. ❸ [+]를 확인하시고 마우스 커서를 얼굴 앞 흰색에 하나 하나 그어 보시면 색이 하나하나 선택됨을 볼 수 있습니다. 그런 다음 Delete를 눌러 먼저 선택된 곳을 투명하게 만듭니다.

03 만약 [+] 상태에서 하나 하나 라인을 선택하고 있는데, 흰색 옷 까지 선택이 되었다면 Alt 키를 누르면 ❶ [-]로 바뀌면서 라인선택을 다시 뺄 수 있습니다. 다시 말하면, 여러분께서 어떤 사진의 누끼를 따던 중 원하지 않는 부분까지 라인이 선택되면 [-] 옵션으로 선택해제가 가능합니다.

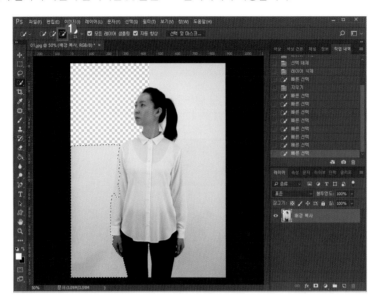

04 이렇게 [+] [-]를 번갈아 가면서 몇 번 해보시면 초보자라도 누끼를 쉽게 딸 수 있습니다.

05 포토샵 파일과 png 파일로 저장을 하여 마무리 합니다.

Q3 상품 사진은 어떻게 만들 수 있을까요?

◎ **실습파일** : 실습사진 〉 상품사진_의류 〉 블라우스 〉 navy 폴더

누끼를 완성하셨다면 이제는 본격적으로 상품사진을 만들어 보겠습니다.

01 [실습사진 / 블라우스 navy / 0 누끼] 포토샵 파일을 엽니다. 이미 우리가 실습했던 파일입니다. 이 상태에서 무난한 살구색 계열의 배경으로 바꿔 보겠습니다.

02 메뉴에서 ❶ [레이어] [새로만들기] [레이어]를 통해 새로운 ❷ [레이어1]을 만듭니다.
또는 레이퍼 패널 하단 ❸ [레이어추가] 아이콘으로도 쉽게 만들 수 있습니다.
❹ [페인트 통 도구]를 선택합니다. 혹 [그레이디언트 도구]로 되어 있다면 우클릭하시면 선택가능합니다. ❺ [전경색]을 선택합니다. ❻ [웹 색상 전용]을 해제 후 ❼ [d7bfa5] 작성합니다. 마우스로 색을 선택할 수 있지만 [d7bfa5] 색은 제가 즐겨 쓰는 색이라 직접 입력을 해주었습니다.

03 ❶ [페인트]를 새로운 레이어에 부어 줍니다. ❷ [레이어1]이 [모델사진] 보다 하단으로 위치해야 배경으로 사용가능합니다. ❸ [모델사진] 누끼를 미리 따두었기에 투명한 부분을 통해 하단의 배경색이 나오게 됩니다. 이렇게 합성이 가능하여 누구나 쉽게 상품사진을 완성할 수 있습니다.

Q4 그레이디언트로 상품 사진을 만드는 방법을 알려주세요

◎ **실습파일 :** 실습사진 〉 상품사진_의류 〉 블라우스 〉 navy 폴더

01 [실습사진 / 블라우스 navy / 0 누끼] 포토샵 파일을 엽니다. ❶ [새 레이어]를 만든 후 누끼가 있는 사진 아래로 이동시키고 배경으로 사용합니다. ❷ [그레이디언트 도구]를 선택합니다. ❸ [전경색]에서 내가 원하는 색인 [d7bfa5]을 선택합니다. ❹ 배경색을 흰색으로 선택합니다.

02 ❶ [그레이디언트]를 선택한 후 마우스로 아래에서 위로 선을 그립니다. 그럼 원했던 전경색으로 그레이디언트 효과가 나타납니다. 팁은 [Shift] 키를 누른 상태에서 선을 움직이면 일직선으로 되기에 조금 더 편하게 작업할 수 있습니다. 마찬가지로 여러 방향에서 효과를 선택할 수 있습니다. 보통 패션 쇼핑몰에서는 아래에서 위로, 작은 상품 사진 같은 경우 대각선 방향으로 많이 합니다. ❷ [옵션]을 통해 다양한 그레이디언트 효과를 선택할 수 있습니다.

Q5 글자 쓰는 방법을 알려주세요.

◎ **실습파일** : 실습사진 〉 상품사진_의류 〉 블라우스 〉 navy 폴더

01 방금 작업했던 [실습사진 / 블라우스/ navy / 0 누끼 그레이디언트 효과] 포토샵 파일을 엽니다. ❶ [수평문자도구]를 선택합니다.
❷ [전경색]을 선택합니다. 완전 검정보다는 약간 회색으로 정했습니다. 보통 완전검정은 매우 강하기에 인간의 눈을 옷 보다는 글자로 모이게 하기 때문입니다. 우리의 목적은 옷을 조금 더 매력적으로 보이게 해야 합니다.
❸ 원하는 위치에 클릭 합니다. 그리고 글자를 작성합니다.
❹ [문자 레이어] 위치를 변경하여 옷 뒤에 나오게 합니다.

❺ 폰트설정, 폰트크기 등의 옵션은 상단 옵션창에서 설정이 가능합니다.

02 폰트에 대한 자세한 설정은 [문자창]을 열어 설정합니다. [메뉴]에서 ❶ [창] ❷ [문자]를 선택하면 ❸ [문자창]이 열리면서 자세한 설정이 가능하게 됩니다. 폰트 설정, 크기, 색, 성격, 글자사이 간격 등등 모든 옵션이 가능합니다.

03 글자수정은 [수평 문자 도구]를 선택 후 수정하고자 하는 글자를 정확하게 클릭하면 수정이 가능하게 됩니다. 꼭 정확하게 클릭하셔야 합니다. 글자가 너무 작아서 클릭이 안 된다고 하시면 화면을 확대(alt + 마우스휠) 후에 해주시면 편합니다.

Q6 흑백사진을 만들고 싶어요.

---

01 원하는 이미지를 불러온 후 ❶ [이미지] ❷ [조정] ❸ [흑백] [기본값] 설정후 바로 변환이 가능합니다.
흑백사진 변환은 사업을 하면서 다양하게 쓰입니다. 가장 많이 쓰이는 것이 바로 사업자등록증이나 통장사본 등등 비즈니스 서류를 보낼 때입니다. 절대 칼라로 보내지 않습니다. 복제될 가능성이 매우 큽니다. 항상 비즈니스상 의 서류는 특별한 경우가 아니라면 꼭 흑백으로 변환 후 보내주셔야 합니다. 포토샵으로 간단하게 변환할 수 있습니다.

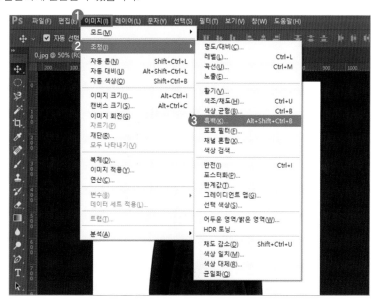

Q7 얼굴을 포샵하는 방법을 알고 싶어요.

◎ **실습파일** : 실습사진 〉 상품사진_의류 〉 블라우스 〉 navy 폴더

01 [실습사진 / 블라우스 navy / 0 누끼] 포토샵 파일을 엽니다. ❶ [필터] ❷ [픽셀 유동화] 선택합니다.
보통 얼굴을 줄이고 눈을 크게하고 턱을 깍고 등등 일명 포샵 한다고 했을 때의 기능이 바로 [픽셀 유동
화] 기능입니다.

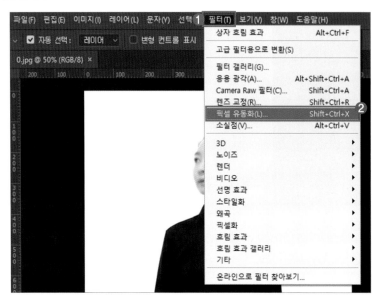

02 ❶ [얼굴 도구]를 선택합니다. ❷ 마우스를 가져다 대면 얼굴 라인, 코, 입, 눈 등 모든 것을 자동으로 인식
하여 선택해 줍니다. ❸ 원하는 방향으로 마우스로 집어서 넣어 주시면 자동으로 축소 또는 확대 됩니다.
(참고로, 얼굴도구는 포토샵 cc 버전 이상만 있는 기능입니다)

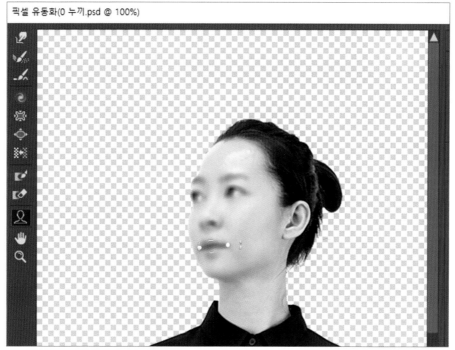

03 포토샵의 기술이 정말 어디까지 확장될지 궁금합니다. 이젠 알아서 얼굴을 인식합니다.
과거에는 일일이 선택하여 [뒤틀기도구] 로 만져 주어야만 했습니다.

❶ [뒤틀기 도구]를 선택합니다.

❷ 효과를 줄 원하는 크기를 선택합니다.

❸ 마우스로 턱을 살짝 밀어주세요. 만약 실패 했다면 Ctrl + Z 를 눌러 전단계로 되돌립니다.

이렇게 하여 내가 원하는 그림으로 편집할 수 있습니다.

Q8 변형툴 방법으로 다리 길이 늘리는 방법을 알려주세요.

◎ **실습파일** : 실습사진 〉 상품사진_의류 〉 블라우스 〉 navy 폴더

다리길이를 늘리는 방법은 사실 다양한 방법들이 있습니다. [픽셀 유동화] [오목도구]를 사용하기도하고, [올가미 툴]로 잘라서 안쪽으로 붙이는 방법도 있고, [퍼펫 뒤틀기]로 만들기도 하고, [변형툴]로 일괄적으로 늘리기도 합니다. 여기서는 쇼핑몰에서 가장 빠르게 활용할 수 있는 두가지 방법을 알려 드리겠습니다

첫 번째는 [변형툴]로 10초 안에 바꾸는 방법과 두 번째로 전체적인 체형 전부를 바꿀 수 있는 [퍼펫뒤틀기] 도구를 활용할 것입니다.

01 [실습사진 / 블라우스 navy / 0 다리길이 원본] 포토샵 파일을 엽니다. 누끼가 만들어져 있습니다. 꼭 누끼가 아니더라도 가능합니다.

02 늘릴 만큼의 공간이 있어야 하기에 사진을 위로 올려 줍니다.

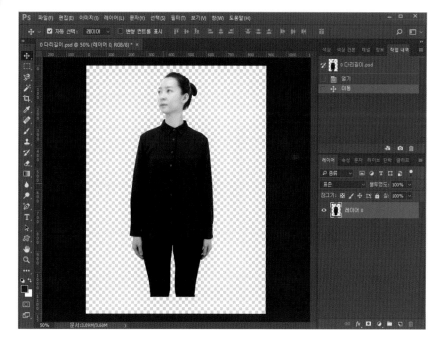

03 ❶ [사각형 선택 윤곽 도구]를 선택합니다. ❷ 늘려줄 위치를 박스로 체크해 줍니다. 주의할 점은 이 방법은 인위적으로 사진을 길게 늘이게 됩니다. 즉, 손까지 포함하게 선택하면 손도 같이 늘어지기 때문에 손 아래 부분부터 선택 하시면 좋습니다. Ctrl + T 를 눌러 [변형 컨트롤 표시] 기능을 활성화 합니다. 그럼 선택한 사각형을 변형 할수 있도록 됩니다.

04 선택한 사각 박스 하단을 마우스로 잡고 아래로 늘려 줍니다. 그런 다음 Enter↵ 를 눌러 마무리 합니다.

05 선택을 해제하기 위해서 Ctrl + D 를 눌러 점선을 없앱니다. 완성 되었습니다.

06 수정 전과 후를 비교해 보겠습니다. 허벅지가 길게 늘어났습니다.

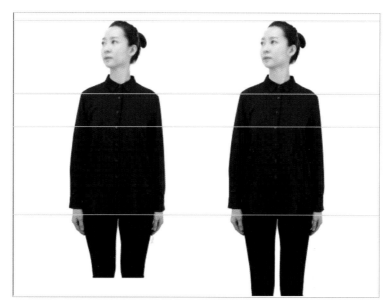

◎ **실습파일** : 실습사진 〉 상품사진_의류 〉 블라우스 〉 navy 폴더

퍼펫 뒤틀기 방법은 스튜디오에서 활용하는 고급 기술입니다.

사실 쇼핑몰을 할 때는 시간과의 싸움이기에 이렇게 퍼펫까지 잘하지 않습니다. 사진만 수 백장이
되기 때문입니다. 그런데 만약 정말 한 장의 사진을 메인으로 쓸 생각으로 제대로 포샵하고 싶다면
[퍼펫 뒤틀기]로 체형을 만져 줄 수 있습니다.

01 [실습사진 / 블라우스 navy / 0 다리길이 원본] 포토샵 파일을 엽니다.

02 늘릴 만큼의 공간이 있어야 하기에 사진을 위로 올려 줍니다. 여기까지는 똑같습니다.
다음부터가 다릅니다.

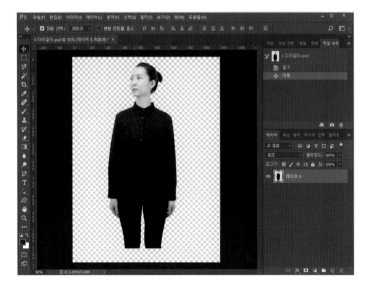

03 ❶ 편집 ❷ 퍼펫 뒤틀기 선택합니다.

04 ❶ 움직이지 않도록 고정핀 자리입니다. ❷ 다리 아래 부분 핀들은 앞으로 늘려줄 핀입니다. 즉, 압정은 고정핀 기능도 하고 움직이는 핀 기능도 합니다.

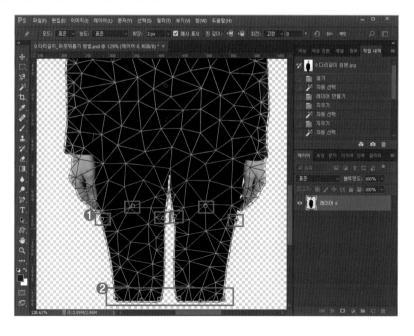

05 ❶ 밑으로 늘릴 하단 점들을 Shift 키를 누른 상태에서 모두 선택해 주고 밑으로 쭉 내립니다. ❷ 전체 체형을 보고 움직여 주시면 구도를 잘 잡을 수 있습니다. 마찬가지입니다. [퍼펫 뒤틀기]로 체형 전체의 밸런스를 잡아 줄 수 있습니다. 쇼핑몰에서 꼼수로 많이 활용합니다.

06 자! 완성 되었습니다.

Q10 쇼핑몰 팝업창 디자인을 만들고 싶어요.

◎ **실습파일** : 실습사진 〉 팝업 실습 폴더

01 ❶ 가로 세로 300 픽셀의 작업창을 만듭니다. 팝업 이미지는 용도에 따라 다르지만 너무 크면 쇼핑몰 메인을 가리기에 되도록 작게 해주시는 것이 좋습니다.

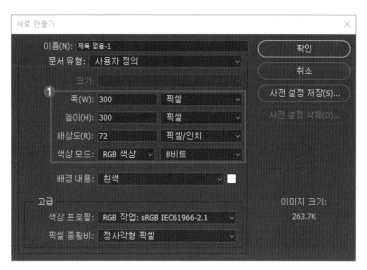

02 [실습사진 / 팝업실습 / 1.jpg] 사진을 가져오기로 불러 옵니다. [단축기 Alt + F + L]
원하는 만큼 비율을 조절 합니다. 혹 다시 변형툴을 사용하고 싶다면 Ctrl + T를 눌러 활성화 합니다.

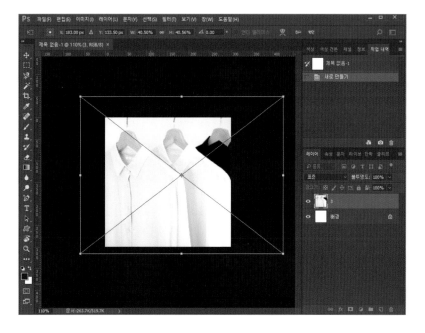

03 ❶ [새 레이어 추가] 합니다. ❷ [페인트]를 선택후 ❸[전경색]을 검정색을 선택합니다.
❹ 사진에 페인트를 붙습니다. ❺ [불투명도]를 50% 정도 내립니다. 비율은 원하는 만큼 조절해 주시기 바랍니다.

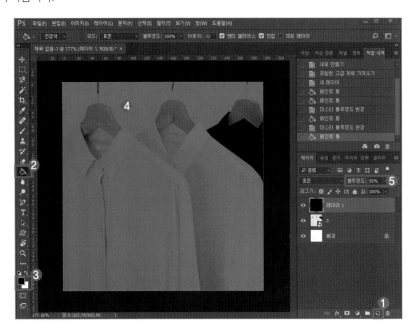

04 ❶ [새 레이어 추가] 한후 ❷ [사각형 선택 윤곽 도구] 클릭 ❸ 사진의 안쪽에 라인을 그릴 수 있도록 원하는 위치를 선택합니다.

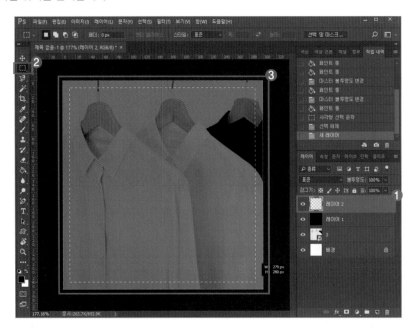

05 ❶ [편집] ❷ [획] ❸ [폭]은 2 정도로 넣고 ❹ [색상]은 흰색 ❺ [확인]을 클릭합니다.

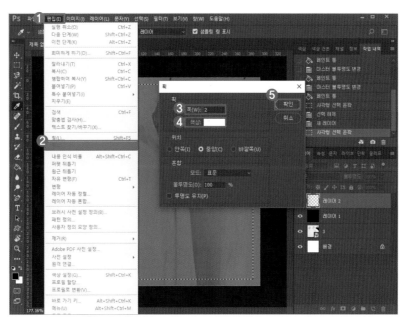

06 Ctrl + D를 눌러 사각 선택을 해제 합니다.

07 ① [수평 문자 도구] ② [글자색]은 흰색 ③ [크기]는 36pt ④ [중앙정렬]를 선택합니다.
폰트는 꼭 무료 폰트 사용합니다. 저는 ⑤ [서울남산체]를 사용했습니다.
⑥ 원하는 위치에 넣고 팝업 홍보 문구를 입력합니다.

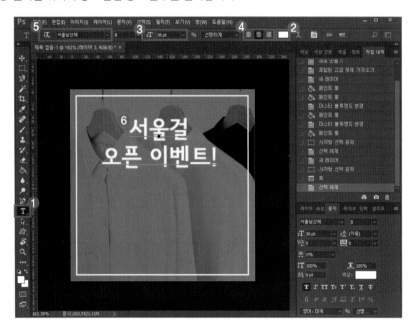

08 나머지 글도 작성 후 포토샵 파일과 jpg 로 저장완료하시면 끝입니다.

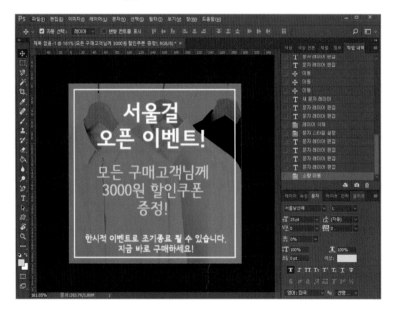

Q11 인기 많은 투명 팝업은 어떻게 만들 수 있나요?

◎ **실습파일** : 실습사진 〉 팝업 실습 폴더

01 300 × 300 작업창을 만듭니다. [실습사진 / 팝업샘플 / 투명팝업누끼.png] 불러온 후 원하는 위치로 조절합니다.

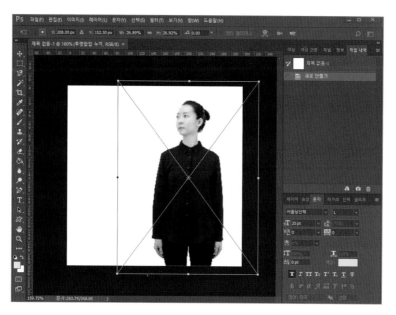

02 이젠 동그란 원을 그려보겠습니다. ❶ [타원도구] ❷ [전경색]은 회색 ❸ 원하는 위치에서 Shift 키를 상태로 원을 그립니다. Shift 키를 누르면 정비율로 커지기에 동그란 원을 그릴 수 있습니다.

03 원하는 홍보문구를 작성합니다. 주의할 점은 도형이 선택되어 있는 상태로 글자를 쓰시면 원하는 위치에 글자가 작성되지 않습니다. 그럴 때는 [이동도구] 한번 클릭 후 다시 문자를 선택하시면 원하는 위치에 글자를 쓸 수 있습니다.

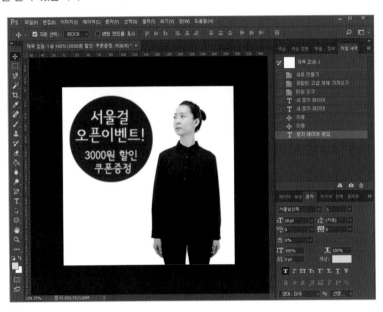

04 ❶ [배경레이어]를 삭제합니다. ❷ [우클릭후 삭제] 또는 레이어를 휴지통으로 집어서 넣으면 됩니다.

05 ❶ 배경을 삭제하면 배경이 투명하게 된 것을 확인할 수 있습니다. ❷ [다른 이름으로 저장] 한 후 포토샵 파일로 저장합니다. 그런 다음 이미지 파일로 저장 할 때는 ❸ 파일형식을 꼭! png 파일로 저장합니다. png 이어야 이미지가 투명하게 저장됩니다.

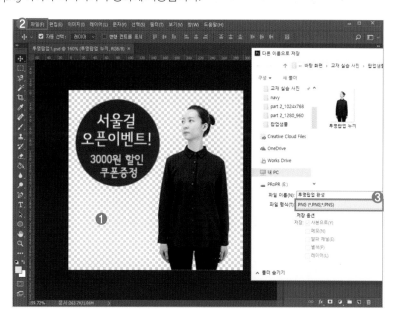

06 자! 완성되었습니다. 대기업 종합몰에서 많이 활용하는 팝업 디자인입니다.

Q12 잘 나가는 쇼핑몰처럼 움직이는 사진을 만들고 싶어요.

◎ **실습파일** : 실습사진 〉 animation gif 폴더

메이저 쇼핑몰의 특징을 보면 한 가지 특징을 발견할 수 있습니다. 바로 한 장이 사진이 여러개의 사진으로 움직인다는 것입니다. 마케팅적으로도 짧은 순간에 하나의 사진을 보여 주기 보다 다양한 컷을 보여주는 것이 좋습니다. 이런 것은 [애니메이션 GIF] 파일이라고 합니다.

과거 이런 GIF 파일을 포토샵으로 만들었지만 이제는 [포토스케이프]라는 무료 프로그램으로 누구든지 쉽게 만들 수 있습니다. 또한 스마트폰에서도 [GIF 만들기]라는 기능으로 만들 수 있습니다. 여기서는 [실습사진 / animation gif] 사진을 들을 가지고 실습해 보겠습니다.

01 포토스케이프를 다운로드 합니다.

02 [GIF 애니메이션]을 클릭합니다.

03 ❶ 여러분의 컴퓨터에서 사용할 폴더를 선택합니다. ❷ 사용할 사진을 Ctrl을 눌러 선택후 마우스로 오른쪽 작업창으로 집어넣습니다. ❸ 움직이는 속도를 위해서 [표시 시간 변경]을 눌러 [2초]로 변경합니다. 2초가 적당합니다. 혹 빠르게 움직이고 싶다면 더 빠르게 가능합니다. ❹ [전환 효과 변경]을 선택하

면 전환할 때의 다양한 효과를 줄 수 있습니다. 쇼핑몰에서는 [프레임 전환효과 없음]으로 많이 쓰입니다. 바로 바로 사진이 딱딱 변하는 것입니다. 때로는 슬라이드 형식으로 전환하셔도 좋습니다.

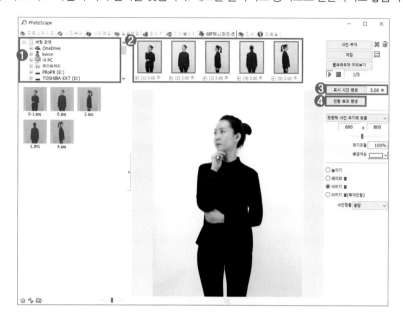

04 ❶ [저장]을 클릭합니다. 혹 메시지창이 나온다면 ❷ [예]를 눌러 다음 마무리 해줍니다.

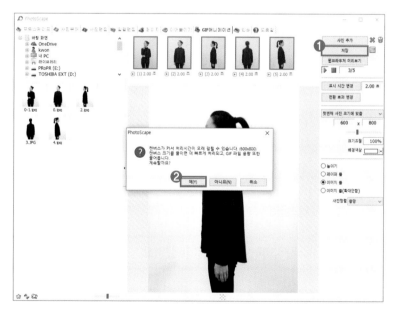

05 그럼 저장된 GIF를 클릭합니다. 이처럼 gif 파일은 화질은 낮지만 애니메이션파일이 가능하기에 많은 쇼핑몰 메인 페이지 [목록 이미지]로 많이 활용됩니다. 여러분도 카페24 쇼핑몰을 배운 후 [목록 이미지]에 넣어봅니다.

CHAPTER
05 카페24 쇼핑몰 만들기

Lesson 18 | 카페24 회원가입 및 쇼핑몰 미리보기

Q1 쇼핑몰 세팅의 전체적인 흐름을 알고 싶어요.

쇼핑몰 솔루션(세팅) 한다는 것은 크게 다섯 가지로 나눌 수 있습니다. 상점관리, 상품관리, 디자인 부분, 결제부분, 배송부분으로 나눌 수 있습니다. 먼저 카페24 쇼핑몰 제작순서를 한눈에 볼 수 있도록 정리해 보겠습니다. 앞으로 하나하나 자세하게 배우게 될 것입니다.

① 쇼핑몰의 기본 정보를 입력합니다.
② 상품 카테고리 설정합니다. (우리는 이것을 '상품 맵'이라고 부릅니다)
③ 그런 다음 전체적인 메인 디자인 스킨을 설정합니다.
④ 상품의 상세페이지를 제작합니다.
⑤ 제작된 상품페이지를 가지고 상품 등록을 시작합니다.
⑥ 상품이 20개 정도 등록이 되면 PG(결제대행)사 등록을 신청합니다.
⑦ 결제를 테스트 합니다.
⑧ 배송 박스 및 배송에 시스템을 점검합니다.
⑨ CS 를 대비하여 상품고지가 정확하게 되어 있는지 다시 한 번 확인합니다.
⑩ 주문을 받고 실제 배송을 시작합니다.
⑪ 주문관리에서 매출을 확인합니다.

Q2 카페24 무료 쇼핑몰 가입하는 방법을 알고 싶어요.

먼저, 카페24 무료쇼핑몰에 가입하는 방법을 알려 드리겠습니다. 많은 분이 가입할 때 어려움을 겪고 계시는데, 가장 쉽게 풀어서 설명하겠습니다.

01 카페24 홈페이지(https://www.cafe24.com/) 에서 ❶ [쇼핑몰 만들기]를 클릭합니다.

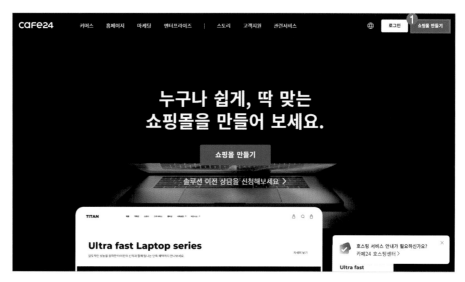

02 ❶ [일반회원]으로 선택하고 본인인증을 위한 이름, 생년월일, 휴대폰번호 인증을 시작합니다. 이미 [개인사업자] 및 [법인/기관]인 경우 조건에 맞게 선택해 줍니다. 책에서는 [일반회원]으로 놓고 설명하겠습니다.

❷ [전체동의합니다] 체크합니다.

❸ [인증번호 요청하기] 클릭합니다.

사업자를 내지 않았는데도 쇼핑몰을 만들 수 있나요?

네. 가능합니다. 쇼핑몰을 먼저 구축해도 상관은 없습니다.

사업자등록증 없이 상거래를 하는 것이 문제가 되는 것이지 쇼핑몰 구축을 먼저 만든다고 법적으로 문제가 되는 것은 아닙니다. 즉 구축만 해놓고 판매를 하지 않으면 상관없습니다.

정리하면, 쇼핑몰을 먼저 만드신 후 사업자등록증과 통신판매업신고를 뒤에 해도 됩니다.

단, 만약 상거래가 시작되었다면 꼭 20일 이내로 사업자등록을 신고하셔야 합니다. 그게 법입니다.

03 휴대폰 문자로 온 ❶ [인증번호]를 입력하고 [인증번호 확인]을 클릭합니다.

04 ❶ 본인인증이 완료되었습니다.

❷ [아이디]를 한번 정하면 수정이 안 됩니다. 여기서 정하는 아이디가 여러분의 쇼핑몰 주소가 됩니다. 예를 들어, kwontiger이 아이디라면 여러분의 쇼핑몰 주소는 kwontiger.cafe24.com이 됩니다. 그렇다고 너무 고민하지 마세요. 어차피 나중에 단독 도메인을 구매하여 연결하기 때문에 아이디가 맘에 안 들어도 큰 문제 없습니다.

❸ 약관에 [전체동의] 합니다. 물론 [필수]가 아닌 [선택]은 제외하셔도 됩니다.

❹ 마지막으로 [가입하기]를 클릭합니다.

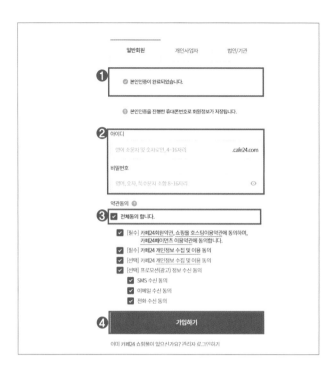

05 카페24 쇼핑몰이 만들어지고 있습니다.

06 어떤 상품을 판매할 것인지 아이템을 선택해 줍니다. 아직 아이템을 결정하지 않았다면 ❶ [건너뛰기]를 선택합니다.

07 쇼핑몰 디자인을 선택하게 됩니다. 카페24는 다양한 쇼핑몰 디자인이 준비되어 있습니다. 원하시는 디자인을 선택하지 않으면 카페24 기본 디자인으로 자동 선택됩니다. 그렇다고 걱정하지 마세요. 나중에 디자인 변경은 언제든 가능합니다. 여기서는 기본 디자인이 선택될 수 있도록 ❶ [건너뛰기]를 클릭합니다.

08 ❶ [쇼핑몰 정보]를 입력합니다. 여기서 주의할 부분은 [쇼핑몰 이름]입니다. 원하는 쇼핑몰 이름을 넣으면 되는데, 다른 쇼핑몰 이름과 같으면 안 됩니다. 지금은 등록은 되나 사후 쇼핑몰 운영중에 상표권 위반으로 곤란한 상황이 올 수 있습니다. 그러니 유명한 쇼핑몰 이름과 비슷하게 하지 말고 독창적인 자신만의 쇼핑몰 이름을 생각하여 적어줍니다. [LESSON 31. 사례로 살펴보는 상표권과 저작권]을 미리 공부하면 큰 도움이 됩니다. 물론, 나중에 쇼핑몰 이름은 쇼핑몰 관리자에서 수정 가능합니다. ❷ [다음]을 클릭합니다.

09 축하드립니다. 카페24 쇼핑몰이 만들어졌고, 관리자 페이지에 로그인 되었습니다. 카페24 쇼핑몰 관리자 페이지는 모든 기능을 한눈에 볼 수 있도록 개발되었습니다. 상품등록부터, 주문관리, 마케팅까지 모든 것을 설정하게 됩니다.

Q3 제일 상단에 나오는 메뉴 기능이 궁금해요.

❶ [CAFE24]를 클릭하면 관리자 페이지가 새로고침 됩니다.

❷ 한국어 쇼핑몰을 관리중이라는 뜻입니다. 나중에 글로벌 몰을 만들면 선택하여 관리를 할 수 있습니다.

❸ **모니터 모양**: 관리자에서 세팅한 내용을 실제 PC쇼핑몰에 어떻게 적용되는지 확인하는 모니터링 기능입니다.

❹ **모바일 모양**: 모바일 쇼핑몰을 모니터링 할 때 사용합니다.

❺ **카페24 통합검색**: 관리자 페이지중 필요한 기능을 알고 싶을 때 검색하면 편리합니다.

❻ **운영상담** : 콜센터 연결 또는 1:1 상담 등 도움을 받을 때 활용합니다.

❼ **알림**: 카페24에서 관리자들에게 알려주는 주요 공지사항 및 뉴스가 나옵니다.

❽ **즐겨찾는 메뉴**: 즐겨찾는 기능을 미리 설정할 수 있습니다.

❾ **로그인 정보**: 내 쇼핑몰 정보, 사업자정보확인, 로그인, 로그아웃등 관리자 정보를 기입 또는 수정할 수 있습니다.

❿ **패밀리 사이트**: 카페24 쇼핑몰에서 활용할 수 있는 카페24 다른 플랫폼을 소개합니다. 특히, [바탕화면 추가]를 클릭하면 여러분 컴퓨터 바탕화면에 [관리자 로그인]을 바로 갈 수 있는 아이콘이 생성됩니다.

⓫ **카페24 챗봇**: 대화형 인공지능이 여러분의 질문에 반응하여 쉽게 관리할 수 있도록 대답해 줍니다.

Q4 솔루션 페이지의 각 구성과 기능을 알고 싶어요.

관리자 페이지 좌측에 보면 쇼핑몰 관리자 대표 기능들이 나옵니다. 이 대표메뉴에서 각각의 세부 기능들로 나눠지기에 크게 어떤 기능들인지 알아보겠습니다.

❶ **홈** : 관리자 페이지 처음 화면으로 옵니다.

❷ **주문** : 주문관리를 수행합니다. 주문 건에 대한 배송, 취소, 교환 등 등 주문과 관련된 모든 기능을 수행 합니다.

❸ **상품** : 상품목록, 상품등록, 상품관리 등 상품과 관련된 관리기능을 수행 합니다.

❹ **고객** : 회원관리, 회원등급, 회원에 대한 각종 혜택관리를 수행합니다.

❺ **메시지** : 주문시 문자발송 이나 카카오 알리톡 등 고객에 대한 푸시알림 등을 수행합니다.

❻ **게시판** : 쇼핑몰 공지사항, 상품 Q&A, 자유게시판 등등 자주사용하는 게시판을 관리할 수 있습니다.

❼ **디자인** : PC, 모바일 등 쇼핑몰 디자인을 만들고, 수정하고, 관리할 수 있습니다.

❽ **프로모션** : 쿠폰, 할인등 고객을 대상으로 하는 각종 이벤트를 설정합니다.

❾ **통계** : 매출분석, 상품분석, 고객분석 등 마케팅 통계에 대한 주요 정보를 볼 수 있습니다.

❿ **통합엑셀** : 카페24 운영에 대한 관련 데이터를 엑셀로 출력하여 관리할 수 있습니다. 예를 들어, 주문건에 대한 일괄 자료나, 고객 주문건에 대한 관련 자료를 엑셀로 쉽게 내려 받을 수 있습니다. 다만 정보보호를 위해서 암호화 되어 다운로드 됩니다.

⑪ **마켓플러스** : 카페24에서 손쉽게 여러 마켓에 입점하여 관리할 수 있습니다. 예를 들어, 카페24 관리자 페이지에서 스마트스토어, 쿠팡, 옥션, G마켓 등등 다양한 쇼핑몰에 상품을 등록하고, 수정하는 등 기본 관리를 할 수 있습니다.

⑫ **마케팅** : 카페24 애즈 기능을 통해 자사몰을 광고, 홍보할 수 있도록 도와줍니다.

⑬ **판매채널** : 유튜브 쇼핑, 인스타그램 쇼핑, 네이버 쇼핑 등등 다양한 SNS채널과 연동을 통해 자사 제품이 SNS 플랫폼을 통해 판매될 수 있도록 도와줍니다.

⑭ **풀필먼트** : CJ대한통운과 연동하여 자사 상품을 물류창고에 넣어 놓고 쉽게 배송 및 주문관리를 할 수 있습니다. 이러한 물류 통합 솔루션을 풀필먼트 서비스(fullfillment service)라고 정의합니다.

⑮ **앱** : 카페24가 야심차게 준비한 쇼핑몰 앱 장터입니다. 개발자라면 누구든지 카페24가 제공하는 오픈소스로 카페24 쇼핑몰에 필요한 외부 앱들을 만들어 판매할 수 있습니다. 애플 [앱스토어], 구글 [플레이스토어]처럼 생각하면 됩니다. 마찬가지로 쇼핑몰 운영자는 그런 개발자들이 만들어 놓은 다양한 기능을 돈을 주고 사서 사용할 수 있습니다. 한마디로 카페24 플랫폼 생태계라고 보시면 됩니다.

⑯ **부가서비스** : 쇼핑몰에서 사용할 부가서비스를 한 번에 신청하거나 이용 현황 확인할 수 있습니다. 예를 들어 카페24페이먼츠(PG), 통합결제(PG), 해외결제, 배송, 택배 등등 부가적으로 서비스를 신청하고 실행할 수 있습니다.

⑰ **커넥트** : 카페24 다양한 기능을 소개하고, 알려주는 커뮤니티 공간입니다. 카페24와 운영자들을 연결한다는 공간이기에 운영자 입장에서는 새로운 기능이나 새로운 메뉴 정보를 빠르게 파악할 수 있습니다.

⑱ **쇼핑몰 설정** : 카페24 쇼핑몰의 기본 설정을 할 수 있습니다. 예를 들어, 쇼핑몰 이름, 관리자 이름, 전화번호 수정, 결제 정보 수정, 배송 기본가격 설정, 적립금 설정 등등 수 많은 설정이 여기서 이뤄집니다. 쇼핑몰 초기 빈도수가 가장 높은 기능이고, 그러면서도 가장 중요한 기능입니다.

Lesson 19 | 쇼핑몰 기본 정보 작성하기

카페24 무료 쇼핑몰을 가입하고 대표적인 관리 기능을 살펴봤다면 이제는 실제 쇼핑몰을 만들어 봐야 합니다. 가장 처음으로 쇼핑몰 정보를 입력하고 상품 카테고리를 만들어 보도록 하겠습니다.

01 쇼핑몰을 하려면 전사상거래와 관련된 법을 잘 알고 있어야 합니다. 대표적인 것이 바로 쇼핑몰 ❶ 하단에 사업자에 대한 정보를 넣어야 한다는 것입니다. 어떤 쇼핑몰이던 쇼핑몰 제일 아래에는 대표자가 누구이며, 주소지가 어디인지, 전화번호가 어떻게 되는지 꼭 고객들이 볼 수 있도록 고지를 해야 합니다.

02 그럼 이 하단(footer)정보를 어떻게 입력할 수 있을까요? ❶ [쇼핑몰설정] - ❷ [기본 설정] - ❸ [내 쇼핑몰 정보]를 클릭합니다. 필수라고 되어 있는 부분은 꼭 작성해야 합니다.

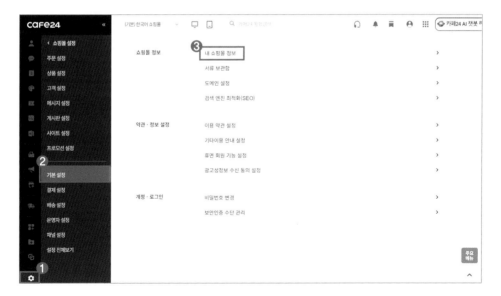

03 ❶ [쇼핑몰 주소] 는 필수로 되어 있습니다. 도메인을 구입한 분들은 여기에 도메인을 적으시고 아직 도메인을 구입하지 않은 분들이라면 현재 쇼핑 호스팅 도메인(카페24 쇼핑몰 가입했을 때 아이디)을 적어넣습니다. 예를 들어, 제 쇼핑몰 가입 아이디는 kwontiger이고 그럼 제 쇼핑몰 주소는 https://kwontiger.cafe24.com/ 이렇게 만들어 집니다. 여러분의 카페24 쇼핑몰 주소를 적습니다. ❷ [통신판매업 신고]를 하셨다면 "신고함" 으로 선택 후 번호를 넣어 줍니다.

04 ❶ [고객센터정보안내 설정]과 ❷ [개인정보보호 책임자안내 설정]에서 1인사업자라면 어쩔 수 없이 대표 이름과 전화번호를 남깁니다. 만약 동업자 또는 직원이 있다면 고객정보를 소중히 다룰 만한 책임 있는 사람의 이름을 적고 담당자로 지정하시면 됩니다.

05 그럼 내 쇼핑몰에서 어떻게 바뀌었나 한번 볼까요?
네. 수정이 잘 되어 있습니다. 쇼핑몰 정보 하단이 완성되었습니다.

Q2 구입한 도메인과 쇼핑몰을 연동하는 방법을 알려주세요.

만약 도메인을 구입했다면 쇼핑몰에 도메인을 등록해 줘야 합니다. 그래야 도메인주소로 검색을 했을 때 쇼핑몰로 이동합니다. 도메인을 쇼핑몰에 연동시키는 방법을 알려드리겠습니다.

01 ❶ [쇼핑몰 설정] ❷ [기본 설정]] ❸ [도메인 설정]으로 이동합니다.

02 ❶ [신규도메인]은 새롭게 연결할 도메인을 구매할 때 선택합니다. 즉, 도메인을 새롭게 구매할 때 선택합니다. ❷ [보유도메인]은 이미 구매한 도메인을 현재 쇼핑몰에 연결할 때 선택합니다. 여기서는 이미 도메인을 카페24에서 구매했고, 그것을 연결하는 방법에 대해 설명하겠습니다. ❷ [보유도메인]를 선택합니다.

03 보유한 도메인을 기입하고 [추가]를 선택합니다.

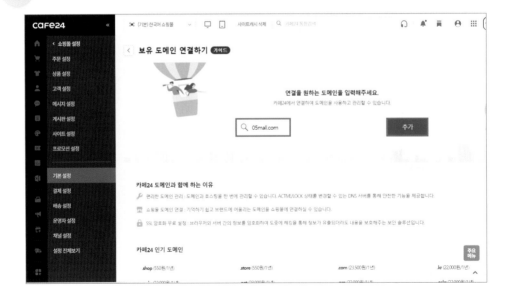

04 연결한 쇼핑몰을 선택합니다. 현재 선택한 도메인을 ❶ [한국어 쇼핑몰]에 연결할지 아니면 영문몰이나 일어몰 등등 다른 쇼핑몰에 연결할지 선택합니다. 여기서는 한국어쇼핑몰을 선택하겠습니다. 혹, 도메인을 카페24에서 구매한 것이 아니라 다른 기관에서 구매를 했다면 ❷ [타기관 도메인 연결 가이드]를 클릭하여 자세한 안내를 받을 수 있습니다. ❸ [내용을 확인 하였으며, 도메인을 연결합니다.]를 선택합니다.

여기서 잠깐!

만약 타 기관(타 사이트)에서 도메인을 구입했다면 어떻게 되나요?

카페24 가 아닌 타 기관에서 도메인을 구입했다면 네임서버를 변경해 주셔야 합니다.

아마 인터넷을 잘 모르시는 분들은 네임서버가 무엇인지 대부분 모르실 것입니다. 솔직히 알 필요는 없습니다. 이건 쇼핑몰과 관련되어 있기보다 인터넷 전문가들이 알아야할 내용입니다.

그럼에도 불구하고 지금 [네임서버]를 변경해 줘야 하는 이유는 도메인을 구입한 곳은 타사, 쇼핑몰 호스팅은 카페24 이기에 수정이 불가피 합니다.

만약 도메인을 구입한 곳이 카페24가 아니라면 그 등록한 사이트로 이동하셔서 [설정]이나 [네임서버 변경]을 찾으셔서 아래와 같이 수정해 주셔야 합니다.

네임서버	호스트이름(IP주소)
1차	dns1.cafe24.com (175.125.93.130)
2차	dns1.cafe24.co.kr (112.175.246.229)
3차	dns2.cafe24.com (175.125.93.140)
4차	dns2.cafe24.co.kr (112.175.247.229)

변경 후 카페24 네임서버에서 서비스되기까지 약 24~48시간의 적용시간이 소요됩니다.

이 내용은 카페24에서 도메인을 구입안한 분들이 해야 하는 일로 카페24에서 도메인을 구입하신 분들은 이미 네임서버가 카페24로 되어 있으니 그냥 넘어가셔도 됩니다.

05 도메인을 연결이 잘 되었다면 ❶ [도메인이 추가되었습니다] 안내 멘트가 나옵니다. 중요한 것은 대표도메인을 설정하는 것입니다. 한 쇼핑몰에는 ❷번과 같이 자신이 보유한 여러 가지 도메인을 연결할 수 있습니다. 예를 들어, 현재 연결한 05mall.com을 인터넷 주소창에 입력해도 현재 쇼핑몰로 들어올 수 있고, seoulgirl.co.kr 또는 korea-mart.com을 입력해도 동일하게 현재 쇼핑몰로 연결됩니다. 즉 많은 분이 알고 있는 '쇼핑몰 하나에 도메인 하나'라는 정보는 잘못된 것이며, 카페24는 자사몰 특성에 맞게 여러 개의 도메인을 연결할 수 있습니다. 그중 대표로 사용할 대표도메인을 하나 선택해야 합니다. ❸ [대표도메인]을 클릭하여 선택합니다.

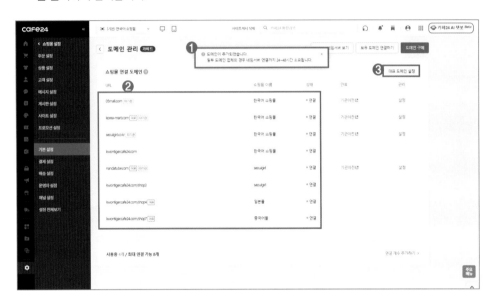

06 ❶ [설정할 쇼핑몰]을 선택 후 연결할 ❷ [도메인 선택]을 합니다. 둘다 선택을 했다면 ❸ [확인]을 클릭하여 마무리 합니다.

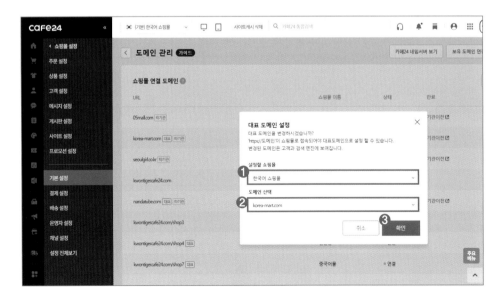

07 등록이 완료되었다면 꼭! 인터넷에서 대표도메인을 적으신 후 쇼핑몰로 이동해봅니다. 쇼핑몰에 잘 들어 간다면 연동이 성공적으로 완료된 것입니다. 혹 대표도메인에 제대로 등록이 되었는데, 쇼핑몰로 이동이 안 된다면 글자 오타를 확인해 보시고, 연결 시간이 필요하니 한 30분 후 다시 해봅니다. 그래도 안 되면 바로 카페24 콜센터로 전화를 걸어 문의를 하셔야 합니다. 만약 위 순서대로 했는데, 안된다면 설정의 문 제보다는 도메인 네임서버의 문제일 가능성이 큽니다.

Lesson 20 카테고리 만들기

쇼핑몰 정보를 입력하셨다면 내 상점의 카테고리를 설정해 주셔야 합니다. 디자인에 앞서 카테고리 개수나 분류를 미리 선택해야 그것에 최적화된 메인 스킨 디자인을 선택할 수 있습니다.

Q1 카테고리 만드는 방법은 어떻게 되나요?

01 ❶ [상품] ❷ [분류관리] ❸ [상품분류관리] 선택합니다.
쇼핑몰 "여정몰" 의 상품을 이렇게 정하기로 했습니다. 여러분도 가상의 카테고리를 만들어서 한번 적 용해 보시기 바랍니다.

> TOP - 셔츠, 니트
> OUTER - 재킷, 코트
> PANTS - 데님, 레깅스

그럼 쇼핑몰에서도 이렇게 표현될 수 있도록 해야 합니다.

❹ [(대분류)Outerwear]를 클릭하시면 오른쪽에 정보를 넣는 곳이 보입니다.
❺ 분류명(필수) 부분에 [TOP] 을 적습니다.
❻ 표시상태는 [표시함] 으로 합니다.
❼ 메인분류 표시상태 [표시함] 으로 합니다. (어떤 기능인지 곧 설명하겠습니다)
여기까지 하신 후 스크롤을 내려 보시면 [확인]을 꼭 클릭합니다. 그래야 정보가 바뀝니다.
나머지 3개도 다 작업을 해보겠습니다.

02 깔끔하게 정리가 되었습니다. 그런데 나머지 것들이 문제입니다. 우리는 현재 카테고리 3개만 필요할뿐 나머지는 필요가 없습니다. 그럴 땐 대분류를 삭제 하셔야 하는데, 방법은 간단합니다. ❶ 삭제할 [대분류]를 선택하시고 ❷ 상단의 [삭제] 버튼을 클릭합니다. 그럼 삭제가 됩니다. 나머지 것들도 삭제하여 깔끔하게 정리해 보겠습니다. 반대로 대분류를 추가하여 카테고리를 늘리고 싶다면 상단의 [대분류추가]를 선택하시면 됩니다.

01 그럼 먼저 TOP 에 들어갈 [셔츠]와 [니트]를 만들어 보겠습니다. 대분류 TOP 왼쪽의 옆에 있는 ❶ + 버튼을 클릭합니다. 그럼 그 안에 들어간 ❷ 중분류들이 펼쳐집니다. 중분류 중 하나를 선택하고 오른쪽의 정보란에서 ❸ [셔츠] 로 이름을 수정해 줍니다. ❹ 표시상태는 [표시함] ❺ 메인분류 표시상태 [표시안함] 하단의 [확인]을 눌러 저장합니다.

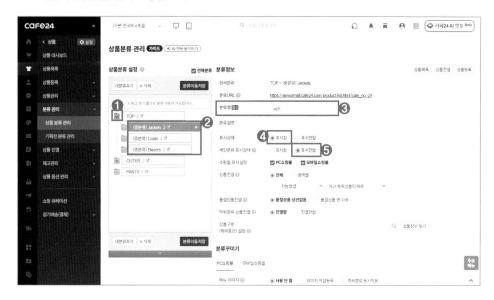

02 이런 방법으로 모든 중분류를 수정해 줍니다. 중분류 삭제도 마찬가지로 ❶ [지우고자 하는 중분류]를 선택후 상단의 ❷ [삭제]를 클릭하시면 삭제됩니다.

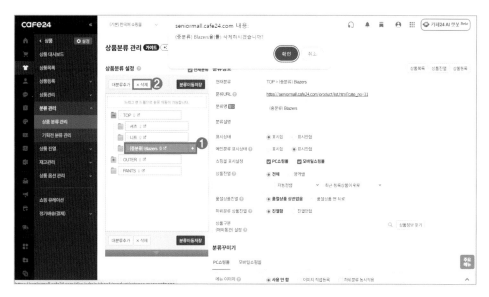

03 그럼 중분류 추가는 어떻게 하는 것일까요? 오른쪽의 ❶ [+] 클릭하시면 중분류가 추가 됩니다.

04 그런데 중요한 것이 중분류는 표시상태는 [표시함] 메인분류 표시상태 [표시안함] 으로 해야 합니다.

	대분류	중분류
표시상태	표시함	표시함
메인분류 표시상태	표시함	표시안함

왜 제가 이렇게 하라고 강조하는 것일까요? 여기서 두 기능적 차이를 말씀 드리겠습니다.

❶ [표시상태]는 쇼핑몰에서 활성화할 것인가를 묻는 기능입니다.

만약 카테고리에는 등록을 잘했지만 표시상태를 [표시안함] 하면 비활성화 되어 쇼핑몰에서 표시가 되지 않습니다.

❷ [메인분류 표시상태]는 쇼핑몰 메인에 카테고리가 보이게 할 것인지 설정하는 기능입니다.

대부분의 쇼핑몰은 메인화면에 상품 카테고리가 보입니다. 지금 우리가 연습하는 것처럼 TOP, OUTER, PANTS 같은 것이 메인에 보이죠. 즉, 메인분류 표시상태는 메인에 나오게 할 거니? 안할 거니? 이런 뜻입니다.

이 부분이 왜 중요하냐면 대분류는 당연히 메인화면에 나와야 하지만 중분류 같은 경우는 대분류에 들어가 있어야 합니다. 만약 중분류까지 메인에 표시가 되면 이상하게 보일 것입니다.

그렇기에 중분류 같은 경우 메인분류 표시상태를 [표시안함] 하는 이유입니다.

관리자 페이지 상단 ❸ [모니터]을 눌러 쇼핑몰에 제대로 적용되었는지 확인해 봅니다.

05 대분류, 중분류 잘 설정되었습니다.

CHAPTER

06 쇼핑몰 메인화면

Lesson 21 | 쇼핑몰 메인 디자인 설정하기

카테고리 설정이 끝나셨다면 이제는 쇼핑몰 메인 디자인 설정을 할 차례입니다.

쇼핑몰 메인 디자인 설정은 어렵지 않습니다. 이미 만들어 놓은 디자인을 구입해서 적용하는 시스템으로 되어 있습니다. 물론 무료 디자인도 있으니 선택의 폭이 넓습니다.

Q1 쇼핑몰 메인 디자인은 무엇인가요?

쇼핑몰 메인 디자인은 우리가 일명 "스킨"이라고 부르는 쇼핑몰의 얼굴 부분입니다. 지금까지 잘 따라오셨다면 여러분의 쇼핑몰 디자인이 이렇게 되어 있을 것입니다. 하단 쇼핑몰 정보 부분과, 카테고리 설정까지 되어 있습니다.

카페24의 장점은 다양한 메인 디자인을 구입할 수 있다는 것입니다. 본인이 다 만들지 않고도 이미 디자이너들이 만들어 놓은 메인 스킨을 구입하여 내 쇼핑몰에 적용할 수 있습니다.

Q2 쇼핑몰 메인 디자인을 바꾸고 싶어요. 방법을 알려주세요.

01 관리자 페이지에서 ❶ [디자인] ❷ [디자인 추가] ❸ [반응형] ❹ [무료]를 차례대로 선택합니다.

02 다양한 디자인을 볼 수 있는데, 여기서는 ❶ [오우이] 디자인을 선택해 보겠습니다. ❷ [디자인 상세보기]를 클릭합니다.

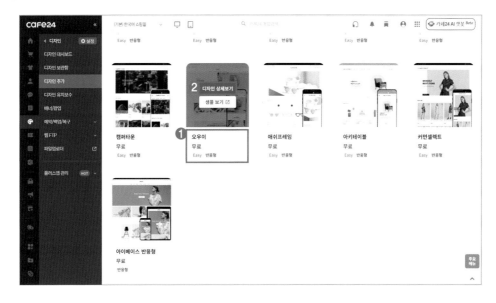

03 오우이 디자인에 대한 상세정보를 확인하고 ❶ [디자인추가]를 선택합니다.

04 ❶ [디자인] ❷ [디자인보관함]를 클릭하면 내가 사용 중이거나 내가 보관함에 담아 놓은 쇼핑몰 디자인을 확인할 수 있습니다. 카페24 쇼핑 플랫폼은 다양한 디자인을 보관함에 담아서 그때그때 바꿔서 사용할 수 있습니다. 그럼 수많은 디자인중에서 현재 사용할 디자인을 어떻게 선택할 수 있을까요? 바로 [대표디자인]으로 선택해 주면 됩니다. 사진을 보면 현재 ❸ 한국어쇼핑몰 [대표디자인]이 [쇼핑몰 기본 디자인]으로 되어 있습니다. 우리는 새롭게 추가한 오우이 디자인을 대표디자인으로 바꿔주려면 ❹ [오우이 디자인을 선택]하고 ⑤[대표 디자인 설정]를 클릭합니다. 이처럼 여러분이 새로운 쇼핑몰 메인 디자인을 이런 방식으로 추가하고 대표디자인으로 선택하여 사용할 수 있습니다.

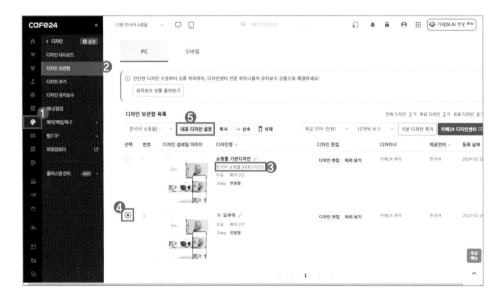

Q3 글로벌 쇼핑몰을 만들고 싶어요. 방법을 알려주세요.

많은 분들이 글로벌 쇼핑몰을 만들고 싶어합니다. 카페24 쇼핑몰은 그런 니즈에 맞게 글로벌 쇼핑몰을 너무나 쉽게 만들 수 있다는 것이 장점입니다. 어떻게 글로벌 쇼핑몰을 만들고 세팅하는지 하나하나 실습해 보겠습니다.

01 ❶ [쇼핑몰 설정] ❷ [채널 설정] ❸ [멀티쇼핑몰]을 차례로 클릭합니다.

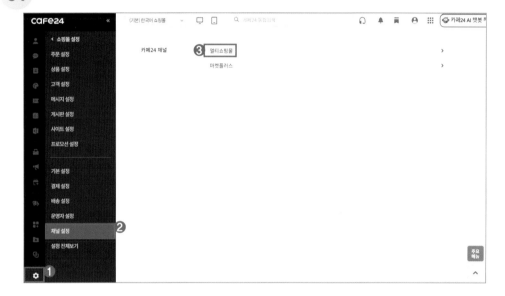

02 ❶ [쇼핑몰 추가]를 클릭합니다.

03 영문몰이 필요하면 ❶ [영어] ❷ [영문몰] ❸ [USD $] ❹ [활성화] ❺ [저장]을 순서대로 선택합니다. 만약 일본어몰, 중국어몰이 필요하다면 똑같은 방법으로 추가합니다.

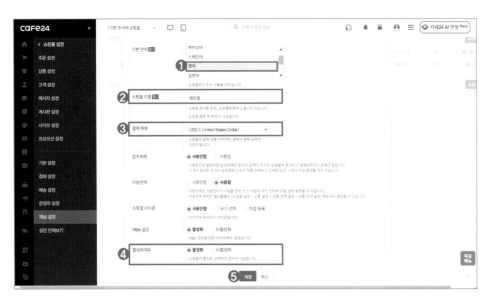

04 그럼 ❶ 추가된 것을 확인할 수 있습니다.

05 관리는 어떻게 할까요?

관리자 페이지 상단에 보면 ❶ [한국어쇼핑몰]을 클릭하면 현재 관리할 쇼핑몰을 선택할 수 있습니다. ❷ [영문몰]을 선택하면 영문몰에 대한 쇼핑몰 디자인, 상품등록, 관리 등등을 할 수 있습니다.

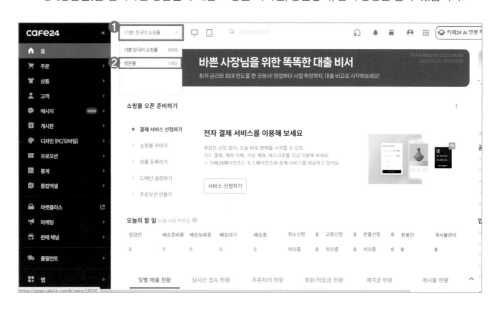

06 영문몰의 쇼핑몰 디자인을 확인해 봅니다.

❶ [영문몰]을 선택 후 ❷ [디자인] ❸ [디자인 보관함]을 차례로 선택합니다. ❹ [Basic Theme_US]가 영문몰 대표디자인으로 되어 있는 것을 확인할 수 있습니다.

07 그이 영문몰에 맞는 다양한 [영문 쇼핑몰 디자인]을 사용할 수도 있습니다. ❶ [디자인] ❷ [디자인추가] ❸ [무료] ❹ [영어] ❺ [글로벌패키지] 디자인을 선택 후 앞서 배운대로 [디자인추가]를 해줍니다. 글로벌 패키지는 글로벌 쇼핑몰을 운영할 수 있도록 영문몰, 일본어몰, 중국어몰 등 다양한 글로벌 쇼핑몰 디자인이 있다는 뜻입니다.

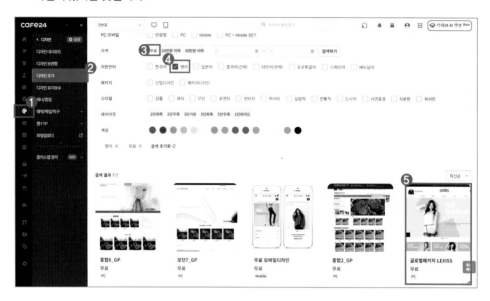

08 추가한 디자인을 영문몰 디자인에 사용하겠다고 선택을 해야 합니다 ❶ [디자인] ❷ [디자인 보관함] ❸ [영문몰] ❹ [선택] ❺ [대표 디자인 설정] 순서대로 클릭합니다.

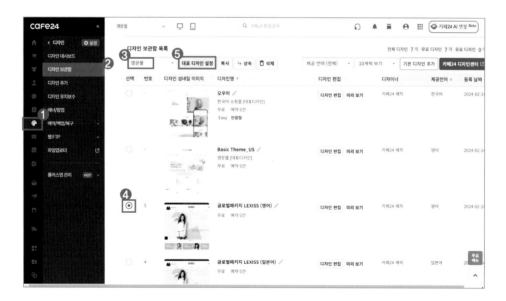

09 [개념을 하나 잡아보면 한국어몰 디자인을 수정하고 싶다면 한국어몰 관리자 페이지에서, 영문몰 디자인을 수정하고 싶다면 영문몰 관리자 페이지에 따로 들어와서 해주면 됩니다. 그렇다고 상품도 따로 등록해야 하는지 물어보시는데, 그렇지 않습니다. 상품은 한 번만 올리면 연동이 되기 때문에 크게 걱정하지 않아도 됩니다.

Q4 유료 디자인과 무료 디자인의 차이가 무엇인가요?

우리는 현재 무료 디자인을 활용하여 사용 중에 있습니다. 그런데 무료 디자인이 맘에 안 들고 더 트렌드 하고 더 예쁜 디자인을 원할 때가 있습니다. 무료 디자인에서 찾아볼 수 없는 쇼핑몰 디자인을 원할 때 [유료 디자인]에서 선택을 할 수 있습니다.

보통 유료 디자인 스킨 가격이 10만원에서부터 50만원 정도에 형성되어 있습니다. 구매하는 순서는 무료 디자인을 세팅하는 것과 동일합니다. 다만 구입 후 커스터마이징을 원한다면 추가 비용을 내고 유료 디자인 판매 회사에게 의뢰하여 내가 원하는 대로 새롭게 수정할 수 있습니다.

Q5 수정을 하고 싶은데, 추가 요금이 필요하다고 해요. 커스터마이징이 무엇인가요?

원하는 유료스킨을 구매하려고 하다보면 이런 표시를 보게 됩니다.

❶ 단순복사(고객직접수정)은 만들어진 쇼핑몰 디자인을 그대로 옮겨주는 것을 말합니다. 즉, 스킨 디자인 그대로 여러분의 쇼핑몰에 옮겨주는 것입니다. 그러다 보니 수정이나 편집은 오롯이 여러분의 몫입니다. 똑같이 복사는 해주되 나머지 것은 알아서 하라는 것입니다.

❷ [세팅항목] 즉 [커스터마이징]은 원하는 기능을 요구하면 수정해 주겠다는 것입니다. 그런데 보통 정해져 있습니다. 교육생들이 가장 오해하는 것이 커스터마이징이 마치 제작을 해주겠다는 뜻이 아닙니다. 예를 들어, [상세보기]를 클릭해 보면 [메인로고 이미지 교체]라고 되어 있는데, 이 뜻은 로고를 멋지게 만들어 주겠다 라는 것이 아니라 여러분이 로고를 만들어 주면 그것을 쇼핑몰에 넣어 주겠다는 뜻입니다.

그럼 우리 스스로 커스터마이징을 할 수 있을까요? 충분히 가능합니다.

커스터마이징을 할 수 있으려면 3가지를 배우셔야 합니다.

1. 포토샵
2. HTML
3. FTP (호스팅의 이해)

여러분께서 쇼핑몰을 운영하다보면 수많은 수정작업을 하게 됩니다. 그런데 그때마다 디자이너에게 요청하기에는 너무나 큰 비용이 듭니다. 그렇기에 어느 정도는 수정작업을 할 수 있어야 하는데, 그렇게 하기 위해서는 앞에서 말한 세 가지! 포토샵과 HTML, FTP를 필수적으로 알아야 합니다.

타임머신 ▶ Lesson 27. FTP 설정과 HTML 적용

Q1 메인 사진 수정하는 방법을 알려주세요.

01 ❶ [디자인] ❷ [디자인 편집]을 선택하여 현재 사용 중에 있는 디자인 편집 모드에 들어갑니다. 참고로 ❸ [모바일 전용 디자인]을 선택하면 반응형 디자인이 해제되고 선택한 모바일 디자인으로 단독 노출됩니다. 예를 들어, 반응형 디자인이 아니라 단독으로 모바일만 디자인을 구입해서 사용하고 싶다면 ❸ [모바일 전용 디자인] 활성화 합니다. 하지만 반응형 디자인이 더 선호되기에 여기서는 활성화하지 않고 진행하겠습니다.

02 카페24 디자인편집 모드는 여러 개로 구분할 수 있습니다. 지금 보고 있는 화면은 카페24 [스마트디자인 이지]모드입니다. 누구나 쉽게 디자인을 수정하고 만들 수 있도록 개발되어 있습니다. 과거에 사용하는 [스마트디자인]모드도 있습니다. 주로 유료스킨을 구매하거나 과거 디자인을 구매하게 되면 [스마트디자인]모드에서 편집하게 됩니다.

여기서는 [스마트디자인 이지] 모드에서 디자인 수정을 해보겠습니다.

❶ [스마트배너]를 선택합니다. 그러면 왼쪽에 스마트배너에 대한 다양한 기능이 보이게 됩니다.

❷ [메인비주얼 1/3]을 선택하여 수정해보겠습니다. 참고로 오우이 디자인에서는 PC배너 사이즈가 1920×600, 모바일 배너 사이즈가 720×767 이라고 되어 있음을 확인합니다.

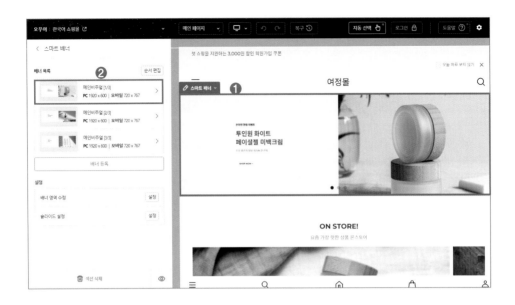

03 ❶ [사용여부] : 현재 스마트배너를 사용할지 아니면 사용하지 말지 선택합니다.

❷ [간편하게 배너제작] : 카페24에서 제공하는 템플릿으로 쉽게 나만의 배너를 제작하도록 도와 줍니다. 카페24에서는 이런 AI기능을 에디봇으로 지칭합니다.

❸ [PC 직접 변경] : 내가 외부에서 만든 PC용 배너 디자인을 직접 업로드 하여 사용 합니다.

❹ [모바일 직접 변경] : 내가 외부에서 만든 모바일용 배너 디자인을 직접 업로드 하여 사용합니다. 외부에서 디자인을 제작할 경우 현 스마트배너에서 원하는 사이즈를 잘 맞춰야 합니다.

❺ [링크] : 배너를 클릭했을 때 원하는 웹페이지 또는 상품페이지로 이동하게 하게합니다.

여기서는 ❷ [간편하게 배너제작]을 선택하여 새로운 배너 이미지를 만들어 보도록 하겠습니다.

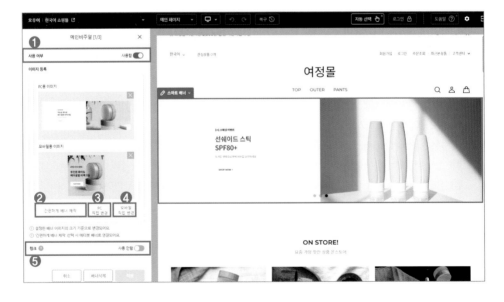

04 [에디봇배너]가 열리는 것을 확인할 수 있습니다. 그럼 내가 원하는 디자인 템플릿을 선택해 주는데, 여기 서는 예제로 봄 카테고리 중 ❶ [꽃 피는 봄] 배너를 선택하겠습니다. 여러분이 공부하는 계절이 다른 계 절이라도 상관없습니다. ❷ [편집창]에서 내용을 수정할 것이기 때문입니다.

05 ❶ [레이어]를 활성화 하여 현재 내가 작업하고 있는 레이어가 무엇인지 확인할 수 있습니다. ❷ 클릭 하여 '아름다운 계절' 이라고 내용을 수정해 봅니다. 마찬가지로 다른 문구나 그림을 모두 수정할 수 있습 니다. 모든 레이어가 살아 있기 때문입니다. 마우스와 키보드로 원하는 문구나 디자인 위치를 변경해서 완성합니다. ❸ [적용하기]를 선택하시면 작업을 마칠 수 있습니다.
첨고로 지금 만든 디자인을 따로 내 컴퓨터에 보관하고 싶다면 ❹ [다운르도] 클릭합니다.

06 자! PC다자인 스마트배너가 완성되었습니다. 모바일 배너도 같은 방법으로 편집해 줍니다. 디자인을 다시 편집하고 싶다면 ❶ [편집]을 눌러 PC/모바일 둘다 수정할 수 있습니다. 모든 디자인이 완성되었다면 ❷ [적용]을 클릭하여 실제 쇼핑몰에 적용합니다.

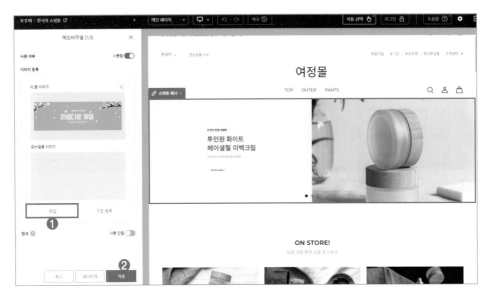

07 자! 스마트배너가 완성되었습니다. 우측 상단의 ❶ [닫기]를 클릭하여 디자인 편집을 마무리합니다.

01 관리자 페이지에서 ❶ [메인비주얼] : 앞서 배운 동일한 방법으로 수정해 줍니다.

❷ [배너등록] : 새로운 배너를 추가합니다. 지금은 배너가 3장이지만 4장, 5장 계속 추가할 수 있습니다.

❸ [배너 영역 수정] : 배너 이미지 사이즈를 변경 할 수 있습니다. 만약 배너 이미지 사이즈를 수정했을 경우 새롭게 사진을 업로드 해주어야 합니다.

❹ [슬라이드 설정] : 슬라이드 사용여부와 슬라이드 시간, 형태를 변경 할 수 있습니다.

실습으로 ❹ [슬라이드 설정]을 클릭하여 세부 세팅을 해보겠습니다.

02 ❶ [사용함]을 선택하여 슬라이드 기능을 활성화합니다.

❷ [슬라이드 시간]을 보통(6초)로 수정합니다. 배너 이미지가 넘어가는 속도인데 보통 6~7초 정도를 기본으로 합니다. 물론 운영자의 감각대로 길이를 조절할 수 있습니다.

❸ [슬라이드 형태]를 [점형태] 또는 [바형태]로 보여 줄 수 있습니다.

❹ [적용] 클릭하여 세팅을 마무리합니다.

CHAPTER

07 쇼핑몰 상품등록

Lesson 23 | 상품등록 및 옵션설정하기

Q1 상품 등록하는 방법을 알려주세요.

01

❶ [상품] ❷ [상품등록]을 선택합니다. 카페24에서는 상품등록에는 4가지 모드가 있습니다.

❸ [간단등록] : 필수 항목만 표시가 되어 빠르게 상품을 등록할 수 있습니다. 단점은 세밀하게 옵션조절이 힘듭니다.

❹ [일반등록] : 기본적인 상품 등록 방법입니다. FM이라고 보면 됩니다. 디테일하게 조절이 가능합니다.

❺ [세트상품등록] : 세트상품을 만들 때 사용합니다.

❻ [엑셀등록] : 상품을 대량 업로드할 때 사용합니다. 도매처에 가시면 카페24 용 엑셀파일이 존재하는데 그것을 달라고 하여 여기서 업로드 하면 대량업로드가 자동으로 가능합니다. 예를 들어 2천 개 자리 상품 엑셀이면 여러분의 쇼핑몰에 2천 개의 상품이 리스팅 됩니다. 여기서는 기본적인 ❹ [일반등록] 방법으로 세밀하게 배워보겠습니다.

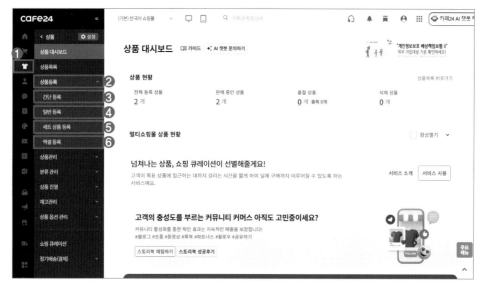

* 참고로 이해하기 좋게 한국어몰 기준으로 설명 드립니다.

02 **표시설정**

❶ 진열상태 : 쇼핑몰에 상품을 진열할지 말지를 결정합니다. 등록만 해놓고 나중에 진열하거나 상품을 빼야 할 경우 [진열안함]으로 수정하시면 됩니다.

❷ 판매상태 : 상품을 판매할지 결정합니다. 만약 진열은 했는데, 판매를 안 한다면 무슨 의미일까요? 그 렇습니다. 품절이라는 뜻과 같습니다.

❸ 상품분류 선택 : 우리가 현재 셔츠를 판매한다고 했을 때, 그 셔츠라는 상품을 어떤 카테고리에 넣을 건지를 선택해 주어야 합니다. 한마디로 맵을 그려주는 작업입니다.

예를 들어, [셔츠] 상품을 등록하려면 ❹ [TOP] ❺ [셔츠] ❻ [적용] 순서대로 클릭합니다.

많이들 실수하는 것이 ❻ [적용]를 안 누르시면 등록이 안 됩니다. 꼭 ❻ [적용]를 클릭해 주셔야 합니다.

한 가지 더! 만약 중분류가 아닌 쇼핑몰 메인에 보이는 TOP 카테고리만 눌러도 등록할 상품이 나오게 하는 방법은 어떻게 하는 걸까요? ❹ [TOP] ❻ [적용] 이렇게 하시면 됩니다. 실전에서 바로 써먹을 수 있는 팁들입니다

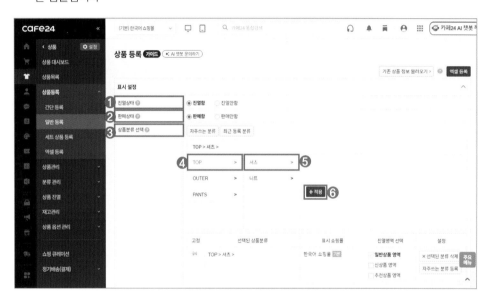

03

❶ 메인진열 : 쇼핑몰 메인에 노출 할지 말지를 선택하는 설정입니다.

❷ 추천상품 : 쇼핑몰 메인에서 추천상품 영역에 상품을 노출합니다.

❸ 신상품 : 쇼핑몰 메인에서 신상품 영역에 상품을 노출합니다.

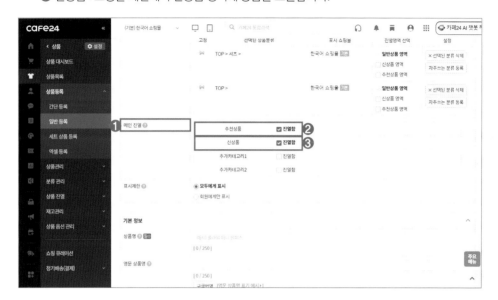

여기서 잠깐

메인진열 이름 바꾸는 방법

01 ❶ 상품 ❷ 상품 진열 ❸ 메인 진열 ❹ 메인분류 관리

02 ❶ [분류명] : 분류명을 텍스트로 수정합니다.

❷ [타이틀 디자인] : 이미지를 사용하면 유명 쇼핑몰들이 하듯 메인 항목들을 이쁘게 꾸밀 수 있습니다. 예를 들어, 한 유명 쇼핑몰은 이 항목을 이렇게 사용 중에 있습니다. [FOCUS ON] [WEEK'S BEST RANKING] 등등 이쁘게 디자인하여 사용하고 있습니다.

04 **기본정보**

❶ 상품명 : 고객들에게 노출할 상품에 대한 이름을 표시합니다. 필수 항목으로 꼭 적어야 합니다.

❷ 모델명 : 상품 모델명이 있다면 적어주시는 것이 좋습니다. 왜냐하면 나중에 상품이 많아지면 재고 정리할 때 매우 도움이 됩니다. 나중을 위해서라도 모델명을 만들어서 적어 주시기 바랍니다.

❸ 자체 상품코드 : 재고정리를 위한 자체상품코드입니다. 쇼핑몰이 커지면 꼭 필요합니다. 예를 들어, 2025년에 입고된 셔츠다. 라고 할 때 [sg2025bt] 이런 식으로 자체 상품코드를 붙여주는 것입니다. 이 책이 매뉴얼이 아닌 실제 실전적인 책이라 노하우를 말씀드리는 것입니다.

❹ 상품 요약설명 : 유명 쇼핑몰을 보시면 쇼핑몰 메인에 상품에 대한 설명이 있는 것을 확인해 볼 수 있습니다. 그렇게 표현하고 싶다면 이 요약설명은 필수입니다. 단 255자까지입니다.

❺ 상품 간략설명 : 요약설명과 같습니다. 하지만 글자 수 제한이 없다는 것이 차이점입니다. 또한 상세페이지 상단에 상품에 대한 긴 설명이 필요할 때 사용합니다

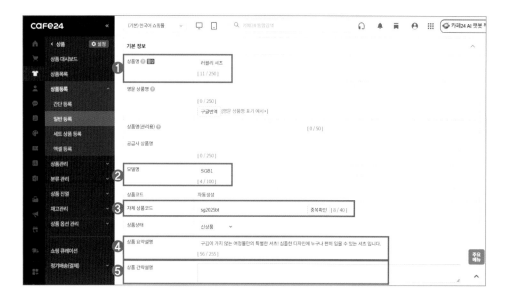

05 상품 상세설명 (상품 상세페이지)

드디어 상품등록에서 가장 중요한 상세페이지 부분이 나왔습니다.

쇼핑몰에서 상세페이지는 바로 매출과 직접적으로 연결되기에 매우 중요합니다.

카페24 상세페이지 제작은 두 가지 방법이 있습니다. 카페24가 만든 AI기술로 쉽게 상품 상세페이지를 제작할 수 있는 [에디봇]과 외부에 제작한 상세페이지 그림파일을 올리는 [직접 작성]입니다.

❶ [직접 작성]은 일반 블로그 하듯, 직접 글과 사진을 차례대로 올리면서 작성하게 됩니다. 사진을 올리는 방법은 1장씩 올리는 ❷ [이미지 삽입]과 대량의 사진을 한 번에 올리는 ❸ [다중 이미지 삽입] 방법이 있습니다.

06 **판매정보**

❶ 소비자가는 고객들에게 노출할 수도 있고, 안 할 수 있습니다. 보통 마케팅용으로 많이 활용됩니다.

❷ 공급가 : 원가로써 도매처에서 물건을 가져오는 가격이라고 생각하시면 편합니다.

❸ 과세구분 : 대부분 과세사업자기에 부가세 10% 적습니다. ❹ 판매가 계산 : 마진율을 넣습니다.

❺ 판매가적용 : 공급가에 마진율을 계산하여 판매가에 표시됩니다.

❻ 판매가 : 고객들이 실제 결제하는 돈을 말합니다. 무조건 표시가 됩니다.

❼ 판매가 대체문구 : 맞춤 수제화, 맞춤 셔츠 등등 커스터마이징 하시는 분들은 딱 가격을 책정하기 어렵습니다. 그럴 때 [가격문의] [견적문의] 등 텍스트로 적을 수 있습니다.

❽ 주문수량 제한 : 한번 살 때의 수량을 조절할 때 쓰입니다. 만약 인기가 많은 소량 재고인 상품은(주로 리미티드 상품) 한 사람이 많이 못 사도록 하는 것이 좋은 전략입니다.

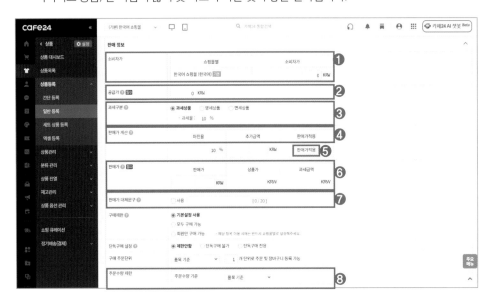

07 **옵션/재고 설정**

옵션 재고 설정은 내용이 방대하기에 상품등록 끝난 이후에 따로 설명하겠습니다.

08 **이미지정보**   ◎ 실습사진 〉 상품사진_의류 〉 블라우스 〉 navy 폴더

❶ 대표 이미지등록 : 한 번에 상세이미지, 목록이미지, 작은목록이미지, 축소이미지에 업로드 됩니다.

❷ 개별 이미지등록 : 개별적으로 하나하나 올릴 수 있습니다.

❸ 상세 이미지 : 상세페이지 상단에 보여주는 이미지입니다.

❹ 목록 이미지 : 메인페이지 목록이나, 카테고리 목록에서 보여주는 이미지입니다.

잘나가는 쇼핑몰일수록 인력도 많고 사진도 많기에 상세이미지와 목록이미지는 각자 다릅니다. 처음 쇼핑몰을 시작할 때는 인력이 없기에 일일이 개별이미지를 넣기가 힘들 수 있습니다. 그럴 때는 ❶ [대표이미지등록]을 놓고 한 번에 넣는 것이 하나의 전략입니다. 또한 [애니메이션 GIF 파일]을 여기에 넣어 보세요. 그럼 유명 쇼핑몰처럼 메인 페이지 사진들이 움직이게 보입니다.

❺ 이미지 사이즈 변경 : 상세이미지, 목록이미지 사진을 넣고 모니터링을 해보면 사진이 저화질로 보이는 경우가 있습니다. 그럴 때는 [이미지 사이즈 변경]을 선택하여 모든 사이즈를 1000×1000으로 수정해

놓고 다시 이미지를 업로드 합니다. 그럼 고화질 이미지로 노출이 됩니다.

❻ 추가이미지등록 : 상세페이지에서 보여주는 상세이미지 하단에 여러 가지 사진이 보이도록 합니다.
주로 앞, 뒤, 옆 사진이 활용됩니다.

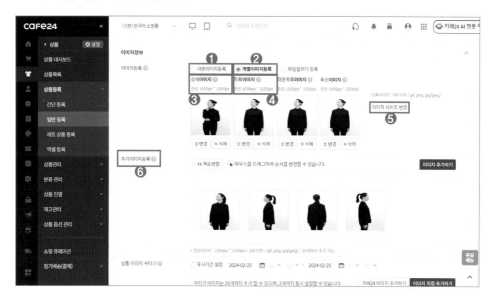

09 검색엔진 최적화(SEO) : 쇼핑몰 메인 SEO 뿐만 아니라 각자의 페이지도 SEO 가능합니다. 다들 너무나 소홀히 하시는데 시간만 되시면 꼭 각각의 페이지에 SEO 해주셔야 합니다. 검색엔진에 노출될 가능성이 큽니다.(타임머신 ▶ Lesson 24. SEO 설정)

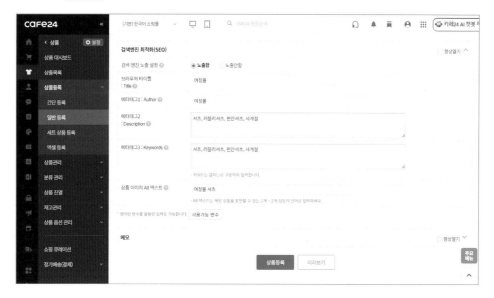

10 [상품등록] 클릭하여 마무리합니다.

◎ 실습사진 〉 상습사진 〉 에디봇 실습 폴더

에디봇은 최신 프로그램으로 자주 업데이트가 되고 있습니다. 업데이트된 정보는 저자의 유튜브채 널에 오시면 확인이 가능합니다. 에디봇은 구글의 크롬에 최적화되어 있으니 크롬을 사용해 주시 기 바랍니다.

01 [상품등록]에서 ❶ [상품 상세설명] ❷ [Edibot으로 제작하기]를 선택합니다. 참고로, 과거에는 에디봇 어플리케이션을 셋업해야 했으나 이제는 자동으로 활성화 됩니다.

02 [지금 시작하기]를 클릭합니다.

03 상품이 색깔이 있다면 모든 사진을 다 불러 옵니다.
❶ 이미지추가 ❷ 사진파일을 전체 선택(Ctrl + A) 후 ❸ 열기

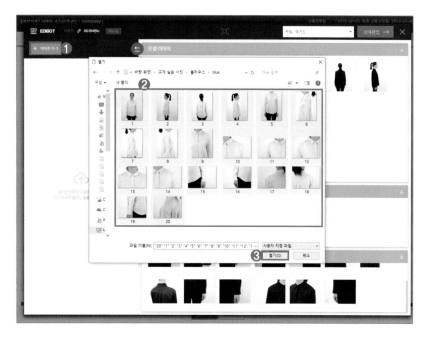

04 자동 분류 중입니다. 그렇습니다. AI가 등록한 옷 사진을 자동 분류하고 있습니다. 이때 사진이 많을수록, 그리고 인터넷 속도와 컴퓨터 성능에 따라 처리 속도의 차이는 날 수 있습니다.

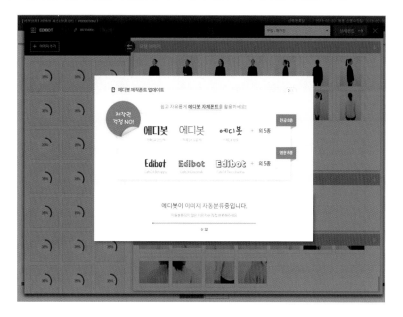

05 자동분류가 되었습니다. 대박입니다.

❶ 모델이미지 : 모델컷 있다면 자동으로 AI가 모델(인간)인지 아닌지를 판단하여 적용합니다.

❷ 색상이미지 : 색이 다른 사진이 있으면 구분하여 보여 집니다. 만약 색상이미지에 사진이 자동으로 분류가 안 된다면 상세페이지에서 색깔별로 보여줄 사진을 마우스로 집어서 놓고 색상 이름을 적어줍니다.

❸ 상세이미지 : 상세컷이 있으면 자동으로 분류 해줍니다. ❹ 템플릿 : 상세페이지 템플릿을 선택할 수 있습니다. 여기서는 [꾸밈 - 매거진]으로 선택했습니다. ❺ 상세편집 : 다음 단계로 넘어갑니다.

06 상세페이지가 자동으로 만들어졌습니다. 전체적으로 어떻게 디자인 되었는지 보겠습니다.

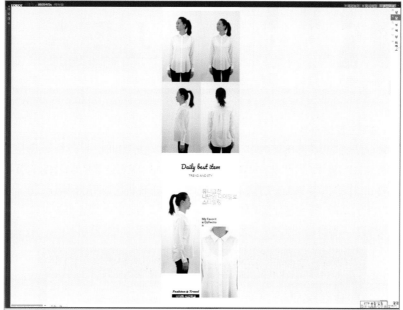

07 **이미지 추가**

❶ 이미지 : 기능을 활성화 합니다.

❷ 이미지추가 : 기존 이미지 말고 외부에서 추가로 이미지를 더 가지고 올 수 있습니다.

❸ 분류된 이미지: 에디봇이 분류한 이미지들입니다. 이것을 마우스 드래그 드롭 형식으로 비어있는 이미지 틀에 옮겨 놓습니다. 그럼 이미지가 상세페이지에 추가됩니다.

08 **이미지 크기 조절 및 수정**

❶ 비율 : 상세페이지에 들어갈 이미지의 크기를 조절 할 수 있습니다.

❷ 회전 : 이미지를 회전시킵니다. 비율과 같이 조절하면서 사용하면 좋은 결과물을 만들 수 있습니다.

❸ 투명도 : 이미지의 투명도를 조절합니다. 사진을 흐릿하게 만들 수 있습니다.

❹ 크기변경 : 이미지를 원본사진, 화면맞춤, 자동맞춤으로 설정할 수 있습니다.

❺ 위치변경 : 사진을 클릭한 채로 이동하시면 사진 위치 변경이 가능합니다.

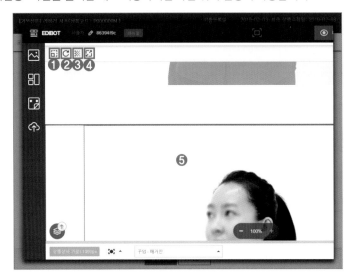

09 새롭게 사진이나 텍스트, 동영상을 넣고 싶다면 ① 그리드를 선택합니다.

그리드는 프레임(액자)을 만드는 것입니다. 한마디로 디자인의 뼈대를 만듭니다.

② [2칸 정사각]을 집어서 넣어 봅니다. 이외 다양한 액자들이 존재하기에 그리드를 마우스를 활용해 상세페이지 원하는 공간으로 던져 놓습니다. 그런 다음 [이미지]를 넣으면 됩니다.

③ 텍스트 : 글자를 넣고 싶을 때 텍스트그리드로 디자인을 만들고 작성합니다.

④ 이미지 : 이미지를 넣고 싶을 때 사용하는 옵션입니다.

⑤ 동영상 : 지금은 동영상이 대세입니다. 동영상을 상세페이지에 넣고 싶을 때 사용합니다.

10 상세페이지를 더 화려하게 꾸미고 싶다면 ① 꾸밈요소를 활용하시면 됩니다.

꾸밈요소는 이미 만들어진 다양한 패턴을 나의 상세페이지에 바로 적용할 수 있습니다.

원하는 패턴을 마우스로 옮기면 끝입니다. ② 꾸밈요소는 이미 만들어진 png 파일입니다. 그렇기에 여러분만의 꾸밈요소도 당연히 사용할 수 있습니다. 포토샵으로 png 투명 파일의 글자를 만든 후 [앱스토어] - [에디봇 관리]에서 업로드 해주시면 사용하실 수 있습니다.

11 반복되는 이미지 추가가 힘들 땐 ❶ 사용자 업로드를 활용합니다. 이미지를 업로드 하여 바로 사용하기에 매우 편합니다.

12 이미지나 그리드를 삭제하고 싶다면 삭제할 대상을 선택하고 ❶ 휴지통을 선택해 줍니다. 또한 이미지에 링크를 걸고 싶다면 ❷ 링크를 선택해 줍니다.

13 ❶ 쇼핑몰 프레임 위치 수정이 가능합니다. 상단, 모델, 상세, 색상, 상품정보, 하단 순서는 전형적인 상세페이지 디자인 순서입니다.

혹 나만의 순서를 원할 경우 마우스로 위치를 옮기면 순서가 변경됩니다.

14 이미 앞서 분류된 색상 이미지가 [색상 카테고리]로 분류되어 나옵니다. 만약 원하는 사진 위치가 아니라면 마우스로 조절하여 편집이 가능합니다. 여기서는 얼굴을 가리고 목 이하 옷만 나오게끔 설정하였습니다.

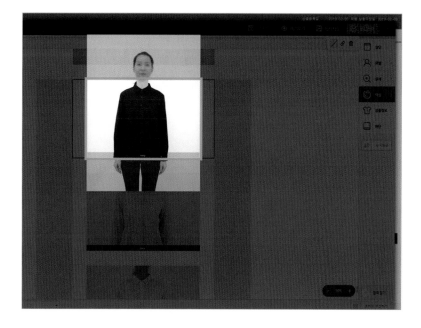

15 쇼핑몰 상세페이지에서 가장 까다롭고 비용이 들어가는 것이 바로 [상품정보] 디자인입니다. 그런데 에디봇은 그것을 너무나 쉽게 만들 수 있도록 제공해 주고 있습니다. ❶ [상품정보]에서 하단의 ❷ [카테고리] 선택하면 ❸ 각 아이템의 상품정보 사진을 선택할 수 있습니다. 정말 대단합니다. 각 ❹ 사이즈도 수정이 가능합니다. 클릭하여 사이즈 숫자를 수정할 수 있습니다.

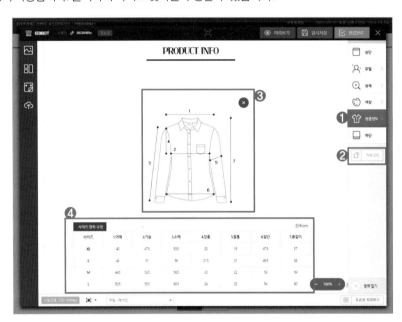

16 만약, 나의 아이템이 의류가 아니기에 [PRODUCT INFO]가 필요 없다면 삭제할 수 있습니다.
하단 밑 [카테고리] 클릭 후 ❶ [분류]에서 ❷ [기타]를 선택합니다.

17 ❶ 착용감이나 ❷ 세탁방법도 클릭 몇 번으로 가능합니다. 원하지 않는 것은 삭제하시면 됩니다.

18 ❶ 모델정보도 쉽게 ❷ 이미지를 가지고 와서 ❸ 원하는 대로 크기 조절 및 비율을 조절하여 사용하시면 바로 끝납니다.

19 ❶ [편집완료]를 선택하여 상세페이지 디자인을 마무리 합니다.

Q3 색깔 옵션, 사이즈 옵션을 주고 싶어요. 방법은요?

01 ❶ [상품] ❷ [상품옵션관리] ❸ [품목생성형 옵션] ❹ [옵션등록]을 차례대로 선택합니다.

[품목생성형 옵션]과 [상품연동형 옵션]의 차이는 재고관리가 필요한가와 고객별 요청 사항을 받아야 하는 주문 제작 방식인가의 차이입니다.

[품목생성형 옵션]은 쇼핑몰에서 기본으로 사용하는 옵션으로 재고관리가 가능합니다. 반면에 [상품연동형 옵션]은 재고관리가 안 됩니다. 좋은 점은 주문제작 방식의 상품일 경우 고객의 정보를 받을 수 있기에 그럴 때 사용합니다. 그렇기에 쇼핑몰 대부분에서는 [품목생성형 옵션]을 기본으로 사용합니다.

02

❶ 옵션스타일 : 옵션의 스타일을 선택합니다. 가장 많이 사용하는 것이 [셀렉트박스]이고 '스타일난다'에서 사용중인 옵션 스타일은 [미리보기] 기능입니다. [미리보기]옵션은 실제 사진으로 옵션을 표현할 수 있습니다.

❷ 옵션명 : 패션에서 주로 쓰는 옵션 명은 색과 사이즈입니다. 각 업종마다 필요한 옵션이름을 적어 넣습니다. 여기서는 [COLOR]를 넣겠습니다.

❸ 옵션값 : COLOR에는 무슨 색이 있는지 옵션 값을 적습니다. 여기서는 네이비, 화이트, 블루 라고 적었습니다.

❹ 추가금액 : 예를 들어, 화이트는 너무나 잘나가서 1000원을 더 받고 싶다면

❺ [+] 선택후 1000원을 적습니다. 반대로 블루색 셔츠는 재고가 많아 빨리 소진시킬 목적으로 1000원을 할인하고 싶다면

❻ [-] 체크후 1000원을 적습니다. 옵션에 따라 가격이 변동됩니다.

❼ 색상설정 : 옵션에 대한 색을 지정하는데, 매우 중요합니다. 유명 쇼핑몰 메인화면을 보시면 옵션 색이 표현되는데 그렇게 표현하려면 여기서 미리 색을 선택해 주어야 가능합니다. [등록]으로 옵션을 마무리합니다.

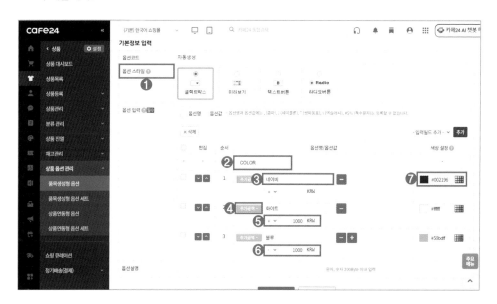

03 사이즈 옵션도 동일한 방법으로 세팅해 줍니다.

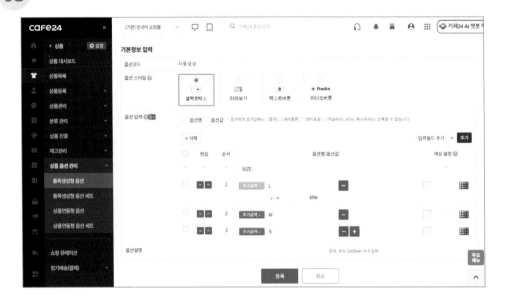

04 그럼 ❶ [품목생성형 옵션] ❷ [옵션 목록]에 제대로 등록된 것을 확인할 수 있습니다.

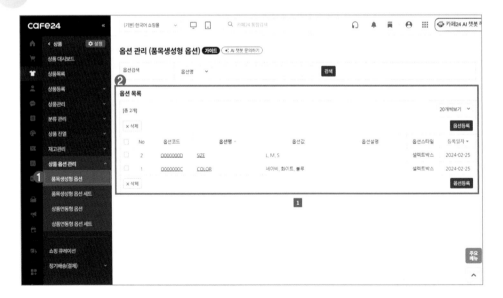

05 그럼 옵션을 등록했으니 상품에 적용해 보겠습니다.

❶ [상품] ❷ [상품목록] ❸ [옵션을 적용할 상품]을 클릭합니다. 여기서는 [러블리 셔츠]를 클릭합니다. 참고로 상품목록은 여러분이 등록한 상품을 관리할 수 있도록 모든 상품을 보여주는 기능입니다. 우리는 지금 상품목록 나오는 상품들 중 옵션을 등록하지 않는 상품에 옵션을 넣을 것입니다.

참고로, 지금처럼 자주 쓰는 옵션은 미리 옵션설정에서 만들어서 각 상품에 적용할 수 있고, 아니면 상품 등록때 그 상품에 맞는 옵션을 직접 바로 설정할 수도 있습니다.

06 ❶ 옵션사용 : 옵션을 이제는 사용해야 하니 당연히 [사용함]을 선택합니다.

❷ 옵션구성방식 : 이것은 매우 중요하니 집중해서 설명 드리겠습니다. 단지 카페24 뿐만 아니라 모든 전자상거래(쇼핑몰)에서 동일하게 사용하는 옵션방식이라 꼭 알아두셔야 합니다.

❸ 조합 일체선택형 : 그냥 예를 보시는 것이 가장 빠릅니다. 그렇죠. 일체선택형 이름처럼 모든옵션이 믹스되서 나옵니다. G마켓이나 오픈마켓에서 많이 볼 수 있는 옵션구성방식입니다.

❹ 조합 분리선택형 : 쇼핑몰에서 가장 많이 사용하는 옵션구성방식입니다. 그냥 표준으로 보시면 됩니다. 스타일난다, 임블리 등등 유명쇼핑몰에서 기본으로 사용하는 구성방식입니다.

예를 들어, 색상을 선택하지 않으면 사이즈가 선택이 안 됩니다. 이유는 재고 관리 때문입니다.

많이들 왜 하위 옵션이 선택이 안 된다고 물어보시는데요, 상위 옵션 [색상]의 재고를 확인 후 하위 옵션이 보여주는 방식으로 표현 됩니다. 블랙이 매진되어서 못 파는데 색깔 옵션이 선택되면 안되기 때문입니다.

❺ 상품 연동형옵션 : 상품옵션관리에서 미리 설명드렸던 옵션구성방식입니다. 주문제작방식을 주로 사용하는 쇼핑몰들이 사용합니다. 고객 정보를 받을 수 있습니다. 보통 자체제작을 하는 수공예 가구나 주얼리 등의 상품에서 활용할 수 있습니다.

❻ 독립 선택형 옵션 : 모양은 [조합 분리선택형]과 비슷하지만 기능은 확연히 다릅니다. 독립적으로 옵션값을 선택할 수 있습니다. 옵션값을 선택할 때마다 구매할 상품이 각각 선정되기에 주로 본상품과 사은품 같이 각각 필수와 선택으로 구성할 때 사용합니다.

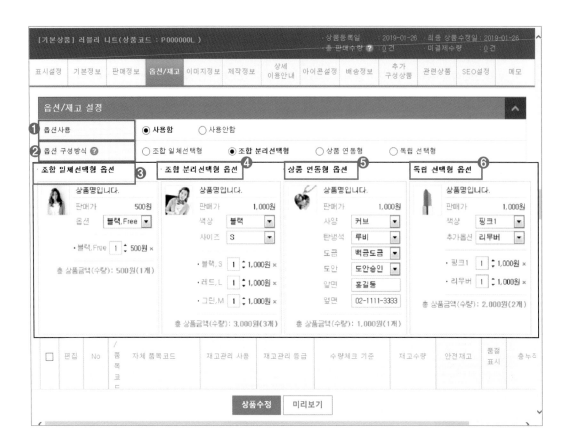

07 ❶ 옵션 불러오기 ❷ 옵션 추가 순서대로 선택합니다.

08 ❶ [옵션 목록]에서 사용하고자 하는 ❷ 옵션을 체크한 후 ❸ [선택] ❹ [닫기]를 차례대로 클릭합니다.

09 ❶ [사용된 옵션]을 보면 방금 선택한 옵션들을 확인할 수 있습니다. ❷ 사용할 옵션을 체크 하시고 ❸ [선택한 옵션 품목추가]를 선택합니다. 여기서 꼭 [선택한 옵션 품목추가] 또는 [모든 옵션 품목추가] 선택해서 ❹ 아래의 재고가 보이게끔 설정해 주셔야 합니다. 그래야 각각 상품에 대한 재고관리가 가능합니다. ❺ [상품수정]을 눌러 완료합니다

10 모니터링을 해보시면 제대로 옵션이 들어간 것을 확인할 수 있습니다.

Q4 상품을 등록했는데 원하지 않은 정보가 표시됩니다. 표시 설정하는 방법을 알려주세요.

처음 카페24쇼핑몰을 만들면 메인 페이지에 표시되는 상품 정보표시가 유명 쇼핑몰에 비해 깔끔하지 않습니다. 하여 유명 쇼핑몰처럼 상품정보를 표시하는 방법에 대해서 알아보겠습니다.

01 ❶ 쇼핑몰설정 ❷ 상품설정 ❸ 상품정보표시 설정으로 이동합니다.

02 ❶ 메인화면 ❷ 추천상품 ❸ 표시설정을 순서대로 선택합니다. 이 뜻은 메인화면 추천상품에 있는 표시를 수정하겠다는 것입니다. ❹ 항목명에 나오는 ❸ 표시설정을 [표시함] 또는 [표시안함]으로 하여 설정할 수 있습니다. ❺ 화살표로 선택한 항목의 순서를 변경할 수 있습니다. 만약 유명 쇼핑몰처럼 한다면 어떻게 설정해야 할까요?

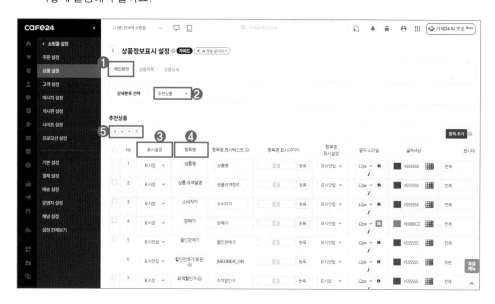

03 유명 A쇼핑몰처럼 ❶ 상품명 ❷ 상품 요약설명 ❸ 판매가 ❹ 사용후기를 순서대로 나열했습니다. 그리고 모두 [표시함]을 했습니다. 사용후기를 ❺ 항목명 표시텍스트를 수정하여 ❻ 리뷰로 수정했습니다. 그러면 [리뷰]로 쇼핑몰 메인화면에 [사용후기]가 아닌 [리뷰]라는 단어로 표시됩니다.

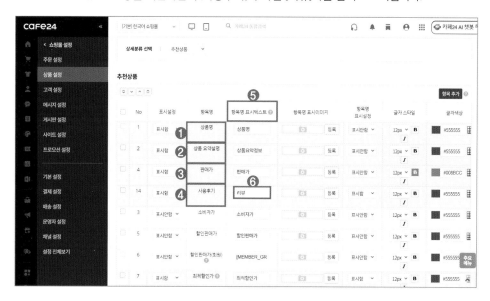

04 우측을 보면 ❶ 글자 스타일을 지정할 수 있습니다. ❷ 제목과 가격은 진하게 표시했습니다. ❸ 가격은 파란색으로 표시했습니다. 모든 설정이 끝났다면 하단의 [확인]을 클릭합니다.

어떤가요? 하나하나 따라 하니까 각 기능도 이해하고 어떻게 사용하는지 아시겠죠?

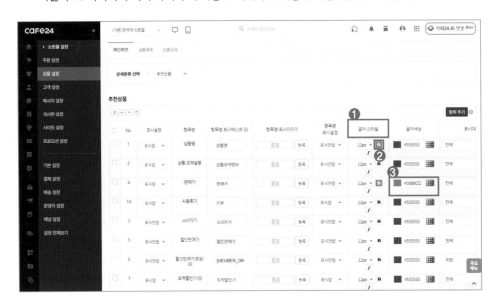

05 여기서 많이들 실수 하는 것이 메인화면에는 ❶ [추천상품]도 있고, [신상품]도 있고 각각의 [카테고리]가 있습니다. 그렇기에 각 카테고리를 선택하고 표시설정을 다시 해주셔야 합니다. 강의해보면 많은 교육생 분들이 왜 나는 [신상품]표시 변경이 안 되는지 물어보는 경우가 참 많습니다. 답은 각각 표시설정을 해 주어야 합니다.

06 마찬가지로 ❶ [상품상세] 페이지의 표시설정도 꼭 해주셔야 합니다. 현재 유명 쇼핑몰은 대략적으로 ❷ 상품명, 상품요약설명, 판매가, 적립금, 배송비, 국내, 해외배송, 무이자할부 순서대로 표시합니다. 그리고 하단의 [확인]를 클릭합니다. 이렇게 참고해서 여러분의 상황에 맞게 표시설정을 정해봅니다.

Q5 유명 쇼핑몰처럼 메인화면에 색상 옵션이 표시되게 하고 싶어요.

01 옵션에서 색을 선택해 주었다면 [상품정보 표시 설정] 에서 원하는 ❶ [메인화면 카테고리]를 선택하고 ❷ [상품색상]을 ❸ [표시함]으로 변경하여 줍니다. 그리고 하단에 [확인]를 클릭하여 마무리 합니다.

02 메인 화면에 가면 ❶ [색상옵션]이 표시되는 것을 확인할 수 있습니다.

Q6 게시판 설정 및 관리를 알려주세요.

01 스킨마다 다르지만, 게시판이 메인에 노출되는 경우가 많습니다. 현재 사용중인 디자인 ❶ [고객센터] ❷ 공지사항, 상품사용후기 등등 다양한 게시판이 노출되고 있음을 확인할 수 있습니다. 이렇게 게시판을 설정하고 관리하는 방법은 쉬우니 잘 따라해 보세요.

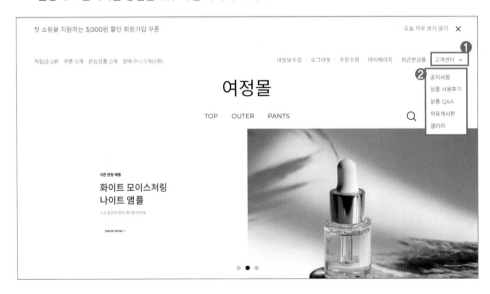

02 ❶ [게시판] ❷ [게시판 관리] 선택하고 우리가 수정할 ❸ [공지사항] 게시판을 클릭합니다. 참고로
❹ [게시물관리]를 선택하여 글보기, 글삭제, 공지글, 고정글을 설정할 수 있습니다. ❺ [표시] 설정으로
게시판 활성화 여부를 확인할 수 있습니다.

03 ❶ 게시판 사용여부 : [사용]으로 선택합니다. ❷ 게시판 표시여부 : [표시] 으로 선택합니다. 이렇게 설정
하면 게시판도 사용하고 메인에서 게시판이 표시됩니다.
게시판의 나머지 기능은 한 번씩만 읽어보면 쉽게 이해될 수 있는 내용입니다. 여기서는 중요한 것만 설
명하겠습니다.

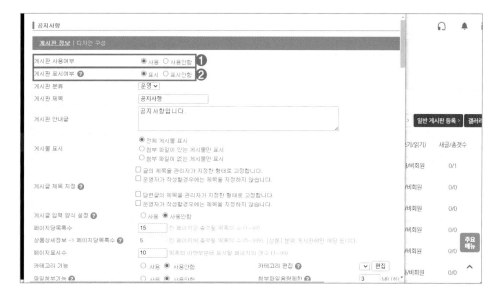

04 중요한 게시판은 바로 [상품 사용후기] 게시판입니다. 후기 게시판은 쓰기나 읽기 권한을 제대로 해야 마케팅으로 활용할 수 있습니다.

❶ 적립금 바로주기 설정 : 회원이 후기를 달았을 때 적립금을 줄 수 있도록 기능을 설정합니다. 버튼이 구성되며 해당 버튼 클릭 시 회원의 적립금 정보를 확인할 수 있는 화면이 표시됩니다. [원클릭 기능] 이용 시 적립금 지급과 동시에 글도 게시됩니다.

❷ 쓰기 권한 : 후기 댓글을 쓸 수 있는 권한인데 당연 악플 방지를 위해서 회원이상만 쓸 수 있도록 합니다.

❸ 읽기 권한 : 후기를 누구든지 볼 수 있도록 [비회원이상]으로 설정합니다.

❹ 답변쓰기 권한 : 악플 방지를 위해서 [회원이상]으로 합니다. 생각보다 경쟁사에서 악플 많이 들어옵니다. 관리해주셔야 합니다.

❺ 댓글 권한 : 마찬가지로 [회원이상] 으로 해야 합니다. 나머지는 상식적인 내용이라 읽어보면서 쉽게 세팅할 수 있습니다.

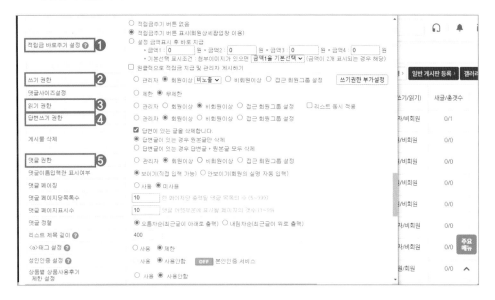

05 필요한 게시판만 남기고 나머지는 표시설정을 통해 정리해주시기 바랍니다. 메인 화면에 오시면 ❶ [게시판]이 깔끔하게 정리된 것을 확인할 수 있습니다.

Q7 상품목록을 변경하는 방법을 알려주세요.

---

01 현재 메인화면을 가보면 처음 만들어진 비어있는 상품들이 보입니다. 이렇게 잘못된 상품들을 삭제하거나 안 보이도록 하려면 [상품목록] 기능을 활용하여 정리할 수 있습니다. [상품목록] 기능을 통해 쇼핑몰에 등록된 상품목록을 확인할 수 있고, 상품에 대한 검색, 재고 수량 및 가격을 확인할 수 있습니다.

02 ❶ [상품] ❷ [상품목록]으로 이동합니다. 각각의 분류 방법대로 상품을 조회해 볼 수 있습니다. 상품 수가 많을수록 정말 잘 활용하는 툴 입니다. 특히 ❸ [검색분류]에서 [모델명] [상품코드] 등으로 상품을 찾을 때 자주 사용합니다.

03 ❶ [진열함][진열안함] : 선택한 상품을 진열 또는 진열안함으로 한 번에 수정할 수 있습니다.

❷ [판매함][판매안함] : 선택한 상품을 판매 또는 판매안함으로 한 번에 수정할 수 있습니다.

❸ [복사] : 상품을 복사 합니다. 상품을 빠르게 등록하고 싶을 때 이 [복사] 기능이 유용하게 사용합니다. 예를 들어, 완벽하게 등록한 상품을 복사처리 하여 그 안에 들어간 옵션, 할인 설정등 모든 세팅이 그대로 사용하게 됩니다. 결국 상품 이름과 가격, 사진만 교체하면 바로 판매할 수 있습니다. 실무에서는 시간이 없을 때 많이 사용합니다.

❹ [삭제] : 상품을 삭제합니다. 실무에서는 잘 삭제는 하지 않습니다. 왜냐하면 나중에 리오더 들어갈 일도 있고, 혹 다시 판매할 수 있어서 삭제는 하지 않고 차라리 [진열안함] 과 [판매안함] 등으로 가려 놓습니다.

❺ [분류수정] : 선택한 상품의 카테고리 분류를 수정합니다.

❻ [메인진열수정] : 선택한 상품의 메인진열 옵션을 수정합니다. 이 기능은 실무에서 많이 사용합니다. 모든 상품을 메인진열 할 수 없으므로 선택해서 메인진열을 해야 하는데 일괄적으로 수정할 수 있기 때문입니다. 상품수가 많으면 많을수록 유용하게 사용됩니다.

❼ [엑셀 다운로드] : 모든 상품을 엑셀파일로 다운로드 합니다. 자사 재고관리 프로그램이 있다면 수량을 맞추거나 상품을 비교하거나 기타 등등 엑셀 파일로 활용할 수 있습니다.

❽ [메인진열관리] : 메인상품진열관리 항목으로 이동합니다.

❾ [분류별상품관리] : 분류별상품 진열관리 항목으로 이동합니다.

여기서는 필요하지 않은 상품을 체크하시고 ❹ [삭제]를 눌러 상품을 없애 보겠습니다.

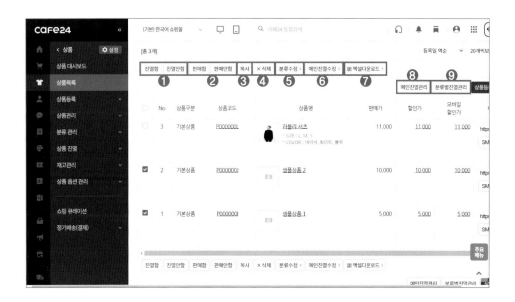

04 상품목록 설정이 완료되었습니다.

05 여기가지 잘 따라 오셨나요? 그럼 이전에 배운 것을 기억하시면서 [실습사진 / 원피스, 가죽자켓] 사진을 통해 한번 상품등록 및 상품관리 복습을 해봅니다.

01 예를 들어, 지금 보면 가죽자켓이 가장 먼저 나오지만 순서를 원피스, 셔츠, 니트, 가죽자켓 순으로 나오게 하고 싶습니다. 이럴 때는 [상품 진열] 기능에서 가능합니다

02 ❶ [상품] ❷ [상품진열] ❸ [메인진열]에서 순서를 변경할 수 있습니다. 주의할 점은 내가 메인진열 카테고리를 꼭 설정해야 한다는 것입니다. 예를 들어, 나는 [신상품] 메인진열을 수정하고 싶은데, 세팅이 [추천상품]으로 되어 있으면 신상품 메인진열은 수정이 되지 않습니다. 여기서는 ❹ [신상품]을 선택하고 메인진열 순서를 변경해 보겠습니다.

03 ❶ [이동할 사진]을 선택합니다. 여기서는 [원피스]를 선택했습니다. ❷ [화살표 모양]을 눌러 제일 처음으로 이동시킵니다. 마지막으로 ❸ [확인]을 클릭하여 설정을 마무리합니다. 메인진열은 이외도 [갤러리형 메인진열]을 사용하기도 합니다. [갤러리형 메인진열]은 직관적으로 눈으로 상품사진을 보고 드래그앤드롭(drag&drop) 방식으로 메인진열을 수정할 수 있습니다.

참고로, 메인 상품 진열은 정말 마케팅에서 중요합니다. 어떤 상품을 메인에 노출할 것인가? 또한 어떤 가격을 준거가격으로 보여주고 가격저항을 낮출 것인지 고도의 전략이 표현되는 자리입니다. 이런 전략은 <PART 3. 쇼핑몰 실전 마케팅>에서 자세하게 배울 것입니다.

04 모니터를 해보시면 제대로 수정이 되신 것을 확인할 수 있습니다.

Q9 상품을 3개씩 진열하는 방법은 무엇인가요?

01 유명쇼핑몰을 가면 메인 카테고리마다 2열, 3열, 4열, 5열 진열 할 때가 많습니다. 어떻게 하면 수정할 수 있을까요? ❶ [디자인] ❷ [디자인편집]을 차례대로 클릭합니다.

02 수정하고자 하는 메인상품 섹션를 선택합니다. 여기서는
❶[신상품] 섹션을 클릭하면 왼쪽에 그에 맞는 다양한 기능창이 열립니다.
❷ [레이아웃]을 클릭하고 원하는 배열을 선택합니다. 이처럼 매우 쉽게 설정할 수 있습니다.

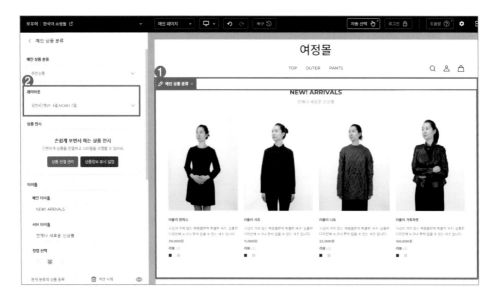

Q10 이미지 팝업창은 어떻게 만드나요?

◎ 실습사진 〉 상습사진 〉 팝업 실습 〉 팝업1.jpg

01 ❶ [디자인] ❷ [배너/팝업]을 선택합니다. ❸ PC 팝업을 만들지, 모바일 팝업을 만들지 선택합니다. 여기서는 [PC]를 선택하겠습니다. ❹ [팝업등록]을 클릭합니다.

02 ❶ [진행여부] : 팝업을 진행할지 아니면 대기할지, 종료할지 선택합니다. ❷ [쇼핑몰 디자인 선택] : 쇼핑몰 스킨이 많다면 내가 실제 사용하고 있는 디자인을 선택해 주어야 합니다. 많은 분들이 여기서 실수를 합니다. 내가 실제 지금 쓰고 있는 디자인을 선택해야 팝업이 제대로 노출됩니다.

03 ❶ [기간설정] : 팝업이 나올 기간을 선택해 줍니다.

❷ [팝업 표시 위치] : 메인화면에서 팝업이 노출될 위치를 설정해 줍니다. 좌측상단 끝에 나오고 싶다면 화면위로부터 0, 왼쪽부터 0 이렇게 설정해 줍니다. 실무에서는 사용하고 있는 쇼핑몰 메인 다자인을 보고 적절한 위치에 표시하게 됩니다. 주의할 점은 상호를 가리지 말아야 합니다. 상호를 가리게 되면 마케팅적으로 좋지 않습니다. 또한, 혹 투명 팝업을 사용하게 된다면 표시위치를 모니터링 하면서 적절하게 잡아 주어야 합니다. 투명 팝업은 곧 배우게 됩니다.

❸ [팝업 표시 위치 설정] : 팝업이 나올 페이지를 선택합니다. ❹ [웹페이지별 선택]에서 ❺ [index.html] 의 의미는 메인페이지에 노출하겠다는 뜻입니다. ❻ [상품분류별 선택]을 하시면 상품 카테고리를 클릭 했을 때 나오게 되고, 동일하게 [상품별 선택], [쿠폰 발급 알림] 등을 선택할 수 있습니다.

04 ❶ [팝업종류] : [레이어 팝업]을 선택합니다. 레이어 팝업은 선택한 페이지 위에 뜨도록 하는 팝업입니다. 즉 여기서는 메인페이지 위에 팝업이 나옵니다. 가장 많이 쓰는 팝업의 형태입니다. [윈도우 팝업]은 새로운 창이 뜨면서 팝업이 나옵니다.

❷ [팝업크기] : 팝업 이미지의 크기에 맞춰 줍니다. 예를 들어, 지금처럼 팝업 이미지가 300×300이라면 가로 300, 세로 300 적어줍니다.

❸ [창닫기 방법] : 팝업 하단에 나오는 창 닫기 방법을 선택합니다.

❹ [팝업창 내용 등록 방법] : 샘플팝업을 이용할지, 직접 만든 팝업을 사용할지 선택하는데 문구 때문에 많은 분들이 오해가 있습니다. 직접 만든 팝업의 의미는 팝업자체를 html로 직접 만든 것을 의미 합니다. 여기서는 이미지를 제작하여 올릴 것이기에 [샘플팝업 이용하여 만들기]를 선택합니다. 내가 만든 팝업 이미지를 올리기 위해서 ❺ [더 많은 내용 삽입] 아이콘을 선택합니다. ❻ [이미지 삽입]선택 후 사용할 이미지를 업로드 합니다. ❼ 팝업창이 노출되는 것을 확인할 수 있습니다. 주의할 점은 이미지 아래 공간(스페이스 바 또는 엔트 등 빈 공간)이 없어야 합니다. 이미지 아래 공간이 존재하면 [팝업 창닫기 문구]와 이미지가 떨어져서 보입니다.

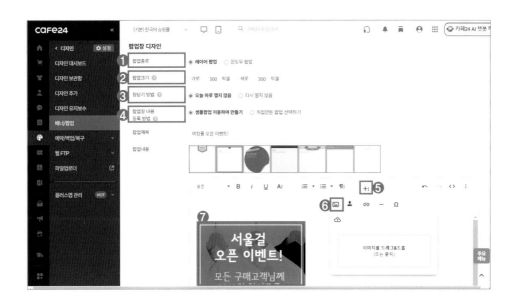

05 팝업을 클릭했을 때 링크를 타고 이동하게 하려면 링크설정을 해줍니다. ❶ [사진]을 클릭합니다.
❷ [링크 삽입] 아이콘을 선택하여 이동할 인터넷 주소를 입력해 줍니다.

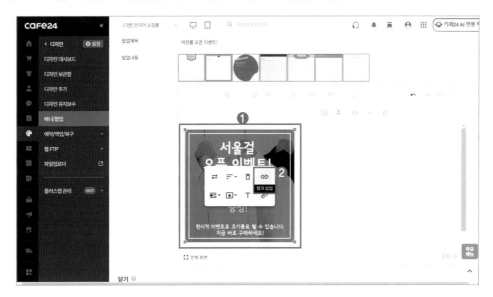

06 ❶ [창닫기 디자인 설정] : [기본 디자인 사용]을 선택합니다. ❷ [문구 정렬] : 문구 위치를 변경합니다. ❸ [저장]을 눌러 마무리합니다.

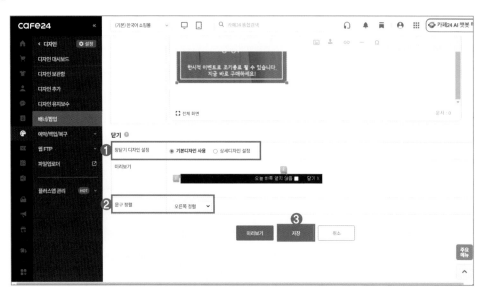

07 팝업이 나오는 것을 볼 수 있습니다.

Q11 투명 팝업창을 어떻게 만드나요?

◎ 실습사진 〉 실습사진 〉 팝업 실습 〉 투명팝업 완성.png

01 방법은 동일합니다. 단지 이미지 소스가 투명팝업에 맞는 png 파일이라는 점과 팝업 위치를 모니터링 해 보시면서 적당하게 잡아주셔야 합니다. [실습사진 / 팝업샘플 / 투명팝업 완성.png] 업로드 해봅니다.

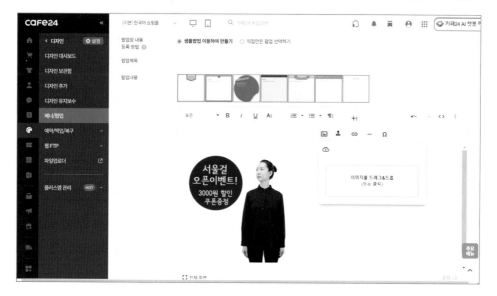

02 ❶ 기존 박스형 팝업이고 ❷ 투명 팝업입니다. 모두들 아! 이거 였구나! 감탄하십니다. 너무나 간단합 니다.

Lesson 24 | SEO 설정

Q1 SEO가 무엇인가요?

SEO는 Search-Engine Optimization 약자로 '검색엔진 최적화'라고 불립니다.

간단하게 설명해 드리면 내 사이트가 다른 사이트들 보다 검색엔진(네이버, 구글 등등)에서 먼저 나오도록 최적화 시키는 것을 말합니다. 광고가 아님에도 노출이 된다면 매우 마케팅 적으로 좋겠지요. 그렇기에 전 세계적으로 SEO는 매우 중요한 마케팅 도구입니다.

과거 네이버 알고리즘에서는 이런 SEO가 중요하지 않았을 때가 있었습니다. 하지만 지금 네이버에서 무엇보다 SEO가 중요해졌고, 그렇기에 국내에서도 SEO의 중요성이 매우 높아졌습니다.

지금부터 SEO를 세팅해 보도록 하겠습니다. 기본적인 SEO 세팅부터 고급 마케팅 실무자를 위한 고급 스킬까지 알아보겠습니다. 제가 SEO 관련 해외 논문을 보면서 하나하나 깨달았던 비법들인데 모두 공개합니다.

Q2 카페24에서 SEO 세팅은 어떻게 하나요?

01 ❶ [쇼핑몰 설정] ❷ [기본 설정] ❸ [검색엔진최적화]를 클릭합니다.

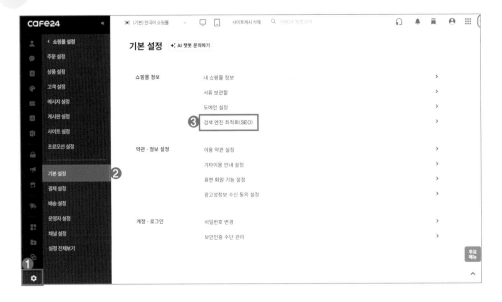

02 공통 페이지 SEO 태그

❶ [공통 페이지 SEO 태그]를 클릭합니다.

❷ 쇼핑몰 이름 : Title 태그로 쇼핑몰의 이름을 적습니다. 예를 들어, 네이버에서 [여정몰]이라고 검색할 때 검색에 잡히게 됩니다. 가장 중요한 태그입니다.

❸ 쇼핑몰 안내 : Description 태그로 타이틀만큼 중요한 태그입니다. 타이틀 밑에 바로 노출되기 때문입니다. 주로 콤마로 구분하여 노출합니다. 어떤 분들은 문장을 넣는 분들이 있는데 그건 SEO를 잘 모르고 무엇보다 마케팅을 잘 모르기 때문입니다. 구글 같은 경우 처음부터 알고리즘이 문장검색에 탁월해서 가능하지만 우리나라의 대표 검색엔진 네이버는 아직도 키워드 검색에 유리합니다. 물론 많이 변하고는 있지만 아직은 키워드 방식 알고리즘이 최적화됩니다. 그러니 우리나라에서 노출하겠다 하시면 키워드 형식으로 콤마로 구분하여 표현합니다. 네이버는 40자 이내를 추천하고 있습니다. 만약 영문 글로벌 쇼핑몰이라면 글로벌몰 관리자 페이지에서 영문으로 수정하여 줍니다.

❹ [저장하기] 후 ❺ [네이버]를 선택하시고 네이버에서 어떻게 보일지 미리 살펴볼 수 있습니다.

03 파비콘

❶ [파비콘]을 선택합니다. 파비콘은 브라우저의 상단 탭과 북마크 영역에서 나타나는 웹사이트를 대표하는 아이콘입니다.

❷ [파일선택]후 원하는 파비콘을 업로드 합니다. ❸ [권장이미지]사이즈가 있지만 10KB이하라면 더 큰이미지도 가능합니다. 참고로 처음 카페24 이지디자인을 사용할 경우 쇼핑몰 이름 첫 글자가 자동으로 파비콘으로 설정이 됩니다.

04 ❶ 네이버 연관채널 : 네이버 검색결과 하단에 연관채널이 노출됩니다. 단, 연관채널을 설정한다고 해도 무조건 노출이 되는 것은 아닙니다. 네이버가 정한 노출기준에 부합되어야 연관채널이 쇼핑몰 이름 밑에 노출된다는 점 기억하세요.

❷ 검색엔진 서비스 연결 : 쇼핑몰의 검색순위를 높이기 위하여 검색엔진 서비스에 연결하려면, 검색엔진에 쇼핑몰을 등록하고 발급받은 HTML 태그를 입력하여 사이트 소유권을 확인합니다.

❸ SNS 공유 이미지 : [og:image] 태그로 모바일에서 매우 중요한 기능을 합니다.

모바일에서 쇼핑몰 주소를 공유 했을 때 같이 표시되는 이미지입니다. 아마 카톡이나 블로그 할 때 많이 보았을 것입니다. 매우 중요한 기능이기에 다음 [Q3]에서 자세히 배워보도록 하겠습니다.

05 ❶ [사이트맵 및 RSS피드] 클릭합니다.

❷ [사이트맵 사용] : 검색엔진 로봇이 보다 효과적으로 웹페이지를 크롤링 할 수 있도록 도와 줍니다. 네이버 웹마스터도구에 꼭 필요하니 [사용함] 해야 합니다. 하루 정도 있으면 맵이 만들어집니다.

❸ [RSS 피드 사용여부] : 검색엔진 로봇에게 최신 URL에 대한 정보를 제공하여 더 신속하게 페이지 수집이 가능하게 합니다. RSS 피드 설정이 되어 있는 사이트와 없는 사이트는 반영에서 차이가 납니다. 네이버 웹마스터도구 세팅때 필요하니 꼭 [사용함] 합니다. [저장하기]로 마무리 합니다.

06 ❶ [공통 페이지 SEO태그]를 선택합니다. ❷ [메타태그 Author] : 관리자가 누구인지 물어봅니다. 검색에 노출은 되지 않는 부분입니다. 검색알고리즘이 읽기는 하지만 네이버나 구글에 노출되는 부분은 아닙니다. 그렇기에 동일하게 쇼핑몰 이름을 적습니다. ❸ [메타태그 Keywords] : Description을 그대로 복사하여 넣어 줍니다. 세팅후 [저장하기]로 마무리 합니다.

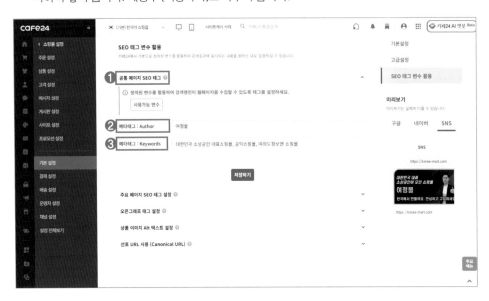

07 ❶ 오픈그래프는 모바일SEO 라고 보시면 됩니다. 지금 여러분의 쇼핑몰 주소를 카톡으로 보내보세요. 어떻게 표현되고 있을까요? 아마 원하는 정보가 나오지 않을 가능성이 큽니다. 이번 오프그래프 세팅을 통해 모바일에서 SEO가 잘 될 수 있도록 할 것입니다.
❷ [og:site_name] : 쇼핑몰 이름을 적습니다.
❸ [og:title] : 동일하게 쇼핑몰 이름을 적습니다.
❹ [og:description] : 기본 설정에서 했던 description을 그대로 복사하여 붙여넣습니다. 물론 모바일에서 다르게 보여주고 싶다면 다르게 쓰셔도 됩니다. [저장하기]를 선택하여 마무리 합니다.

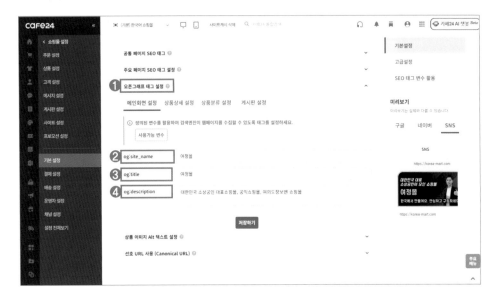

08 ❶ [상품 이미지 Alt 텍스트 설정] : Alt 의 기능은 이미지대신 검색 알고리즘이 읽을 수 있도록 하는 코드입니다. 원래 탄생된 것은 그런 의도는 아니었는데, SEO 시대에는 이렇게 활용될 수 있습니다. 쇼핑몰 이름과 대표적인 키워드 몇 개를 콤마형식으로 구분하여 적어 줍니다.

❷ [선호 URL 사용] : 검색엔진이 중복된 URL중 대표도메인에 따른 선호 URL을 알 수 있도록 합니다. 무조건 [사용함] 클릭합니다.

09 자! 완성되었습니다. 네이버에서 쇼핑몰 이름을 검색해 보면 노출이 됩니다. 단! 주의할 점은 SEO 세팅이 완료되었다고 바로 노출되지 않습니다. 네이버 웹마스터도구로 사이트등록 하는 것을 권장하며, 키워드 검색량이 어느 정도 있어야 네이버에 검색에 반영됩니다.

Q3 모바일에서 SEO를 최적화하는 방법을 알려주세요.

01 [og:image] 태그는 모바일에서 미리보기 기능처럼 주소를 입력했을 때 이미지도 같이 보여주도록 개발되었습니다. SNS 세상인 만큼 브랜드를 관리하는 차원에서 매우 중요한 마케팅 이미지입니다.
❶ [SNS 공유 이미지]를 선택합니다. ❷ [파일 선택]하여 원하는 모바일용 이미지를 선택합니다. 참고로 권장 이미지 사이즈는 1200×628px입니다.

02 모바일에서는 어떻게 보일까요? 오픈그래프 설정을 해주었기에 제대로 노출되는 것을 확인할 수 있습니다.

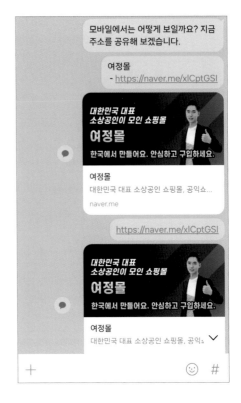

CHAPTER

08 카페24 쇼핑몰 고급 운영 스킬

Lesson 25 | 상점관리 설정

Q1 적립금 설정 방법을 알려주세요.

01 ❶ [쇼핑몰 설정] ❷ [고객설정] ❸ [적립금 설정] 순서대로 클릭합니다.

02 ❶ [적립금 지급 시점 설정] : 배송완료 후 14일로 설정합니다. 환불이나 교환 등으로 인해 최대한 늦게 적립금을 제공하는 것이 좋습니다. 보통 교환, 환불은 7일 이내 가능합니다. 그렇기에 7일 이후로 적립금을 지급합니다.
❷ [적립금 절사] : 보통 1원 단위는 절사를 합니다.
❸ [적립금 항목 노출 설정] : 정액/정율 동시 표기가 쇼핑몰에서는 좋습니다. 운영자의 선택입니다.

03 ❶ [상품구매금액 기준 설정] : 정가보다는 [상품할인가]를 기준으로 합니다. 운영자 입장에서는 그것이 더 유리합니다. 고객들도 당연하다고 생각하기에 큰 이슈 없이 운영할 수 있습니다.

❷ [상품구매시 적립금 지급 비율 설정] : 보통은 1%~3% 가 적당합니다. 쇼핑몰인 경우 대부분 1% 보통이고, 대형 유통점 같은 경우 0.5%, 0.3% 도 많습니다. 때론 과도하게 10% 씩 주는 곳도 있지만, 마케팅적으로 적립금은 결국 부채이기 때문에 1%~3% 사이가 적당합니다.

❸ [결제방식에 따른 적립금 지급 비율 설정] 은 추천 드리지 않습니다. 현금결제와 카드결제에 따라 적립금이 다르면 문제의 요지가 생길 가능성이 큽니다.

❹ [상품구매시 적립금 예약설정] : 이벤트 때 많이 활용되는 기능 합니다. 예를 들어, 한 달간 구매금액에 따른 적립금 10% 지급! 이라고 할 때 그 한 달 기간을 설정할 때 사용합니다.

04

❶ [적립금으로 구매시 적립기준 설정] : 고객이 적립금 사용으로 구매 시 고객이 지급한 차액만큼 또 적립금을 줄 것인지 물어보는 것입니다. 운영자의 선택이겠지만 [적립안함]으로 설정합니다.

❷ [회원가입 적립금 설정] : 신규회원들에게 적립금을 얼마 줄지 설정합니다. 쇼핑몰 상품이 저관여 상품으로 평균상품금액이 2000원일 경우 적립금을 5000원 주게 되면 대부분 다음 결제에서 적립금으로 구매하게 되겠죠. 이렇게 운영하면 안 됩니다. 자신의 쇼핑몰의 평균상품금액을 확인 후 적절하게 설정합니다.

❸ [회원가입 시 이메일/SMS수신동의 적립금 설정] : 마케팅 적으로 수신동의를 받는 것이 매우 중요합니다. 예를 들면 "고객수신 동의시 추가 적립금 1000원 증정!" 이런 식으로 체크하여 이벤트로 활용합니다.

❹ [관리자 지급 적립금 기본값 설정] : 많이들 물어보시는데 [사용함]으로 체크합니다. 나중에 CS 할 때 고객 상대로 피드백을 좋게 이끌 수 있습니다. 항의하는 고객들에게 적립금 1000원 이라는 당근책을 제시할 수 있습니다.

05

❶ [적립금 사용 가능 최소 상품 구매 합계액 설정] : 쇼핑몰의 평균상품금액을 보고 판단합니다.

❷ [적립금 사용 가능 최소 누적 적립금액 설정] : 마찬가지로 다른 쇼핑몰을 따라 하기보다는 자신의 평균상품금액들을 보고 판단합니다. 보통 1,000~ 2,000원이 적당합니다.

❸ [1회 사용 적립금 최대 사용한도 설정] : 한도 제한 없으면 모든 금액을 적립금으로 사용하는 고객들이 있습니다. 그럼 다 쓰고 나가겠다는 소리입니다. 그럼 적립금을 활용한 마케팅이 힘듭니다. 적립금을 활용하는 목적은 고객을 잡아두기 위함이기에 한 상품 당 50% 이상 못쓰게 하시면 좋습니다. 물론 운영자의 전략에 따라 움직입니다.

❹ [적립금 지급 제외 설정] : 쿠폰할인, 회원등급할인, 예치금 사용시 적립금을 쓰지 못하도록 설정할 수 있습니다. 모두 설정하셨다면 [저장]을 눌러 적립금 설정을 마무리 합니다.

Q2 예치금 설정이 무엇인가요?

예치금은 고객이 현금을 예치하거나 주문취소 시 결제 금액 환불, 초과 입금 차액 환불 등으로 발생된 금액을 현금 대신 임시 지급(적립)한 금액을 말합니다. 운영자의 경영방향에 따라 다르겠지만 저는 예치금을 사용하지 않습니다. 예치금은 법적인 이슈들이 많이 생기고, 재무제표상 결국 미래의 부채가 됩니다. 무엇보다 요즘 고객들은 환불 신청할 때 대부분 바로 환불을 하지 과거처럼 그 돈을 예치하는 사람은 거의 없습니다. 물론 운영자의 기호에 따라 설정을 하셔도 됩니다.

01 예치금 설정은 ❶ [쇼핑몰 설정] ❷ [고객설정] ❸ [예치금 설정] 순서대로 클릭합니다.

Q3 조르기 기능이 있나요?

[상품 조르기]는 갖고 싶은 상품 또는 추천하고 싶은 상품을 가족, 친구, 연인에게 메일로 보낼 수 있는 기능입니다. 사용 설정 시 쇼핑몰 상품에 '상품 조르기'가 적용됩니다.

01 상품조르기 기능은 ❶ [쇼핑몰 설정] ❷ [프로모션 설정] ❸ [상품 조르기 설정]을 선택합니다.

Lesson 26 ┃ 프로모션 설정

Q1 할인 설정을 어떻게 하나요?

01 많은 분들이 할인을 어디서 해야 하는지 모르는 경우가 많습니다. 왜냐하면 카페24는 [고객혜택 관리]라는 카테고리 안에 [할인] [증정]을 표시하고 있기 때문입니다. 즉, 할인 설정을 하시려면 [고객혜택 관리]으로 가야 합니다.

❶ [프로모션] ❷ [고객혜택관리] ❸ [혜택등록] 으로 이동합니다.

❹ [진행여부] : [진행함]

❺ [구분] : 고객 혜택이 [할인] 인지 [증정] 인지 선택합니다. 여기서는 [할인]을 체크합니다.

❻ [혜택 유형] : 할인 종류는 기간할인, 재구매할인, 대량구매할인, 회원할인, 신규상품할인, 배송비할인 등으로 구분되어 있습니다. 이벤트로 잘 활용 할수 있는 유형들입니다.

❼ [혜택명] : 할인이벤트 이름을 적습니다. [쇼핑몰 오픈 10%할인 이벤트] 으로 적겠습니다.

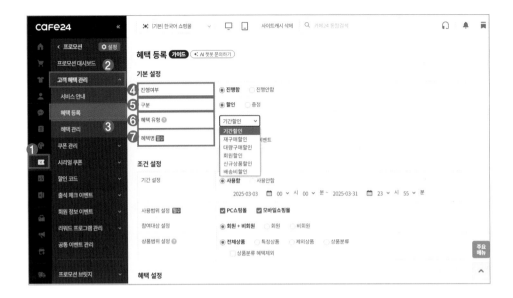

02 ❶ [기간 설정] : 할인 기간 설정은 꼭 해주셔야 합니다.

❷ [사용범위 설정] : 평상시는 PC, 모바일 둘 다입니다. 특별하게 모바일 쇼핑몰을 더 활성화하기 위해서 [모바일] 쇼핑몰만 할인이벤트를 진행하는 때도 있습니다.

❸ [참여대상 설정] : 회원, 비회원 모두에게 할인 적용을 해줍니다. 마케팅 목표에 따라 회원에게만 할인 해 줄 수도 있습니다.

❹ [상품범위 설정] : 특정 상품만 할인 대상에 넣을 수 있습니다.

❺ [제공 혜택] : 할인의 내용을 적습니다. 할인을 [%] 또는 [금액] 으로 할지 선택합니다.

❻ [쿠폰 사용범위 설정] : [모든 쿠폰 사용가능]을 선택합니다.

❼ [아이콘 설정] : 상품표시에 할인 아이콘이 나오도록 할 수 있습니다.

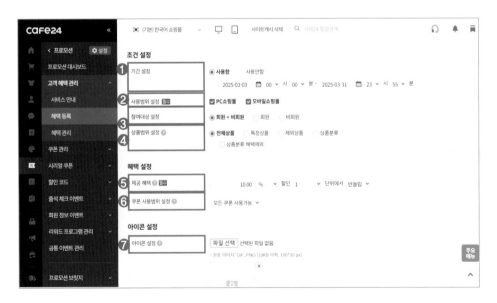

03 그럼 할인가는 메인 화면에 어떻게 표시될까요? ❶ [판매가] 입니다. ❷ [할인 판매가]는 판매가의 할인율 10% 적용되어 표시됩니다.

04 혹 할인을 제대로 설정했는데, 메인에 표시가 안 된다면 ❶ [쇼핑몰 설정] ❷ [상품설정] [상품정보표시설정]에서 수정해 줍니다. 한 가지 팁은 ❸ [할인판매가] ❹ [할인판매가(회원)]을 동시에 [표시함]으로 세팅하시면 회원등급에 따라 할인율이 다르게 보여집니다. 즉, 사진에서 보듯 둘 다 보이지 않고 회원에게는 회원 할인가가 보이고 비회원들에게는 설정한 대로 기본 할인율이 보입니다. 정말 필요한 기능입니다. 또한 판매가에 취소선이 필요한 경우 제일 하단 [추가설정]에서 [판매가 취소선 표시]를 [사용함]으로 설정합니다.

Q2　증정품 설정을 어떻게 하나요?

예를 들어, 가죽자켓을 구입 시 셔츠 한 장을 사은품증정 한다고 가정해 보겠습니다. 쇼핑몰에서 재고정리를 위해서 가장 많이 사용하는 증정 이벤트입니다.

01 먼저 사은품 증정을 하기 위해서는 ❶ [쇼핑몰 설정] ❷ [프로모션 설정] ❸ [고객혜택 설정]을 클릭합니다.

02 ❶ [사은품기능 사용여부] : [사용함] 합니다. ❷ [사은품 선택단계] : [주문서 화면]을 꼭 체크해야 합니다. 그래야 고객이 [가죽자켓] 구매시 사은품을 선택할 수 있습니다. [확인]하고 마무리 합니다.

03 ❶ [프로모션] ❷ [고객 혜택 관리] ❸ [혜택 등록] 순서대로 클릭합니다.

❹ [진행여부] : [진행함]을 선택하고 ❺ [구분] : [증정]으로 합니다.

❻ [혜택 유형] : [사은품 증정]과 [1+N] 으로 나눠져 있습니다. [1+N] 아시겠지만 1+1 행사 때 주로 쓰이고, 지금은 [사은품 증정]으로 선택합니다.

❼ [혜택명] : 이벤트 이름을 적습니다.

❽ [상품범위 설정] : 가죽 재킷을 구입시 셔츠를 증정하는 이벤트이니 [특정상품]을 선택합니다.

❾ [상품추가]를 선택하여 이벤트 대상 상품(가죽자켓)을 지정해 줍니다.

❿ [구매가격 범위] : [최대 가격 제한 없음]을 선택합니다. 그럼 최소 가격만 설정할 수 있습니다.

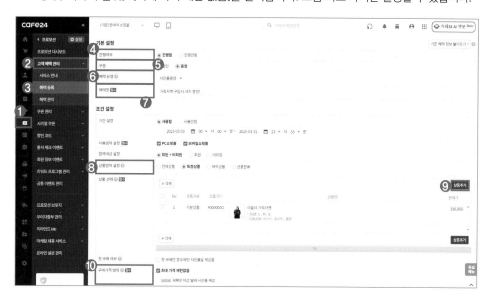

04 ❶ [사은품 설정] : 사은품으로 줄 상품을 선택합니다. 여기서는 셔츠가 될 것입니다.

❷ [상품추가]를 눌러 셔츠를 검색 후 선택합니다. ❸ [셔츠]가 사은품으로 등록되었습니다.

❹ [저장]으로 마무리 합니다.

05 그럼 쇼핑몰에서 어떻게 표시가 될까요?
고객이 가죽자켓을 구매했을 때 주문서에 **1** [사은품] 선택이 나옵니다.

Q3 쿠폰 발행 방법을 알고 싶어요.

쿠폰의 목적은 고객 재방문을 유도하고 구매력을 증대시켜 매출 증대 효과와 충성 고객 증가, 쇼핑몰의 홍보 효과등으로 요약할 수 있습니다. 하나하나 따라오시면 쉽게 쿠폰 발행을 할 수 있습니다.

01 쿠폰 기본 설정
1 [쇼핑몰 설정] **2** [프로모션 설정] **3** [쿠폰 설정] 으로 이동합니다.

02 쿠폰 기본 설정

❶ [쿠폰사용] : [사용함]으로 설정합니다.

❷ [쿠폰 사용 제한] : 고객이 결제 전 주문서 작성시 사용할 수 있는 쿠폰 적용범위를 설정 합니다. 일반적으로 [주문서 + 상품별 쿠폰사용] 선택합니다.

❸ [적립금 동시사용] : [사용안함] 합니다. 마케팅을 보수적으로 운영하시는 분들이라면 중복사용을 막기 위해서 [사용안함] 선택합니다.

❹ [할인 동시사용] : 할인까지 중복 사용하면 정말 고객들에게 큰 혜택이겠죠. 하지만 운영자 입장에서는 부담이 큽니다. [쿠폰만 사용] 선택하면 할인을 쓸 건지, 쿠폰을 쓸 건지 양자택일하게 됩니다.

❺ [상품/주문서 동시사용] : 주문서 쿠폰은 주문서의 총 주문금액에서 혜택이 적용되고, 상품 쿠폰은 주문상품별 판매가에서 적용됩니다.

❻ [쿠폰 복원 설정] : 취소, 반품, 교환 시 한번 발급했던 쿠폰을 다시 쓸 수 있도록 하는 기능입니다. 운영정책에 맞춰서 설정해 줍니다.

03 쿠폰 기본 설정

❶ [사용 개수 제한] : 체크를 하지 않으면 고객이 보유한 쿠폰을 무제한으로 사용하여 할인금액이 커질 수 있습니다. 그렇기에 모두 체크하고 사용할 쿠폰 수량을 조절합니다. 보통은 1장씩 사용 가능하게 합니다.

❷ [비회원 노출설정] : 할인 가격이 매력적으로 보일 수 있도록 비회원들에게도 노출해야겠죠. 그래야 마케팅 목적을 달성할 것입니다. 그래서 [노출함]으로 합니다.

❸ [쿠폰 연속노출 여부] : 고객이 이미 다운로드하여 더 이상 다운로드가 불가능한 쿠폰을 노출할 것입니다. 마케팅 목적에 더 부합합니다. [노출함]으로 합니다.

❹ [정렬 기준] : [할인/적립금액] 으로 설정하여 할인되는 액수가 정확하게 보이도록 합니다.

❺ [쿠폰 다운로드 이미지] : [기본 이미지]를 선택합니다. 만약 쿠폰 다운로드 디자인을 했을 경우 직접 등록으로 업로드 합니다. 파일 포맷은 62×23px 사이즈의 GIF 파일입니다. 파일명은 영문으로 작성합니다.

❻ [쿠폰 배경이미지] : [기본이미지]를 선택합니다. 고객이 받아볼 쿠폰 디자인을 더 고급스럽게 만들고 자 한다면 직접 등록합니다. 파일 포맷은 216×105px 사이즈의 GIF 파일입니다. 파일명은 영문으로 정합 니다. [저장]을 클릭하고 마무리합니다.

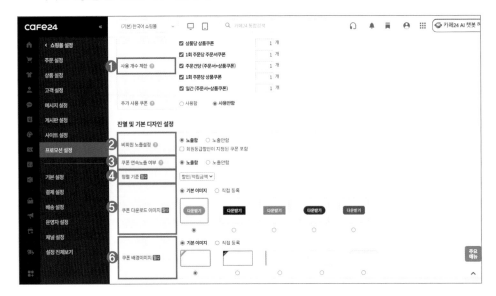

04 쿠폰 만들기

기본 설정이 끝났다면 본격으로 캠페인 또는 이벤트에 맞춰 쿠폰을 발급해 보겠습니다.

명절 이벤트 쿠폰이라고 가정하고 보내겠습니다.

❶ [프로모션] ❷ [쿠폰 관리] ❸ [쿠폰 만들기] 이동합니다.

❹ [쿠폰이름] : 원하는 쿠폰 이름을 적습니다.

❺ [쿠폰설명] : 쿠폰의 목적을 이해할 수 있도록 설명합니다.

❻ [혜택구분] : 보통 [할인금액]으로 표시합니다. 그래야 고객 입장에서 더 직관적으로 혜택을 느낄 수 있게 됩니다.

❼ [발급구분] : 모든 회원에게 명절 특별 3000원 할인 쿠폰을 드리는 것이니 [고객 다운로드 발급] [회원 대상] 으로 설정합니다. 그러면 아래 옵션이 표시가 됩니다.

❽ [발급대상 회원등급] : [모든회원]으로 하시면 이벤트 목적에 맞는 조건이 됩니다.

❾ [발급 수 제한] : 선착순 이벤트때 사용하는 기능입니다. 즉 선착순 몇 명만 다운로드 할 때 사용합니 다. 여기서는 [모든회원]에게 다 드리는 것이니 [제한없음] 으로 선택합니다.

❿ [동일인 재발급 여부] : 동일인에게 쿠폰이 재발급 가능 여부를 설정합니다. 동일 쿠폰을 두 장 드릴 이 유가 없으니 [불가능]으로 체크 합니다.

⓫ [발급시점] : 발급 시점을 설정 할 수 있습니다. [즉시 발급]으로 합니다.

쿠폰 만들기

05 만약 지금처럼 명절 이벤트가 아닌 신규회원 가입자에게 3000원 할인 쿠폰을 주는 이벤트를 한다고 했을 때 어떻게 세팅 할까요?

❶ [발급구분] : [조건부 자동 발급] 으로 하시고 [회원가입]으로 설정합니다.

❷ [사용기간] : 무한정 남길 수 없으니 회원가입하고 받은 쿠폰은 ❸ [1개월] 사용 가능하게 세팅합니다.

항상 기억하세요. 무제한 쿠폰은 결국 부채입니다. 고객 혜택인 만큼 꼭 기간 설정을 해주세요.

06 쿠폰 만들기

다시 명절 쿠폰으로 돌아 와서 진행하겠습니다.

❶ [사용 기간] : 명절 할인 쿠폰 이라면 언제 사용해야 할까요? 명절은 항상 배송이 문제이기에 보통 명절 2주 전부터 이벤트를 진행하셔야 합니다. 그래야 고객들이 쿠폰을 사용하여 명절 전에 받아 볼 수 있습니다. 마찬가지로 이벤트에 맞는 쿠폰 사용기간을 설정해 주세요. 쿠폰을 종료 날짜가 꼭 있어야 합니다.

❷ [사용 범위] : 특정한 이유가 없는 한 [PC], [모바일] 모두 동일하게 적용합니다.

❸ [쿠폰적용 상품 선택] : [전체 상품] 선택합니다.

❹ [쿠폰적용 분류 선택] : [모두 적용] 합니다.

❺ [사용가능 기준금액] : 만약 명절 3,000원 할인 쿠폰을 주었는데 조건이 50,000원 이상 구매고객에서 쿠폰을 쓸 수 있도록 한다면 이렇게 설정하시면 됩니다.

[주문금액기준] [모든 상품의 주문 금액] [50,000]원 이상 구매시로 설정합니다.

❻ [적용 계산 기준] : [할인(쿠폰제외) 적용 전 결제 금액]을 설정합니다. 예를 들어 보겠습니다.

고객이 쿠폰을 쓰기위해서 60,000 원을 구매했습니다. 상품에는 기본 10% 할인가가 붙어 있습니다. 거기에서 3,000원 쿠폰을 사용하였습니다. 그럼 공식이 60,000원 - 3,000원 = 57,000원에 대한 10% 할인이 들어갑니다. 그럼 고객은 5,700원의 할인을 받는 것이죠. 고객은 저에게 총 51,300원을 주어야 합니다. 그런데 만약 [할인(쿠폰제외) 적용 후 결제 금액]으로 하면 60,000원에서 10% 할인 즉, 6,000원을 할인 받은 금액 54,000에서 3,000원 쿠폰 사용 51,000원을 냅니다.

어떤 것이 운영자 입장에서 유리 할까요? 그렇죠 3,000원 쿠폰을 먼저 쓰게 하고 거기에서 10% 할인을 받게 하는 것이 운영자 입장에서 유리 합니다. [할인 전 사용]과 [할인 후 사용] 에 따라 이렇게 차이가 나는 것입니다. 무려 300원 차이가 납니다. 금액이 커지면 커질수록 그 갭이 다를 것입니다. 계산하는 거라 조금 어렵게 느껴질 수 있습니다. 하지만 쿠폰과 같은 가격과 밀접한 마케팅에서는 머리를 잘 굴려야 합니다.

❼ [동일쿠폰사용 설정] : 1장으로 설정합니다.

❽ [사용가능 결제수단] : 결제수단에 따른 혜택을 차별하면 안 됩니다. 법적으로 문제될 여지가 많기에 [제한없음]을 선택합니다.

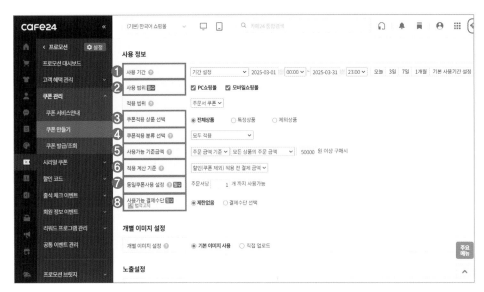

07 쿠폰 만들기

❶ [개별 이미지 설정] : 쿠폰이미지를 직접 제작한 이미지로 변경할 수 있습니다.

❷ [상품 상세페이지 쿠폰 노출 설정] : 쇼핑몰 상품상세 화면에서 '고객 다운로드 발급' 쿠폰의 노출여부를 설정할 수 있습니다.

❸ [로그인시 쿠폰발급 알림] : 쿠폰이 발급되었다고 알려 줍니다. [사용함]으로 합니다.

❹ [쿠폰발급 SMS 발송] : SMS 충전이 채워져 있어야 가능합니다.

❺ [쿠폰발급 이메일 발송] : 가장 좋아하는 방법입니다. 주의할 사항은 꼭 수신동의 한 고객들에게만 보낼 수 있도록 ❻ [이메일 수신거부 회원 제외]를 체크 합니다.

❼ [저장]을 눌러 마무리 합니다.

08 쿠폰 발급·조회

❶ [쿠폰/발급 조회] ❷ 발급된 쿠폰을 확인할 수 있습니다.

쇼핑몰에 가보시면 쿠폰이 잘 발급되었음을 확인할 수 있습니다.

Lesson 27 | FTP 설정과 HTML 적용

메인 유료 디자인을 구입하게 되면 여러분은 스스로 커스터마이징을 하셔야 합니다. 즉, 여러분의 입맛대로 수정을 하실 수 있어야 한다는 것입니다. 이때 FTP을 이해하면 너무나 쉽게 변경할 수 있습니다. 지금 이 시간에는 디자이너들이 하는 그대로 어떻게 커스터마이징을 하는지 그 원리와 방법을 실습해 보겠습니다. 배워두시면 돈을 버는 것과 똑같습니다.

Q1 FTP로 커스터마이징을 하고 싶어요.

FTP 는 File Transfer Protocol 의 약자로 뜻 그대로 데이터파일을 전송하는 방식을 말합니다. 여러분의 쇼핑몰 서버에 들어갈 수 있는 통로가 바로 FTP입니다. 그것을 접속하는 프로그램들은 많이 있습니다. 대표적으로 알드라이브, 카페24 웹FTP 등등이 있습니다. 여기서는 카페24 웹FTP 로 쇼핑몰 서버에 접속하여 디자인을 바꿔주는 연습을 해볼 것입니다. 이 FTP 구동 원리와 응용만 알면 여러분이 원하는 쇼핑몰 변신은 정말 누구보다 쉽게 만들 수 있습니다.

01 쇼핑몰에 사진 한 장을 바꿔보겠습니다. 여러 분이 유료 스킨을 구입하게 되면 이미 이미지들이 들어가 있는데 그것을 바꾸는 작업이라고 생각하시면 됩니다. 먼저 바꾸기로 한 이미지에 [우클릭]을 하여 [속성]을 확인합니다. 사진을 똑같이 교체하려면 3가지를 미리 확인합니다.

❶ 파일명 : seoulgirl_banner.jpg

❷ 이미지 사이즈 : 540 × 282

❸ 이미지 url : http://seoulgirl.co.kr/web/upload/NNEditor/20190205/seoulgirl_banner.jpg

02 교체할 사진을 동일한 540 × 282 사이즈에 동일한 이름(seoulgirl_banner.jpg)으로 만듭니다.

03 ❶ [FTP] 클릭합니다.
❷ [웹FTP] 접속을 클릭합니다. 프로그램 셋업이 나오면 [예]를 눌러 계속 넘어갑니다.

04 ❶ 아이디와 암호는 여러분의 카페24 쇼핑몰 로그인 했을때의 아이디와 패스워드입니다.
❷ [연결]을 클릭합니다.

05 로그인 되었으면 폴더가 보입니다. 교체할 사진의 URL을 그대로 따라가 봅니다.

http://seoulgirl.co.kr/web/upload/NNEditor/20190205/seoulgirl_banner.jpg

❶ http://seoulgirl.co.kr/ ❷ web/ ❸ upload/ ❹ NNEditor/ ❺ 20190205/ ❻ seoulgirl_banner.jpg

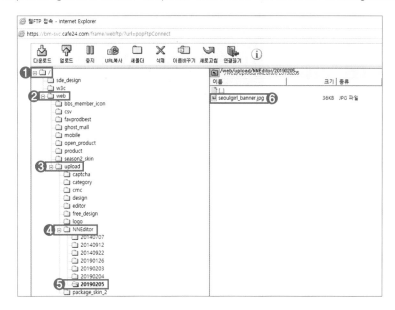

06 ❶ 하단의 부분은 여러분의 컴퓨터입니다. 새로 교체할 사진을 찾습니다. 그리고 클릭해 줍니다.

❷ [업로드]가 활성화 되면 클릭합니다.

❸ 사진파일 이름이 동일하기 때문에 중복된다는 메시지창이 열립니다.

❹ [덮어쓰기]를 클릭하여 사진을 교체 합니다.

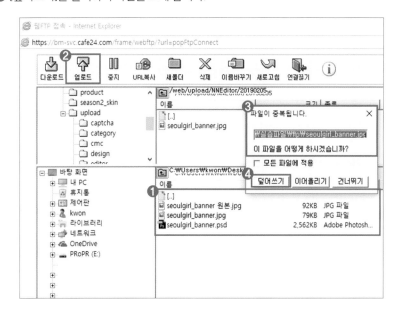

07 쇼핑몰에 와서 [새로고침(F5)]합니다. 그러면 감쪽같이 교체되어 있는 것을 확인할 수 있습니다.

Q2 기본 HTML 태그를 배우고 싶어요.

1. 제목 〈h〉 : 제목을 쓸 때 쓰는 코드입니다. 큰 글씨를 만들 때 쓰입니다.

h옆의 숫자가 작아질수록 제목글자는 커집니다.

html 언어를 볼때마다 〈h〉 코드가 보이면 '아! 제목코드구나.' 라고 생각하시면 됩니다.

예시)

```
1    <h1> 안녕하세요. 서울걸입니다. </h1>
2    <h2> 안녕하세요. 서울걸입니다. </h2>
3    <h3> 안녕하세요. 서울걸입니다. </h3>
```

결과물)

안녕하세요. 서울걸입니다.

안녕하세요. 서울걸입니다.

안녕하세요. 서울걸입니다.

2. 줄 바꾸기 〈br〉 : 줄을 바꾸는 코드입니다.

예시)

```
1  안녕하세요. 서울걸입니다. <br>
2  안녕하세요. 서울걸입니다.
```

결과물)

안녕하세요. 서울걸입니다.

안녕하세요. 서울걸입니다.

3. 단락 바꾸기 〈p〉 : 문장의 단락을 바꿀 때 쓰입니다.

예시)

```
1  <p> 안녕하세요. 서울걸입니다. </p>
2  <p> 안녕하세요. 서울걸입니다. </p>
```

결과물)

안녕하세요. 서울걸입니다.

안녕하세요. 서울걸입니다.

4. 이미지 삽입하기, 불러오기 〈img src〉 : 이미지를 불러올 때 쓰입니다. 정말 많이 쓰이는 언어입니다.

```
<img src="사진 주소">
```

예시)

```
<img    src="http://seoulgirl.co.kr/web/product/medium/201902/ded2700be-
37f1495313b2c120b433661.jpg"
alt="서울걸 여성의류 쇼핑몰">
```

결과물)

5. 링크 걸기 〈a〉 : 많이 쓰이는 코딩언어입니다. 마케팅에서 가장 중요한 부분입니다. 왜냐하면 콘텐츠를 보여주고 쇼핑몰로 넘길 때 이 코드를 통해서 쇼핑몰로 넘기기 때문입니다.

```
<a href="클릭하면 이동할 사이트 주소"> 텍스트 </a>
```

예시)

```
<a href="http://seoulgirl.co.kr"> 서울걸 여성의류 쇼핑몰 바로가기</a>
```

결과물)

서울걸 여성의류 쇼핑몰 바로가기

6. 사진 불러와서 링크걸기 : ⟨a⟩와 ⟨img src⟩코드를 응용하는 방법입니다.

즉, 쇼핑몰에서 배너를 올리고 그 배너를 클릭하면 원하는 랜딩페이지로 넘기는 원리로 기본적인 코드는 아래와 같이 작성합니다.

```
1 <a href="사진을 클릭하면 이동할 사이트 주소">
2 <img src="사진 주소">
3 </a>
```

예시)

```
1 <a href="http://seoulgirl.co.kr">
2 <img src="http://seoulgirl.co.kr/web/product/medium/201902/ded2700be-
37f1495313b2c120b433661.jpg"
alt="서울걸 여성의류 쇼핑몰">
3 </a>
```

결과물)

사진을 클릭하면, 링크를 걸어놓은 서울걸 쇼핑몰로 이동합니다.

Lesson 28 | 결제관리

Q1 무통장입금 계좌설정 방법을 알려주세요.

01 ❶ [쇼핑몰 설정] ❷ [결제설정] ❸ [무통장입금 계좌설정]으로 이동합니다.

02 ❶ [인증수단]을 선택하고 문자로 전송된 인증번호를 넣고 ❷ [인증]합니다.

03 ❶ [등록]을 클릭하고 무통장 입금용 계좌번호를 입력하고 마무리 합니다.

Q2 PG가 무엇인가요?

PG(Payment Gateway)는 전자결제대행시스템을 말합니다. 우리가 흔히 알고 있는 올앳, KCP 등 등은 전자결제대행을 해주는 회사입니다. 그래서 PG사 라고 합니다. 그런데 정확하게 개념을 잡아야 합니다.

PG사는 신용카드사가 아니라는 사실입니다. 신용카드사가 아니라 그것을 대행해 주는 결제대행회사입니다. 쇼핑몰 대표 입장에서 모든 카드사와 직접적으로 가맹계약을 맺기가 힘들기 때문에 PG사가 그것을 중간에서 대행해 줍니다. 즉, 내 쇼핑몰에서 고객이 신용카드를 통해 결제할 때 결제금액에 대한 승인, 매입, 쇼핑몰에 대한 정산의 업무를 대행해줍니다.

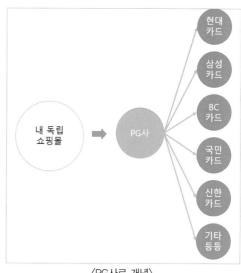

〈PG사로 개념〉

즉, 나는 PG사와 계약을 하면 PG 사는 각 카드사에게 나 대신 계약을 맺어지고 신용거래가 시작되는 것입니다. 그래서 가끔 보면 상품에 따라 어떤 카드사는 통과되고, 어떤 카드사는 거부가 되는 사례도 존재합니다.

물론 요즘은 거의 대부분 카드사에서 반려되는 일은 없습니다. PG사가 알아서 잘 대행을 해주기 때문입니다. 구조가 이해가 되시나요? 이 구조를 잘 알고 있어야 합니다.

이건 전자상거래업을 하시는 분들이라면 상식적으로 알아야합니다. 그래야 돈이 어떻게 도는지 무엇보다 앞으로 글로벌 몰은 운영하시면 어떻게 내게 돈이 들어오는지 알 수 있기 때문입니다.

Q3 어떤 PG사들이 존재하나요? 나에게 유리한 PG사 선택 방법을 알려주세요.

우리나라에서는 다수의 PG사들이 존재합니다. 그 차이점을 알아보겠습니다.

01 ❶ [부가서비스] ❷ [기본 운영 서비스] ❸ [통합결제(PG)] 클릭합니다.

02 어떤 PG사든 조건은 거의 비슷합니다. 초기가입비(세팅비) 200,000원(VAT별도)입니다. 신용카드 수수료는 모두 2.0%~3.5%(거래액 구간별 수수료 차등)입니다. 나머지 조건도 대부분 똑같습니다.

03 그래서 중요한 것은 가입할 때 서류절차라고 볼 수 있습니다. KCP 전자결제 같은 경우 필요한 서류는 개인사업자 기준으로 아래와 같습니다.

- 사업자등록증 사본 1부
- 입금계좌 사본 1부 (대표자 또는 상호 명의)
- 대표자 신분증 앞뒤 사본 1부 (공동대표인 경우 모두 필요)

04 사실 각 PG사 마다 요구하는 제출서류가 다르고, 그리고 까다롭습니다.

제일 까다로운 것은 바로 PG사를 신청할 때 "인감증명서"를 가져오라는 것인데, 젊은 청년세대들은 인감증명서가 없는 분들이 대부분입니다. 그리고 부모님들이 인감은 함부로 만드는 것이 아니다 라고 교육을 시켰기에 인감을 만든다고 하면 놀래기도 합니다. 또 인감을 새로 만들려면 관할 행정 주민센터(동사무소)에서 해야 하기에 고향이 지방이고 수도권에 자취하시는 분들은 고향으로 내려가서 만들어야 합니다. 인감증명서를 발급하는 것은 아무 주민센터(동사무소)에서 가능한데, 인감을 만드는 것은 관할 주민센터로 가야하기 때문입니다. 여간 불편한 일이 아닐 수 없습니다.

케이에스넷 같은 경우 필요한 서류는 아래와 같습니다.

- 서비스 신청서 1부
- 사업자등록증 사본 1부
- 입금계좌 사본 1부
- 인감증명서 1부
- 대표자 신분증 사본 또는 주민등록등본 1부

Q4   간편결제를 해야 할까요?

간편결제는 전자상거래업이 발전하면서 자연스럽게 생긴 핀테크 한 부분입니다. 그 동안 쇼핑몰에서 결제를 하려면 카드번호 적고 뭐하고 뭐하고 그랬던 것이 이제는 비밀번호 6자리면 바로 구매가 가능한 시대로 온것입니다. 그것이 간편결제입니다.

우리나라 대표적인 간편결제는 역시 N페이, 카카오페이, 삼성페이, PAYCO 등등이 있습니다. 저는 무조건 간편결제 시스템을 하라고 하는 교육자 중에 한명입니다. 저부터도 N페이가 편해서 쇼핑할 때는 N페이가 없으면 잘 쇼핑을 하지 않습니다.

신용카드 결제가 불편하기 때문입니다. 무엇보다 전자상거래업 교수로 경제평론가로 시장을 내다 보면 이런 간편결제는 선택이 아니라 필수가 될것입니다. 중국은 이미 알리페이, 텐페이로 무엇이 든 결제가 가능합니다. 우리나라는 말로는 인터넷 강국이지만 사실 전자상거래로 보면 너무나 후 발국가입니다. 그렇기에 앞으로의 시장은 고객중심가치로 봐야하기에 역시 답은 간편결제입니다.

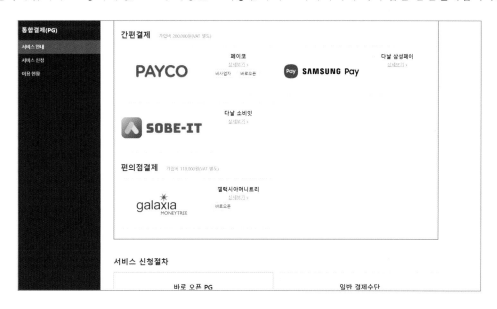

Q5　N페이가 무엇인가요? 다들 쓰고 있던데, 저도 해야 할까요?

우리 쇼핑몰 운영자 입장에서 N페이를 해야 할까요?

답은 해야 합니다. 왜냐하면 고객이 원하기 때문입니다. 아마존 CEO 제프 베조스는 2017년 한 모 임 인터뷰에서 "고객집착접근법"에 대한 이야기를 합니다. (관심 있으신 분들은 YOUTUBE에서 "Gala2017: Jeff Bezos Fireside Chat" 검색하세요) 아마존의 모든 서비스는 고객중심으로 사고한 다는 것이죠. 고객에게 집착하면서 모든 서비스에 접근하는 전략인데, 저와 매우 비슷한 철학이라 매우 공감이 갔습니다.

이제는 고객이 원하는 서비스를 해야 합니다. 애플의 혁신적인 서비스도 결국 고객이 사용하기 편하 게 만든 인터페이스에서 시작되었습니다. 우리가 직면한 지금의 고민. N페이를 해야 하는가의 답은 이외로 쉽게 나옵니다. 꼭 하시길 권장합니다.

그럼 어떻게 N페이를 설정할 수 있을까요?

01 ❶ [판매채널] ❷ [네이버] ❸ [네이버 페이 안내] ❹ [서비스 신청]을 클릭합니다.

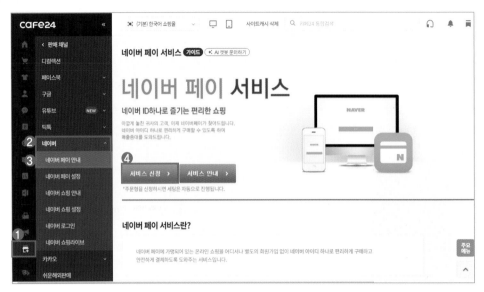

02 그럼 네이버 페이 센터로 이동하여 설명에 맞춰 순서대로 진행하면 됩니다. 즉, 네이버 페이에 먼저 가입해야 한다는 뜻입니다.

03 네이버 페이 가맹을 하려면 몇 가지 조건이 있습니다. 꼭 신청 전에 확인 해주셔야 합니다.

조건1 취급가능 상품 : 네이버 페이로 판매가 가능한 상품이어야 합니다.

그럼 판매가 불가능한 상품은 무엇이 있을까요?

* 취급불가 상품

(네이버 페이 발췌 https://admin.pay.naver.com/introduction/restricted)

불법물	불법 습득물 또는 장물 판매, 사이버 머니, 아이템 판매, 매매 불가한 상품권/할인권 판매, 전기충격기, 수갑, 총포도검, 군용물품 판매, 주류, 담배 및 담배대용품 판매, 마약, 의약품, 의료기사법 위반물(도수 있는 안경 및 콘텍트 렌즈), 혈액 및 헌혈증 판매, 인증을 받지 않은 공산품, 전기용품, 방송통신기자재 등, 어린이 제품 판매, 범죄조장문구를 포함한 카메라, 초소형 몰래카메라, 정가의 10% 이상 할인 판매하는 발행일 기준 1년 6개월 미만의 도서, 해킹 관련 자료(프로그램, 서적, 기타 문서), 야생, 동식물, 박제품 판매 등
음란물	(유두, 가슴, 둔부 등이 노출된) 음란한 사진, 언어, 영상, 신호를 사용하여 성적인 수치심을 자극하는 모든 물품, 성인용품 판매 시 성인 카테고리에 등록한다 하여도 사용하는 표현물이 음란하다고 판단되는 경우
식품/화장품/의료용구 관련법 위반	무허가 판매, 제조업 미신고, 판매업 미신고, 수입신고필증 미필, 원산지 허위기재, 무허가 기능성 화장품 판매, 수입신고필증 미필, 표시광고 위반(의학적 효능 효과 표방), 샘플 화장품/향수
청소년 유해 매체물	이용등급이 18세 이상으로 지정된 서적, 음반, 영상, 게임물, 18세 이상 사용 가능한 비비탄 총, 순수 레저용 칼 또는 연장(총포도검 화약류 등 단속법 기준 이하), 날카로운 조리기구 및 예술작업 도구, 성인용 스포츠용품 및 격투기 용품, 가정용 또는 산업용 연장 및 기자재, 기타 합법적인 성인 대상 이색상품, SM상품, 성인DVD, 성인피규어, 콘돔, 외도시약, 섹시란제리(밑트임스타킹, 밑트임팬티, T팬티), 성기모형, 아스트로글라이드, 부탄가스, 도검, 전자담배 및 전자담배액체, 레이저포인터, 유해성분이 포함된 본드
권리침해 상품 판매	이미테이션 무단 사용, 유명상표 유사문구 임의 사용, 초상권 및 성명권 침해(유명인 사진 및 이름), 음반/영상/게임 복제품, 불법개조품, 이미지 도용, 불법복제물, 특허권 침해, 실용 신안권 침해, 의장권 침해, 타인의 개인정보를 무단 사용

조건2 에스크로 현금결제 (실시간 계좌이체, 가상계좌) 수단 이용 시, 쇼핑몰과 계약된 카드사 에스크로를 사용해야 합니다.

조건3 택배사 : 주문 및 배송 현황 조회가 가능한 택배사를 이용해야 합니다.

Lesson 29 | 배송 시스템 이해하기

쇼핑몰은 필수적으로 택배 시장과 같이 성장할 수밖에 없는 구조를 가지고 있습니다. 그만큼 밀접한 관계이죠. 쇼핑몰이 성공하면 택배 물량도 많아지기 때문입니다. 서로 상생하는 관계입니다. 그렇기에 우리나라 물류 시스템을 이해하는 것은 큰 도움이 됩니다.

Q1 우리나라 택배회사를 알고 싶어요.

우리나라의 대표적인 택배회사를 조사했습니다. 그동안 물류회사들도 구조조정에 통폐합되었기 때문에 일일이 사이트를 찾아가며 최근 자료로 업데이트 했습니다.

대표적인 택배회사 리스트입니다.

	회사명	홈페이지
1	CJ대한통운	http://www.cjlogistics.com/
2	우체국택배	https://parcel.epost.go.kr/
3	한진택배	http://www.hanjin.co.kr/delivery_html/index.jsp
4	롯데택배	https://www.lotteglogis.com/
5	로젠택배	http://www.ilogen.com/
6	CVSnet 편의점 택배	http://www.cvsnet.co.kr/
7	CU 편의점 택배	https://www.cupost.co.kr/
8	KGB택배	https://www.kgbps.com/
9	경동택배	http://www.kdexp.com/
10	대신택배	http://www.ds3211.co.kr/
11	일양로지스	https://www.ilyanglogis.com/
12	합동택배	http://www.hdexp.co.kr/
13	건영택배	http://www.kunyoung.com/
14	천일택배	http://www.chunil.co.kr/business/taekbae/kor/main.jsp

Q2 물류 마진이라고 하던데 그게 뭔가요?

보통 우리가 마진을 생각할 때 상품 마진만 생각하는 버릇이 있습니다. 예를 들어, 상품을 싸게 소싱하여 비싸게 팔면 그 갭이 마진이 되는 것입니다. 그런데 마진은 상품 마진만 있는 것이 아니라 물류 마진도 존재합니다. 즉, 고객에게 받는 택배비보다 싸게 보내면 그 갭이 마진이 되는 것입니다. 예를 들어 보겠습니다.

보통 쇼핑몰들은 고객에게 2,500원(요즘 인상되어 3,000원이 표준으로 되고 있습니다)의 택배비를 받습니다. 업계 표준입니다. 그런데 어떤 쇼핑몰들은 실제로 택배를 보낼 때 1,600원에 보낼 수 있습니다. 그럼 그 차이가 900원이 됩니다. 다시 말하면 쇼핑몰 운영자에게는 그 900원이 수익이 되는 것입니다. 이것이 물류 마진입니다.

"교수님? 정말 1,600원에 보내는 사람도 있어요?"

네, 정말 있습니다. 우리가 '규모의 경제를 살린다' 라고 표현합니다. 택배회사들도 물량이 많은 고객들에게는 각종 프로모션에 장기계약 등 각종 혜택이 많습니다. 그만큼 물량이 많아야 합니다. 예를 들어, 일부 소호사무실이나 카페24 창업센터 같은 경우가 해당된다고 볼 수 있습니다. 이 물류 마진은 정말 무시 못 합니다.

고객들은 당연히 택배비가 2,500원인지 알고 계산을 하지만 택배 물량이 많은 쇼핑몰들은 훨씬 더 저렴한 비용으로 택배를 보내기 때문에 수익으로 남는 것입니다.

실제로 그 가격만큼 물건 값을 내리기도 합니다. 즉 물류 마진을 가격 전략으로 전환시키는 것입니다. 그럼 경쟁 쇼핑몰들은 도저히 그 가격을 따라가지 못하고 밀리게 됩니다. 그러니까 되는 쇼핑몰은 잘될 수밖에 없는 것입니다. 규모의 경제로 경쟁자들을 밀어내는 전략인데 이런 전략은 비용 우위 전략에서는 흔하게 쓰는 방법입니다.

Q3 카페24 쇼핑몰에서 배송 시스템은 어떻게 설정하나요?

01 ❶ [쇼핑몰 설정] ❷ [배송설정] ❸ [배송비 설정]를 클릭하여 배송에 대한 자세한 설정을 하도록 하겠습니다. 참고로 ❹ [배송업체 관리]를 통해 택배사를 추가할 수 있습니다.

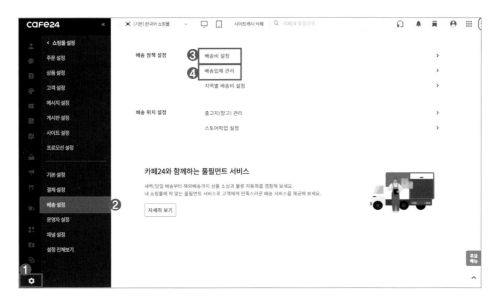

02 배송비 설정은 아래와 같이 세팅해 줍니다.

❶ [배송방법] : [택배]로 설정합니다.

❷ [국내 / 해외배송 설정] : 해외배송이 가능한 경우 [국내/해외배송] 선택합니다. 대부분의 유명 쇼핑몰들은 가능합니다. 해외배송 어렵지 않으니 여러분도 활성화 합니다.

❸ [배송지역] : [전국 지역]

❹ [배송기간] : [3일~7일] 정도로 설정합니다. 실제 택배를 보내면 3일 이내 들어가지만, 실제 사업을 해보시면 사정으로 인해 며칠 늦어질 수 있습니다. 그래서 미리 고객들에게는 처음부터 기간을 많이 설정하여 보여주는 것이 팁입니다.

❺ [배송비 설정] : [구매 금액에 따른 부과]를 선택하시고 50,000만원 미만일 때 배송비 3,000원을 받도록 합니다. 쇼핑몰에서는 가장 기본적인 세팅입니다. 즉 50,000원 이상일 경우 무료배송이라는 것입니다.

❻ [배송료 청구 기준] : 요즘은 최종 주문금액 기준으로 하는 것이 일반화되었습니다. 과거 주문금액 기준으로 설정 했지만 할인쿠폰 등이 많이 쓰이기 때문에 최종 고객이 결제하는 금액 기준으로 배송료를 차등 두는 것이 좋습니다. 기본적으로 많이 합니다.

❼ [배송비 선결제 설정] : 착불로 하면 사실 마케팅이나 배송 시스템상 좋지 않습니다. 고객들도 선결제가 일상화되었으니 선결제로 설정합니다. 이것도 실전에서 나오는 팁입니다.

03 우리가 보통 배송을 한다고 하면 기본 설정으로만 끝이 나는 것은 아닙니다.
바로 택배사와 연동을 해야 하는데 그것은 부가서비스에서 신청이 가능합니다.
실전에서는 대부분 1위 업체인 CJ대한통운과 거래를 많이 합니다.
❶ [부가서비스] ❷ [기본 운영 서비스] ❸ [택배연동]을 선택합니다.

04 ❶ [서비스안내]에서❷ [CJ대한통운]을 선택 후, [CJ대한통운 아이디]를 입력합니다.
[개인정보 제공동의]후 [서비스 이용]을 선택하면 연동작업이 완료 됩니다.

Q4 국제 배송에 대해서 궁금해요.

보통 글로벌셀러나 역직구몰을 하게 되면 해외로 택배를 보내게 되는데, 일반적으로 우체국 국제배송을 많이 이용합니다. 아래와 같이 5가지 종류로 나뉩니다.

① 국제항공소형포장물 (RR등기)
② 국제항송서장우편물
③ EMS / EMS 프리미엄
④ 국제소포(CP)
⑤ K-PACKET

보통 국제항공소형포장물과 K-PACKET, EMS를 사용합니다. 가격은 국제항공소형포장물이 가장 싸고, 그 다음 K-PACKET, EMS 순으로 비쌉니다. 당연히 배송 기간(속도)은 그 반대입니다.

[인터넷 우체국]

	국제항공소형포장물	K-PACKET	EMS
가격	싸다	중간	비쌈
배송 기간	느림	중간	빠름

CHAPTER

09 쇼핑몰 법과 제도

Lesson 30 | KC 인증마크의 이해 및 전안법

Q1 KC인증마크가 무엇인가요?

KC인증마크는 안전, 보건, 환경, 품질 등과 관련된 제품에 대한 법정의무인증마크입니다. 유럽(EU)은 CE로 통합해 사용하고 있고, 일본은 PS, 중국은 CCC 로 통합하여 사용하고 있습니다. 각국 마다 소비자안전을 위해서 제품에 대한 인증을 받도록 한 것입니다. 그렇기 때문에 내가 판매하는 제품이 KC 인증을 받았는지는 매우 중요합니다.

만약 내가 소싱처에서 물건을 받아서 판매를 하는데 KC인증을 받아야 하는 상품인데도 받지 않았다면 결국 최종판매자인 쇼핑몰 운영자가 피해를 받을 수 있습니다. 그래서 요즘 도매처에서는 쇼핑몰 운영자들이 KC 인증 마크가 없는 물건을 기피하다보니 불법인지 알지만 가짜로 인증마크를 붙이는 일까지 심심치 않게 일어나고 있습니다. 신문에도 여러 보도가 되기도 했었습니다.

Q2 저도 인증을 받아야 하나요?

이 문제로 2017년에 한번 떠들썩했었습니다. 바로 전안법 때문입니다. 〈전기용품 및 생활용품 안전관리법〉을 줄여서 "전안법"이라고 부릅니다.

그럼 왜 우왕좌왕 했었을 까요? 그 이유는 쇼핑몰 운영자들에게 직접적인 영향을 주는 법이기 때문입니다. 그것도 사업을 할지 말지를 결정하는 법안이었기 때문입니다. 그런데 명확하지가 않으니 다들 걱정스러울 수밖에 없었습니다. 결론적으로 말하면 2018년 7월 1일부터 개정된 전안법으로 이런 논란은 해소되었습니다.

전안법의 취지는 국민의 생명, 신체 및 재산 등을 보호하고 소비자의 이익과 안전을 도모하기 위해 전기용품 및 생활용품의 안전관리에 대한 사항을 규정하는 것입니다. 즉 전기용품을 대상으로 하던 〈전기용품안전관리법〉과 의류와 잡화를 포함하는 〈품질경영 및 공산품 안전관리법〉을 합친 법입니다.

〈국가기술표준원 전기용품 및 생활용품 안전관리법 가이드북 발췌〉

개정전으로 보면 의류나 액세서리, 가구 등 대부분의 쇼핑몰에서 판매할 상품들이 〈공급자적합성확인대상〉에 포함되어 KC인증을 받아야 했습니다. 하지만 2018년 7월 1일부터 시작된 개정 전안법으로 인해 〈안전기준준수대상생활용품〉으로 분류되어 KC 의무가 없어졌습니다.

또한 구매대행도 기존 전안법으로 보면 안전관리 대상 250개 품목의 경우 KC 인증마크를 받아야 가능했습니다. 하지만 개정 이후 위험도가 낮은 215개 품목 등은 별도의 KC인증 없어도 구매대행이 가능하게 되었습니다. 대표적으로 디지털TV, 전기청소기 등입니다.

주의할 점은 자신이 다룰 아이템이 어디에 속하는지는 국가기술표준원에 가서서 확인해 보셔야 합니다. 다행인 것은 쇼핑몰 아이템중 가장 많은 의류나 악세서리 등은 전안법에서 자유로워졌습니다.

Lesson 31 | 사례로 살펴보는 상표권과 저작권

쇼핑몰 운영자에게 상표권과 저작권은 매우 중요하기에 꼭 알고 있어야 할 내용입니다. 아무래도 법이다 보니 어려워하시는 분들이 많습니다. 하지만 제가 가르치면 다릅니다. 독자님들이더 쉽게 이해할 수 있도록 사례와 퀴즈로 풀었습니다. 그러니 법이라고 어려워하지 말고 하나하나 읽다보면 어느새 여러분은 상표권과 저작권법에 지식인으로 되어 있을 것입니다. 이렇게 제가 강조하는 이유는 쇼핑몰 운영에서 그만큼 중요하기 때문입니다.

그래서 우리는 저작권법에 대해서 알아야하고, 더 큰 범주인 지식재산권이라는 것을 알아야 합니다. 법이라는 하는 것이 알면 당하지 않는 것이고 모르면 합법도 불법처럼 되어 상대에게 지고 말기에 꼭 이번 과정을 통해서 쇼핑몰 운영에서 필요한 법과 제도를 배워보겠습니다.

Q1 지식재산권이 무엇인가요?

우리가 보통 저작권법만 생각하지만 그 큰 범주는 지식재산권이라는 것이 있습니다.
즉, 우리가 말하는 저작권은 지식재산권 중에 하나입니다.

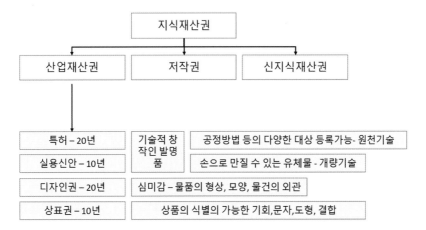

보통 큰 범주의 지식재산권은 산업재산권과 저작권으로 크게 나뉘고, 거기에 요즘 들어 관심을 받고 있는 신지식재산권이 추가가 된다고 볼 수 있습니다.

그럼 이렇게 정리를 해보겠습니다. 혹시 지식재산권에 관심이 있거나 교육을 하셔야 하는 입장이라면 이 정도는 암기해주시기 바랍니다.

> 지식재산권은 두 가지로 나뉘는데,
> 산업영역을 보호하고자 하는 것은 산업재산권이고, 문화영역에 대한 보호는 저작권입니다.
> 그 중 산업재산권은 특허권, 실용신안권, 디자인권, 상표권 및 서비스표권으로 나뉩니다.

그럼 먼저 산업재산권에 대해서 알아보겠습니다.

쇼핑몰을 운영하다 보면 상표등록을 해야 한다는 말을 정말 많이 듣습니다. 바로 그 상표등록이 바로 산업재산권 안에 들어가 있습니다. 그래서 산업재산권을 알아가는 것은 정말 중요합니다.

산업재산권이라고 하면 다들 어려워하시니 속으로 이렇게 생각하시면서 읽어보시기 바랍니다.

산업재산권(특허권, 실용신안권, 디자인권, 상표권)은 이렇게 말입니다. 그럼 조금 더 와 닿을 수 있습니다.

산업재산권은

① 특허청에 등록을 함으로써 취득합니다. 즉, 등록을 안 하고 아무리 내가 먼저 했다고 우겨도 전혀 먹히지 않습니다.

② 산업재산권은 등록을 한 나라에 한하여 보호되므로 각국에 따로 출원하여 권리화해야 합니다.

③ 산업재산권은 해당 기간이 지나면 누구나 이용할 수 있습니다. 이는 기술 진보와 산업 발전을 추구하려는 데에 그 목적이 있기 때문입니다.

④ 해당 기간은 특허권은 20년, 실용신안은 10년, 디자인권은 20년, 상표권 및 서비스표권은 10년입니다. 그럼 '삼성' 같은 경우 10년 후에 다른 사람이 '삼성'이라는 상표를 쓸 수 있는 것인가? 라는 생각을 할 수 있습니다. 하지만 그렇지 못합니다.

⑤ 상표권 및 서비스표권은 갱신이 가능하기 때문입니다. 그렇기에 10년 마다 갱신을 하면 사실상 반영구적으로 사용 가능합니다. 물론 자동갱신은 아니고 갱신 기간 내에 갱신 등록을 해야 합니다.

⑥ 가장 중요한 것! 산업재산권 등록에는 선출원주의가 적용됩니다. (특허법 제38조, 실용신안법 제8조, 디자인법 제16조, 상표법 제9조)

이 뜻은, 가장 먼저 출원한 자에게 특허권을 부여하는 것입니다. 예를 들어, 두 명이 서로 다른 곳에서 동시에 무엇을 발명을 했습니다. 그런데 그 중 한명이 먼저 출원을 하게 되면, 먼저 출원한 자에게 권리를 준다는 뜻입니다.

그럼 출원이라는 뜻은 무엇일까요? 이미 똑같은 질문을 수없이 많이 받았는데, 독자님들의 마음을 알기 때문에 세세하게 알려드리려고 합니다.

출원이라는 뜻은 특허청에 발명에 대한 내용을 담은 서류를 작성하여 비용과 함께 제출하는 행위입니다. 즉, 내가 상표를 내러 특허청에 서류와 비용을 제출하는 것을 출원이라고 말합니다.

빨리한 사람이 임자인 것입니다. 물론 출원과 등록은 다릅니다.

여러 홈페이지를 가보시면 회사 소개에 '상표출원' '상표등록'과 같이 쓰여 있는 것을 많이 볼 수 있습니다. 출원은 말 그대로 아직 등록이 안 된 상태 즉, 특허청으로부터 거절을 당할 수 있는 상태입니다. 등록은 거절당하지 않고 등록이 잘된 상태를 말합니다.

그럼에도 불구하고 '상표출원 번호'라고 표현하는 이유는 앞서 설명 드렸듯이 선출원주의가 적용되기 때문입니다. 큰 문제없이 등록이 완료되면 같은 업종에서 같은 상표를 쓰는 경쟁사들은 다 폐업시킬 수 있습니다. 적어도 같은 이름으로 사업을 못하게 만들 수는 있습니다.

놀라운 사실은 우리가 알고 있는 대표적인 쇼핑몰들의 상표출원이 2013년~2015년 사이에 많이 일어났다는 것입니다. 만약 저 같이 잘 아는 사람이 나쁜 마음을 먹고 먼저 상표출원을 했다면 그 쇼핑몰들은 정말 낭패를 봤을 것입니다. 내가 요구하면 상표를 바꿔야하기 때문입니다. 아니면 로열티를 내야 합니다.

혹시 지금 쇼핑몰이 잘되는데 상표등록을 안 해놓으셨나요? 당장 하시길 권유 드립니다.

우리나라에서 잘 나간다는 쇼핑몰들이 이제야 상표등록을 하고 있음에 솔직히 적지 않게 당황하고 있습니다. 전자상거래업 교수로서 쇼핑몰 생태계가 상표권 브로커나 꾼들에게 휘둘리지 않기를 간절히 바라는 마음이 있습니다. 지금 이 책을 보시는 쇼핑몰 운영자나 내가 쇼핑몰 사업을 장기적으로 계속 할 것이라는 예비 창업자라면 오늘 당장 상표권 출원하시길 권유 드립니다.

Q2 상표권을 확인하는 방법을 알려주세요.

01 특허정보넷 키프리스(http://www.kipris.or.kr/)로 이동합니다. ❶ [상표]를 선택하고 원하는 상표를 넣어보겠습니다.

02 등록된 상표가 없으면 검색결과에 없다고 나옵니다. 그럼 상표등록을 진행해도 됩니다.

만약 같은 상표가 있다면 ❶등록 이라고 나올 것입니다.

❷ [거절]은 말 그대로 출원을 했는데 심사과정에서 탈락된 것을 말합니다.

[출원]은 현재 출원중(진행중)이라는 뜻입니다.

❶ [등록]은 출원 후에 등록까지 완료된 것을 말합니다.

❸ [상품분류]는 상표가 어떤 종목의 상표인지 구분해 주는 것을 말합니다.

즉, 보시면 같은 상표라도 여러 개가 등록된 것을 확인하실 수 있는데, 그것은 상품분류마다 상표권을 받아야 하기 때문입니다. 예를 들어, '서울걸'이라는 상표를 출원한다면 의류 상표인지, 음식점 상표인지 용도를 정해야 한다는 것입니다. 만약 제가 의류로 '서울걸'이라는 상표를 등록했고, 누군가가 맛집으로 '서울걸'이라는 상표를 사용하고 있을 때 저는 그 맛집에게 사용하지 말아달라는 요구를 할 수 없게 됩니다. 유사성이 없기 때문입니다.

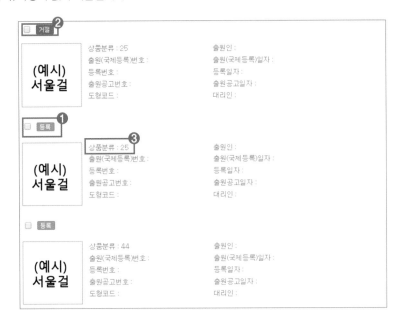

Q3 저에게 맞는 상표권 분류를 알려주세요.

분류표는 아래와 같은 방법으로 확인이 가능합니다.
인터넷 주소는 매번 바뀌니 찾아가는 방법을 알려 드리겠습니다.

01 특허청(http://www.kipo.go.kr/) 접속합니다. ❶ 메인검색창에다가 'NICE'를 검색합니다.
❷ [NICE 11판]을 클릭합니다.

02 그럼 총 45류의 상품분류를 보실 수 있습니다. 제1류~제34류까지는 상품류 구분이고, 제35류~제45류까지는 서비스분류입니다. 쇼핑몰과 가장 관련 있는 분류는 아래와 같습니다.

제3류 표백제 및 기타 세탁용 제제; 세정, 광택 및 연마재; 비의료용 비누; 향료, 에센셜
오일, 비의료용 화장품, 비의료용 헤어로션; 비의료용 치약

제25류 의류, 신발, 모자

제35류 광고업; 사업관리업; 기업경영업; 사무처리업

· 상품류 구분

류구분	설명
제1류	공업용, 과학용, 사진용, 농업용, 원예용 및 임업용 화학제; 미가공 인조수지, 미가공 플라스틱; 비료; 소화용(消火用) 조성물; 조질제(調質劑) 및 땜납용 조제; 식품보존제; 무두질제; 공업용 접착제
제2류	페인트, 니스, 래커; 녹 방지제 및 목재 보존제; 착색제; 매염제(媒染劑); 미가공 천연수지; 도장용, 장식용, 인쇄용 및 미술용 금속박(箔)과 금속분(粉)
제3류	표백제 및 기타 세탁용 제제; 세정, 광택 및 연마재; 비의료용 비누; 향료, 에센셜 오일, 비의료용 화장품, 비의료용 헤어로션; 비의료용 치약
제4류	공업용 오일 및 그리스(Grease); 윤활제; 먼지흡수제, 먼지습윤제 및 먼지흡착제; 연료(자동차용 연료포함), 발광제; 조명용 양초 및 심지
제5류	약제, 의료용 및 수의과용 제제; 의료용 위생제; 의료용 또는 수의과용 식이요법 식품 및 제제, 영아용 식품; 인체용 또는 동물용 식이보충제; 플래스터, 외상치료용 재료; 치과용 충전재료, 치과용 왁스; 소독제; 해충 구제제(驅除劑); 살균제, 제초제
제6류	일반금속 및 그 합금, 광석; 금속제 건축 및 구축용 재료; 금속제 이동식 건축물; 비전기용 일반금속제 케이블 및 와이어; 소형금속제품; 저장 또는 운반용 금속제 용기; 금고
제7류	기계 및 공작기계; 모터 및 엔진(육상차량용은 제외); 기계 커플링 및 전동장치 부품(육상차량용은 제외); 비수동식 농기구; 부란기(孵卵器); 자동판매기
제8류	수공구 및 수동기구; 커틀러리; 휴대용 무기; 면도기
제9류	과학, 항해, 측량, 사진, 영화, 광학, 계량, 측정, 신호, 검사(감시), 구명 및 교육용 기기; 전기의 전도, 전환, 변형, 축적, 조절 또는 통제를 위한 기기; 음향 또는 영상의 기록, 전송 또는 재생용 장치; 자기(磁氣)데이터 매체,녹음디스크; CD, DVD 기타 디지털 기록매체; 동전작동식 기계장치; 금전등록기, 계산기, 데이터 처리 장치, 컴퓨터; 컴퓨터 소프트웨어; 소화기기

Q4 저 혼자 상표권 출원을 할 수 없을까요? 만약 그렇다면, 절차와 비용이 궁금해요.

서류 준비나 과정이 어려울 수 있지만 혼자서도 충분히 가능합니다. 혼자서 특허 관련(특허, 실용실안, 디자인, 상표) 출원을 원하시면 특허로(http://www.patent.go.kr/)에서 하실 수 있습니다.

특허로에서 ❶[전자출원 알아보기] ❷[전자출원 매뉴얼]을 다운로드 하셔서 먼저 과정을 이해하셔야 합니다. 변리사 대행이 아니라 직접 하시는 분들은 그 과정이 만만치 않기 때문에 반드시 학습 동영상이나 매뉴얼을 읽고 시작하시길 권유 드립니다.

Q5 저작권법에 대해서 알려주세요.

쇼핑몰과 밀접한 관련이 있는 지식재산권은 상표권 외에 저작권법이 있습니다.

그럼 저작권은 무엇일까요?

저작권은 인간의 사상 또는 감정을 표현한 창작물인 저작물에 대한 배타적·독점적 권리를 말합니다. 여기서 중요한 것은 인간의 사상과 감정을 표현한 창작물이어야 한다는 것입니다. 원숭이가 그림을 그린다고해서 저작권법에 의한 권리를 가질 수 있을까요? 아닙니다. 원숭이는 인간의 감성을 표현 하지 못하니까 저작권이 발생되지 않습니다. 다시 말해서, 인간이 자신의 감정을 표현한 모든 창작물에는 저작권이 발생한다는 이야기입니다. 예를 들어 제가 여러분의 얼굴을 보고 그림을 하나 그렸습니다. 그럼 저작권이 발생할까요? 네, 발생합니다. 왜냐하면 인간인 제가 제 사상과 감정을 넣어서 그림을 하나 그렸기 때문입니다. 이처럼 저작권은 저작물의 창작과 동시에 발생합니다. 그림을 그리는 즉시 저작권이 발생됩니다.

저작권은 어떠한 절차나 방식을 요구하지 않는 무방식주의(無方式主義)를 채택하고 있기 때문이죠. 산업재산권인 상표권처럼 출원을 하고 등록을 해야만 권리를 인정받는 것이 아니라 내가 지금 그림을 그리면 그때 바로 저작권이라는 것이 발생되어 보호를 받게 됩니다. 그런데 한 가지 문제가 생겼습니다. 분명 제가 그린 그림인데 여러분 얼굴이 너무 유명해져서 그 그림이 1억원을 호가하게 되자 제3자가 나타나서 그 그림은 자기가 그린 그림이라고 우기기 시작합니다.

조금 더 쇼핑몰과 연계해서 예를 들어보겠습니다. 가죽공예 핸드메이드를 하시는 대표님이 계셨습니다. 그런데 대표님이 만든 가죽지갑이 워낙 인기가 좋고, 찾은 사람들이 많아지자 다른 작가들이 그대로 똑같이 모방하여 상품을 출시했습니다. 그래서 모방한 작가에게 그렇게 하지 말라고 따지자 오히려 적반하장으로 자기의 창작품이라 우깁니다. 원래 자기 디자인이라는 것입니다.

답답한 나머지 주의 작가들에게 이게 원래 내가 만든 작품이 맞지 않느냐 말 좀 해달라고 했더니 이미 모방작가의 회유에 빠져서 아무도 나서기를 꺼려했습니다.

분명 내가 창작한 작품인데 증명할 길이 없습니다. 그럼 방법이 없는 걸까요?

아닙니다. 분명 있습니다. 바로 저작권등록 제도가 있습니다. 바로 한국저작권위원회에 자신의 창작품을 등록하고 공증을 받을 수 있습니다. 물론 저작권은 등록을 하지 않아도 법적 보호를 받을 수는 있습니다. 하지만 앞선 사례에서 말씀드렸듯 그것을 내가 창작했다라고 증명해야 하는데 증명할 방법이 정말 애매합니다. 그렇기에 자신의 작품을 정부기관인 한국저작권위원회에 저작권등록을 하면 마치 우리가 공증을 받는 것처럼 누가 무엇을 언제 등록을 했는지 나라가 그것을 증명하게 되는 것입니다. 그렇게 되면 상대가 아무리 우겨도 확실한 물증이 있으니 법적인 우위에 서는 것입니다. 이런 것을 추정력(推定力)과 대항력(對抗力)이라고 말합니다.

그래서 자신의 창작물이라고 생각이 되면 저작권등록을 통해 저작권자가 나라는 사실을 확인받는 것이 좋습니다.

〈한국저작권위원회 홈페이지, https://www.cros.or.kr/〉

Q6 저작권 등록을 하고 싶어요. 등록 방법을 알려주세요.

그럼 저작권등록 절차는 어떻게 될까요?

1단계 : 등록의 대상 및 종류, 신청인 적격 등 신청 전 확인
2단계 : 신청서류 작성 및 제출(신청 접수)
3단계 : 등록 기관의 심사
4단계 : 등록 기관의 결과 통보

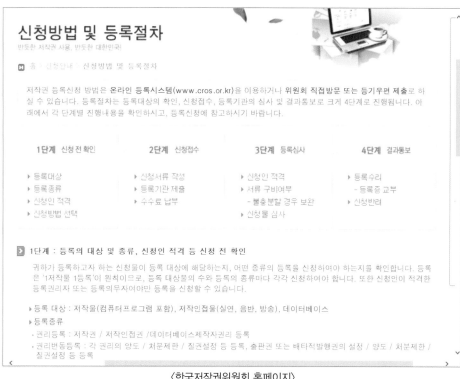

〈한국저작권위원회 홈페이지〉

그럼 수수료가 궁금해집니다. 수수료는 1건당 비용입니다. 자신의 창작물이 어떤 종류인지에 따라 수수료는 다릅니다. 보통은 등록면허세 까지 해서 33,600원입니다. 물론 온라인으로 진행하면 더 저렴합니다.

저도 저작권 등록증이 있답니다. 쇼핑몰 운영 하시다 보면 이거는 저작권등록을 해야겠다 라는 생각이 드는 창작물이 있다면 등록을 해놓으시길 권유 드립니다.

Q7 쇼핑몰 운영자가 알아야 하는 저작권법 사례를 알려주세요.

그럼 쇼핑몰 운영자가 알아야 하는 저작권법은 무엇이 있을까요? 이것 만 잘 알아도 저작권법 리스크에서 자유로울 수 있습니다. 그래서 저작귑법을 사례로 준비했습니다. 우리가 법학을 공부하는 것도 아니고 쇼핑몰 운영을 하는 사람이기에 전자상거래업에 필요한 사례만 모아서 알려드리려 합니다.

참고로 사례는 〈한국저작권위원회 사이트 사례〉에서 쇼핑몰(전자상거래업)과 관련된 자료만 모아 본 것입니다. 교육을 위해서 OX 퀴즈로 저작권을 쉽게 풀어보겠습니다. 기본적인 내용은 〈한국저작권위원회 사례〉에서 가져왔음을 다시 한번 출처 밝혀드립니다. 그 만큼 신뢰 있는 자료라는 뜻이기도 합니다. 그럼 이제 OX 퀴즈로 저작권에 대해서 알아보겠습니다.

사례1) 외국 모델의 사진을 사용한 경우

온라인 의류 쇼핑몰을 운영하면서 외국 모델의 사진을 편집하여 사용했습니다. 이런 경우 문제가 될까요?

답: ○

(친절한 설명)
이유는 총 3가지라고 말씀드릴 수 있습니다.

1. 퍼블리시티권 침해

〉 퍼블리시티권은 유명인이 자신의 성명이나 초상을 상업적으로 사용하도록 허락 · 관리하는 권리입니다. 예를 들어, 블로그에 쇼핑몰을 홍보한다고 송중기 사진을 쓴다면 바로 퍼블리시티권을 위반한 것입니다. 또한 정확하게 송중기 사진은 아니지만 누가 봐도 그 사진은 송중기다 라고 인정을 하는 실루엣 사진이나 비슷한 사진을 써도 퍼블리시티권 침해 사항이라고 볼 수 있습니다. 다만 이 퍼블리시티권이 그동안 우리나라에서 애매모호해서 판결이 서로 엇갈리기도 했는데, 이제는 대부분 퍼블리시티권을 인정하는 추세기에 절대 쇼핑몰을 운영하시면서 연예인 또는 유명인의 사진이나 이름들을 활용하시면 안됩니다.

'써도 아무 일 없던데요.'라고 하실 수 있는데, 그건 연예기획사에서 귀찮아서 안 잡아내는 거지 결심하고 찾으면 아마 대다수의 상업적 블로그나 쇼핑몰들은 걸리는 곳이 많습니다.

2. 초상권 침해
3. 사진의 저작권 침해

사례2) 내가 사용한 폰트

인터넷 쇼핑몰에 사용된 한글 폰트로 인하여 저작권 침해를 하였다는 통보를 받았습니다. 한글폰트 역시 저작권으로 보호가 되는 것일까요?

답: ×, ○

글씨체 자체는 저작권으로 보호되지 않지만, 이를 컴퓨터에서 이용할 수 있도록 폰트 파일로 제작한다면 컴퓨터 프로그램 저작물로 보호됩니다.

(친절한 설명)
많은 분들이 다들 놀랍니다. 폰트에 저작권이 없다고요? 정확히 말하면 글씨체 자체는 저작권으로 보호되지 않습니다. 그러면 어떻게 불법 유료폰트를 쓰면 안되는 것일까요? 그건 보통 우리가 컴퓨터에서 폰트를 쓰기 위해서 다운로드를 하고 셋업을 하게 되는데 그때 컴퓨터 프로그램 저작물로 걸리게 됩니다. 이에 대해서 다음 사례를 통해 더 자세하게 말씀 드리겠습니다.

사례3) 외부 대행사에서 쓴 폰트

인터넷쇼핑몰을 운영 하던 중 외부 디자이너에게 디자인을 맡겼는데, 그 디자이너가 불법 복제한 폰트 프로그램을 이용하여 나이 쇼핑몰을 제작했습니다. 그럼 나도 저작권 침해의 책임을 부담해야 할까요?

답: ○

(친절한 설명)

우리 법원의 판례상 글 자체는 저작권법에 의한 보호 대상인 저작물에는 해당하지 않습니다.
(대법원 1996.8.23. 선고 94누5632판결), 이미 1996년도에 대법원 판례가 있습니다. 다들 이 사실에 놀라워합니다. 글자체는 저작권법 보호 대상이 아니라고? 그럼 마음대로 폰트를 쓰면 되겠네?라고 하시는데, 5년 후 다른 판결을 보셔야 합니다.

그러나 글 자체를 화면에 출력하거나 인쇄하기 위해 컴퓨터에서 사용되는 '폰트 프로그램'에 대해서는 컴퓨터 프로그램의 일종으로 볼 수 있으므로, 일반적인 글자체의 보호와 상관없이 컴퓨터 프로그램으로서 보호된다고 판단하고 있습니다. (대법원 2001.5.15. 선고 98도732판결). 즉, 글자체 자체는 저작권법 대상이 아니지만 그것을 사용하기 위해서 컴퓨터에 폰트프로그램을 셋업할 때 프로그램저작물로서 보호가 된다는 것이죠. 따라서 저작권자의 허락 없이 폰트 프로그램을 무단으로 이용할 경우 저작재산권중 복제권 침해의 문제가 발생할 수 있습니다.(저작권법 제16조)

그럼 위의 사례를 다시 적용 해보겠습니다.

나는 외주를 맡겼습니다. 그리고 걸린 것은 사진이나 디자인이 아닌 글자체로 인해 걸렸습니다. 하지만 저작권법상의 보호대상은 폰트 프로그램이지 글자체 자체는 아니므로 폰트를 이용해서 만들어진 결과물 즉, 쇼핑몰은 저작권 침해물은 아니게 됩니다. 이 사례는 정말 많습니다. 만약 내가 인터넷에서 무료 소개해서 다운받은 폰트가 사실 유료였다면, 그것을 내가 다운로드하여 셋업했기 때문에 당연히 컴퓨터 프로그램 저작물로 내가 책임을 져야합니다. 하지만 난 의뢰자고 다른 디자이너가 디자이너 컴퓨터로 작업해서 결과물을 내게 넘긴 것이라면 상황이 달라집니다.

왜냐하면 글자체에는 저작권법으로 보호되지 않기 때문입니다. 내가 폰트 프로그램을 셋업하지 않았습니다. 다만, 폰트 프로그램이 임베딩된 결과물을 이용하는 것은 폰트 프로그램이 이용되는 것으로 판단될 수 있다는 것이 요즘 분위기입니다. 즉, 불법 폰트로 사용된 결과물을 보기 위해서 자동으로 불법 폰트가 임베딩되는 것이 있는데, 그렇게 되면 당연히 운영자도 책임이 있다고 보는 것입니다.

폰트에 대해서 어렵다고 느끼신다면 처음부터 외부 디자이너가 사용한 폰트가 무료 폰트인지 정확하게 알고 결과물을 받아야 하고, 찜찜하다고 하시면 처음부터 서울서체나 나눔고딕처럼 '꼭 집어 이 폰트로 작업해주세요'라고 요청을 하시는 것이 마음이 편합니다. 그럼 폰트 저작권을 한마디로 정리해보겠습니다.

'폰트 글씨체에 대해서는 저작권이 없다. 하지만 다운로드하여 셋업하여 사용하는 폰트 프로그램은 다운로드 즉시 컴퓨터프로그램 저작권으로 보호된다.'

사례4) 링크

쇼핑몰 홍보를 위해서 개인 블로그를 운영중에 있는데, 블로그에 다른 웹사이트의 주소를 링크하는 것은 저작권 침해에 해당할까요?

답: ×, ○

(친절한 설명)
블로그에 인터넷 웹페이지의 주소(URL)만을 게시하여 이용자가 그 링크를 따라 이동하는 것은 저작권 침해에 해당하지 않습니다. 단순 링크이기 때문입니다. 하지만 요즘 기술이 좋아져서 이런 문제가 생길 수 있습니다. 바로 오픈그래프 부분입니다.

우리가 SNS나 블로그에서 어떤 사이트의 주소(URL)을 링크 걸었을 때 자동으로 그 웹사이트의 이름이나 설명 그리고 그림 사진 등이 나오는 것을 확인할 수 있습니다. 이때 자동으로 메인 사진이 나오게 되는데 이 부분이 정말 애매합니다. 단순 URL를 링크 했을 뿐인데 기술의 발전으로 사진 같은 것이 자동으로 붙어 버립니다. 이 부분은 제가 보기에는 앞으로도 논란이 될 수 있다고 생각합니다. 그래서 저 같은 경우 교육생들에게는 혹시 SNS 상에서 사이트를 공유할 때 오픈그래프로 인해 자동으로 나오는 사진은 X 표시를 해서 지우라고 말합니다. 유명한 사진이나 그림 같은 경우는 말이죠. 물론 아직까지 이 오픈그래프로 인해 문제가 된 적은 없습니다. 하지만 기술이 너무나 빨리 발달하여 법이 못 따라가는 것이지 만약 누군가 문제제기를 하면 분명 송사의 대상이 될 수 있다고 생각합니다. 그러니 SNS 상에서 공유할 때 저작권 문제가 될 만한 유명 작가의 사진이나 그림 등 저작물이 자동으로 따라 온다면 X 표시를 클릭하여 지워주시는 것이 좋습니다. 단순 링크는 문제가 없지만 요즘 기술의 발전으로(오픈그래프)로 인해 자동으로 사진이나 그림이 보여주는 것은 문제가 될 소지가 다분합니다.

사례5) 스크랩

개인 블로그에 신문기사 또는 사진을 출처 밝히고 스크랩하는 것은 저작권 침해일까요?

답: ○

(친절한 설명)

저작권 침해에 해당합니다. 비록 영리 목적이 아니더라도 다른 웹사이트에서 사진이나 그림 등의 이미지를 스크랩하기 위해서는 그 저작권자에게 이용한다고 허락을 구해야 합니다. 단지 출처를 밝혔다는 것만으로 저작권침해의 책임이 면책되는 것은 아닙니다.

그럼에도 불구하고 많은 분들이 아무 이상 없이 스크랩하고 사용했던 이유는 저작권자가 문제제기를 하지 않았기 때문입니다. 퍼간 사실도 일일이 알 수도 없을뿐더러 문제제기를 해봤자 서로 피곤해지는 것을 알기에 재산상으로 큰 피해를 입지 않는 이상 문제제기를 하지 않는 것뿐 합법은 아니라는 겁니다.

사례6) 외주 업체 디자인 의뢰

인터넷쇼핑몰 운영을 위하여 홈페이지, 쇼핑몰, 상세페이지 등등 디자인 전반에 대해서 외주 업체에 제작 의뢰 하였습니다. 그런데 얼마 후 홈페이지에 들어간 이미지로 인해 저작권침해를 당했다고 이미지 가격의 10배가 넘는 손해배상금을 청구 받았습니다. 외부 디자이너를 고용하여 만든 홈페이지인데, 운영자에게도 책임이 발생할까요?

답: ○

이러한 사례는 정말 많습니다. 대부분의 쇼핑몰들이 처음에는 직원을 두기 어려워 건당으로 외주를 많이 주기도 하는데, 심심치 않게 이런 사례가 나옵니다.

보통 저작권 침해가 발생한 경우, 형사책임과 민사책임이 동시에 발생하게 됩니다.

그럼 2가지로 나눠서 생각해보겠습니다. 먼저 형사책임에 대해서 말씀드리면, 형사책임은 '고의'를 그 요건으로 하기 때문에, 홈페이지 제작을 의뢰한 운영자가 타인의 저작권을 침해한 저작물이 이용되고 있었음을 알지 못한 때는 형사 책임은 면책될 수 있습니다. 그러니까 외주 업체에 맡겼으니까 알아서 잘 했겠지 라고 생각하고 그게 저작권을 위반한 이미지였다는 것을 전혀 몰랐다면, 그리고 그것이 법적으로 인정되면 면책이 된다는 입니다.

이 경우 저작권 침해에 대한 형사 책임은 저작권을 위반한 외부 디자이너가 져야 합니다.

그럼 민사는 어떻게 될까요? 결론부터 말씀드리면 민사책임을 피할 수 없습니다. 왜냐하면 운영자는 인터넷 쇼핑몰을 통해 실질적으로 이미지를 사용하고 있는 주체이므로, 민사책임까지 면책받기는 어렵습니다. 무엇보다 쇼핑몰 제작을 위탁하고 그 결과물을 수령 할 때, 외부 디자이너의 저작권 위반 사항을 관리하고 감독해야 할 주의 의무가 운영자에게 있습니다. 이러한 의무를 다하지 못했다고 판단하기에 최소한 과실이 인정될 가능성이 매우 큽니다. 즉, 손해배상청구를 운영자가 당하게 되면 일단 손해배상을 운영자가 해야 할 가능성이 큽니다. 운영자 입장에서는 정말 열 받을 수밖에 없는 것입니다.

그렇다면 운영자는 그대로 있어야 할까요? 그렇지 않습니다. 이로 인해 저작권 위반으로 손해배상을 물어줬을 경우 외부 디자이너에게 그 손해배상액에 대한 구상권을 청구할 수 있습니다. 하지만 현실적으로 이런 일이 있을 경우 외부 디자이너는 없어지고 난 뒤입니다. 결국 운영자만 피해를 보게 되는 것입니다.

그래서 외부 디자이너에게 의뢰를 할 때 사용한 폰트나 이미지에 대해서 저작권을 위반하지 않았는지 확인하는 것이 좋습니다. 저 같은 경우에는 작업을 의뢰할 때 아예 폰트는 이 것, 이미지는 이 것 이렇게 오더를 줍니다. 그러면 외부 디자이너도 고민할 필요가 없어서 좋고 저도 안심하고 쓸 수 있어서 좋은 것입니다. 계약서를 쓸 수 있다면 꼭 저작권 위반 시에 대한 책임소재를 정확하게 밝히고 만약 관행대로 구두로 진행한다면 꼭 한 번 더 저작권에 대해서 말을 하는 것이 좋습니다.

03
PART

쇼핑몰
실전 마케팅

CHAPTER

10 쇼핑몰 홍보 전략

Lesson 32 ┃ 마케팅 전략으로 성공하기

> **Q1** 쇼핑몰로 성공하고 싶어요. 비결이 있을까요?

많은 분들이 쇼핑몰 창업이나 사업을 어떻게 성공시킬 수 있는지 묻습니다. 비결은 의외로 간단합니다. 영업이익이 플러스(+)가 나오면 됩니다. 그럼 영업이익이 + 되려면 어떤 구조로 영업이익이 계산되는지를 알아야 합니다. 그래서 재무제표중 손익계산서를 이해할 필요가 있습니다.

"교수님. 머리도 아픈데 손익계산서까지 배워야 하나요?" 쇼핑몰도 사업이기에 (+) (-) 셈을 잘해야 합니다. 중요하게 보실 것은 매출액, 매출원가, 매출총이익, 판관비 순으로 알고 있으면 됩니다. 영업이익을 나오는 순서는 매출액에서 매출원가를 빼면 매출총이익이 나옵니다. 그 매출총이익에서 판관비를 빼면 바로 영업이익이 나옵니다.

예를 들어 설명하겠습니다. 이번 달 매출액이 5천만원이고 사입비로 4천만원을 썼습니다. 그럼 매출총이익은 1천만원입니다.

거기에서 한 달 동안 아르바이트, 인건비, 밥값, 마케팅비용, 배송비 등등 판매관리비로 600만원을 썼습니다. 그럼 영업이익은 400만원이 됩니다. 보시면 영업이익이 (+) 나오면 된다고 했습니다. 그럼 (+)를 만들기 위해서 가장 큰 영향을 주는 것이 무엇인가요? 매출액인가요? 매출원가? 판관비? 답은 판관비입니다.

매출액이 아무리 커도 매출원가가 더 크면 (-)가 됩니다. 매출액보다 사입비가 더 크면 당연히 시작부터 (-)로 시작합니다. 그래서 매출액은 아닙니다. 그럼 매출원가가 중요할까요?

중요합니다. 그런데 매출원가는 내가 어떻게 할 수 없는 부분입니다. 도매처나 소싱처에 가서 아무리 원가 좀 낮춰달라고 해도 절대 안 낮춰 줍니다. 규모의 경제를 살려서 대량으로 구매하면 모를까 소싱비를 낮춘다는 것은 정말 어렵습니다. 물론 상품이 아닌 제품이라면 재료비를 조금 싼 것으로 해서 낮출 수 있습니다. 하지만 제품의 퀄리티가 내려가서 그것도 한계가 있습니다. 그래서 쇼핑몰을 운영할 때 가장 중요한 것이 바로 판매관리비(판관비)입니다. 사업을 하면서 판매와 관리를 하면서 쓰는 비용을 합쳐서 판관비라고 부릅니다. 다시 말하면 이 판관비를 어떻게 아끼느냐에 따라 사업이 (+) (-) 되기도 한다는 것입니다.

매출총이익이 적어도 판관비를 아껴서 (+)나오면 사업을 잘한 것이고, 매출총이익이 아무리 많아도 판관비가 방대해져서 (-) 나오면 그 사업은 망하는 것입니다. 간단한 진리인데도, 많은 대표님들은 어깨에 힘이 너무 들어가서 이 판관비를 고려하지 않고 있습니다. 대표라는 이름으로 돈을 물 쓰듯 쓰고, 사업은 (-)인데 외제차를 뽑고, 사무실도 있어 보이는 비싼 곳을 잡고, 마치 대기업 사장인 마냥 쓰시는 분들이 많습니다.

결국 이런 판관비 등이 높아지고 영업이익은 (-)나면서 서서히 사업은 망하는 길로 들어서게 됩니다.

Q2 유명 쇼핑몰의 판관비는 어떤가요?

앞서 설명 드렸듯 영업이익에 중요한 것은 판관비를 어떻게 쓰는가가 매우 중요합니다. 유명 쇼핑몰들은 세무나 회계 컨설팅을 받기에 적절한 수준에서 판관비율을 잘 관리하고 있음을 확인할 수 있습니다. 그럼 유명 쇼핑몰들은 도대체 어떤 비용을 쓰고 있는 걸까요? 나와 차이가 무엇이 있을까요? 그리고 얼마만큼의 비율로 관리를 하고 있을까요?

아래는 '스타일난다'의 판관비 항목입니다.(금융감독원 전자공시시스템 참고) 그 옆에 제가 빈칸을 남겨 드렸습니다. 내가 비용으로 평소 생각했던 항목을 체크해 보시기 바랍니다. 아마 놀라움의 연속이실 것입니다. 내가 미처 생각하지 못했던 비용을 발견할 수 있습니다. 즉, 여러분이 스타일난다처럼 커진다면 앞으로 나가야 하는 비용입니다. 다시 말하면 저런 비용을 써야 쇼핑몰이 커진다는 의미입니다. 이런게 바로 진짜 벤치마킹입니다.

유명쇼핑몰 판관비	내가 고려했던 항목
급여	
퇴직급여	
복리후생비	
여비교통비	
접대비	
통신비	
수도광열비	
전력비	

유명쇼핑몰 판관비	내가 고려했던 항목
세금과공과	
감가상각비	
무형자산상긱비	
지급임차료	
수선비	
보험료	
차량유지비	
운반비	
도서인쇄비	
포장비	
사무용품비	
소모품비	
지급수수료	
광고선전비	
판매촉진비	
대손상각비	
판매수수료	
촬영비	
리스료	
모델료	
마일리지비용	
기타	

어떠신가요?

여러분은 현재 장부를 적고 있습니까? 아니면 앞으로 적으려고 계획을 잡으셨습니까?

지금 대략적으로나 이런 재무제표를 만들어서 내가 돈을 어디에 쓰고 있는지를 체크하시면서 사업의 밸런스를 잡아보시기 바랍니다. 꼭 하셔야 합니다. 저도 법인대표로, 대학교 겸임교수로, 방송인으로 활동을 하지만 꼭 재무제표만큼은 챙겨서 사업의 밸런스를 체크하고 있습니다. 이 기본을 지켜왔기에 사업시작부터 지금까지 마이너스(-) 난적이 한 번도 없습니다.

Q3 그럼 쇼핑몰의 평균 영업이익률은 어떻게 되나요?

장부를 적었다면 꼭 예상되는 영업이익률을 계산해 보시기 바랍니다. 영업이익률의 계산은 이렇습니다.

$$영업이익률 = \frac{영업이익}{매출액} \times 100$$

그리고 잘나가는 쇼핑몰과 비교하면서 내가 잘하고 있는지 못하고 있는지 체크해야 합니다. 일단, 아래의 표는 중소기업부 전국소상공인실태조사를 통해 나온 업종별 영업이익률 입니다. 전국소상공인실태조사는 보통 3년마다 시행되기에 자료가 귀하지만 여러분을 위해서 특별히 분석을 해보겠습니다.

업종별			
	제조업	681	16.1
	전기/가스/증기/수도사업	27	16.2
	건설업	305	16.8
	도매/소매업	2,189	15.3
	운수업	845	43.7
	숙박/음식점업	1,990	20.9
	출판/영상/방송통신/정보서비스업	252	22.8
	부동산중개/임대업	407	37.0
	전문/과학/기술서비스업	363	21.4
	사업시설관리/사업지원서비스업	228	21.0
	교육서비스업	423	36.7
	예술/스포츠/여가관련서비스업	774	28.2
	수리/기타개인서비스업	2,006	35.2

도매/소매업을 보겠습니다. 전국 도소매업을 하시는 분들의 평균 영업이익률은 15.3%가 나왔습니다. 그럼 쇼핑몰의 신화 '스타일난다'는 영업이익률은 어떨까요? 2016년도는 22%, 2017년도 15% , 2018년도는 18.3% 였습니다. 즉, '스타일난다'는 황금밸런스를 맞추고 있다는 뜻입니다.

여러분은 어떠신가요? 지금 쇼핑몰을 운영중이라면 영업이익률을 계산해 보시고 예비 창업자라면 예상 영업이익률을 만들어 보시기 바랍니다. 이 계획이 있는 사람과 없는 사람은 차이가 큽니다.

Q4 마케팅 비용이 얼마 정도 필요할까요?

판관비중 중요한 부분을 차지하는 것이 바로 마케팅 비용입니다. 보통 재무제표에서는 마케팅비용을 두 가지로 나눠서 적습니다. 바로 판촉비와 광고비 입니다.

그럼 마케팅비용을 어느 정도 책정하는 것이 좋을까요? 저는 사업 초기 때는 영업이익의 10%, 사업이 안정권에 들어올 때는 매출총이익의 10%를 꾸준하게 쓰라고 말씀을 드립니다. 여기서 중요한 것은 꾸준히 쓰셔야 한다는 것입니다. 상황이 좋은 달은 마케팅비용을 쓰고, 안 좋으면 안 쓰는 것이 아니라 적던 많던 10%정도는 꾸준히 마케팅 예산을 잡아서 써야 합니다.

'스타일난다'의 대략적인 마케팅 비용은 2017년은 매출총이익의 약 8%, 2018년도에는 매출총이익의 6.7% 정도 사용되었습니다. (금융감독원 공시자료 기준). '스타일난다'처럼 어느 정도 브랜드 밸류가 높아지면 마케팅 비용이 적어집니다. 또한 온라인 광고 채널의 성장으로 적은 비용으로 조금 더 효율적으로 마케팅이 가능해 집니다. 하지만 이제 창업하시는 분들이라면 꾸준하게 브랜드를 알리는데 힘을 써야 합니다. 그렇기에 예산을 잡을 때 매출총이익 또는 영업이익의 10% 정도로 마케팅을 하겠다 라고 생각하시면 예측 가능하게 사업을 운영할 수 있습니다.

Q5 무료로 할 수 있는 마케팅은 없나요?

있습니다. 충분히 가능합니다. 무료 마케팅을 이해하기 위해서는 ATL, BTL 차이를 이해하고 있어야 합니다. ATL 광고는 Above The Line 이라는 뜻으로 주요 광고 매체를 뜻합니다. 광고계약을 맺을 때 계약서 위에 사인을 했다는 뜻에서 ATL 이라고 불리고, 현재로는 TV, 라디오, 신문, 잡지등 4대 매체를 뜻합니다. 반대로 BTL 광고도 있습니다. Below The Line이라는 뜻으로 사전적 정의는 ATL 광고를 하게 되면 덤으로 껴주는 광고를 지칭하다가 인터넷이 보급되고, SNS가 확대되면서 저렴한 온라인 마케팅 툴을 활용한 광고형식을 BTL 광고로 부르고 있습니다.

ATL 광고는 쇼핑몰 대표님들이 쉽게 집행할 수 없는 광고 툴들입니다. 오히려 BTL 광고툴을 이용하여 광고 및 홍보를 하는 것이 좋습니다. 바로 온라인 마케팅을 이용하는 방법입니다. 온라인 마케팅 툴 중에는 무료로 할 수 있는 툴들이 많습니다. 예를 들어, 블로그 같은 경우 효과는 크지만 개인이 운영하며 자신을 알릴 수 있습니다. 좋은 마케팅 툴입니다. 또한 인스타 같은 경우 팔로워들에게 자신의 옷을 소개하며 판매할 수 있습니다.

외국어가 가능하다면 외국 사람들에게도 주문을 받을 수 있습니다. 이처럼 무료 마케팅 방법은 [Chapter 11]에서 배워 보겠습니다.

Q6 SNS 계정이 많고 팔로워가 많으면 쇼핑몰을 성공시킬 수 있을까요?

네. 그렇습니다. 큰 도움이 됩니다. 하지만 성공에 있어 필수는 아닙니다.
그렇지만 확실히 도움이 되는 것은 사실입니다. 그것을 바탕으로 성공하신 분들도 있고, 무엇보다 없는 것 보다는 있는 것이 좋습니다. 예를 들어, 인스타 10만명의 팔로워가 있다면 충분히 나를 홍보하고 상품을 홍보하는데 큰 도움이 됩니다. 파워블로그도 마찬가지고 인기 유튜버 스타도 마찬가지 입니다. 아애 없는 분들보다는 확실히 초반 홍보의 효과가 있습니다.

그럼 여기서 여러분의 SNS 지수는 어떻게 되시나요? 아래의 표를 보고 한번 체크해 보시기 바랍니다. 그것이 앞으로 여러분의 쇼핑몰의 홍보 마케팅의 전략이 됩니다.

채널 도구	유 / 무	사용빈도	평소 궁금한 것
블로그			
구글 광고			
유튜브 채널			
네이버 포스트			
네이버 모두			
페이스북			
인스타그램			
스노우			
카카오톡			
카카오스토리			
기타 등등..			

이외에 여러분이 사용하고 있는 SNS 채널을 적어보고 점검해 보시기 바랍니다.

Q7 온라인 마케팅을 도와주는 툴은 없을까요?

수많은 컨설팅, 강의, 교육 그리고 실제 홍보마케팅 법인을 이끌면서 교육생분들이 쉽게 마케팅에 접근할 수 있도록 툴을 만들어야 겠다는 생각을 했습니다. 그래서 〈인터넷쇼핑몰창업 및 운영 종합툴〉을 만들었습니다. 이제 우리는 이 툴을 기본으로 하나 하나 공부해 나갈 것입니다.

인터넷에서 http://propr.co.kr/m 클릭하시고 즐겨찾기 설정해둡니다.

CHAPTER

11 온라인 홍보 마케팅의 13가지 도구

자! 이제 본격적으로 온라인 마케팅의 실무적인 스킬 13가지를 배워볼 것입니다. 대행사나 기업 마케팅 실무자들이 배우러 오는 스킬들로 잘 익혀두시면 어떤 아이템이던 충분히 성공시킬 수 있습니다. 단, 광고 홍보에 사용되는 기본적인 용어를 익혀야 합니다. 그래야 이해가 더 빠르기 때문입니다.

온라인 광고 개념

- CTR [Click Through Ratio] : '클릭률'이라고 합니다. 인터넷상에서 배너 하나가 노출될 때 클릭되는 횟수를 뜻합니다.
- CPM [Cost Per Mille] : CPM 광고는 1000회 노출당 광고비용이 계산되는 것을 의미합니다.
- CPC [Cost Per Click] : CPC 광고는 클릭당 광고비용 들어갑니다. 대표적인 광고가 바로 [네이버 파워링크]입니다.
- CPA [Cost Per Action] : CPA 광고는 전환광고를 말합니다. 광고주가 소비자의 특정행동까지 요구하는 경우를 말합니다. 예를 들어, 광고주의 광고목적대로 소비자들이 구매를 했거나 회원가입을 했을 경우만 광고비용이 과금 되도록 하는 광고 형태를 말합니다.
- CPV [Cost Per View] : CPV 광고는 동영상을 본 뷰(view)수에 따라 광고비용이 지불됩니다. 유튜브 시대가 오면서 새롭게 각광받고 있는 광고비용 지불 형태입니다.

Lesson 33 | 네이버 검색광고를 활용한 마케팅 전략

Q1 네이버 검색광고는 무엇인가요?

네이버 검색광고는 네이버에서 키워드 광고를 위해서 운영하는 플랫폼입니다. 정확하게 이게 무엇이냐고요? 지금 네이버 검색창에서 "여성의류"를 검색해 보겠습니다.

제일 먼저 보이는 것이 무엇인가요?

그렇습니다. ❶ [파워링크]라는 광고입니다. 대부분 미디어 회사들은 광고 수익으로 회사를 운영합니다. 그래서 가장 잘 보이는 곳에 광고를 노출해주고 광고주들에게 돈을 받습니다. 네이버도 마찬가지입니다. 전면에 광고를 보여줌으로 광고수익을 극대화 하는 것입니다.

위에 보이는 파워링크라는 것이 눈에 들어오시나요? 그것이 네이버에서 운영하는 광고로 순위 10위까지 노출합니다. 누가 먼저 많은 광고비를 내는가에 따라 순서가 정해지는 대표적인 CPC 광고입니다. 그런 광고를 관리하고 설정하는 페이지가 바로 [네이버 검색광고 사이트]입니다. 즉, 위에 보이는 파워링크에 들어갈 광고를 넣고 빼고, 광고 금액을 올리거나 내리고, 어떤 키워드로 홍보할지 정하기도 합니다.

우리나라에서 마케팅을 한다는 것은 네이버 플랫폼과 친해져야 한다는 의미와 같습니다. 그중에서도 네이버 검색광고 데이터와 친해져야 합니다. 꼭 광고를 하라는 의미가 아니라 그 안에 존재하는 빅데이터를 활용하여 고객의 니즈와 그에 따른 홍보 키워드들을 뽑아 낼 수 있습니다. 그래서 지금 네이버 검색광고를 가입해 보겠습니다.

01

❶ [네이버 아이디로 로그인] 으로 먼저 로그인을 합니다. 대부분 네이버 메일은 있으시기에 큰 어려움 없이 로그인을 하실 수 있습니다. 참고로, 네이버 검색광고에 가입한다고 해서 광고비가 나가거나 하지 않습니다. 우리는 단지 이 플랫폼에서 제공하고 있는 여러 가지 빅데이터를 활용하려 하는 것입니다.

02

❶ [네이버 아이디로 가입]을 선택합니다.

03 ❶ [위 내용을 모두 읽고 확인했습니다] 체크 후
❷ [개인 광고주] - [회원 정보입력]을 입력하여 가입을 마무리해 주시기 바랍니다.

04 가입이 완료 후 [로그인] 하시면 아래와 같이 나옵니다.

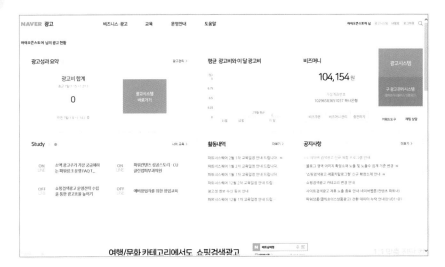

네이버 검색광고 페이지를 통해 우리는 우리와 연관 있는 홍보키워드를 뽑아볼 것입니다. 국내에서 마케팅을 한다면 가장 기초적이고 기본적인 작업이니 꼭 마스터하시길 권유 드립니다.

01 ❶ [광고시스템]을 선택합니다.

02 ❶ [도구] ❷ [키워드 도구] 를 선택합니다.

03 ❶ [키워드] 란에 여러분이 알고 싶어하는 아이템 및 키워드를 적어봅니다. 여기서는 [여성의류]라고 적어보겠습니다. ❷ [조회하기]를 선택합니다. 여러분은 이제 데이터를 보고 전략기획을 하는 전문가가 되는 것이며, 데이터를 보고 해석하는 마케터가 되는 것입니다. 잘 이해하시고 여러분의 사업에 응용을 해야 합니다.

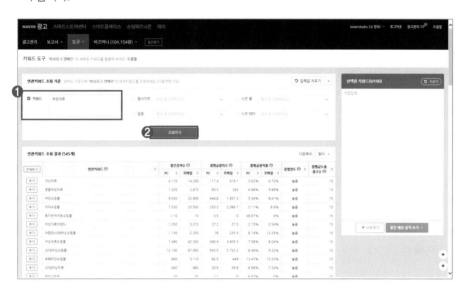

04 월간검색수를 먼저 파악합니다.

❶ 월간검색수

최근 한달간 네이버를 이용한 사용자가 PC 및 모바일에서 해당 키워드를 검색한 횟수입니다. 쉽게 해석하자면, 대중들이 PC를 통해 네이버에서 [여성의류]를 총 4,170 번 검색했다는 것입니다. 중요한 것은 한 달 동안이라는 것입니다. 4주 평균이라고 보시면 됩니다. 즉, 한 달 동안 사람들이 네이버에서 [여성의류]를 얼마나 검색 한거야? 라고 물었을 때 "PC에서는 4,170 번, 모바일에서는 14,200 번 검색 했다는 것을 알 수 있습니다. 그럼 아래의 유관키워드를 보면 ❷ [여성의류쇼핑몰]이 있습니다.

한번 월간검색수를 볼까요? PC로는 7,480 번, 모바일로는 62,300 번 검색되었습니다. 모바일 양이 많습니다. 여기서 우리는 여러 가지를 분석해 낼 수 있습니다.

첫째, 모바일이 검색이 많은 이유

모바일 검색 량이 많다는 의미는 모바일에 더 친숙한 젊은 세대에서 많이 찾고 있다는 것을 해석할 수 있습니다. 즉, 여러분이 찾은 키워드들이 모바일 검색량이 상당히 많다면 그 키워드의 타겟은 대부분 젊은층이 된다는 것입니다. 더 친밀도가 높은 것입니다.

둘째, 앞으로 사용할 전략적인 홍보키워드를 여기서 뽑아 낼 수 있습니다.

이런 분들이 있습니다.

"교수님. 블로그를 통해서 홍보를 하고 있는데, 아무도 찾지 않아요. 좋은 방법이 없을까요?" 그래서 살펴보면 대부분 실수를 하는 것이 아무도 찾지 않은 홍보키워드를 사용한다는 것입니다. 블로그는 제목이 중요한데, 제목을 쓸 때 검색량이 적은 키워드를 써놓고 아무도 찾지 않는다고 말하는 것입니다. 이 부분은 (**타임머신** ▶ Lesson 34. 블로그 마케팅) 에서 자세히 정리했습니다.

셋째, 모바일 중심으로 소팅(sorting)해서 다시 한번 키워드를 뽑습니다.

❶ [모바일] 기준으로 정렬해 보면 ❷ [20대여자쇼핑몰]이 가장 위로 올라옵니다.

여러분이 [여성의류]를 검색했을 때 비슷한 유저들이 같이 찾은 유관키워드 중에서 [20대여자쇼핑몰] 모바일 검색수가 한 달에 무려 76,000건으로 가장 많이 찾고 있는 것을 확인할 수 있습니다.

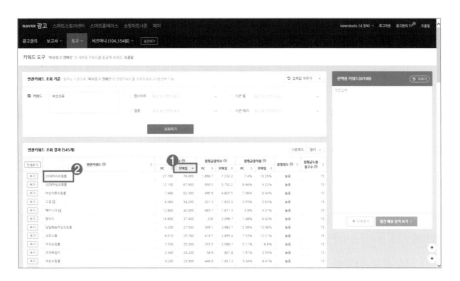

① [여성의류] 키워드를 검색하는 사람들 이외에도 비슷한 성향을 가지는 사람들이 [20대여자쇼핑몰]키워드
를 많이 찾는 구나!

② 그렇다면 연관키워드 순위를 중심으로 내 홍보 키워드를 잡으면 되겠구나!
왜냐하면 많이들 검색하는 키워드 이니까!

③ 온라인 마케팅을 할 때 이 홍보 키워드를 중심으로 제목을 달거나 태그를 걸면 되겠구나!
왜냐하면 사람들이 검색할 때 내 콘텐츠가 노출되니까!

05 월 평균 클릭수는 매출로 이어지는 값이다.

❶ [월 평균 클릭수] 란 최근 한 달 간 사용자가 해당 키워드를 검색했을 때, 통합검색 영역에 노출된 광고가 받은 평균 클릭수입니다. 다시 말하면, 노출된 광고에서 얼마나 사람들이 광고를 클릭했는지 보여주는 숫자입니다. 예를 들어, [여성의류]이라는 키워드로 집행한 광고를 월 평균 모바일로 월평균 619 번 클릭 했다는 것입니다. 그럼 광고를 클릭했다는 의미는 무엇일까요? 바로 구매의사가 있다고 간주하게 됩니다.

구매의사가 없으면 광고를 굳이 클릭하지 않습니다. 더욱이 그런 광고를 클릭한 비율이 높다라면 더더욱 그 가치는 올라가게 됩니다. 즉 ❷ 월 평균 클릭률(검색대비 광고를 클릭한 수)이 높다는 것은 그만큼 광고주들이 많은 돈을 내더라고 광고를 하고 싶은 키워드 입니다.

월 평균 클릭률 = (광고클릭수 / 검색수) * 100
보통 1% 이상의 클릭률이 전환이 되는 키워드라고 해석할 수 있음

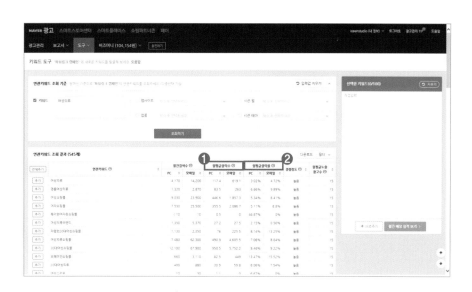

주의할 점은 분모인 검색수가 적으면 의미가 없습니다. 100명중에 10번 클릭해도 10% 이기 때문입니다. 그래서 클릭률을 볼 땐 꼭 월간검색수가 어느 정도 나와 주는 키워드가 좋습니다.

여기서 질문 하나 드리겠습니다.

반대로 검색수는 많은데 클릭수가 적은 즉, 클릭률이 낮은 키워드는 어떻게 해석해서 활용할 수 있을까요? 그렇습니다. 홍보용으로 좋습니다.

❶ [학생크로스백]은 모바일 기준으로 15,500건 검색되는데 광고 클릭은 26건으로 클릭률은 0.67%입니다. 즉, 파워링크광고로 내 회사광고를 노출시켜도 겨우 평균 26건 클릭되기에 부담이 없는 것입니다. 물론 cpc 광고 단가(고객이 내 광고를 1회 클릭했을 때 나가는 광고비용)를 따져봐야겠지만 노출로 얻어지는 이익이 더 크다고 볼 수 있습니다.

전체추가	연관키워드 ⑦	월간검색수 ⑦		월평균클릭수 ⑦		월평균클릭률 ⑦	
		PC	모바일	PC	모바일	PC	모바일
추가	❶ 학생크로스백	2,610	15,500	16	26.3	0.67%	0.19%

Q4 CPC 예상 금액은 어떻게 확인할 수 있나요?

01 ❶ [선택한 키워드] 박스에 [여성의류]를 적고 ❷ [월간 예상 실적 보기]를 선택합니다.

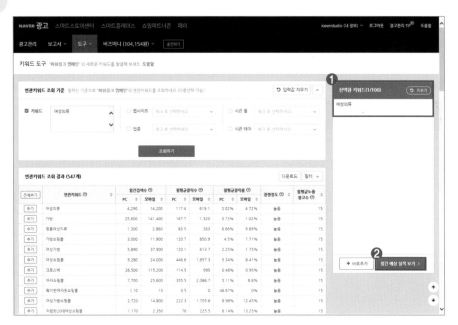

02 ❶ [예상값]을 ❷ [예상 비용]으로 선택합니다. 그리고 꺾이선 선을 찾아야 합니다.

04 꺾이는 선을 찾아야 하는데, 금액이 낮으면 잘 나오지 않습니다. 그래서 ❶ [입찰가]를 1500원 정도 높여서 다시 ❷ [조회]를 선택합니다. ❸ 꺾이는 선을 확인할 수 있습니다. 내가 파워링크 상위로 오르려면 이 꺾이는 선(광고 한클릭당 1720원) 부터 무한 경쟁이 시작된다고 보시면 됩니다. 네이버 파워링크는 대표적인 CPC 광고로 경매방식입니다. 누군가 10원이라도 더 비싸게 내면 나보다 상위로 잡히는 것입니다.

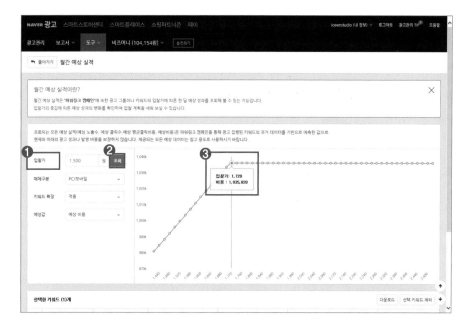

Lesson 34 블로그 마케팅

블로그 마케팅은 사업하는 분들이 가장 쉽게 할 수 있는 홍보 마케팅 채널입니다. 하지만 장단점도 확실히 구분되기에 블로그가 가지는 특징이 내 사업에 잘 맞는지 확인해야합니다.

온라인 마케팅으로써 블로그가 가지는 특징

장점	1. 무료로 홍보 마케팅이 가능하다.
	2. 바이럴 마케팅으로 활용 가능하다.
	3. 온라인 마케팅의 구심점 역할을 할수 있다.
	4. 소비재 중심의 상품을 알리는데 효과적이다.
단점	1. 시간이 오래 걸린다.
	2. 상위에 노출하지 않으면 마케팅적 효과가 떨어진다.
	3. 상위에 노출되기 위해서 네이버 알고리즘에 최적화 시켜야한다.
	4. 대행업체를 쓴다면 상당히 많은 돈을 지출하고도 효과를 못 볼 가능성이 있다. 실력 있는 대행업체를 만나야 한다.

Q1 블로그 종류는 무엇이 있나요?

많은 질문이 "네이버 블로그가 좋은가요? 티스토리가 좋은가요?"라고 물어보십니다. 답은 둘다 좋지만 내가 블로그를 어떤 목적으로 활용할지를 생각하시면 구분해서 선택할 수 있다고 얘기해드립니다.

〈네이버 블로그〉

〈티스토리 블로그〉

저자인 저는 티스토리를 오랫동안 하고 있는 파워블로그였습니다. 현재 누적이 약 200만명쯤 됩니다. 한창 파워블로그 였을 때 일일 5,000명~7,000명쯤 됐습니다. 그 당시 티스토리에서 이 정도였으니까 만약 네이버 블로그였다면 더 상당한 조회 수가 나왔을 것입니다.

누구보다 블로그를 잘 알고, 실제 파워블로거로서 다양한 경험을 했습니다. 특히 티스토리를 했던 이유는 구글의 애드센스 광고 수익을 위해서였습니다. 네이버 블로그는 폐쇄형이라 구글의 광고를 달 수 없었고, 소스도 건드릴 수 없었습니다. 지금은 위젯 기능이 있지만 그 당시에는 전혀 없었습니다. 블로그를 하기 위해서는 블로그를 먼저 선택해야 합니다.

	네이버 블로그	티스토리
장점	1. 유저들이 많다. 2. 네이버의 다른 플랫폼(마케팅 툴)과 융합이 잘 된다. 활용도가 높다 3. 투명위젯으로 나만의 블로그 디자인이 가능해 졌다. 4. 소통기능이 강력하다	1. 오픈형 블로그로 소스 수정 및 내가 원하는 디자인으로 수정가능하다 2. 광고를 붙여 광고수익을 낼 수 있다. 3. 애드센스를 통해 광고수익이 가능하다.
단점	1. 폐쇄형 (소스 건드릴 수 없다) 2. 같은 카테고리에 경쟁 블로거 들이 너무 많다. 3. 네이버 알고리즘에 맞추려면 상당한 시간이 필요하다.	1. 네이버 블로그 보다 소통능력이 떨어진다. 2. 플랫폼의 힘이 약하다. 카카오 플랫폼으로 네이버 보다 마케팅 활용도가 떨어진다.

구글 애드센스처럼 광고수익을 원한다면 오픈형 소스인 티스토리를, 유저들과 소통을 원한다면 서이추 기능 및 네이버 다른 플랫폼과 최적화 할 수 있는 네이버 블로그로 가시는 것이 좋습니다. 대표적인 차이점이라고 할 수 있습니다. 네이버 블로그나 티스토리나 같은 블로그이기에 블로그가 가지는 기본적인 장점과 단점은 동일 합니다.

여러분들은 블로그를 어떤 목적을 두고 사용하시나요? 아래의 표는 블로그를 마케팅목적별로 나눠 본 것 입니다.

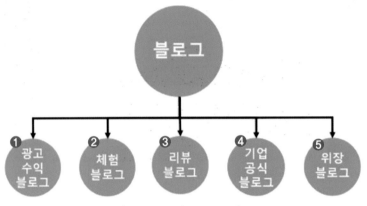

〈마케팅 목적별 블로그 구분〉

❶ **[광고수익 블로그]**는 제 티스토리 블로그(prucc.co.kr)처럼 구글애드센스 광고수익을 내는 목적 으로 만들어진 것입니다. 네이버 블로그 클릭 광고가 있지만 그것은 별 효과가 없고, 대부분 클릭 당 광고를 하는 분들은 이런 애드센스로 돈을 벌고 있습니다. 하지만 제가 확실히 말씀드리는데, 구글애드센스로 돈을 많이 벌 수 있다는 광고는 믿지 않는 것이 좋습니다. 그렇게 되려면 전업 블 로그가 되어야 하는데 전업 블로그를 한다고 해도 일반 직장 월급만큼 벌 수 있다는 보장도 없습 니다. 나중에 애드센스를 배울 때 더 자세하게 말씀 드리겠습니다.

❷ **[체험 블로그]**는 [리뷰 블로그]와 같아 보이지만 글을 쓰는 주체가 누구냐에 따라 그리고 파급력 에 따라 차이가 있습니다. 일반 블로거들이 협찬 받은 상품을 체험하고 글을 쓰는 것은 체험형 블 로그이고 파워 블로거들이 협찬 받아서 아주 자세하게 리뷰를 다는 것은 리뷰 블로그로 나눠볼 수 있습니다. 즉 형태는 같아도 누가 쓰냐에 따라 파급력에 따라 구분될 수 있습니다.

❸ **[리뷰 블로그]**

리뷰형 블로그는 파워블로거들이 주로 쓰는 형태라고 보시면 됩니다. 파워블로거들이 리뷰형태 로 글을 쓰는 것은 확실히 효과가 다릅니다. 글도 일단 잘 쓰지만 글에 대한 파괴력이 있습니다. 즉 마케팅적 감각이 있어서 구매로 이어 질 수 있도록 유도를 잘합니다. 또한 매우 상세하게 그 상품 에 대해서 리뷰형태로 즉, 제3자 입장에서 글을 씁니다. 그러다보니 많은 소비자들이 그 글에 설 득당하기도 합니다. 구매로 이어진다는 뜻입니다. 이런 [리뷰 블로그]는 기업입장에서는 돈을 주 고 의뢰를 하게 됩니다. [체험 블로그]도 블로그 마케팅 대행사에 돈을 주고 의뢰를 할 수 도 있지 만 질적으로 많은 차이가 납니다. 요즘은 대행사를 통하지 않고 파워블로거들에게 직접 연락하여 글을 의뢰하기도 합니다. 요즘은 파워블로거라는 제도가 없어졌지만 그래도 우리가 영향력 있는 블로그를 일반적으로 파워블로그로 명칭하고 있습니다.

❹ [기업 공식 블로그]

기업 공식 블로그는 기업을 대표하는 소통 채널로 활용합니다. 큰 기업일수록 홍보팀 막내직원이 전담하여 관리를 합니다. 아니면 대행사에 관리를 의뢰하기도 합니다. 기업 소식을 알리려는 소통 창구로 활용 합니다. 만약 쇼핑몰 창업을 하게 되면 꼭 권유 드리는 블로그 형태입니다.

❺ [위장 블로그]

위장 블로그는 말 그대로 마치 관계가 없는 것처럼 위장한다는 뜻입니다. 간단하게 설명하면 직원들의 개인 블로그를 회사 홍보용으로 사용하는 것입니다.

마치 개인적으로 후기를 포스팅 한 것처럼 보이지만 사실 회사의 마케팅 목적으로 직원들을 동원하는 것입니다. 직원들이 순수한 마음으로 애사심을 가지고 글을 써주면 좋겠지만 만약 그것이 강압이나 압력에 의한 의무감에 쓴 글이라면 문제가 됩니다.

Q3 네이버 블로그 최적화를 위해서 검색 로직 알고리즘을 알고 싶어요.

블로그 마케팅 검색 로직은 아마 대한민국에서 온라인 마케팅을 한다는 사람이라면 꼭 알아야 하고 이해해야 하는 내용입니다. 왜냐하면 네이버가 우리나라의 검색시장을 잡고 있기 때문입니다. 예를 들어, 지금 두 사람이 비슷한 키워드로 비슷한 글을 쓴다고 보면 어떤 사람은 상위에 노출되고 어떤 사람은 저~먼~12 페이지에 걸려 있을 수 있습니다.

아니 비슷한 키워드에 비슷한 내용인데 어째서 그럴까요? 이유는 네이버 알고리즘에 최적화 되어 있는가 아닌가의 차이입니다. 그래서 대한민국에서 온라인 마케팅을 잘하려면 필수적으로 검색시장을 잡고 있는 네이버 알고리즘을 알아야 합니다. 그럼 네이버 알고리즘 로직이 어떻게 변했는지 그리고 현재 알고리즘은 어떻게 최적화가 되어 있는지 알아보겠습니다. 한 가지 말씀 드리고 싶은 건 로직이 변했다고 해서 없어졌다고 생각하면 오산입니다.

고도화 되었다고 생각하시는 것이 맞습니다. 즉 예전 로직에서 업데이트를 해주었기에 과거 로직도 그대로 돌고 있습니다. 그래서 더욱 로직의 변천사를 알아야 하는 것입니다.

〈네이버 로직의 변천사〉

① 리브라 로직 (2012년)

- 검색 이용자 만족도가 높은 문서들과 낮은 문서들을 모아 유형화 했습니다.
- 이를 기반으로 믿을 수 있는 좋은 정보를 생산해내는 블로그와 신뢰할 수 없는 저품질 문서를 생산하는 블로그를 구별해 랭킹 로직에 반영 하기 시작했습니다.

  그럼 그 문서의 신뢰성을 어떻게 판단하는가? 이게 핵심인데, 네이버는 아래의 요소로 평가를 시작합니다.
- 문서 신뢰성 판단 요소
  - 만족도 평가요소 : 이용자 클릭수
  - 활동성 평가요소 : 블로그 활동기간
- 이런 평가요소 조작을 통해 랭킹을 올리려는 시도를 막기 위해 네이버가 분석한 각종 어뷰징 요소들도 반영했습니다.
- NHN 검색연구실 강인호 박사는 그 당시 "새 검색 알고리즘 리브라는 좋은 블로거가 만든 양질의 문서가 검색 결과에 잘 보이도록 하는 구조"라며 인터뷰를 했었습니다. 또한 "이용자에게 신뢰도 높은 검색 결과를 제공하기 위한 네이버 검색 개선 프로젝트는 앞으로도 계속 진행될 것"이라고 말하기도 했습니다. 참고로 강인호 박사는 2016년에 나온 라이브로직(c랭크)를 만든 네이버 검색연구센터 박사이기도 합니다.
- 신뢰성, 독창성, 이용자 선호도가 높아 검색 결과에 정상적으로 노출되는 좋은 문서들과 불법성, 기계적 생성, 클로킹 (검색엔진에서 인식되는 내용과 실제 사용자 방문시의 내용이 전혀 다른 경우) 등으로 검색 노출에서 제외되는 유해 스팸 어뷰징 문서를 선별하도록 했습니다.

② 소나로직 (2013년)

- "유사문서판독 시스템"을 기반으로 "원본 글을 상단에 노출" 합니다.
- 검색 결과에서 원본이 더 우대받는 기술을 적용했습니다.
- 그 당시 네이버 김상헌 대표는 언론사에 이런 인터뷰를 합니다. "검색 결과에서 원본문서를 우선 노출하기 위해 문서수집과 유사문서 판독 등 기술적 문제 개선 했다"
- 문서수집 체계 전반을 개선했습니다.
- 원본문서와 펌글 등 유사문서 간 판독도 정교화되었습니다. 그래서 이때부터 블로그를 할때는 무조건 복사하면 안된다는 말이 생긴 것입니다. 현재도 마찬가지입니다. 복사하시면 안됩니다.
- 다수 이용자가 검색했거나 원본문서일 가능성이 높은 문서의 수집량을 늘리는 방향으로 알고리즘이 짜여져 있습니다.
- 원본문서 판독 가능성을 더욱 높일 '소나'(SONAR)라는 새 알고리즘 로직을 추가 했습니다.
- 소나는 문서 간 인용관계와 문서의 중요도 등을 분석해 이용자가 찾는 정보의 원본문서를 추출하는 새로운 검색 알고리즘입니다.
- 통합검색 최상단에 원본문서를 단독 노출하는 형태로 서비스를 제공하기 시작했습니다.

③ 소통형 융합로직 (2014년)

- 모바일 친화적인 로직. 즉, 모바일의 가장 큰 장점인 "로컬" 개념이 적용되었습니다.
- 또한 해시태그로 인한 소통형 정보 개념을 도입했습니다.
- 원글의 카테고리를 반영하여 전문성 있는 글이 상단 위치 되었습니다.
- 아이폰 대중문화 블로그 PRUCC.CO.KR 에서 아이폰 관련글을 쓰면 상단, 하지만 맛집같은 포스팅은 상단에 나타나지 않았었죠. 그래서 전문성 점수가 반영되고 있다고 판단했습니다.
- 이러한 생각은 지금와서 보면 정확했습니다. 예를 들어 패션의류 관련글을 꾸준히 쓰면 패션의류에 대한 전문성 있는 블로그로 인식하여 관련된 글이 블로그 상단에 노출되기 때문입니다.

이 "소통형 융합로직"이라는 용어는 없습니다. 제가 2014년 당시 뭔가 로직이 변화되고 있는데 네이버의 공식적인 입장은 없어서 제가 용어를 붙인 것입니다. 오해 없으시길 바랍니다. 그렇게 2014년도에 뭔가 한번 바뀌고 그 "소통형 융합로직"이 고도화 되어 나온 것이 바로 "라이브 로직"입니다.

④ 라이브 로직 (2016년)

앞서 말한 '소통형 융합로직'이 고도화 되어 공식적인 로직이 2016년에 발표가 됩니다. 바로 라이브 로직입니다. 라이브로직은 "c랭크"라는 알고리즘으로 구성되어 있다고 발표를 했습니다. 이 c랭크가 발표된 이후 정말 네이버의 많은 것이 변했습니다. 네이버의 검색로직이 변했기 때문에 모든 플랫폼의 변화가 있었습니다. 특히 블로그의 순위에서 잘 나오던 광고성 블로그가 순식간에 망하기도 하고, 꾸준하게 전문 블로그를 운영하는 블로거들은 제대로 평가를 받기 시작했습니다. 알파고와 인간의 싸움이 점점 알파고의 승리가 되어 가고 있는 것이죠. 이 로직이 나온 지 시간이 많이 흘렀으나 과거처럼 인간의 창조적 능력으로 회피하거나 깰수 있는 방법이 나오지 않았습니다. 그럼 네이버가 소개하는 라이브 로직은 어떤 구조를 가질까요?

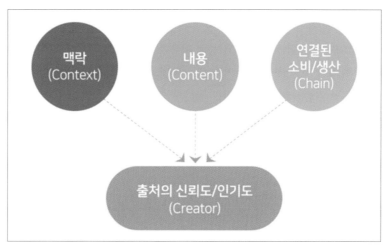

〈출처: 네이버 공식 블로그〉

앞서 리브라 로직에서 말한 대로 네이버로직은 문서의 신뢰도를 분석합니다. c랭크 알고리즘은 주요 3가지를 보고 평가를 하는데, 바로 맥락(context)과 내용(content) 그리고 연결된 소비, 생산(chain) 입니다. 많은 교재나 강의들이 이 부분에 대해서 명확한 설명을 못하고 있는데, 당연해 보입니다. 대부분 파워블로그의 경험이 없고, 블로그를 제대로 운영해 온 경험이 짧기 때문입니다. 그러다 보니 블로그에서 맥락이 뭐고 내용이 뭔지 그리고 체인(chain)이 무엇인지 그 차이를 정확하게 모르는 것입니다. 이게 왜 블로그에 중요한지 모르게 됩니다.

자세하게 설명해보도록 하겠습니다.

① 맥락(context)

일단 네이버에서 말하는 맥락(context)은 블로그 포스팅을 할 때 전체적인 주제를 말합니다. 제목은 모바일인데 본문의 내용은 맛집이라면 그 블로그는 바로 최적화 되지 않습니다. 네이버는 딥러닝 기술로 본문 자체를 완벽하게 분석하는 기술을 보유하고 있습니다. 제목과 본문의 내용의 흐름의 맥락이 일치하는지 제대로 글을 써왔는지 분석이 가능합니다. 왜 이런 알고리즘이 필요할까요? 이는 블로그를 가지고 장난을 치시는 분들이 있기 때문입니다. 그러면 네이버 블로그의 전체적인 문서의 신뢰도가 떨어지고 유저들이 떨어져 나가면 결국 광고수익도 떨어지기 때문에 그렇습니다.
이 미디어에서 광고는 중요한 위치를 차지하는데 그런 광고수익에 대한 매커니즘은 조금 있다가 설명 드리겠습니다.

② 내용(content)

그럼 내용(content)은 무엇일까요? 예를 들어 보겠습니다. 젊은 대중들에게 인기가 많은 최신형 아이폰이나 갤럭시에 대한 기능을 설명한다고 한다면 사진은 과연 몇 장이 필요할까요? 본문의 양은 어느 정도 될까요? 어떤 분들은 공식적으로 사진은 몇 장을 넣어라 관련된 키워드를 몇 개 넣어라 이렇게 말하는 분들도 있다고 들었는데, 제가 여러분께 단호히 말씀드립니다. 사업은 성공한 사람들에게 배우는 것이고, 블로그는 파워블로거들에게 배우는 것은 당연합니다. 파워블로거들이 사진은 몇 장을 맞춰서 넣고 키워드를 몇 개 넣고 하지 않습니다. 아이폰의 새로운 기능을 잘 설명하기 위해서 당연히 다량의 사진은 필요하고 자세한 글을 쓸 수밖에 없습니다. 그렇게 좋은 글을 쓰다보면 댓글이나 피드백도 자연스럽게 많아지고 소통의 능력이 커집니다. 중요한 것은 어떤 주제의 제목을 뽑을 것인가, 그러기 위해서 대중들이 현재 어떤 키워드에 관심이 많은지를 분석하는 것이 중요하지 사진을 몇 장 넣고 관련 키워들을 몇 번 섞어서 넣으라는 말은 블로그를 제대로 운영하지 못한 사람들이 강의 또는 설명을 해야 하는 상황에서 교육생들이 듣기에 그럴싸한 말을 해야 하기에 만들어 낸 말과 다름없습니다.

③ 연결된 소비/생산(chain)

그럼 마지막으로 연결된 소비/생산(chain) 은 무엇일까요? 저는 이게 c랭크의 핵심이라고 봅니다. 즉 앞서 설명한 context, content 는 앞선 로직에서 어느 정도 반영되어 있습니다. 그런데 이 chain 은 모바일, SNS 세상이 도래되면서 필수적이고 핵심 기술입니다. 바로 공유의 개념입니다. 즉, 내 블로그 콘텐츠가 얼마나 SNS 상에서 공유되고 사람들에게 소개되고 있는지, 얼마나 사람과 사람들 사이에서 연결성을 확보하고 있는지를 네이버 로직은 분석을 합니다. 예를 들어, 제가 블로그에 글을 하나 썼다면 그 글을 페이스북이나 다른 SNS 상에서 얼마나 공유되어 퍼지고 있는지를 분석하는 것입니다. SNS 상에서 많이 공유된다는 뜻은 무엇일까요? 그만큼 그 문서의 신뢰도나 인기도가 높다는 뜻입니다. 만약 내용이 좋지 않고 공유할 만한 가치가 없다면 대중들은 전혀 공유하지 않게 됩니다. 여기서 바로 아! 하시는 분들이 많을 텐데, 그렇습니다. 만약 여러분의 블로그가 파워블로그가 되려면 공유를 많이 시켜주어야 한다는 것입니다. 일부 소수 블러거들은 이것을 알기에 일부러 자신의 SNS나 이웃들에게 부탁하여 SNS 상에서 공유를 시킵니다.

왜 블로그 내용이 SNS 상에서 공유되는지 이제 아시겠죠?

그럼 C-RANK 알고리즘에 반영되는 정보는 무엇이 있을까요? 매우 궁금해 하시는데, 그것은 네이버에서 공식적으로 잘 설명을 하고 있습니다.

항목	설명
BLOG Collection	블로그 문서의 제목 및 본문. 이미지, 링크 등 문서를 구성하는 기본 정보를 참고해 문서의 기본 품질을 계산
네이버 DB	인물, 영화 정보등 네이버에서 보유한 관련 콘텐츠 DB를 연동해 출처 및 문서의 신뢰도를 계산
Search LOG	네이버 검색 이용자의 검색 로그 데이터를 이용해 문서 및 출서 출처의 인기도를 계산
Chain Score	웹문서, 사이트, 뉴스 등 다른 출처에서의 관심정도를 이용해 신뢰도와 인기도를 계산
BLOG Activity	블로그 서비스에서의 활동 지표를 참고해 얼마나 활발한 활동이 있는 블로그 인지를 계산
BLOG Editor 주제 점수	딥러닝 기술을 이용해 문서의 주제를 분류하고, 그 주제에 얼마나 집중하고 있는지 계산
공식블로그	네이버 블로그에서 선정한 공식 블로그 인지 여부를 반영

〈출처: 네이버 검색 공식 블로그, http://blog.naver.com/naver_search/220774795442〉

Q4 파워블로그가 되고 싶어요. 방법이 있을까요?

파워블로그의 정의는 이제는 무의미 해졌습니다. 각 포털에서도 파워블로그로 나오는 폐단들 때문에 파워블로그 제도를 없앤지 오래되었습니다. 왜냐하면 파워블로그라는 타이틀을 달았더니 상업적으로 활용되면서 오히려 좋은 취지가 변색되었기 때문입니다. 즉, 진정성 있게 콘텐츠를 생산해서 파워블로그가 자연스럽게 되기 보다 파워블로그가 돼서 돈을 벌려고 콘텐츠를 생산하는 일이 일어났기 때문입니다. 그래서 파워블로그라는 공식적인 타이틀이 없어졌지만 그럼에도 불구하고 마케팅에서는 영향력이 많은 블로그를 파워블로그로 지칭하고 있습니다. 그럼 어느 정도의 일 조회수가 나와야 파워블로그 인지를 본다면, 적어도 하루 5000명 이상의 방문자가 와야 파워블로그라고 할 수 있습니다. 범위를 조금 좁혀본다면 하루 1만명 정도의 방문이라면 어디서 자랑하듯 파워블로그 라고 할 수 있습니다.

하루 1만명의 방문자수는 인터넷 상에서는 하나의 헤게모니(권력)입니다. 즉 인터넷 권력이 있는 것입니다. 저도 누적 200만명으로 블로그를 꾸준히 해왔습니다. 100만명이 넘으면 책도 쓰던데 저는 별로 대단하다고 생각하지 않습니다. 솔직히 100만명 넘기는 거야 크게 어렵지 않은데 많은 분들이 마치 대단하다고 생각 하는 것입니다. 그런데 블로그를 제대로 하면 하루에 5천명 정도는 충분히 유입이 가능합니다.

보통 파워블로그 들은 모든 글이 다 좋아서 하루에 5천명이 넘는 것이 아닙니다. 그 중에서도 킬러콘텐츠들이 조회수를 늘려주는 것입니다. 저도 하루에 5천명 이상씩 유입이 될 때는 주요 키워드로 구성된 킬러 콘텐츠들이 있었습니다. 네이버 상단에 걸리는 것들입니다.

제 경험으로는 키워드 마다 다르겠지만 보통 네이버 상단에 걸리면 하루에 700번의 트래픽을 일으켰습니다. 즉 이런 킬러콘텐츠들이 10개만 되면 하루에 7000 조회수가 되는 것들입니다. 예를 들어 200개 글이 있다면 그중 킬러콘텐츠 몇 개가 그 블로그를 파워블로그로 만들어 줍니다. 그럼 나머지 글들은 쓸데없는 걸까요? 아닙니다. 그런 글들이 있었기에 네이버 알고리즘에 의해 블로그가 전문성 있게 올라간 것입니다.

재미있는 사실은 킬러콘텐츠를 만들기 위해서 기가 막히게 잘 쓴 글은 오히려 킬러콘텐츠가 안되고, 오히려 덜 신경 쓴 글이 킬러콘테츠가 된 경험들이 많았습니다. 그렇게 하다 보니 분석을 통해 하나의 법칙을 발견하게 되었습니다. 바로 제목을 잘 뽑아야한다는 사실입니다.

일단 제목이 좋아야 대중들은 터치를 합니다. 그렇게 터치가 많아지면 자연스럽게 알고리즘에 의해 상위로 올라가게 됩니다. 선순환 작용입니다. 그래서 파워블로그가 되려면 첫 번째 제목을 잘 써야 합니다. 그럼 제목은 어떻게 뽑을 수 있을까요? 여기에 바로 "네이버 검색광고"플랫폼을 활용할 수 있습니다.

> **Q5** 파워블로그 제목 뽑는 방법을 알려주세요.

파워블로그 제목을 어떻게 만드는지 실습을 통해 알아보겠습니다. 예를 들어, 여러분이 "주얼리" 제품을 판매하는 쇼핑몰이라 가정하고 그것을 자신의 블로그를 통해서 홍보를 하려고 합니다.

01 먼저 자신의 아이템과 어울리는 홍보키워드 30개를 뽑습니다. 저는 주얼리니까 주얼리 제품을 홍보할 수 있는 연관키워드를 뽑아야 합니다.

네이버 검색광고 플랫폼에서 키워드 ❶ [주얼리]를 검색하고 ❷ [조회하기]를 클릭합니다.

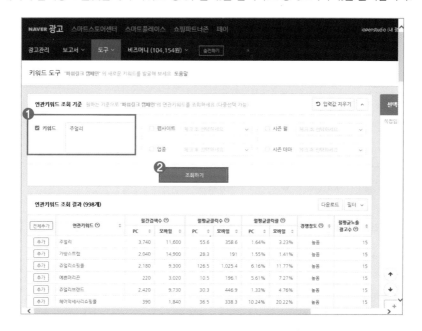

02 앞서 네이버 검색광고에서 설명했듯 ❶ [모바일] 기준으로 정렬 합니다.

자! 검색을 해보니 ❷ 귀걸이는 모바일에서 193,300 회로 1위, 생일선물 2위, 스와로브스키귀걸이가 3위 등등입니다. 조회수도 많습니다. 이 말은 즉 사람들이 네이버를 통해 많이 검색하고 있다는 것입니다.

그래서 193,300 건을 기록한 "귀걸이"라는 키워드로 블로그 제목을 달면 될까요? 아직은 아닙니다. 한 가지 더 확인할 것이 있습니다.

03 네이버 블로그 검색으로 ❶ [귀걸이]라는 키워드로 쓴 ❷ [블로그] 포스팅이 몇 개가 있는지 확인합니다. 무려 ❸ 1,133,378 건이 존재합니다. 그렇다면 살포시 이 키워드는 포기합니다. 왜냐하면 우리의 목적은 블로그 상단에 나오는 것인데, 블로그를 처음하시거나 최적화 되어 있지 않은 블로그라면 1,133,378 건들과 싸워봤자 에너지 소비만 될 뿐 상단에 오를 확률이 없습니다. 저 정도에서 상단에 꽂으려면 여러분도 다른 이들과 마찬가지로 파워블로그라면 가능하지만 지금은 아니기에 포스팅의 의미가 없다는 것입니다.

04 이런 식으로 하나하나 검색해 봅니다. ❶ [20대 여자 생일선물] 이라는 키워드를 볼까요?
한 달에 네이버 검색 모바일 조회수로 50,700 회 조회가 됩니다. 괜찮은 숫자입니다. 그럼 이 키워드로 블로그가 몇 건 정도 있는지 볼까요? ❷ 14,059건입니다.

05 즉, "20대 여자 생일선물" 키워드는 사람들이 많이 검색하는 반면, 블로그 건수가 적어서 이 키워드로 블로그를 썼을 때 내가 상위로 노출될 가능성이 매우 큽니다. 만약 상위로 노출되어 블로그 조회수가 높아지면 선순환 작용으로 인해 내 블로그 지수도 높아지기에 블로그의 다른 모든 글에 좋은 영향을 주게 됩니다.

06 그런데 주의할 점이 있습니다. 바로 네이버 모바일 사이트에서 ❶ [20대 여자 생일선물] 검색시 ❷ 통합검색에 블로그나 포스트 등등이 잡히는지 확인해야 합니다. 만약 모바일 사이트 통합검색에 잡히지 않는 키워드라면 의미가 없습니다. 왜냐하면 블로그가 소비자들에게 노출이 잘 안 된다는 뜻이기 때문입니다.

07 여기서 끝이 아닙니다. 더 전략적인 팁을 보여드리겠습니다.
검색광고에서 확인한 [20대 여자 생일선물] 데이터를 다시 확인해 보겠습니다.

연관키워드	홈페이지		월평균클릭수		월평균클릭률	
	PC	모바일	PC	모바일	PC	모바일
20대 여자 생일선물	6,940	50,700	15.1	72.3	0.25%	0.16%

월평균클릭률이 모바일 기준으로 0.16%입니다. 그렇다면 이렇게 분석하시면 됩니다.

a. 검색은 많으나 광고를 클릭하지 않는다.

b. 물건을 구매할 의사가 없다. 이것은 정보를 찾으려고 들어가는 키워드이다.
    여자친구 선물을 뭐 줄지 정보를 보러가는 사람들이다.

c. 그렇다면 블로그에 충실한 정보를 주어야 겠구나. 그래서 블로그 조회수를 높이는 것을 목적으로 해야 겠
    구나

그런데 만약 클릭수, 클릭률 모두 높다면? 그럴 때는 정보제공은 당연하고 본문에다가 "상품 바로가기" "상품 더 보기"등등 구매로 이어질 수 있는 장치를 마련해야 합니다. 바로가기 배너를 만들어 쇼핑몰 주소를 링크시키는 방법으로 유저들을 쇼핑몰로 넘기는 작업을 해야 합니다. 우리는 이런 배너를 전문용어로 CTA (Call To Action) 이라고 하고, 링크로 넘어가는 비율을 클릭률(CTR, Click Through Ratio)이라고 말합니다. 물론 월평균클릭률이 높지 않은 상품에다가도 해줘도 됩니다. 다만 월평균클릭률이 높은 키워드로 포스팅을 했다면 꼭! 내 쇼핑몰 렌딩 페이지로 넘기도록 유도해야 한다는 것입니다. 놓치면 안 됩니다.

이런 구체적인 방법 툴은 실제 제가 하는 스킬들입니다. 대행사 직원들도 저의 강의를 카피하고 스킬을 배우러 올 정도로 효율성이 높은 방법입니다. 워낙 무료강의를 하면서 알려드렸던 방법이라 많은 파워블로거 들이 따라 합니다. 조회수를 보고 키워드 잡는 것은 이미 다알려진 사실이지만 클릭률까지 분석하여 소비자 니즈에 따른 블로그 포스팅 전략 잡는 것은 수많은 분들이 감탄해 하신 부분입니다. 그러다 보니 강의나 방법을 카피하시는 분들도 많습니다.

08 그렇게 제목을 선별하여 본문의 글까지 쓰셨다면 꼭 공유를 해주시기 바랍니다.
앞서 설명 드린대로 Chain Score 의 지수를 높여주는 작업입니다. 즉, 얼마나 소통이 되고 있는가가 중요합니다. 그러니 많이 공유하시기 바랍니다. 이렇게 네이버 로직과 파워블로그가 되는 방법을 정리해 봤습니다. 네이버도 공식적으로 많은 부분들 설명하고 있습니다. 도움이 되는 글이니 소개를 해드립니다.

- 최적화 블로그, 저품질 블로그에 대한 네이버 공식 내용
  http://blog.naver.com/naver_search/220766056734
- 네이버 블로그 검색랭킹 알고리즘 이야기
  http://blogpeople.blog.me/220774923337
- 네이버 검색 반영 요청하기 (고객센터)
  https://help.naver.com/support/contents/contents.nhn?serviceNo=606&categoryNo=11060

그럼 우리가 블로그를 활성화 시켜서 무엇을 얻을 수 가 있을까요?

개인 파워블로거 들은 대부분 재미를 위해서 하시는 분들이 많고 또 어떤 분들은 경제적 이윤을 바라고 후기나 리뷰를 하시는 분들이 많습니다. 그럼 쇼핑몰운영자들에게는 어떤 목적과 그 목적을 달성하고자 어떤 방법론이 있을까요?

제가 항상 안타까웠던 것이 바로 이 부분이 이었습니다. 많은 교육생님들이 마케팅 강의나 책을 보는데, 깊이기 없고, 단지 스킬위주의 매뉴얼 형식이다 보니 필드에서 전혀 활용을 못하는 경우가 많았습니다. 한편으로는 안타깝고, 한편으로는 정리를 한번 할 필요가 있겠다는 필요성을 느꼈습니다. 즉, 가짜와 진짜를 구별하는 기준점을 제시해야겠다는 생각을 했습니다.

우리는 블로그를 활성화 시켜서 무엇을 얻을 수 있을까요?

첫 번째, 고객DB를 얻어야 합니다.

고객DB 요?

저는 대학에서 전자상거래업 마케팅, 경제방송에서 경제평론가, 공중파에서 문화평론가로 활동하고 있습니다. 그런 제가 자신 있게 말씀 드리는 것은 바로 앞으로 고객 DB 마케팅이 더욱 중요해진다는 것입니다. 이런 것을 퍼미션 마케팅(Permission Marketing) 이라고 합니다.

현재 미국의 전자상거래업 즉 쇼핑몰은 it와 맞물려 큰 변화와 성장을 기록하고 있습니다. 우리가 알고 있는 성공한 쇼핑몰들의 공통점은 꼭 앞에 고객의 이메일 주소나 DB을 얻으려 한다는 사실입니다. 즉, 고객의 니즈를 알 때 그에 맞는 상품과 솔루션을 제공할 수 있는 것입니다. 그 중심에는 고객의 어느 정도의 정보 동의(Permission)가 필요합니다.

고객이 무엇을 좋아하고 무엇을 가치 있게 생각하는지 안다면 그것이야 말로 성공으로 가는 지름길이라고 볼 수 있습니다. 그런데 그런 DB를 얻는 것이 문제입니다.

대형할인마트를 가면 항상 우리는 뭔가 전단지나 쿠폰을 받습니다. 그럼 꼭 주소나 전화번호 등등 개인정보를 받습니다. 굳이 쓸 필요가 없는 가족구성까지 써야하는 경우도 있습니다. 자녀가 있는지 없는지는 왜 물어볼까요? 결혼을 했는지 안했는지 왜 물어볼까요? 바로 고객의 DB 가 힘이기 때문입니다. 어떻게든 고객의 DB를 받으려 합니다. 마찬가지입니다. 우리도 사업을 하는데 고객의 DB는 너무나 소중합니다. 그렇다고 우리가 대기업처럼 자동차나 수백만원의 경품을 걸고 이벤트를 할 수 없는 노릇이고 그것을 하고 싶어도 고객과 만날 수 있는 접점이 없다는 것이 문제입니다. 대형 유통업체야 고객을 만날 수 있는 마트라도 있지 쇼핑몰을 하시는 분들은 고객을 만날 수 있는 접점이 없기 때문입니다. 오프라인 매장이 있으면 그나마 낫지만 대부분의 쇼핑몰은 온라인만 하시는 분들이 많기에 고객과 만날 접점이 없었습니다. 그래서 추천 드리는 전략이 바로 블로그를 활용하는 방법입니다.

저는 200만 파워블르그를 운영하면서 깨달은 것이 정말 여기서 다양한 사람들을 만났다는 것입니다. 댓글을 통해, 게시글을 통해 수많은 칭찬과 응원을 통해 고객과 접점을 찾았습니다. 즉, 우리가 왜 블로그 조회수를 늘리려 할까요? 왜 여러분은 파워블로그가 되고 싶나요?

그것은 결국 대중(고객)과의 접점을 찾고 싶어서입니다. 소통하고 싶은 것입니다. 그것이 블로그의 핵심입니다. 하루에 100명 방문하는 블로그라면 100 명과 소통하는 것이지만 하루에 5천명 1만명씩 오는 블로그는 그 만큼 많은 대중(고객)들과 소통하는 것입니다. 즉 고객과의 접점을 그곳에서 찾을 수 있는 것입니다. 만약 하루에 5천명이 방문했다면 그럼 여러분의 상품을 5천명에게 알릴 수 있는 좋은 기회가 있습니다. 그리고 그 상품에 대해서 댓글이나 네이버 톡톡 등으로 대화하고 이야기를 나눌 수 있는 것입니다. 하물며 하루에 1만 명씩 찾아온다면 여러분은 하루에 1만명과 만날 수 있는 접점을 찾을 수 있는 것입니다.

그럼 어떤 방식으로 고객의 DB를 받을 수 있을까요?

① **사이드 배너를 활용합니다.**
나중에 배우겠지만 만약 투명위젯을 써서 블로그 디자인을 했다면 우측 배너는 활용을 하지 못합니다. 그런 경우 오히려 상단 디자인에 배너를 통해서 소통할 수 있습니다

만약 투명위젯이 아니라면 2단, 3단 블로그로 사이드 배너를 활용하여 소비자에게 내가 알리고자 하는 메시지를 전달할 수 있습니다. 이유는 배너는 여러 상품을 봐도 항상 사이드에 동일하게 보여주기 때문입니다. 이것을 참 잘하는 곳이 바로 "스타일난다" 쇼핑몰입니다. 요즘 디자인을 바꿨지만 그 동안 배너활용을 참 잘했던 쇼핑몰중 하나였습니다. 마케팅 감각이 참 좋은 쇼핑몰이라고 생각합니다.

② **그 사이드 배너에 이벤트, 프로모션을 넣어야 합니다.**
그럼 그 사이드배너에 무엇을 넣을까요? 고객의 흥미를 느낄 수 있는 이벤트나 프로모션을 걸면 됩니다. 홈페이지나 웹 디자인의 기본 프레임이라고 볼 수 있음에도 아직도 쇼핑몰 대표님들은 아무래도 마케팅 경험이 없다보니 활용할 생각이 없는 것 같습니다. 즉, 사이드 배너에다가 1주년 기념 이벤트라던지 런칭 기념 이벤트라던지 프로모션을 걸어서 고객의 DB을 얻어야 한다는 것입니다. 왜냐하면 블로그는 고객과 만날 수 있는 좋은 접점이 되기 때문입니다. 1만명, 5천명씩 만날 수 있는 곳은 그리 흔하지 않습니다.

Q7 네이버 블로그 투명 위젯이 무엇인가요?

네이버 블로그는 처음부터 폐쇄형 블로그였습니다. 네이버에서 주는 기능만 할 수 있었던 것입니다. 그래서 다양한 디자인과 내가 원하는 기능을 원했던 블로거들은 오픈 플랫폼 블로그인 이글루스(2003년 런칭), 티스토리(2006년 런칭)를 많이 했었습니다. 우리나라 블로그가 조금씩 활성화 될 무렵인 2000년대 중반에는 네이버 블로그 보다 이런 오픈형 블로그가 더 인기가 많았습니다. 예를 들어, 코딩 언어(HTML)를 어느 정도 알면 내가 원하는 대로 블로그 스킨을 바꾸고 제작할 수 있었습니다. 하지만 네이버 블로그는 네이버 블로그가 제시하고 준비한 스킨만 할 수 있었고, 무엇보다

오픈형이 아니다 보니 소스코드 자체를 건드릴 수 없었습니다. 자연적으로 구글의 애드센스와 같은 광고를 설치할 수 없었던 것입니다. 하지만, 어마어마한 트래픽과 페이지뷰로 점차 네이버 블로그가 마케팅적으로 관심을 받기 시작합니다. 사실 네이버 블로그가 네이버 검색에 잘 잡힌다는 소문이 돌면서 모두들 네이버블로그를 하고, 그러다보니 네트워크 효과로 점점 그 유저들이 많아 졌습니다. 그럼에도 불구하고 한 가지 아쉬웠던 것은 내가 원하는 대로 스킨을 만들 수 없다는 것이었습니다.

네이버가 그런 니즈를 몰랐던 것은 아니었습니다. 그래서 네이버는 "위젯"이라는 서비스로 유저들의 갈증을 풀어주게 됩니다. 그러니까 완전히 오픈은 못하겠고, 위젯을 제공 할 테니 알아서 코딩을 해라 이런 뜻이었습니다. 위젯이 공개되자마자 유저들은 그것을 잘 응용하게 됩니다. 참 우리나라 사람들은 머리가 좋은 거 같습니다. 그 위젯을 통해 다양한 효과와 메인 디자인 스킨의 변화를 주기 시작한 것입니다. 바로 우리가 요즘 말하는 "투명위젯"이라는 것을 만들어 마치 블로그를 홈페이지처럼 만들어 버린 것입니다.

〈권혁중 교수의 네이버 블로그 메인 화면, http://blog.naver.com/prucc〉

위 그림을 보시면 마치 홈페이지처럼 보이지만 사실 네이버 블로그입니다. 투명위젯 기능을 활용하여 많은 링크와 카카오톡 대화, 메일보내기, 네이버 예약서비스 연동, 사무실 위치 등등 내가 원하는 기능을 다 세팅 했습니다.

이런 네이버 블로그 디자인은 블로그 마켓을 운영하시려는 분들이나 변호사, 세무사, 회계사 등 전문직 블로그에 적용하면 좋은 디자인 전략입니다. 왜냐하면 고객들 입장에서 보면 네이버가 가장 익숙한 플랫폼이기 때문입니다. 내 홈페이지에 따로 찾아오게끔 할 필요 없이 블로그로 자연스럽게 유입을 시켜 우리 회사의 상품, 용역, 재화를 노출하는 것입니다. 그렇기에 전문직 직종 회사들에게 많은 인기를 얻고 있습니다. 보통 이렇게 디지인 하는데 비용은 업체마다 다르지만 블로그 홍보 몇건까지 해서 약 100만원 정도 받습니다. 그런데 사실 기본적인 포토샵과 코딩만 알고 투명위젯의 원리만 알면 쉽게 만들 수 있습니다. 포토샵과 코딩을 어느 정도 알고 있는 분들도 저에게 와서 배워가는이유는 이 투명위젯의 원리가 기본 html 코딩과 조금 달라서 그렇습니다. 핵심 원리를 설명 드리면일단 디자인을 다 만들어 놓고 그 위에 입히는 방법으로 네이버 투명위젯을 구동합니다. 아마 디자인이나 코딩을 모르시는 분들은 이해가 힘드실 것이고, 웹 홈페이지를 만들어 본 분들은 눈치를 채셨을 것입니다. 원래 html 코딩은 그림을 쪼개서 링크로 불러와서 홈페이지를 만드는 것이 원래 하던 방법인데 네이버 투명위젯은 디자인 사진 한 장을 업로드하여 올려 놓고 그 위에 좌표를 그려서코딩을 주는 방법으로 구동됩니다. 그래서 코딩 소스가 중요합니다. 대부분 물어보는 것이 저 소스를 얻고 싶다는 분들이 많습니다.

01 네이버 블로그 ❶ 관리에서 ❷ 레이아웃, 위젯설정으로 들어갑니다. 그림과 같이 ❸ 1단블로그를 선택해야 합니다.

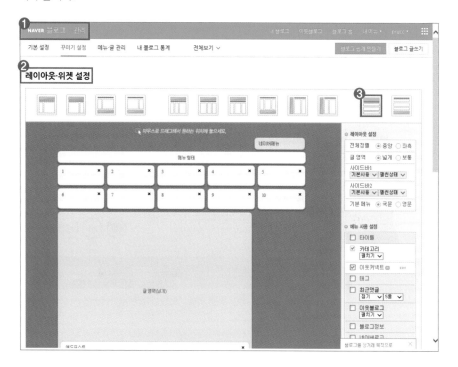

02 ❶ [위젯직접등록] 을 선택 후 ❷ 1번부터 10번까지 위젯을 등록하는데, 소스는 아래와 같습니다.

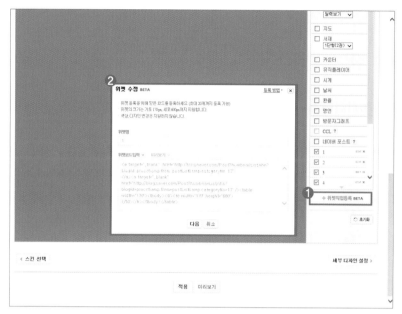

〈투명위젯 소스〉

상단 1번~5번 코드
```
<table width="170"><tbody><tr><td width="170" height="370">
</td></tr></tbody></table>
```

하단 6번~10번 코드
```
<a target="_blank"  href="클릭하면 이동할 링크주소를 넣어주세요">
<table width="170"><tbody><tr><td width="170" height="130">
</td></tr></tbody></table></a>
```

Lesson 35 ┃ 네이버 포스트

Q1 네이버 포스트가 무엇인가요?

포스트를 정의해 볼까요?

"모바일형 블로그 콘텐츠"로 요약할 수 있습니다. 거기에 몇가지 특징을 더한다면 "태그가 가능하고 팔로우 형태의 모바일 잡지"라고 말씀드릴 수 있습니다.

카드뉴스형식의 콘텐츠 공유가 쉽고, 무엇보다 잡지 형태의 연재가 가능하여 구독자를 모을 수가 있다는 것이 특징입니다. 한마디로 모바일 잡지를 만들 수 있는 것입니다. 또한 인스타그램처럼 공식마크를 제공합니다. 다시 말하면 이게 진짜 "스타일난다 공식 포스트 맞다"라는 것입니다.

처음 포스트가 나왔을 때 포스트는 인기가 없었습니다. 이유는 간단했습니다. 네이버 통합검색에 잡히지 않았기 때문입니다. 솔직히 네이버의 많은 플랫폼을 활용하는 이유는 대부분 마케팅 목적에 의해서 사용되는 경우가 많은데, 네이버 검색에 잡히지 않으니 포스트를 활용할 이유가 없었던 것입니다. 저도 처음에는 의아했습니다. 충분히 검색에 잡아줄만 한데 검색에 노출이 안 되더군요. 그러다가 포스트가 인기를 얻게 되는데, 역시 포스트가 검색에 잡히자마자 많은 마케팅 대행사, 마케팅 업체들이 쓰기 시작 했습니다. 요즘에는 기업들의 공식 페이지로 활용을 하고 있습니다.

Q2 블로그랑 차이점을 알고 싶어요.

역시 모바일에 얼마만큼 최적화 되어 있는가가 큰 차이점이라고 할 수 있습니다. 물론 둘 다 스마트에디터 플랫폼을 사용하기에 모바일에 최적화 시킬 수는 있습니다. 하지만 블로그는 아직도 PC 기반으로 많은 텍스트 콘텐츠가 양성되기에 콘텐츠 자체가 모바일에 최적화 되지 않습니다. 일단 모바일의 특징은 화면이 작고 정보량 노출이 적을 수밖에 없습니다. 그런 상태에서 텍스트가 많은 콘텐츠를 제공한다면 질려서 나가 버리기 일 수입니다. 그래서 모바일에 최적화된 콘텐츠는 카드뉴스처럼 이미지가 있는 콘텐츠와 동영상 콘텐츠가 매우 적합합니다.

〈 네이버 포스트 스마트에디터 카드형 글쓰기 모드 〉

블로그와 포스트는 언젠가는 합쳐질 것이라고 생각합니다. 이유는 말씀 드렸다시피 이제는 모바일 중심으로 재편이 될 것이기에 언젠가는 모바일 환경에 맞는 플랫폼으로 합쳐질 가능성이 크다고 생각합니다.

Q3 블로그를 해야 할까요? 포스트를 해야 할까요?

그럼 이런 질문들을 많이 하십니다.
"교수님. 블로그를 해야 할까요? 포스트를 해야 할까요?"

제의견을 말씀드리면 블로그를 해오고 있다면 블로그를 계속하시고 블로그나 포스트 둘 다 전혀 안하고 있는 상태에서 처음 해보려고 한다면 포스트를 추천 드립니다. 이유는 간단합니다. 모바일에 더 최적화 되어 있기 때문입니다.

또 한가지 이유는 콘텐츠 양이 블로그 보다 적다는 것입니다. 즉, 내 포스트가 상단에 걸릴 확률이 크다는 것입니다.

블로그는 이미 많은 대행사들이 수많은 콘텐츠를 만들어낸 상태입니다. 파워블로거를 동원하던 아니면 블로그를 구입하여 하던 이미 수많은 콘텐츠들이 블로그에 있습니다. 하지만 아직 포스트는 그러지 못합니다. 그래서 저는 상단에 걸릴 가능성이 더 큰 포스트가 좋다고 봅니다.

포스트를 쓰는 것은 어렵지 않습니다. 어차피 스마트에디터 모드로 작성되기에 블로그와 전혀 다르지 않습니다.

블로그를 하신 분들에게는 익숙한 환경이고, 또 처음 하시는 분들에게도 어차피 네이버의 콘텐츠 창작 모드인 스마트에디터 환경에 익숙해 지셔야 합니다. 나중에 스마트스토어를 하실 분들이라면 스마트스토어 상품등록도 이 스마트에디터로 하기에 더더욱 익혀두셔야 합니다.

Lesson 36 ┃ 네이버 모두

Q1 네이버 모두가 무엇인가요?

모두(modoo)는 "소상공인들을 위한 네이버에서 만든 무료 모바일 홈페이지다!"라고 요약할 수 있습니다. 저는 네이버가 모두(modoo)서비스 베타테스트 때 가입을 하고 누구보다 빠르게 모두서비스를 시작했습니다. 그때 좋은 도메인을 누가 빨리 선점하는가? 의 싸움이었습니다. 물론 지금은 2차도메인을 설정할 수 있기 때문에 의미는 없지만 베타테스트 때는 도메인 선점이라는 재미있는 에

피소드도 있었습니다. 아무튼 그때 바로 모두서비스를 가입하고 "prman"이라는 모두서비스 아이디와 도메인을 확보했었습니다. 그리고 기능과 앞으로의 확장성, 활용도에 대해서 연구를 시작했는데, '참 착한 서비스다'라는 생각을 했습니다.

무엇보다, 네이버 모두(modoo)가 좋은 이유는 무료라는 사실입니다!

그 당시 모바일 홈페이지를 만들려면 200~300 만원이라는 비용이 들었습니다. 그것도 개발자들이 프레임만 짜주는데 그 정도이고 모바일홈페이지를 만드는데 견적을 받아보면 2,000만원 정도 했었습니다. 모바일 홈페이지를 프레임은 몇 백만원이면 되지만 이미 PC 에 최적화 되어 있는 콘텐츠를 모바일로 최적화 하는 작업이 노가다 였기에 2,000만원의 견적이 나옵니다. 그런데 네이버 모두(modoo)는 공짜입니다. 물론 처음부터 새로 만들어야 하지만 일단 프레임을 짜는 200만원 , 300만원 이라는 비용 안 든다는 사실이 매력적인 것입니다.

모두(modoo) 특징은 이미 템플릿이 마련되어 있다는 사실입니다. 내가 미용하는 사람이라면 미용업을 하는데 필요한 모바일 홈페이지 기능들이 마련되어있습니다 내가 컨설턴트라면 컨설턴트에 필요한 홍보 페이지, 예약 페이지 등이 알아서 만들어 집니다. 이미 만들어진 템플릿이 최적화 되어 제공되어 지는 것입니다. 그것도 네이버의 여러 가지 기능들과 연동이 된다는 사실이 놀랍습니다.

01 네이버에서 [네이버 모두]를 검색하시면 쉽게 페이지를 찾을 수 있습니다.
메인 페이지에서 ❶ [로그인] 후 ❷ [나도 시작하기]를 선택합니다.

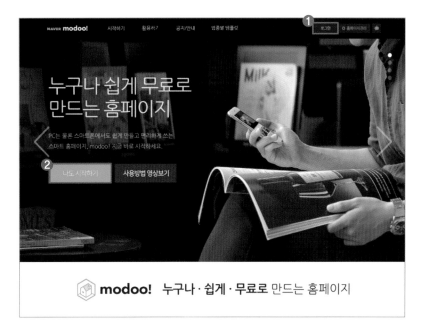

02 모두 활용안내를 ❶ [이메일로 안내받기]를 선택후 ❷ [확인]를 클릭합니다.

03 내 홈페이지에 딱 맞는 구성을 위한 질문들입니다. ❶ [X]를 누르면 운영자가 직접 하나 하나 만들어야 합니다. 하지만 질문에 답을 넣고 ❷ [다음]을 선택하면 업종별 템플릿을 쉽게 만들 수 있습니다.

04 나의 업종을 선택합니다. 원하시는 ❶ 업종을 선택하고 ❷ [확인] 클릭합니다.
이 부분이 [네이버 모두]의 핵심입니다. 내가 원하는 업종에 따라 필요한 모바일 페이지가 만들어 집니다. 모두(modoo)는 네이버 1계정 당 3개의 홈페이지를 만들 수 있습니다. 그러니 잘 선택해 주셔야겠죠? 무한대로 생성되지 않습니다.

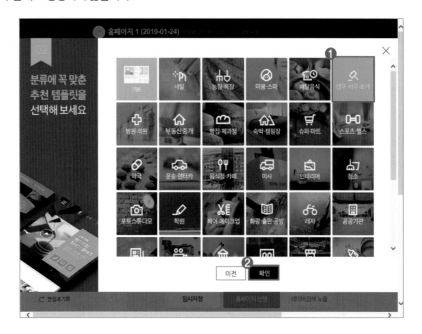

05 자! 홈페이지가 만들어 졌습니다. ❶ 선택한 업종에 필요한 페이지가 알아서 구성되어 있음을 확인할 수 있습니다.

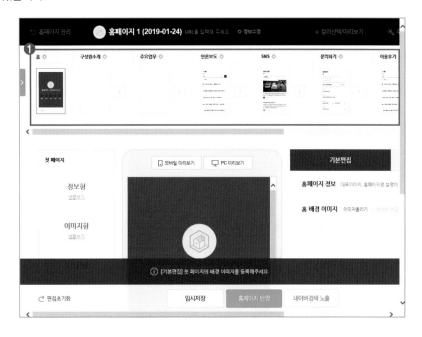

06 메인 페이지의 디자인을 변경할 수도 있습니다. ❶ 메인 페이지는 정보형, 이미지형, 포스터형, 버튼형, 자유형인데, 주로 이미지형이나 포스터형을 많이 선택합니다. 왜냐하면 모바일 홈페이지기 때문에 첫 페이지를 단순하게 디자인하기 위해서입니다. 이렇게 하나하나 원하는 콘텐츠로 채워나가면 정말 바로 모바일 홈페이지가 완성이 됩니다.

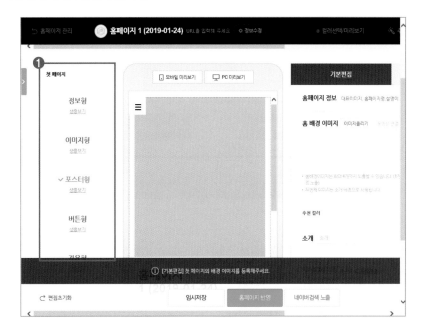

Lesson 37 | 네이버 웹마스터 도구

Q1 네이버 사이트의 등록 방법이 궁금해요.

쇼핑몰이나 홈페이지에서 SEO를 제대로 해주면 네이버와 같은 검색엔진에서 자동으로 사이트 등록이 됩니다. 하지만 검색엔진이 언제 찾아올지 모르기에 검색반영이 빠를 수도 늦을 수도 있습니다. 그래서 네이버는 [웹마스터도구]라는 툴을 통해 사이트를 네이버 검색에 최적화 시키도록 권장하고 있습니다. 즉, 네이버 검색로봇이 사이트 수집을 원활하게 할 수 있도록 환경을 만들어 주는 것입니다.

네이버 사이트 등록 순서도를 한번 보겠습니다. 쇼핑몰에 먼저 SEO를 제대로 해놓고 그 다음 네이버 웹마스터도구를 통해 네이버 검색에 반영시키면 됩니다. 이미 우리는 카페24 관리자 페이지에서 SEO 등록을 마쳤으니 이제는 네이버 [웹마스터도구] 를 통해 네이버에 사이트 등록을 해보도록 하겠습니다.

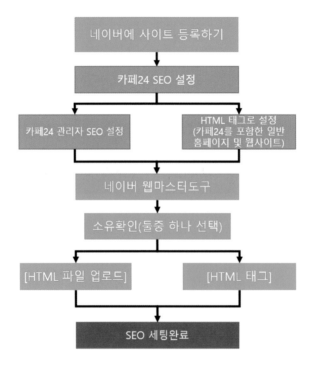

Q2 네이버 웹마스터도구 세팅 방법을 알려주세요.

01 ❶ [네이버 웹마스터도구]에서 ❷ [로그인] 합니다. 네이버 아이디를 가지고 있으면 누구나 가능합니다.

02 ❶ 등록할 쇼핑몰 도메인을 넣고 (http://seoulgirl.co.kr/) ❷ [추가]를 클릭합니다.

03 소유 확인을 해야 합니다. 네이버에서는 두 가지 방법으로 소유 확인을 하고 있습니다. 첫 번째가 ❶ [HTML 파일 업로드] 방식이고, 두 번째가 ❷ [HTML 태그] 방식입니다. 네이버는 [HTML 파일 업로드] 방식을 권장하고 있습니다. 먼저 권장하는 방식대로 해보겠습니다. 순서대로 ❸ [HTML] 확인 파일을 다운로드 합니다. 그럼 파일하나가 다운로드 됩니다. 이 파일을 FTP를 통해 쇼핑몰 루트디렉토리에 업로드 해보겠습니다.

04 카페24 관리자 페이지에서 ❶ [FTP]를 클릭하여 FTP 로그인합니다.

05 FTP를 제일 처음 열었을 때 보여지는 ❶ [/] 폴더가 바로 루트디렉토리입니다.
❷ 네이버에서 다운로드한 파일을 찾은 후 선택합니다. 그럼 ❸ [업로드]가 활성화됩니다. [업로드] 클릭합니다. ❹ 여러분의 [루트디렉토리]에 업로드 된 것을 확인할 수 있습니다.

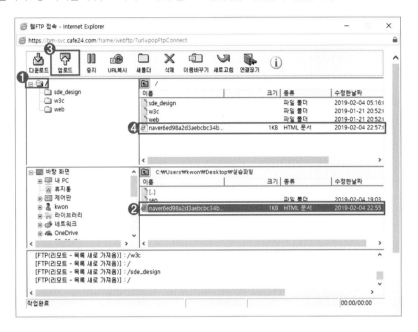

06 다시 네이버웹마스터 도구로 와서 순서 3번째 나온 ❶ [링크]를 클릭합니다. 업로드가 제대로 되었는지 확인하는 것입니다.

07 이런 비슷한 글이 나오면 성공입니다. 각기 코드가 달라서 알파벳까지 똑같지는 않지만 이런 모양으로 나오면 제대로 본인확인이 된 것입니다.

```
naver-site-verification: naver6ed98a2d3aebcbc34b302d764aa9a4b4.html
```

08 ❶ 화면에 나온 보안인증 번호를 넣고 ❷ [확인]을 클릭합니다.

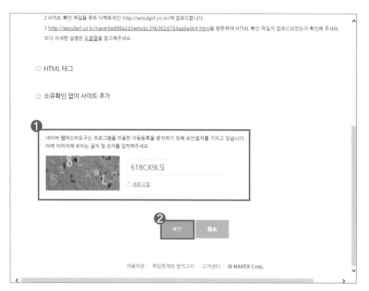

09 소유확인이 완료되었습니다. 네이버는 꼭 웹마스터도구를 한다고 해서 검색노출은 보장하지 않는다고 말합니다. 실제 여러분이 웹마스터도구를 제대로 했다고 해서 다 네이버에 검색에 반영되는 것이 아닙니다. 제대로 SEO 가 되어 있어야 하고 무엇보다 사이트가 활성화가 되어 있어야 반영이 됩니다.

10 제대로 등록이 되었습니다. 여기까지 해서 끝난 것이 아닙니다. 다른 쇼핑몰보다 더 검색결과에 빠르고 제대로 반영될 수 있도록 몇 가지 장치를 마련해 보겠습니다.
등록한 ❶ 도메인(http://seoulgirl.co.kr/) 을 클릭합니다.

11 ❶ [요청] ❷ [RSS제출] ❸ RSS를 적습니다. 그런데 RSS 가 뭔가요? 라고 하시는 분들이 많습니다. 이미 [Lesson 24. SEO 설정] 에서 배웠습니다.

12 카페24 관리자 페이지에서 [상점관리] [운영관리] [검색엔진최적화SEO] [고급설정]을 순서대로 클릭합니다. ❶ [RSS 피드 경로]를 복사해서 웹마스터 도구에 붙이면 됩니다.

13 제출이 완료되었습니다. RSS 제출은 검색엔진 로봇에게 최신 URL에 대한 정보를 제공하여 보다 신속하게 페이지 수집이 가능하게 합니다. 또한 RSS 피드에 의해 유입된 방문을 퀄리티 높은 링크로 간주하여 검색순위에서 높게 측정될 수도 있습니다.

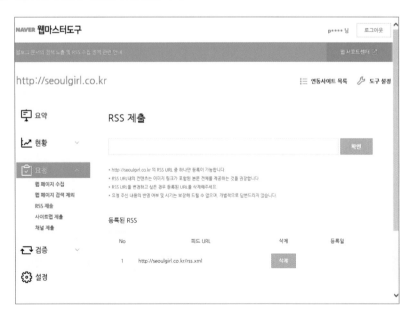

14 이번에는 [사이트맵 제출]을 해보겠습니다. 사이트맵은 검색엔진에게 지도와 같은 역할을 하여 사이트를 좀 더 효율적으로 검색할 수 있도록 도와줍니다. 카페24 관리자 페이지에서 [상점관리] [운영관리] [검색엔진최적화SEO] [고급설정]을 순서대로 클릭합니다. ❶ [사이트맵 경로]를 복사합니다.

15 ❶ 복사한 [사이트맵 경로]를 붙이고 ❷ [확인] 합니다. [체출된 사이트 맵]으로 등록 완료 됩니다.

Q3 네이버 사이트 소유 확인 HTML 태그 방식도 알려주세요.

01 ❶ [HTML 태그] 선택합니다. ❷ 메타태그 주소를 복사합니다.

02 카페24 관리자 페이지에서 ❶ [디자인 관리] ❷ [쇼핑몰 디자인 수정] 클릭합니다.

03 [head]를 찾기 위해서 ❶ [파일열기]를 클릭합니다.

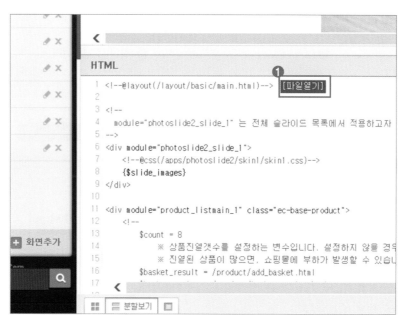

04 ❶ <head>를 찾았다면 그 밑에 네이버 웹마스터에서 복사했던 ❷ [메타태그]를 붙여넣기 합니다. 그리고 [저장]합니다. 그런 다음 앞서 배운 대로 웹마스터도구로 와서 소유확인을 마무리 해줍니다.

Q4 네이버 검색에 빨리 반영하고 싶어요.

01 웹마스터도구에서 ❶ [요청] ❷ [웹 페이지 수집]을 선택후 ❸ [확인]을 누릅니다.
그럼 웹수집 요청을 하게 됩니다.

02 다시 한 번 말씀 드리지만 쇼핑몰 SEO가 제대로 안되어 있으면 아무소용 없으니 꼭 (타임머신 ▶ Lesson 24. SEO 설정)을 숙지하시어 제대로 최적화를 시켜주시기 바랍니다.
그런 다음, 다시 위 방식대로 웹 수집요청을 해주시고 그때도 빠르게 반영이 안 되면 쇼핑몰에 게시판이나 콘텐츠를 많이 작성해주시기 바랍니다. 사이트가 활성화 되어 있어야 빠르게 반영됩니다.
보통 1주일 이내로 네이버에서 사이트 등록이 잡힙니다. 제가 가르친 모든 교육생님들은 대부분 1주일 안에 검색에 잡혔습니다.

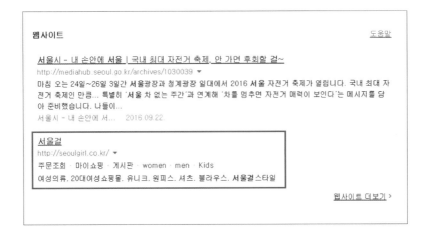

Lesson 38 ᅵ 네이버 스마트플레이스

Q1 네이버 스마트플레이스가 무엇인가요?

네이버 스마트플레이스는 내 상점을 네이버 지도등록 할 때 사용하는 서비스입니다.
우리가 맛집을 검색했을 때 네이버 지도 서비스에 나오는 것처럼 내 사업장 주소지를 네이버에 가입할 때 쓰는 서비스입니다. 예를 들어, [프로피알] 상호를 네이버에서 검색했을 때 아래처럼 지도가 노출되게 됩니다. 사업을 한다면 당연히 등록을 해야 하는 서비스입니다.

그런데 한 가지 주의할 점이 있습니다. 바로 쇼핑몰 운영자라면 한번 고민을 해야 합니다. 보통 쇼핑몰은 간이과세자가 많고 그 중 사업자 주소지를 집 주소로 하시는 분들이 많습니다. 만약 그런 분들이라면 저는 굳이 지도등록을 하라고 권유 드리지 않습니다. 왜냐하면 여러분의 개인정보가 너무 노출되기 때문입니다. 그리고 이미지상 ○○○ 아파트 ○○○ 동 ○○○ 호로 되어 있으면 보기 좋지 않습니다.

그런 경우도 있습니다. 옷에 대한 불만이 가득하여 사무실로 찾아오는 경우, 욕을 하시면서 불만을 표현하는 사람들도 있습니다. 사업을 하다보면 다양한 사람을 만나게 됩니다. 그런 사람들이 나의 집주소를 알고 있다고 생각해 보면 정말 끔찍합니다. 그러니 사업장이 집 주소일 때는 가급적 지도등록을 피하시는 것을 권유 드립니다. 하지만 사업장이 집주소가 아닌 분들에게는 이 네이버 지도 검색등록은 필수입니다. 나의 회사가 당연히 네이버에서 검색에 나와야 공신력도 생기고 노출이 더 잘되기 때문입니다.

Q2 지도 검색에 우리 상점이 나오게 하고 싶어요.

그렇기에 지금 〈네이버 스마트플레이스〉를 통해 내 사업장을 네이버 지도검색에 등록하는 방법을 알아보겠습니다.

01 네이버 [로그인] 후 [네이버 스마트플레이스]를 검색해서 메인 페이지에 들어옵니다.
메인 페이지에 ❶ [신규등록]을 선택합니다.

02 [등록내역조회]를 통해 이미 등록된 곳인지 아닌지를 확인합니다.
❶ [업체명] 등 정보를 넣은 후 ❷ [업종검색]을 선택합니다.

03 [업종검색]에서 [종목]을 넣으라고 합니다. 그래서 사업자등록증에 나와 있는 종목을 확인하게 되는데 대부분 [전자상거래업]으로 되어 있습니다. 문제는 스마트플레이스에서는 업종 종목에 [전자상거래업]이 선택되지 않습니다. 여기서는 본인이 패션을 하는지, 화장품을 하는지 그 업종을 선택해 주시면 됩니다. 저는 ❶ [패션]을 검색후 ❷ [종합패션,일반]을 선택했습니다.

04 [필수정보입력]에서 노출하고 싶은 정보를 입력합니다. 단, 주의할 점은 여러분이 핸드폰 번호를 넣으면 그대로 노출될 가능성이 큽니다. 그래서 저는 웬만해서는 핸드폰 번호를 추천 드리지 않습니다. 대표번호가 없으면 어쩔 수 없는데, 있다면 꼭 대표번호로 넣어 주시기 바랍니다.
❶ [증빙서류 첨부]에서 사업자등록증을 업로드 합니다.

05 ❶ [상세 정보 입력]을 입력합니다. 여기서 보면 ❷ [스마트콜]이라고 나오는데, 스마트콜의 뜻은 사업장 가상번호라고 보시면 이해하기 빠릅니다. 즉, 050 이라는 가상번호를 얻을 수 있는 것입니다. 우리가 흔히 쇼핑할 때 배송부분에서 핸드폰 번호 노출을 안 하기 위해서 가상안심번호라고 체크를 하는데, 바로 같은 원리입니다. 그래서 만약 사업장 전화번호에 핸드폰번호를 입력했다면 이런 스마트콜 넘버로 대신해서 노출할 수 있습니다. 그런데 아직 이런 050 번호가 소비자들에게 익숙하지가 않아서 브랜드 이미지가 오히려 마이너스가 될 수 있으니 선택적으로 사용하시는 것이 좋습니다.

06 ❶ [웹사이트/SNS]에서는 여러분이 연결하고자 하는 모든 채널을 다 연결해 주시는 것이 좋습니다. 그래야 같이 시너지 효과가 납니다. 특히 ❷ 블로그 주소는 같이 넣어줍니다. ❸ [블로그 카테고리]를 ❹ [선택함]으로 체크해주시면 모바일에서 선택된 블로그 카테고리 내 최신 포스트가 플레이스에 노출됩니다. 블로그 최신글은 해당 카테고리 내에 6개월 이내 쓴 글이 1개 이상 + 카테고리내 게시글 3개 이상 이어야 노출됩니다.

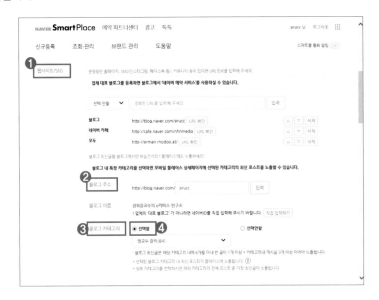

07 등록신청이 완료되고 제출서류 안내가 나오는데 보통 쇼핑몰인 경우 사업자등록증과 통신판매신고증을 냅니다. 단, 간이과세자는 통신판매신고증을 제외합니다. 쇼핑몰과 관련 업계 종사자 분들을 위한 제출 서류를 알려 드리겠습니다.

[네이버 스마트플레이스 등록 – 제출서류 안내]

유형	제출서류
종합 쇼핑몰 의류 패션잡화 가전제품 상품권	사업자등록증, 통신판매신고증 (간이과세자는 제외)
건강/건강기능 식품 판매	국내 소재 : 건강기능식품 영업신고증 (식약청 발급) 또는 수입판매 영업신고증 (식약청 발급)
꽃 배달	국세청에서 최근 90일 내에 발급된 사업자등록증명
한약판매업체(한약방)	한약업사면허 또는 의약품판매업허가증

〈출처: 네이버 스마트플레이스〉

Lesson 39 ｜ 구글 애즈 · 구글 애드센스

Q1 구글 애드센스로 돈을 벌 수 있다고 들었는데, 사실인가요?

맞습니다. 그것을 애드센스라고 말합니다. 구글 광고를 이해하시려면 에드센스와 애드워즈의 개념을 잡고 있어야 합니다.

〈출처: 애드센스 홈페이지, https://www.google.co.kr/adsense/〉

저는 애드센스를 참 오래 해왔습니다. 아마 국내 애드센스 1세대라고 말해도 부끄럽지 않을 것 같습니다. 그만큼 애드센스가 오래된 광고 기술임에도 불구하고 요즘 마치 새로운 것, 새로운 기술인 것처럼 소개하는 분들이 있습니다. 그래서 정확한 사실을 말씀 드리려고 합니다.

〈과거 구글 본사에서 보내준 구글 애드센스 수익금 코드 우편〉

애드센스의 기본적인 개념은 내 채널(웹페이지 또는 유튜브)에 구글 광고를 달고 누군가 그 광고를 클릭했을 때 광고수익을 구글과 제가 나눠 갖는 것을 말합니다.
제 티스토리 블로그를 보겠습니다.

❶ 상단의 광고 2개가 애드센스이고 ❷ 그 아래가 제가 포스트한 글입니다. 누군가 제 블로그에 들어와서 광고를 클릭하면 광고주가 낸 비용을 구글과 제가 나눠가지게 됩니다. 왜냐하면 제 블로그를 통해 노출이 됐기 때문입니다. 다시 말하면 제 블로그를 광고의 채널로 활용했기 때문에 광고수익이 발생되는 것입니다.

〈티스토리 블로그에 설치한 구글 애드센스 광고〉

그렇다면 구글 광고로 돈을 많이 벌 수 있는가?

아닙니다. 간혹 구글 애드센스로 월급만큼 벌 수 있다. 이런 현혹하는 문구들이 많습니다. 애드센스를 오래한 블로거로서 확실하게 말씀드리면 그건 정말 옛날이야기입니다. 한창 티스토리 유저들에게 구글 애드센스가 인기인적은 있었습니다. 한 8년 전쯤 이야기 같습니다. 그때는 애드센스를 하는 분들도 많이 없었고, 무엇보다 광고 채널이 지금처럼 모바일화로 다양화 되지 않았기에 광고 단가가 지금보다 높았습니다. 예를 들어, 누군가 제 블로그에서 구글 광고를 클릭했으면 광고 단가가 과거 같으면 1달러라면 지금은 0.25 달러 밖에 되지 않는 다는 겁니다. 물론 광고주의 책정에 따라 달라지겠지만 지금은 그만큼 구글 애드센스 말고도 다른 광고 툴이 많아서 과거만큼 단가가 높지 않습니다.

그럼에도 불구하고 마치 애드센스를 하면 월급만큼 번다던지 각종 환상을 심어주는 강의나 책들이 많은데, 누구보다 애드센스를 오래하고 광고수익을 현재도 내고 있는 경험자로서 그런 환상을 가지지 않기를 바랍니다. 그럼에도 불구하고 저처럼 하루 커피값 정도를 벌고 싶다면 구글 애드센스를 해보시는 것도 좋습니다. 제가 애드센스를 처음 했던 이유는 블로그를 하는데 이왕이면 광고수익을 내면서 재미있게 해보고 싶었기 때문이었습니다. 참고로 애드센스는 광고수익이 100달러가 되면 제 계좌에 돈을 보내줍니다. 설정하기 나름인데 보통은 100달러로 잡습니다.

아래의 사진은 제가 애드센스 초기 받았던 영수증입니다.

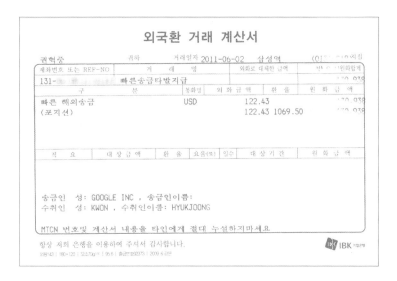

그런 이유에서인지 정말 더 재미있게 블로그를 운영했던 거 같습니다. 참고로 애드센스는 html 코드를 설치해야 합니다. 즉, 오픈형 블로그에는 가능하지만 네이버에서는 불가능합니다. 네이버에서는 구글 광고를 허용하지 않습니다. 결론은 애드센스를 하고 싶다면 티스토리 처럼 코딩이 가능한 블로그여야 합니다. 그래서 제가 블로그를 설명하면서 각 블로그마다 장단점이 있다고 말씀드린 이유입니다.

Q2 구글애즈(애드워즈)는 무엇인가요?

구글애즈(애드워즈)는 애드센스의 반대라고 보시면 되겠습니다. 즉 광고주들이 구글에게 광고를 요청하는 페이지라고 말씀 드릴 수 있습니다. 즉, 구글 광고주 관리자 페이지입니다. 구글의 모든 온라인 광고는 이 애드워즈를 통해 신청 및 관리가 가능합니다. 많이들 유튜브 광고를 물어보는데, 바로 유튜브 광고도 이 애드워즈에서 가능합니다. 참고로 저자처럼 구글 마케팅을 오래 한 분들은 아직도 애드워즈라고 표현하시는 분들이 많습니다. 그런 분들이 고수입니다.

자! 그럼 원리를 생각해 볼까요? 제가 쇼핑몰 광고주이고 구글애즈로 가서 배너광고를 집행을 한다고 가정하겠습니다. 또한 여러분은 애드센스를 가입하여 구글 광고를 여러분의 블로그에 달았다고 한다면 제가 요청한 광고는 여러분의 블로그를 통해 노출이 될 것입니다. 물론 구글 알고리즘에 의해서 리타게팅되어 맞춤형으로 광고가 노출됩니다. 즉, 정말 많은 채널로 저의 광고가 노출될 것입니다. 그리고 그 누군가 제가 요청한 광고를 여러분의 블로그에 왔다가 광고를 클릭하면 제가 낸 광고비를 구글과 여러분이 나눠갖게 됩니다. 즉, 쉐어하는 방식입니다.

아래의 도표를 보겠습니다.

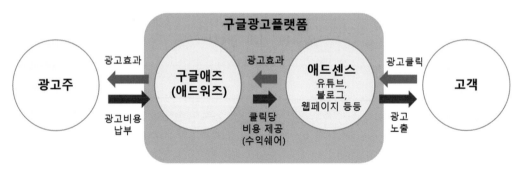

〈구글 광고플랫폼 이해도〉

구조가 조금 이해되시나요? 아마 '이 정도면 뭐하고 조금 비슷한데...'라고 느끼실 것입니다.
바로 인플루언서 마케팅과 같습니다. 유튜버 스타들이 자신의 콘텐츠를 올려서 광고 수익을 얻는 것, 아프리카TV의 BJ가 자신의 재능으로 별풍선을 받는 것, 즉, 자신이 가지는 콘텐츠를 제공하고 그에 따른 광고 수익을 업체와 쉐어하는 것, 그것이 바로 구글 광고의 원리입니다.

단지, 과거에는 파워블로거들이 글로써 수익을 얻었다면 요즘은 모바일에 특화된 영상콘텐츠로 수익을 얻고 있는 것이 차이입니다. 다시 말하면 이런 광고 툴은 정말 오래됐다는 것입니다. 요즘 인기를 얻고 있지만 사실 구글 입장에서는 오래전에 했던 광고 플랫폼입니다. 그래서 구글 애드센스를 오래 하신 분들은 이런 광고 플랫폼에 매우 익숙합니다. 즉, "콘텐츠가 좋다면 충분히 돈을 벌 수 있다. 앞으로 콘텐츠가 생명이다!" 라는 본능을 자연스럽게 갖게 되는 것입니다.

말을 하다 보니 너무 마케팅 이야기만 했나 봅니다. 그럼 쇼핑몰을 운영하는 우리에게 구글 광고는 어떤 효과가 있는지 살펴보겠습니다.

Q3 구글 광고가 효과가 있을까요?

먼저, 쇼핑몰 초기에 구글 광고를 집행하려 하시는데, 말리고 싶습니다. 정말 돈이 많다면 안 좋은 광고는 없기에 다 하면 좋습니다. 하지만 구글 광고에 대한 효과를 보시려면 10~20만 원 정도로 효과가 나오지 않기에 예산을 크게 두고 해야 합니다. 이유는 정말 넓게 퍼지기 때문에 짧은 시간에 돈이 많이 듭니다. 물론 광고비를 한정할 수 있지만 적게 광고비를 내면 원하는 효과를 얻지 않기에 하나마나한 광고가 됩니다. 저 같은 사람도 구글 광고인 애드센스를 통해 광고를 퍼트릴 수 있을 만큼 정말 넓게 퍼진다는 뜻입니다. 그 만큼 원하는 효과를 얻으시려면 돈도 많이 듭니다.

예전에 애드워즈를 통해 한달 100만원 잡고 유튜브 배너광고를 집행했습니다. 그런데 원하는 효과가 없어서 왜 그러지 봤더니 이것도 경매방식이기에 제 광고가 우선순위에 밀려서 새벽시간이나 사람들이 많이 보지 않는 시간에 노출이 되었다는 것을 확인했습니다. 즉, 비딩(bidding) 광고이기에 광고주가 원하는 황금 시간대에 노출을 하려면 그 만큼 경쟁자들보다 많은 광고비를 내야 합니다. 하지만 어느 정도 광고예산이 가능하다면 꼭 해볼 만한 광고플랫폼입니다. 확실히 광고 효과는 큽니다. 무엇보다 구글만이 가지는 리마케팅 광고는 상상을 초월하기 때문입니다.

Q4 제가 평소 궁금했던 광고가 쫓아다녀요.

리마케팅이요? 네! 리마케팅 광고입니다.

여러분 그런 경험이 없으신가요? 제가 G마켓이나 오픈마켓에서 상품을 하나 봤는데, 인터넷을 돌아다니거나 웹서핑을 할 때 항상 그 상품이 계속 노출이 되는 경험 말입니다. 마치 그 상품이 나를 쫓아다니고 있는 것처럼 말입니다. 사실 여러분을 쫓아다니는 것이 맞습니다. 여러분이 본 상품이 계속 노출이 되는 것입니다. 생각해 보시면 간단합니다. 예를 들어, 제가 '스타일난다'에서 치마하나를 봤는데 아직 구입결정을 미뤄놓고 있었습니다. 그런데 우연하게 웹서핑을 하는데 그 치마가 다시 보이는 것입니다. 아! 내가 사려고 미뤄놓고 있었지 하며 다시 그 상품을 보고 구입하게 됩니다.

광고주 입장에서 생각해 볼까요? 여러분이 '스타일난다'라면 어떤 고객들에게 여러분의 상품을 광고하거나 홍보 하고 싶으신가요? 그렇습니다. 나의 상품에 관심을 표현한 사람에게 계속적으로 보여주는 것이 구입할 확률이 높습니다. 새로운 신규 고객들에게 보여주는 것은 홍보의 효과는 있지만 구매로 이어지지 않을 가능성이 큽니다. 하지만 장바구니에 담았지만 아직 결정을 미뤄 논 사람이나 그 상품의 구매를 망설이는 사람에게 몇 시간 후나 몇 일후 그 상품을 다시 제시한다면 구매로 이어질 가능성이 큽니다. 유식한 말로 전환이 이뤄질 확률이 높습니다. 전환률이 좋은 것입니다. 이것이 바로 리마케팅 전략입니다. 구글의 광고는 기본적으로 이런 리마케팅이 가능합니다.

내가 과거 방문했던 사이트를 구글이 기억했다가 제가 인터넷을 할 때마다 애드센스를 통해 그 상품을 다시 보여주며 PC, 모바일 가릴 거 없이 노출을 해줍니다.

아래는 구글이 제공하는 리마케팅의 종류입니다.

- **표준 리마케팅** : 과거 방문자가 디스플레이네트워크(구글 광고) 웹사이트를 탐색하고 디스플레이네트워크 앱을 사용할 때 광고를 게재합니다.
  즉, 구글이 말하는 디스플레이네트워크 웹사이트의 의미는 구글 광고가 설치된 웹사이트를 말합니다. 구글 애드센스를 설치한 웹페이지인 것입니다.
- **동적 리마케팅** : 과거 방문자가 디스플레이네트워크 웹사이트를 탐색하고 디스플레이네트워크 앱을 사용할 때 이방문자가 사이트에서 조회했던 제품 및 서비스에 대한 광고를 게재합니다.
- **모바일 앱용 리마케팅** : 모바일 앱 또는 모바일 웹사이트를 사용했던 사용자가 다른 모바일 앱을 사용하거나 다른 모바일 웹사이트를 탐색할 때 광고를 게재합니다.
- **검색 광고용 리마케팅 목록** : 과거 방문자가 웹사이트를 떠난 후 Google에서 필요한 정보를 추가로 검색할 때 광고를 게재합니다.
- **동영상 리마케팅** : 동영상 또는 YouTube 채널과 상호작용했던 사용자가 YouTube를 사용하고 디스플레이 네트워크 동영상, 웹사이트 및 앱을 탐색할 때 광고를 게재합니다.

그럼 구글은 내가 방문했던 사이트를 어떻게 알았을까요?
바로 여러분의 컴퓨터에 남아 있는 [인터넷방문기록, 쿠키, 캐시] 때문에 그렇습니다. 인터넷에서는 내가 방문했던 흔적을 모아놓은 공간이 있습니다. 그런 정보파일을 [쿠키]라고 말합니다. 그래서 구글과 같은 많은 IT 기업들이 유저들의 쿠키를 통해 이 사람의 정보를 아는 것입니다. 만약 여러분이 같은 광고에 쫓겨 다니지 않으려면 인터넷 쿠키를 지우시면 됩니다.
모바일도 각 스마트폰 마다 쿠키가 있습니다. 그것을 찾아서 지우시면 됩니다.

〈쿠키 지우는 방법〉
익스플로어에서 [인터넷 옵션]을 찾은 후 ❶ [검색기록] ❷ [삭제]를 선택합니다. ❸ 모든 체크사항을 체크한 후 ❹ [삭제]를 선택하시면 모든 쿠키가 지워집니다.

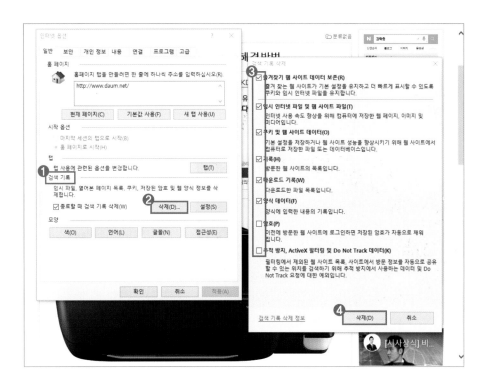

이처럼 구글 광고 플랫폼을 이해한다면 내가 구글 광고를 할지 말지에 대한 판단이 설 것입니다. 정리하면 구글 광고를 하려면 사업이 어느 정도 안정권에 들고 수익이 많이 나올 때 집행하는 것이 전략적으로 좋습니다. 일반 기업이면 모르겠는데 쇼핑몰은 소자본으로 시작하는 분들이 많기 때문에 초반 구글 광고비용에 대한 리스크는 큽니다. 하지만 만약 초반 비용이 가능하다면 확실히 광고 효과는 좋기에 집행하는 것도 나쁘지 않습니다.

Lesson 40 동영상 유튜브 마케팅

많은 분들이 바이럴 마케팅을 생각하면 블로그를 떠올리시는 분들이 많습니다. 과거에는 분명 맞는 말이었지만 모바일과 SNS 가 주류가 되어버린 지금은 블로그로 대변되는 텍스트 보다 동영상을 가지고 바이럴 하는 사례가 많아 졌습니다. 즉, 바이럴 마케팅의 수단이 텍스트에서 동영상으로 변화되고 있습니다. 그렇기에 이번과정에서 동영상 마케팅이 무엇이고, 그 동영상 마케팅을 위한 도구로 유튜브 마케팅을 배워보겠습니다.

Q1 왜 동영상 마케팅에 주목해야 할까요?

〈출처: http://www.usatoday.com/〉

페이스북의 창업자 마크 주커버그는 새로운 페이스북의 전략을 '비디오 퍼스트 전략'이라고 정의했습니다. 페이스북의 히스토리를 살펴보면 처음 텍스트와 사진 기반의 플랫폼에서 이제는 비디오를 중심으로 콘텐츠를 구성하려는 모습을 보게 됩니다. 이제는 페북 라이브방송이 일상화가 되었습니다. 이처럼 앞으로 우리나라에서 동영상 마케팅이 더욱더 중요해질 것입니다.

과거에 바이럴 마케팅이 블로그로 이루어졌다면 이제는 동영상으로 바이럴 마케팅이 가능한 시대이기 때문입니다. 현재, 텍스트보다 동영상에 훨씬 익숙한 세대가 주류를 이루고 있습니다.

여기서 잠깐

바이럴 마케팅이란

컴퓨터 바이러스처럼 퍼진다고 하여 이러한 이름이 붙었습니다. 기업 입장에서는 소비자들 사이에서 자신의 브랜드나 상품이 자연스럽게 회자되는 것을 하나의 마케팅 목표로 두고 있습니다. 그렇게 만들기 위해서 요즘은 인기 콘텐츠 동영상이나 웹툰에 자사 간접광고를 넣고 알아서 공유되도록 하고 있습니다. 보통 바이럴 마케팅 하면 블로그가 떠오르지만, 이제는 동영상이 주가 되고 있는 것입니다.

유튜브는 영상물이기에 강한 전달력이 특징입니다.

그렇기에 동영상 마케팅의 정의와 활용능력을 알아본다면 쇼핑몰 창업과 운영에서 분명 큰 도움이 될 것입니다.

Q2 동영상 마케팅은 무엇인가요?

동영상 마케팅은 어떤 효과가 있는 것일까요?

기업용 동영상 플랫폼 브라이트코드 아태 마케팅 담당 라다 라만 이사는 이런 이야기를 했습니다.

"소비자들이 제품이나 서비스가 어떤 기능을 가졌는지 꼼꼼히 살피기 전에 먼저 생각하는 것은 내가 구매했을 때 어떤 경험을 얻을 수 있는지에 대한 상상이다. 자전거가 티타늄 소재로 됐는지를 따지기 보다는 그 자전거를 탔을 때 어떤 즐거움을 맛 볼 수 있을지 상상하게 되는 것이다. 디지털 마케팅 시대에 제품, 서비스가 실제 구매로 이어지기까지 가장 앞단에서 소비자들을 모으는 가장 확실한 방법은 '동영상'일 것이다." 충분히 공감이 되는 부분입니다.

〈출처〉 http://www.videoexplainers.com

그럼 동영상 마케팅을 조금 더 쉽게 이해하기 위해서 사례 연구를 해보겠습니다. 여러분의 쇼핑몰을 동영상 마케팅을 통해 어떻게 홍보할 것인지 좋은 아이디어를 제공해 줄 것입니다.

블렌드텍 (blendtec)

당시 직원 200명의 작은 믹서기 회사

- 2006년 새로운 마케팅 담당자 조리 라이트(George Wright)가 Will It Blend? 라는 영상을 제작
- 컨셉 – 사장 톰 딕슨(Tom Dickson)이 모든 재료들을 자사의 믹서기로 갈아버리는 영상.
- 유튜브에 올린 지 5일 만에 600만 뷰 기록 → 2007년 매출 500% 성장.
- 2007년 아이폰과 아이패드를 갈아버리면서 이슈화.

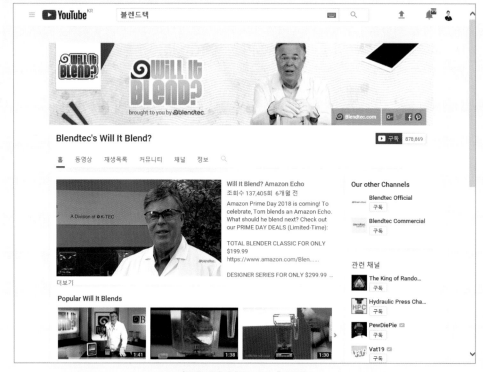

〈유튜브에서 "Blendtec" 검색〉

Will It Blend? 영상은 동영상 마케팅의 시초라고 말해도 될 정도로 유명한 비디오 콘텐츠입니다. 아이디어가 좋지 않나요? 믹서기 회사에서 고민한 결과를 비디오 콘텐츠로 잘 풀어냈습니다. 믹서기의 성능도 자랑하면서 대중들의 관심을 받았습니다.

우리나라에서는 아이폰이 2009년도에 들어왔지만 미국에서는 이미 2007년에 선풍적인 인기를 얻고 있었습니다. 믹서기를 사용하는 젊은 주부들이나 젊은이들 사이에서 가장 핫한 아이폰을 자사 믹서기로 갈아서 바이럴 영상으로 올렸더니 열광적인 반응이 왔던 것입니다.

여기서 중요한 것이 있습니다.

바로 바이럴 영상의 타겟과 내 상품의 타겟이 맞아야 한다는 것입니다.

내 고객이 지금 무엇에 열광하고 있는지 어떤 트렌드에 민감한지 알아야 합니다. 그리고 그것을 자사 바이럴 영상에 녹여 내야 합니다.

아래의 영상을 한 번 더 볼까요?

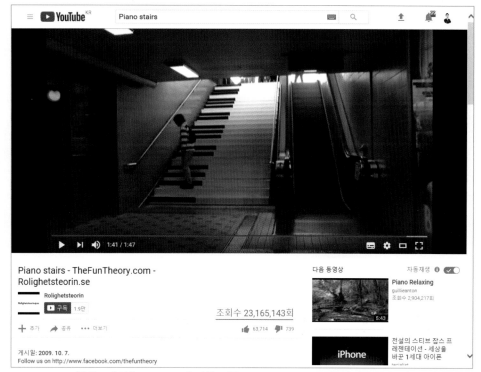

〈유튜브에서 "Piano stairs" 검색, 제목: Piano stairs – TheFunTheory.com 〉

이 피아노 계단 영상은 어디서 만들었을까요?

이 질문에 대한 답변으로 피아노 회사, 에스컬레이터 회사, it 회사 등 꽤 여러 가지 대답이 나오지만 정답은 쉽게 나오지 않습니다.

정답은 바로 '폭스바겐'입니다. 폭스바겐은 사회 공헌운동으로 "TheFunTheory"를 운영하고 있습니다.

세상의 변화를 'fun' 즉, 재미라는 소재로 가능하게 한다는 것입니다. 위 영상은 피아노 계단으로 신선한 재미를 주니 사람들이 에스컬레이터보다 계단을 사용하는 비율이 늘었다는 것을 보여줍니다.

평소에 건강을 위해 에스컬레이터보다 계단을 이용하는 것이 좋다고 아무리 말해도 듣지 않던 사람들이 흥미를 느끼니까 원하는 목표대로 움직여 줍니다. 마케팅은 변화했고, 오프라인 매장은 단순히 물건을 사는 곳이 아니라 경험과 재미를 주는 장소가 되었습니다. 효과적인 동영상 마케팅을 위해서는 소비자들에게 경험과 재미를 선사해야 한다는 것을 알 수 있습니다.

우리나라에서 그것을 잘 하는 사람은 바로 신세계의 '정용진 부회장'입니다.

스타필드를 기획할 때부터 정 부회장은 고객들에게 경험과 재미를 주기 위해서 많은 노력을 기울였습니다. 좋은 전략인 것입니다.

여러분은 무엇을 느끼시나요?

여러분의 쇼핑몰을 소비자들에게 제시하는 방법이 떠오르시나요?

바로 동영상 마케팅이 그것을 구현하도록 해줍니다.

이외에도 성공적인 바이럴 동영상을 보면 주요 공통점을 발견할 수 있습니다. 바로 바이럴 영상이 되려면 '재미' 아니면 '감동'이 있어야 한다는 것입니다. 그래야 현재의 SNS 상에서 공유가 되고 바이럴이 될 수 있습니다. 우리가 매우 중요하게 생각해 볼 필요가 있습니다.

쇼핑몰을 홍보하는 바이럴 영상을 만든다면 둘 중 하나 재미 아니면 감동이 있어야 하는데, 보통은 재미 컨셉을 많이 활용하게 됩니다. 아무래도 눈물을 흘리게 하는 감동 컨셉보다는 재미 컨셉이 쇼핑몰을 홍보하는 데 적합하다고 할 수 있습니다. 한 가지 더, 중요한 것은 재미와 감동 컨셉을 사용하되, 그 내용 안에 타겟이 되는 소비자가 현재 무엇에 관심을 가지고 있는지 그 트렌드를 소재로 삼아야 한다는 것입니다.

제가 동영상 마케팅강의를 할 때 만 해도 우리나라 쇼핑몰들이 동영상을 활용하지 않고 있었는데 요즘은 많이 활용하고 있습니다. 제가 처음 강의할 때는 해외 명품샵 홈페이지 정도만 활용하고 있었습니다. 대표적인 사이트가 루이비통이나 버버리 정도였습니다. 그러다가 이제는 우리나라 쇼핑몰들도 활용하는 것을 볼 때 기쁘기도 합니다. 대표적인 쇼핑몰이 역시 '스타일난다', '소녀나라'입니다. '소녀나라' 쇼핑몰에서 제가 아쉬워했던 것이 동영상 마케팅이었는데, 어느 순간 보니 동영상 마케팅을 하는 모습을 볼 수 있었습니다. '소녀나라' 쇼핑몰은 아무래도 타겟이 10대, 20대다 보니 정말 동영상을 재미있게 만드는 쇼핑몰 중 하나입니다.

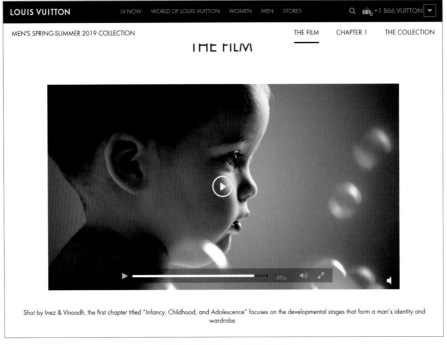

〈출처: 루이비통 홈페이지 캡처〉

〈스타일난다 유튜브 공식 채널〉

그럼 정리해 보겠습니다. 우리가 동영상 마케팅을 만든다면 아래와 같은 구분을 할 수 있습니다.

1. 상품 비디오(product videos) → 제품 설명
   〉이건 매뉴얼 영상이기 때문에 바이럴되기 보다는 고객 서비스 마케팅이 되겠습니다.
2. 브랜디드 비디오(branded videos), 바이럴 비디오 마케팅 → 감성, 펀 마케팅
   〉내 타겟이 현재 관심 있어하는 트렌드를 동영상 내용에 녹여내야 합니다. 그것을 재미있거나 또는 감동적으로 풀어내야 합니다.

> **Q3** 동영상 제작시 무료음악을 쓰고 싶은데 방법이 있을까요?

동영상 마케팅을 해야겠다고 생각했다면 방법은 직접 만드는 방법과 전문 제작사에 의뢰하는 방법이 있습니다. 그런데 둘 다 제작을 해보면 꼭 걸리는 것이 하나 있습니다. 바로 음악 저작권입니다.

전문 제작사에서 견적서를 받아보면 꼭 빠지지 않은 것이 음악 사용료 또는 음악저작권료입니다. 아니면 저작권을 회피하기 위해서 직접 만든 음악을 사용하면 음악 제작비라는 명목이 있습니다. 견적서를 받아보면 정말 비싸다는 생각을 하게 됩니다. 그렇다고 음악을 빼면 앙꼬 빠진 찐빵처럼 정말 허전합니다. 그래서 음악을 무료로 사용할 수 있는 방법을 알려 드리겠습니다.

❖ 오디오 라이브러리로 무료음악 사용하는 법

01 유튜브에 ❶ [로그인] 후 ❷ [YouTube 스튜디오]를 선택합니다.

02 ❶ [기타] ❷ [오디오 라이브러리]를 선택합니다.

03 ❶ [무료 음악]을 클릭합니다. [장르]에서 ❷ [영화음악]을 선택후 ❸ [If I Had a Chicken]를 들어봅니다. 아마 매일 유튜브 볼 때 자주 듣던 음악이 들릴 것입니다. 아! 이 음악! 여기 있는 음악이었어! 라고 유레카를 외칠 것입니다. ❹ [다운로드] 하여 영상편집에 사용하면 됩니다.

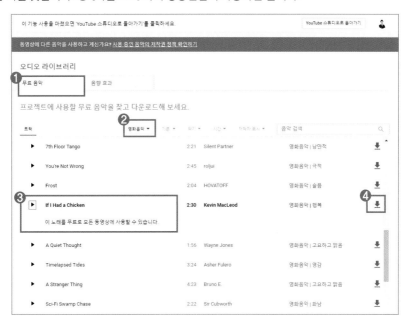

유튜브처럼 비슷한 서비스는 없나요?

비메오(https://vimeo.com/)가 있습니다. 유튜브처럼 유저들이 직접 제작한 동영상을 업로드 하고 공유할 수 있는 동영상 공유 웹사이트입니다. 비메오의 특징은 고화질영상이라는 점이 조금 다릅니다.

무료 사용자들은 일주일에 최대 500 MB까지 업로드가 가능하고 하나의 HD 고화질 영상을 올릴 수 있습니다. 더 올리는 것도 가능한데 화질이 떨어지는 SD 급으로 올라갑니다. 그래서 유료 서비스를 제공하고 있는 것입니다. 많은 가수들의 고화질 뮤직비디오를 보면 vimeo로 공유되는 것을 볼 수 있는 이유는 이런 특성 때문에 그렇습니다.

01 네이버 소프트웨어에서 ❶ [곰믹스]를 검색합니다. 주의할 점은 [고믹스 프로]가 아닌 일반 [곰믹스]입니다. ❷ [무료 다운로드]를 클릭한 후 셋업 해주시기 바랍니다. 무료 프로그램 중 현존하는 가장 강력한 동영상 제작 툴이라고 봅니다.

02 셋업하실 때 ❶ [산돌 폰트 설치]는 제외해줍니다. 혹 다른 이유로 라이선스 문제가 발생할 수 있습니다.

03 ❶ 비디오 트랙에 편집할 영상을 끌어서 옮겨 놓습니다(drag & drop). 사진 파일도 가능합니다. ❷ 다운 받은 [유튜브 오디오라이브러리] 음악을 오디오 트랙에 끌어서 옮겨놓습니다.

04 자막을 넣어 보겠습니다. ❶ 자막을 넣을 위치에 커서를 위치시킵니다. ❷ [자막/이미지]를 선택한 후 ❸ [자막추가]를 클릭합니다.

05 ❶ 텍스트에 원하는 글자를 적습니다. ❷ 자막에 대한 다양한 효과를 넣어 봅니다. ❸ [확인]을 클릭합니다.

06 위치한 커서에 ❶ 자막이 추가된 것을 확인할 수 있습니다. 자막을 길게 나오게 하고 싶다면 자막 트랙에서 자막을 ❷ 마우스로 길게 늘리면 자막시간을 늘릴 수 있습니다.

07 영상 편집은 ❶ [자르기/분할] 기능으로 영상이나 음악을 잘라서 위치를 수정할 수 있습니다. 또한 그 사이에 새로운 영상이나 사진을 삽입함으로 영상 편집이 가능하게 됩니다. 영상의 화면전환효과를 넣고 싶다면 ❷를 선택합니다. 다양한 전환효과를 보실 수 있습니다.

08 편집이 완료되었다면 하나의 영상파일로 믹스해 보겠습니다. 그것을 전문용어로 [인코딩]이라고 부릅니다. ❶ [인코딩]을 클릭합니다. 그러면 ❷와 같이 세팅 값이 보입니다. 비디오는 압축률이 좋은 mp4로 할 것이기에 그대로 ❸ [인코딩 시작]을 선택합니다. 혹, 영상 포맷을 수정하고 싶다면 인코딩 전 ❹ [출력 설정]을 통해 비디오나 오디오의 포맷을 수정할 수 있습니다.

09 인코딩을 시작합니다. 인코딩 시간은 컴퓨터의 성능에 따라 다릅니다. 그럼 하나의 영상파일로 제작이 완료됩니다.

Q5 동영상 콘텐츠를 유튜브에 업로드 하고 공유하는 방법을 알려주세요.

영상을 제작한 것만큼 그것을 유튜브에 업로드 하고 공유하는 것도 알고 있어야 합니다. 즉, 내가 만든 영상이든 아니면 다른 사람의 재미있는 영상이든 어떻게 SNS에서 공유하고 활용할 지를 알아보겠습니다.

01 [유튜브] 로그인 후 상단에 보이는 ❶ 업로드 단추를 클릭합니다. 화면에 보이는 ❷ [업로드할 파일을 선택]에 원하는 영상 콘텐츠를 끌어서 옮겨 놓습니다.

02 업로드가 완료되면 아래와 같이 정보를 기입합니다.
❶ 유튜브에 올라갈 제목입니다. 이 제목이 검색 시 노출되니 매우 중요합니다. 앞서 설명 드렸다시피 블로그 제목을 찾는 전략대로 소비자들이 가장 많이 찾을 만한 키워드를 연구해야 합니다.
❷ 설명 부분도 마찬가지로 검색에 잡힙니다. 하지만 제목이 먼저 잡히고 나중에 설명 부분이 잡힙니다. 그러므로 이 부분도 나와 관련된 키워드를 적절하게 섞어 가면서 영상을 설명해 줍니다. ❸ 태그입니다. 영상을 대표하는 꼬리표 입니다. 이런 태그 때문에 영상을 찾기가 가능한 것입니다.

03 가장 중요한 것은 바로 썸네일입니다. 유튜브를 보면 미리보기 화면이라고 보시면 됩니다.
가장 많이 듣는 질문이 어떻게 하면 유튜브 조회수를 높이는지에 대한 내용입니다. 답은 역시 썸네일입니다. 유저들이 유튜브를 검색하다가 원하는 미리보기 화면에 들어온다면 그것을 클릭하기 때문입니다. 중요한 것은 영상을 업로드 하면 유튜브 알고리즘이 3개의 컷을 제공합니다. 하지만 마케터로서 조금 더 자극적이고 끌리는 미리보기 사진을 보여준다면 매우 좋습니다. 방법이 있을까요?
당연 있습니다. 바로 ❸ [맞춤 미리보기 이미지]를 선택하는 것인데, 아마 유튜브를 처음하시는 분들은 이 배너가 보이지 않으실 것입니다. 세팅이 필요하기 때문입니다.

❶ [물음표]를 클릭합니다. ❷ [인증]을 눌러 세팅을 해줍니다. 그럼 ❸ [맞춤 미리보기 이미지] 가 표시될 것입니다. 이 썸네일은 매우 중요한 마케팅 도구입니다. 고수들만 하는 방법이니 꼭 숙지해주시기 바랍니다.

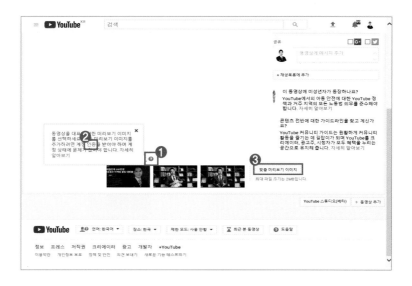

04 영상이 유튜브로 업로드 되었다면 공유해야합니다.

영상 보기로 이동 후 ❶ [공유]를 선택합니다. 아래의 주소를 복사 후, SNS에 붙여넣기 하면 자연스럽게 공유가 됩니다. 크게 어렵지 않습니다.

05 그럼 유튜브 소스코드는 무엇일까요? ❶ 소스코드는 html 로 코딩으로 유튜브 동영상을 삽입할 때 사용합니다. 예를 들어, 우리가 카페24 메인페이지에 유튜브 영상을 넣고 싶을 때 코딩을 해서 프레임을 만들어야 하는데, 위 소스코드를 가지고 만드는 것입니다. 즉, 링크주소가 아니라 ❷ 프로그램이 언어입니다. 그러니 일반적으로 우리가 마케팅적으로 활용하려면 이런 소스코드가 아닌 링크주소를 복사하여 공유하시면 됩니다.

Lesson 41 이메일 마케팅

진짜 마케터들만이 아는 효과 좋은 마케팅 방법이 있습니다. 바로 이메일 마케팅입니다. 이메일 마케팅이 옛날 방식 아니냐고 하시는데, 전혀 그렇지 않습니다. 해외에서는 다시 주목받고 있고, 아직 죽지 않았다고 말할 정도로 다양하게 활용되고 있습니다. 이번 과정에서 이메일 마케팅을 어떻게 활용할지에 대해서 고민해 보겠습니다

Q1 매출에 즉각적인 효과를 주는 마케팅 비법이 있을까요?

보통 쇼핑몰 온라인 마케팅 방법으로는 그림처럼 검색광고를 활용하거나, 쇼핑 도우미처럼 CS를 강화할 수 있고, 디지털 툴을 활용한 트래픽 유입, DA (디스플레이광고)를 활용한 눈길을 잡는 방법들이 있습니다. 일반적으로 많이 하고 있는 방법론입니다. 하지만 초고수 들은 하나의 방법을 더 합니다. 바로 이메일 마케팅을 활용하는 것입니다.

"교수님. 저는 이메일이 오면 다 지우는데 정말 효과가 있나요?"

효과가 있습니다. 지금 여러분의 이메일을 열어보시면 온통 기업들이 보낸 이메일을 확인할 수 있습니다. 특히 대기업 계열 유통업계에서 보낸 이메일이 많을 것으로 보입니다. 만약 우리가 흔히 생각하듯 이메일이 효과가 없다면 대기업들이 왜 우리에게 이메일을 보낼까요?

상대적으로 적은 비용이지만 그래도 비용이 나가는데 왜 대기업들은 끊임없이 우리에게 이메일을 보낼까요? 이유는 간단합니다. 효과가 있기 때문입니다.

아마, 마케터 중에서 이메일 마케팅을 해본 분들은 충분히 이해할 내용이라고 봅니다.

이메일 마케팅을 해보신 분들은 아시지만 정말 전환율이 1%정도 나옵니다. 1000명 보내면 구입하시는 분들이 10명가량 나온다는 뜻입니다. 물론 마케팅 목적에 맞게 고도화된 이메일 전략을 구사해야 합니다.

이메일 마케팅을 해본 분들은 그 효과를 알고 있습니다. 특히 저렴한 비용에 최대효과를 얻을 수 있는 것이 바로 이메일 마케팅입니다. 저도 매출이 급할 때 자주 사용하는 마케팅 도구였습니다. 이메일 마케팅의 필요성을 소비자 입장과 기업입장에서 정리해 보면 이래와 같습니다.

• 소비자 입장

① 제품과 서비스에 대한 꾸준하고 자세한 정보
② 가격 할인 정보 (대표적으로 블랙프라이 데이)
③ 새로운 제품에 대한 신속한 정보
④ 제품 구매 편리

• 업계 입장

① 충성고객 확보 - 이메일을 오픈하는 사람들은 대부분 충성고객이다.
② 실제 구매로 이어질 가능성이 상대적으로 높다.
③ 상대적으로 마케팅 비용이 낮다.
④ 성공 확률 높은 광고를 집행할 수 있다는 점이 장점
⑤ 꼭 구매뿐만 아니라 긴 문장, 디자인이 가능해져서 전달할 수 있는 정보량이 많다.

Q2 이메일 마케팅 제목에서 꼭 넣어야할 것들은 무엇인가요?

아래의 그림은 실제 제가 받은 이메일입니다. 편집한 것이 아니라 그대로 시간 순서대로 온 것을 가져온 것입니다. 눈에 무엇이 들어오시나요?

1. 할인이나 가격정보를 숫자로 알려 주고 있습니다.

아무래도 유통업이라 그런지 다양한 상품에 대한 할인 소식, 상품 구성을 제목에 숫자로 정확하게 적고 있습니다.

2. 이메일에서는 단수마케팅을 자주 씁니다. 9자 마케팅입니다.

단수마케팅은 고객의 숫자 개념을 매우 헷갈리게 합니다. 쇼핑몰운영도 결국 유통업입니다. 우리가 보고 배울 점이 많은 이유입니다.

Q3   Daum 스마트워크로 회사 이메일을 무료로 만드는 방법을 알려 주세요

비즈니스를 하다보면 사람을 많이 만나게 되고, 그러면 습관처럼 명함을 교환하게 됩니다. 명함에는 상대에 대한 다양한 정보들이 있는데, 일단 상대를 인식하게 하는 첫 얼굴이나 다름없습니다. 그런데 간혹 그런 명함들이 있습니다.

이메일을 보면 ooo@naver.com, ooo@daum.net, ooo@gamil.com 이런 명함들을 보곤 합니다. 비즈니스를 하는 입장에서 보면 이런 선입관이 생깁니다. '아... 영세하구나. 간이과세자 일거 같다.'라는 생각을 하게 됩니다. 특히 쇼핑몰을 하는 분들에게서 많이 발견할 수 있습니다. 물론 B2C를 하시는 분들이야 만나는 사람은 고정되어 있어서 크게 필요는 없지만 쇼핑몰이 커질수록 비즈니스 구조도 커지고 만나는 사람도 다양해집니다. 사업의 케파(Capacity를 줄여서 필드에서는 케파라고 합니다) 가 커지는 것이죠. 그런데 명함에 포털 이메일이 적혀 있으면 솔직히 이미지상 좋지 않습니다.

그럼 어떻게 포털 이메일을 벗어날 수 있을까요? 그건 회사이메일을 만들면 가능합니다. 물론 도메인이 있어야 합니다. ceo@propr.co.kr 처럼 propr.co.kr 이라는 도메인은 필요합니다. 간단하게 회사 이메일을 만드는 방법은 주로 4가지가 있습니다. 아웃룩, 네이버 웍스, 구글, 다음 스마트워크 라고 말씀드릴 수 있습니다.

개인적으로 저는 아웃룩을 사용하다가, 구글 기업형 메일, 다음 스마트워크, 네이버 웍스 순서대로 사용하였습니다. 그런데 안타깝게도 구글과 네이버 웍스메일은 유료로 전환되었습니다.

제 경험상 아웃룩은 사용하기 불편하고, 자주 오류가 납니다. 구글의 기업형 메일은 우리나라사람들에게 인터페이스가 낯설고, 그나마 네이버 웍스 메일이 좋았는데, 유료로 전환되었습니다.

그럼 무료로 회사이메일을 만들 수 있는 것은 다음의 스마트워크 메일입니다. 이것을 통해 나만의 회사 이메일을 만들어 보겠습니다. 당연히 회사 메일이기 때문에 회사 도메인이 있어야 합니다. 앞서 말씀드렸듯 propr.co.kr 처럼 도메인이 있어야 합니다.

도메인을 어디서 구입하셨는지도 중요합니다. 이 과정에서는 카페24에서 도메인을 구입했다는 가정 하에 카페24와 다음스마트워크를 연동하여 회사 이메일을 만들어 보겠습니다.

01 다음 메일에 ❶ [로그인] 합니다. ❷ [Daum 스마트워크]를 선택합니다.

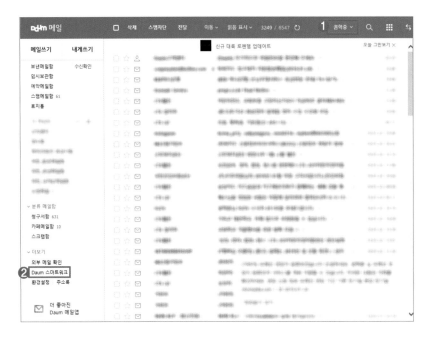

02 ❶ [개인] ❷ [신청하기]를 선택합니다.

03 ① [도메인]에 소유하고 있는 도메인을 ② 입력합니다. ③ [다음단계]를 선택합니다.

04 ① 약관동의를 합니다. ② [도메인 별명]은 이 도메인이 어떤 용도인지 적어줍니다. 노출되는 정보는 아닙니다. ③ [이메일 주소]는 새롭게 이메일을 생성하는 이메일 주소입니다. 대표라면 ceo가 좋습니다. ④ [이름]은 메일을 받는 쪽에서 보여지는 이메일 이름입니다. 그러니 신중하게 적어주시기 바랍니다. ⑤ [다음단계]를 선택합니다.

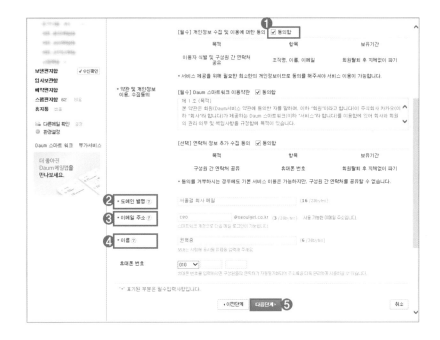

05 그럼 다음 스마트 워크가 신청완료 되었습니다. 여기서 끝난 것이 아닙니다. 도메인을 구입한 카페24에서 연동을 해주어야 합니다.

06 카페24 홈페이지에서 ❶ [로그인] 합니다. ❷ [도메인 관리]를 클릭합니다.

07 ❶ [DNS 관리]를 선택합니다.

08 스마트워크에 신청한 ❶ [도메인]선택후 상단의 ❷ [DNS관리]를 클릭합니다.

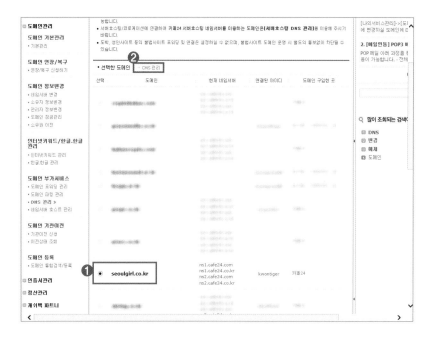

09 ❶ [메일서버(MX)관리] 선택 후 ❷ [포털MX설정]을 클릭합니다.

10 ❶ [다음] 메일 선택 후 ❷ [확인]을 클릭합니다.

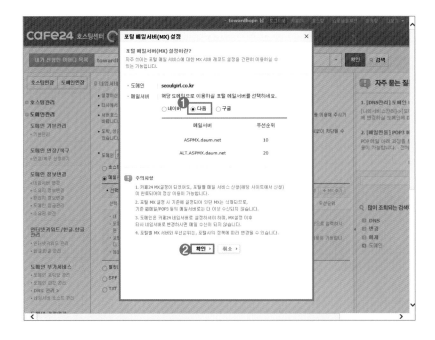

11 그럼 제대로 ❶ 세팅이 되었는지 확인 후 다시 다음메일로 돌아갑니다.

12 제대로 연동이 되려면 최대 24시간이 소요될 수 있습니다. 경험상 30분이면 연동이 가능합니다. 연동 후 다음메일에서 ❶ [편지쓰기]를 선택 후 ❷ [보내는 사람]에서 등록된 메일 ❸ [ceo@seoulgirl.co.kr]이 선택이 가능합니다. 앞으로 회사 이메일 주소로 메일을 주고 받고 할 수 있습니다.

그럼 이메일 마케팅의 중요성을 인지했고, 또한 어떤 내용을 넣어야할지 전략도 배워봤습니다. 또한 회사메일로 메일을 보낼 수 있도록 회사메일도 만들어 봤습니다. 그럼 다음 단계로 넘어가야 하는데, 가장 중요한 고객 DB를 확보하는 전략입니다. 이메일 마케팅을 비롯한 퍼미션 마케팅은 필수적으로 고객의 데이터를 확보해야 합니다. 그렇다고 중국 해커에게 돈을 주고 사면 바로 여러분은 쇠고랑 차시니 그것은 불가능하고 또한 고객DB를 허락 없이 사용하면 큰 문제가 됩니다. 그래서 고객의 허락을 받고 DB를 취합하셔야 합니다. 우리가 고객의 허락을 받는 다는 점에서 이런 과정을 퍼미션 마케팅(Permission Marketing) 이라고 부릅니다. 퍼미션 마케팅은 고객의 니즈를 파악하여 그 니즈에 맞는 적합한 상품을 제공할 수 있다는 점에서 매우 중요한 마케팅 기법중 하나입니다. 고객이 자신의 개인정보와 성향을 알려준다면 기업입장에서는 좋을 것입니다. 그럼 우리는 어떻게 고객의 이메일 주소를 합법적으로 가질 수 있을까요? 이 부분은 매우 중요하기에 다음 과정인 〈Lesson 42. DB 마케팅〉에서 배워 보겠습니다.

Lesson 42 ┃ DB 마케팅

평소 마트나 길거리를 지나가다 보면 기업들이 많은 이벤트를 접하게 됩니다. 특히 마트를 가면 추첨행사를 하는 것을 볼 수 있습니다. 추첨을 하려면 선물을 받을 개인정보를 넣게 됩니다. 그런데 그게 사실은 고객들의 DB를 얻기 위한 마케팅 이라는 것을 많은 분들이 모르고 계십니다. 추첨용지를 보면 깨알같이 하단에 개인정보에 동의한다는 내용이 꼭 적혀 있습니다. 그리고 경품행사를 진행하는 마케팅 업체에 개인정보를 넘긴다는 제3자 동의서도 있습니다.

그렇습니다. 기업들은 이런 경품행사나 이벤트로 고객의 DB를 확보합니다. 이제는 여러분도 기업들의 마케팅 기법을 배우셔야 합니다. 고객의 DB를 합법적인 방법으로 확보하는 것은 나쁜 것이 아닌 정당한 마케팅 활동이며 기업입장에서는 꼭 필요하기 때문입니다.

1차적으로 여러분이 고객DB를 확보하는 것은 역시 쇼핑몰 회원들입니다. 그럼 2차적으로는 역시 이벤트를 진행하여 고객DB를 확보해야합니다. 그래서 지금은 이벤트 진행시 고객 DB를 얻는 방법에 대해서 "구글 docs 설문지"를 활용하여 배워보겠습니다.

01 구글에 ❶ [로그인] 하신 후 ❷ [드라이브] 클릭합니다.

02 [새로만들기] ❶ [더보기] ❷ [Google 설문지] ❸ [빈양식]을 차례대로 선택합니다.

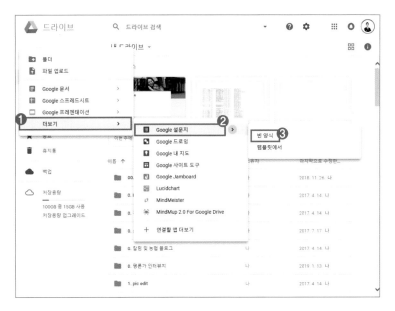

03 ❶ 제목을 적습니다. ❷ 이 설문지에 대한 취지나 목적을 밝히는 설명란입니다.
❸ 질문을 남깁니다. ❹ 질문에 대한 답변을 여러 가지 형태로 받을 수 있습니다. 주로 단답형이나 객관식질문 형태를 많이 사용합니다. ❺ 질문을 복사하는 기능입니다. ❻ 질문을 삭제합니다.
❼ 질문에 대한 필수적을 답을 달게끔 하는 기능합니다. 필수를 선택하시면 ❽ 같이 * 표시가 되며 응답자는 필수적으로 응답을 해야만 다음 질문으로 넘어갈 수 있습니다. ❾ 질문을 추가합니다. 이외 다양한 기능들이 있기에 하나 하나 선택해 보면 어렵지 않게 질문을 남길 수 있습니다. 설문지가 완성되었다면 ❿ [보내기]를 선택합니다.

04 특징적인 것은 고객이 보내는 파일을 내가 받아 볼수 있다는 것입니다. 과거 없던 새로운 기능으로 고객의 사진이나 동영상을 내가 받고 싶을 때 사용할 수 있습니다. 예를 들어, '구매 영수증을 캡쳐해서 보내주세요'라고 할 때 보통 메일이나 카톡으로 받을 수 있는데 이제는 구글 설문지를 통해 이런 이벤트가 가능합니다. 매우 고급 기술입니다. ❶ [파일 업로드]를 선택하시면 가능합니다.

05 ❶ [보내기]를 선택후 ❷ [링크주소]를 클릭합니다. 그러면 공유할 URL이 나오는데 한가지 팁은 꼭 ❸ [URL 단축]을 클릭하여 주소를 짧게 만들어야 합니다. 카톡이나 SNS 공유할 때 주소가 길면 매우 보기 불편하고 디자인 적으로 좋지 않습니다. URL 단축은 모바일 환경 때문에 만들어진 기능인 만큼 꼭 URL 단축을 눌러 주소를 짧게 만들어 줍니다.

06 링크를 복사하여 여러분의 홍보채널에 붙이기 합니다. 카톡도 좋고 블로그도 좋습니다. 그럼 고객들은 그 링크를 타고 아래와 같이 보이게 됩니다. 그리고 응답을 하게 됩니다.

07 주의할 사항은 꼭 마지막 질문에 "개인정보동의 확인해주세요"라고 질문을 만드시고 객관식으로 "예, 동의합니다." "아니오, 동의하지 않습니다."로 응답을 받아주시기 바랍니다.

08 응답을 받으셨으면 녹색의 ❶ [스프레드시트에서 응답보기]를 클릭합니다.

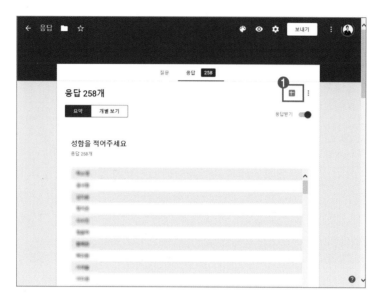

09 그럼 엑셀 파일로 응답이 정리가 되어 보입니다. 자! 드디어 고객DB 가 수집이 되었습니다. 이제는 그 데이터를 마케팅 목적에 맞게 활용하는 것입니다.

Q2 인터넷 팩스는 무엇인가요?

DB마케팅을 실행하면 고객의 여러 가지 정보를 얻을 수 있습니다. 그중 바로 팩스번호도 같이 얻을 수 있는데, 사실 요즘 팩스를 쓰시는 분들이 많지는 않습니다. 하지만 회사를 운영한다면 관공서나 여러 가지 중요한 일로 팩스를 써야하는 경우가 생깁니다. 횟수는 적으나 중요도는 높은 것이 팩스입니다. 그런데 팩스를 하려니 복합기 및 팩시밀리(facsimile)가 비싸서 포기하시는 분들이 많습니다. 하지만 그럴 필요가 없습니다. 바로 '인터넷 팩스'가 있기 때문입니다.

인터넷팩스는 말 그대로 인터넷으로 팩스를 주고받는 것을 의미 합니다. 보통 월 2,200원의 저렴한 비용으로 팩스번호와 함께 인터넷 팩스를 사용할 수 있습니다. 예를 들어, 팩스가 필요하면 인터넷 팩스 홈페이지에 들어간 후 전송할 내용을 파일로 메일 보내듯 보내면 받는 쪽에서는 팩스로 받아 보게 됩니다. 반대로 상대편에서 팩스를 보내면 우리는 종이가 아닌 그림파일 등으로 받아 볼 수 있습니다. 필요하다면 그것을 프린트하여 종이로 출력하면 됩니다. 보통 인터넷팩스 번호는 0505로 시작합니다. 하지만 요즘 부가서비스로 원하는 국번으로 팩스번호를 신청할 수 있습니다. 0505 팩스 번호를 02-6280-4567 이렇게 국번이 있는 팩스번호로 사용할 수 있습니다. 쇼핑몰을 운영하는 소호사무실이나 소호무역을 하시는 분들에게는 정말 꼭 필요한 기능입니다. 네이버에서 "인터넷팩스"를 검색하시면 수많은 업체들을 확인할 수 있습니다.

〈효과적인 인터넷 팩스〉

Lesson 43 ┃ 언론 보도 마케팅

Q1 신문에 나오고 싶어요. 어떻게 하면 될까요?

"언론보도 마케팅은 우리나라에서 정말 잘 통하는 마케팅중 하나입니다. 신문에 보도가 되는 것인데, 많은 분들이 신문에 나오는 것을 마치 진짜 취재나 유명하기에 나오는 것으로 잘 못 생각하고 있는 것을 봅니다. 물론 기자들의 취재를 통한 보도도 있지만 보도자료를 기사화해서 나오는 내용도 정말 많습니다. 즉, 어느 정도 규모 있는 회사들은 특히 상장되어 있는 회사들은 홍보팀에서 보도자료라는 것을 만들어 올립니다. 우리 회사에 대해서 특별히 알리고 싶은 내용이나 현저한 변화가 있는 사건이 있으면 고지(특정한 상대에게 사실을 알리는 일)를 하게 됩니다. 그럼 기자들이 그런 보도자료를 가지고 기사화하기도 하고 취재에 나서기도 합니다.

〈로레알 코리아 보도자료 페이지〉

그런데 쇼핑몰을 시작하는 입장에서 보도자료를 낸다고 기사화가 될까요? 가능성은 매우 떨어집니다. 그럼 어떻게 우리 경쟁 쇼핑몰 회사들은 신문에 보도가 된 것 일까요? 그것은 언론보도를 대행해주는 마케팅 회사를 통해 비용을 내고 올렸기 때문입니다. 언론사 입장에서는 하나의 광고상품이기도 합니다. 업계 비밀이지만 제 책을 보고 있는 독자들을 위해서 과감하게 알려드리겠습니다. 가격은 신문의 등급으로 나눠집니다.

크게 네이버 뉴스에 나오는 신문사들과 네이버 뉴스에 나오지 않은 신문사로 나눕니다. 또한 네이버 뉴스에 나오는 신문사도 영향력에 따라 나눠집니다. 보통 C등급은 1건당 12만원, B등급은 18만원, A등급은 25만 원 정도 형성되어 있습니다.

1건당 그 정도의 비용을 내면 언론사에 기사화가 되는 것입니다. 이런 언론보도마케팅은 기업입장에서는 브랜드에 대한 신뢰성을 얻을 수 있어서 자주 사용하는 홍보전략 중 하나입니다. 문제는 신문사에 보낼 보도자료를 직접 써서 보내줘야 한다는 것이죠. 보도자료를 쓰지 못하면 이것마저 대행을 맡겨야 하는데 비용도 비용이지만 자신의 상품을 대행사는 잘 모르기에 제대로 된 글이 나오지 않습니다.

Q2 보도자료 작성하는 방법을 알려주세요.

사업초기에는 두 가지 이유로 보도자료를 직접 작성하시는 것이 좋습니다.

1. 보도자료를 작성하면서 홍보 콘텐츠를 정리해 볼 수 있습니다.

보도자료를 쓴다는 것은 팩트에 기반해서 작성하게 됩니다. 그리고 홍보 문구를 다듬어 작성하게 됩니다. 그러다보면 내가 무엇을 홍보하고 내 장점이 무엇인지 자연스럽게 정리가 됩니다.

한번만 정리가 되면 다음부터 홍보 전단지나 홍보 팜플렛, 웹 홍보 등등 어떤 곳에서 쉽고 빠르게 홍보 문구를 인용해서 쓰실 수 있습니다. 정리된 문구를 계속 응용해서 쓰는 것입니다.

2. 비용이 절감됩니다.

보도자료를 쓰지 못하면 일단 작성대행을 해야 하는데 비용이 만만치 않습니다. 만약 여러 번 보도를 한다고 하면 건당 비용이 들기 때문입니다. 그래서 본인 홍보전략을 점검해 본다는 생각으로 직접 써보시는 것이 좋습니다. 보도자료는 형태가 어느 정도 갖춰 있습니다. 아래의 형식대로 따라 보시기 바랍니다.

제목
쇼핑몰로 연 1000억원 매출을 기록한 청년ceo 화제!   – 권혁중 교수의 쇼핑몰 창업책을 통한 인생역전 성공스토리!
리드문
2019년 7월 8일 청년창업 콘테스트에서 대상을 수상한 나성공 씨가 화제가 되고 있다.   대학 중퇴인 나성공 씨는 그 동안 사회적 편견으로 번듯한 직장을 가져 본적이 없지만 우연히 디지털북스에서 나온 책 한권을 접한 이후 창업한 쇼핑몰이 연 1000억원을 돌파하여 대표적인 청년 창업 성공사례로 귀감이 되고 있다. 요즘 인터넷상에서 그의 성공신화가 다시 한 번 화제가 되고 있는데, 무일푼으로 시작하여 쇼핑몰창업에 성공한 나성공 씨를 만나 봤다.
본문
인터넷 쇼핑몰의 경쟁이 치열해 지고 있는 요즘. 이번 청년창업 콘테스트에서 대상을 차지한   나성공 씨를 만났다.   ……   아무도 나의 이야기를 들어 주지 않았고, 면접에서 번번이 탈락했을 때 우연히 서점에서 권교수님의 '쇼핑몰 책'(디지털북스)을 볼 수 있었습니다. 그저 쇼핑몰에 대한 이야기가 아니라 인간에 대한 따뜻한 격려가 느껴지는 그런 책이었어요. 실패한 저로서는 자신감을 얻게 되었죠. 처음 뭔가 하려고 할 때 막막했는데, 하나하나 따라가 보니 어느새 창업이 되어 있고, 마케팅을 통해 지금의 매출로 이어질 수 있었습니다." …. (중간 생략)

보통 보도자료는 제목과 리드문 본문 순서대로 내려옵니다.

지금 신문을 읽어보세요. 위와 같은 로직으로 되어 있는 많은 기사들을 볼 수 있습니다. 물론 기자들이 직접 작성한 취재기사도 있고, 편한 구어체로 쓰는 기사도 많이 나옵니다. 하지만 아직까지 많은 보도자료와 기사는 위 구조로 이뤄져 있습니다. 가장 좋은 방법은 좋은 기사를 하나하나 따라 써보시기 바랍니다. 여러분도 좋은 보도자료를 만들 수 있습니다.

보 도 자 료

SEOUL GIRL

2019년 7월 9일 배포 상시보도

서울걸 (www.seoulgirl.co.kr)

서울시 영등포구 국회대로 76길 18 (여의도동)

담당. 마케팅팀 권혁중 (02-6736-4567)

쇼핑몰로 연 1000억원 매출을 기록한 청년ceo 화제!

- 권혁중 교수의 쇼핑몰 창업책을 통한 인생역전 성공스토리!

2019년 7월 8일 청년창업 콘테스트에서 대상을 수상한 나성공 씨가 화제가 되고 있다.
대학 중퇴인 나성공 씨는 그 동안 사회적 편견으로 번듯한 직장을 가져 본적이 없지만 우연히
디지털북스에서 나온 책 한권을 접한 이후 창업한 쇼핑몰이 연 1000억 원을 돌파하여 대표적인 청년 창업
성공사례로 귀감이 되고 있다. 요즘 인터넷상에서 그의 성공신화가 다시 한 번 화제가 되고 있는데,
무일푼으로 시작하여 쇼핑몰창업에 성공한 나성공 씨를 만나 봤다.

인터넷 쇼핑몰의 경쟁이 치열해 지고 있는 요즘. 이번 청년창업 콘테스트에서 대상을 차지한
나성공 씨를 만났다.
……
"아무도 나의 이야기를 들어 주지 않았고, 면접에서 번번이 탈락했을 때 우연히 서점에서 권교수님의
'쇼핑몰 책'(디지털북스)을 볼 수 있었습니다. 그저 쇼핑몰에 대한 이야기가 아니라 인간에 대한 따뜻한
격려가 느껴지는 그런 책이었어요. 실패한 저로서는 자신감을 얻게 되었죠. 처음 뭔가 하려고 할 때
막막했는데, 하나하나 따라가 보니 어느새 창업이 되어 있고, 마케팅을 통해 지금의 매출로 이어질 수
있었습니다." …. (중간 생략)

〈보도자료 샘플〉

> **Q3** 방송 협찬은 어떻게 하나요?

예전에 지방에서 공공기관 주관으로 멘토링을 진행한 적이 있습니다. 그때 한 대표님을 만났습니다. 가죽으로 패션잡화를 만드시는 분이었습니다. 그 분의 고민은 패션잡화를 잘 만들 수 있고, 기술도 있다고 자부하는데, 지방이라는 딱지가 계속 쫓아와서 자신의 상품을 알아주지 않는다는 것이었습니다. 그러면 답은 하나였습니다. 바로 방송에 나오는 것입니다.

"방송이요? 그거 유명한 것들만 나오는 거 아니에요? 저는 하는 방법도 몰라요" 이렇게 놀라시던 대

표님의 목소리가 아직도 생각납니다.

여러분은 어떻게 생각하시나요? 방송협찬 하는 것이 어렵다고 생각하시나요?

그렇지 않습니다. 돈을 내고 하는 협찬도 있지만 그렇지 않은 협찬도 있습니다. 제가 알려드리는 방법이 꼭 정석은 아니지만 여러분도 충분히 가능하다고 말씀 드리고 싶습니다. 결론은 그 대표님은 유명 드라마에 본인의 작품을 협찬하여 주인공들이 매고 나왔습니다. 당연히 그것을 가지고 홍보를 많이 했죠. 그럼 어떻게 가능했을까요?

먼저 매체를 이해해야합니다. 매체는 기본적으로 광고로 먹고 산다고해도 과언이 아닙니다.

그러다보니 각 매체마다 광고제휴, 협찬제휴를 따로 관리하고 있습니다. 관련 영업부서가 있을 정도입니다. 다시 말하면 어떤 매체이던 홈페이지 하단을 보면 제휴협찬에 대한 관리자 연락처나 사이트들이 링크되어 있습니다.

아래는 방송3사의 광고제휴 사이트들입니다.

방송매체	홈페이지
KBS 제작협찬	http://www.kbs.co.kr/advertise
MBC 제작협찬	http://mmt.imbc.com/
SBS 제작협찬	http://tv.sbs.co.kr/sbs_ad/index.jsp

〈MBC 광고 협찬 페이지〉

물론 비용이 문제입니다. 광고쪽 에서는 "바터 마케팅"이라는 말이 존재합니다. 바터? barter 라는 뜻으로 물물교환이라는 뜻으로 협찬비나 광고비 대신에 현물로 대신해서 주는 것을 말합니다. 사실

방송광고에서는 이제 통하지 않고, 잡지광고에서는 아직 통합니다. 그렇다고 올바터(all barter)는 통하지 않고, 1/2 바터는 통합니다. 즉, 광고비가 500만원이라면 250만원은 현금, 250만원은 상품으로 대신 주는 것입니다. 그럼 받는 쪽에서는 그 상품을 가지고 경품이벤트나 각종 이벤트의 상품으로 활용하게 됩니다. 이쪽 생리가 조금 이해되시나요? 여러분께서 만약 협찬광고를 하겠다고 하면, 일단 바터로 가능한지 물어보시기 바랍니다. 싫어하시는 매체도 있고, 상품에 따라 오케이 하는 매체들도 있습니다.

Q4 잡지 광고를 하고 싶어요.

앞서 말한 대로 잡지광고는 아직 바터가 통합니다. 그런데 과연 잡지광고는 얼마나 할까요? 대략 감을 잡아볼 필요가 있습니다. 저자는 ATL, BTL 마케팅을 다 경험하고 활용하는 몇 안 되는 마케터 중 한명입니다. 그러다 보니 TV, Radio, 신문, 잡지 광고를 다 경험했는데, 그 중 잡지 광고가 참 재미있었습니다.

예를 들어, 보그 사이트를 가보면 [미디어킷]이 있습니다. 공개된 자료이니 누구나 볼 수 있습니다.

```
Single page facing the Fashion section    4,700,000
Single page before the well               4,500,000
```

가장 저렴한 페이지가 450만 원입니다. 가장 잘나가는 잡지를 본 이유는 대부분 이하의 가격이 형성되어 있습니다. 보통 여성 주간지 같은 경우 350만 원 정도입니다.

많은 분들이 잡지광고가 효과가 없다고 하시는 분들이 있는데, 안 해보셔서 그런 말을 하는 것 같습니다. 물론 과거보다 발행부수가 많이 떨어지고 인터넷으로 정보를 보니까 그럴 수 도 있겠지만 잡지의 특성은 닫혀 있는 공간에서 사람들이 돌려 본다는 특성을 가지고 있습니다. 미용실에서 머리를 하며 스마트폰도 보지만 패션잡지를 보기도 하고 멋진 사진을 스마트폰으로 찍기도 하죠. 무엇보다 유명 잡지에 나왔을 때 브랜드 상승 효과도 무시하지 못합니다.

시대의 흐름에 따라 잡지광고의 효과는 과거에 비해 떨어진 것은 사실이나 아직까지 효과는 지속되고 있기에 디자이너 브랜드나 브랜드를 키우고자 하는 쇼핑몰들에게는 한번쯤 시도해볼 좋은 마케팅 전략입니다.

Lesson 44 │ 페이스북 마케팅

페이스북은 핫한 온라인 마케팅 도구입니다. 굳이 광고를 통해서가 아니라 나의 상품과 콘텐츠를 바이럴 할 수 있도록 만들어주는 좋은 도구이기도 합니다. 이번 과정에서는 페이스북의 주요 기능과 효율성이 높은 페이스북 광고를 실습해보는 시간을 갖도록 하겠습니다.

Q1 페이스북의 각 기능이 궁금해요.

01 페이스북 메인 화면 기능
❶ [검색창] : 친구들이나 콘텐츠를 검색할 수 있습니다.
❷ [프로필] : 나의 페이스북 계정에 들어갈 수 있습니다.
❸ [친구요청] : 기본적으로 나에게 친구요청을 온 계정들을 확인할 수 있고, 친구찾기 등 설정이 가능합니다.
❹ [메시지] : 페이스북 메시지 리스트 및 내용을 확인할 수 있습니다.
❺ [알림] : 누가 나의 글에 좋아요를 눌렀는지부터 시작해서 페이스북 친구들의 근황이 소개 됩니다.
❻ [추가 기능] : 페이지, 그룹, 광고, 설정, 로그아웃등 가장 많이 사용하는 기능들이 있습니다.
❼ [게시물 만들기] : 나의 생각을 작성하면 페이스북 친구(페친)들의 뉴스피드에 노출됩니다.
❽ [뉴스피드] : 페친들의 일상이 노출됩니다.
❾ [좌측 기능] : 바로가기, 둘러보기 등등 가입한 페이지나 그룹을 확인할 수 있습니다.

⑩ [우측 기능] : 주요 알림 등이 우측에 나옵니다. 예를 들어, [내 페이지] 알림이라던지 [도착한 친구 요청]과 같은 알림이 나옵니다.

02 페이스북 본인 계정 화면 기능

기본적인 상단 기능은 같고 내 프로필을 수정하거나 확인할 수 있습니다.

❶ [커버 사진 업데이트] : 커버 사진을 업로드하거나 수정할 수 있습니다. 내 페이스북 메인에 나오는 사진이기에 매우 중요합니다.

❷ [프로필 사진] : 페이스북 계정에서 활용할 프로필 사진입니다. 가장 중요하다고 볼 수 있습니다. 3B를 기억하시기 바랍니다.

❸ [정보 업데이트] : 프로필을 업데이트 할 수 있게끔 코디네이션 기능을 제공합니다. 따라하기만 하면 자연스럽게 여러분의 프로필 정보를 업데이트 할 수 있습니다.

❹ [활동로그] : 여러분이 페이스북에서 활동했던 모든 정보가 시간순으로 내열됩니다. 예를 들어, 내가 누구를 좋아요 눌렀는지, 누구에게 댓글을 남겼는지 등등입니다. 매우 개인 사생활과 밀접한 기능이라 나 이외의 다른 이들이 보게 되면 나의 모든 일상이 노출되니 조심해야합니다. 내가 누구와 친하고 누구와 자주 소통하는지 바로 알 수 있습니다.

❺ [정보] : 나를 소개하는 기능으로 매우 무서운 기능입니다. 나를 더 표현할수록 페이스북은 맞춤형 타겟 광고를 통해 고도화된 광고를 나에게 노출합니다. 예를 들어, '내가 누구와 결혼했다'라고 기록하면 와이프의 생일날에 맞춰 와이프가 자주 보던 상품들의 광고가 내게 노출되는 것입니다. 페이스북이 무서운 이유가 바로 여기 있습니다.

❻ [친구] : 나의 친구를 확인할 수 있습니다. 저는 지금 4523명의 친구를 두고 있습니다.

나와 친구라는 의미는 무엇일까요? 그렇습니다. 내가 글을 남기면 그 친구들의 뉴스피드에 올라간다는 의미입니다. 또한 나를 팔로워 하는 친구들도 마찬가지입니다.

❼ [소개] : 간단하게 나를 소개하는 기능입니다.

❽ [게시물 관리] : 선택한 게시물을 숨기거나 삭제할 수 있습니다. 리스트로 볼지 그리드로 볼지 선택하여 게시물을 관리할 수 있습니다.

03 정보 기능을 활용한 SNS 소통 활성화하기

[정보]에서 ❶ [연락처 및 기본정보]를 클릭합니다. ❷ [+소셜링크추가]를 선택 후 선택툴에서 원하는 소셜미디어를 선택합니다. 여기서는 ❸ [Instagram]을 선택했습니다. ❹ 인스타주소를 복사해 붙여넣기 합니다. ❺ [변경 내용 저장]을 클릭합니다.

페이스북의 기본 친구 수는 5000명을 넘지 못합니다. 보통 5000명을 넘으면 팔로우 기능으로 나를 추종하도록 하고 있지만 문제는 언제 5000명을 채우는 가입니다. 저자인 저는 친구가 5000명이었다가 지금은 새로운 친구를 받기 위해서 페친 정리를 하여 4523명쯤 유지하고 있습니다.

그럼 어떻게 친구 5000명을 만들 수 있을까요? 그것도 단시간에 가능할까요?

3B를 적절하게 활용해 주셔야 합니다.

프사(프로필 사진)에 어떤 사진을 놓는가에 따라 친구요청 승낙이 될지 안 될지가 결정이 됩니다. 보통 온라인 마케팅에서는 3B 공식이 있습니다. 홍보 콘텐츠로 Baby, Beast, Beauty를 쓰면 사람들의 눈을 고정시킬 수 있다는 것입니다. 즉, 아기 사진이나 동물 사진, 그리고 아름다운 사진으로 스쳐지나가는 사람들의 시선을 사로잡을 수 있습니다. 이 공식은 어느 정도 맞습니다. 아무튼, 페이스북도 이런 3B가 잘 통하는 미디어인 것을 확실합니다.

〈3B 모형도〉

만약 여러분이 빠르게 5천명의 친구를 만들고 싶다면 친구요청을 할 때 프사나 뉴스피드에 이런 3B를 적절히 활용하여 올려보시기 바랍니다. 그럼 친구요청을 받은 친구들이 그런 사진들을 보고 수락할 가능성이 큽니다.

Q3 쇼핑몰 매출을 위한 효과적인 페이스북 & 인스타그램 광고를 배우고 싶어요.

저렴한 비용으로 큰 효과를 거둘 수 있는 페이스북 광고하는 법을 알려드리겠습니다. 또한 인스타그램 광고도 같이 집행하겠습니다. 인스타그램이 페이스북에 인수된 지 오래되었기에 같은 알고리즘을 사용됩니다. 그렇기에 광고도 매우 고도화하여 작업할 수 있습니다. 실제 광고를 집행과정을 보여

드리기 위해서 가상의 상품을 판매해 보겠습니다. 〈20대 여성의류〉를 판매한다는 가정 하에 진행해 보겠습니다. 실무자들도 이 부분 때문에 많이 배우러 오니 여러분도 책을 통해 익혀두시길 바랍니다.

01 ❶ [로그인]을 합니다. ❷ 우측 [더 보기]를 선택하시면 ❸ [광고 만들기] 또는 [광고 관리] 를 선택합니다. 저는 이미 광고를 집행한 이력이 있어서 [광고 관리]라고 나오고 처음 하시는 분들은 [광고 만들기]가 나올 것입니다.

02 그럼 마케팅 목표가 무엇인지 물어봅니다. 이 부분이 중요합니다. [인지도]인지 [관심 유도]인지 [전환]인지 구체적으로 목표를 선택합니다. 보통은 ❶ [관심 유도] ❷ [트래픽]이 가장 기본적으로 사용됩니다. 대표적인 CPC 방식의 광고입니다.

03 ❶ [캠페인 이름]은 크게 신경 쓸 것은 없습니다. 쉽게 설명 드리면 이번 광고의 목표에 대해서 쓰시면 됩니다. 이번 페이스북 광고의 목표가 신학기 이벤트를 홍보해서 매출을 상승시키는 것이라면 "신학기 이벤트 광고" 이렇게 쓰면 됩니다. ❷ [분할테스트 만들기]는 AB 테스트라고 보시면 됩니다.

AB 테스트는 어떤 효과를 준 그룹과 효과를 주지 않는 그룹의 비교분석을 통한 결과를 도출하는 방법인데 페이스북에서는 여러 개의 효과를 다양하게 주고 어떤 세팅 값이 더 이번 캠페인에 맞는지 찾아가는 과정을 제공해주는 것입니다. 즉, 여러 개 테스트 해보고 최적의 설정 값을 찾으라는 말입니다. 우리는 페이스북 광고를 알아가는 중이니 일단 체크를 빼고 시작합니다.

❸ [계속]을 선택합니다.

04 가장 중요한 타겟이 나왔습니다.

❶ [위치]에서 ❷ [서울] [수원]을 입력합니다. 왜 타겟 위치를 처음 값인 [대한민국]이 아닌 서울, 수원일까요? 바로 예산 때문에 그렇습니다.

하루 예산이 10만 원 이상이라면 광고 타겟을 [대한민국]으로 하셔도 됩니다. 하지만 하루 예산이 1만 원, 2만 원 등 적다면 위치를 좁혀야 합니다. 왜냐하면 CPC 광고이기 때문입니다.

예를 들어, 하루 예산 10,000원에 CPC 1클릭당 1,000원 이라면 고객이 나를 선택할 수 있는 기회는 10번밖에 없습니다. 예산이 넘어가면 광고노출은 안됩니다.

이 10번의 기회를 여러분이라면 어디에다가 노출하시겠습니까? 그렇습니다. 평균적으로 구매력이 높은 지역에 맞춰 가야 합니다. 어쩔 수 없이 1차적인 목표는 서울, 수도권 이고 예산이 어느 정도 되면 전국에 있는 광역시까지 넓혀 잡습니다. 그래도 예산이 넘친다 그럴 때 전국으로 해주시면 됩니다.

결국 광고는 효율성의 싸움이기에 쇼핑몰 광고라면 어쩔 수 없이 적은 예산으로 큰 효과를 봐야합니다.

매우 실무적인 내용입니다. 실제 ATL, BTL 광고를 다 집행하는 마케팅 프로로서 가르쳐 드리는 것입니다. 예산이 적을수록 위치 타겟을 구매력이 큰 시장으로 좁혀서 설정합니다.

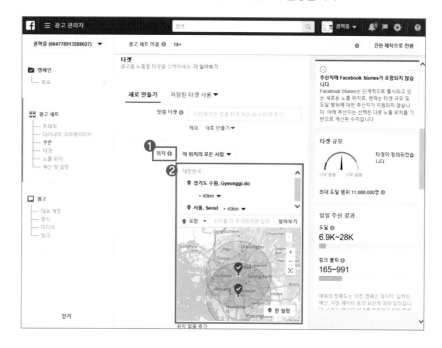

05 타겟에 맞는 ❶ [연령]과 ❷ [성별]을 선택합니다.
앞서 설명 드렸듯이 '20대 여성의류'라고 가상으로 설정했으니 ❸ 나이를 좁혀서 설정합니다.

06 아마 페이스북의 진수라면 바로 이 ❶ [상세 타겟팅]이 아닐까 생각해봅니다.
20대 여성의류니까 상세 타겟팅에서 ❷ [쇼핑]이라고 검색하고 ❸ [온라인쇼핑]을 선택하겠습니다. [온라인 쇼핑]에 마우스를 위치시키면 ❹ [규모]나 [관심사] [설명]등이 나옵니다. 내가 선택한 타겟이 맞는지 확인할 수 있습니다.

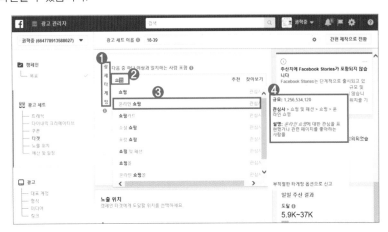

07 같은 방법으로 ❶ [쇼핑 및 패션]도 선택했습니다. 그럼 이건 어떻게 타겟이 잡히는 것일까요? 그렇습니다. 더 넓게 타겟팅이 됩니다. ❷ [다음 중 하나 이상과 일치하는 사람 포함]을 읽어보세요. 우리가 [온라인쇼핑]에 관심 있는 타겟과 [쇼핑 및 패션]에 관심이 있는 타겟 두 개를 선택했다면 모두 포함하기에 타겟의 범위가 늘어납니다.
반대로 타겟을 세분화하려면 ❸ [타겟 제외] 또는 [타겟 좁히기]를 선택하여 사람을 제외하거나 다른 상세 정보를 기준으로 타겟을 좁힐 수 있습니다.
❹ [추천]은 여러분이 선택한 키워드를 기준으로 페이스북 알고리즘이 최적의 타겟을 자동 추천해 주는 기능입니다. 비슷한 키워드들이 제안되는 것을 볼 수 있습니다.
타겟을 정했다면 다음에 또 이 타겟 세팅 값을 사용할 수 있도록 ❺ [이 타겟 저장]을 선택합니다.

08 인구통계학적 변수로 타겟을 정할 수도 있습니다.

우리가 마케팅에서 세분화 작업을 할 때 기준이 되는 것이 바로 인구통계학적 분석입니다.

예를 들어, ❶ [찾아보기] ❷ [인구 통계학적 특성] ❸ [학력] ❹ [학력 수준] ❺ [학교] [고려대학교] 를 세분화 한다면 어떻게 될까요? 그렇습니다. 다른 변수가 없고 학교로만 타겟을 정했다면 정말 고려대학교 출신들에게만 내 광고가 노출됩니다. 실제 저에게 배운 많은 기업들이 이렇게 전략적이고 구체적으로 광고를 집행하고 있습니다.

보통 광고에서는 학력 수준이 구매력의 빈도에 어느 정도 영향을 준다고 간주하기 때문에 사실 매우 중요한 변수가 됩니다. 오죽했으면 페이스북에서 학력으로도 세분화를 했을까 생각해 보면 답이 나옵니다.

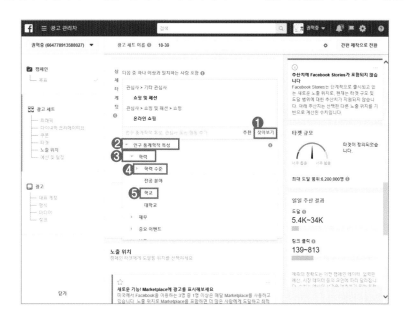

여기서 잠깐!

키워드를 넣을 때는 우리가 먼저 네이버 검색광고 페이지를 통해 홍보 키워드 30개를 뽑아놓은 것이 있습니다.

그것은 우리의 상품과 밀접한 상관관계가 있는 것으로, 우리를 대표해주는 키워드들입니다.

즉, 이미 분석해 놓으신 키워드들을 페이스북 상세 타겟팅에 대입해보기를 바랍니다.

대입하다보면 페이스북에 검색이 되지 않는 키워드들이 있을 텐데, 그것은 중요하지 않아서가 아니라 페이스북이 그 키워드와 같은 이름으로 구분해놓지 않아서입니다. 페이스북은 이미 카테고리별로 분류해놨기 때문에 이름과 딱 맞는 카테고리가 없어서 안 나오는 것이지 덜 중요해서가 아닙니다.

09 노출 위치는 가장 많이 실수하는 부분으로 실무자들이 저에게 와서 물어보는 부분이기도 합니다. 매우 중요한 내용이니 잘 이해하셔야 합니다. ❶ 자동 노출 위치 - 페이스북에 '가장 성과가 좋을 것으로 예상되는 위치에 자동으로 광고가 게재됩니다' 라고 되어 있는데, 그것은 케이스마다 다릅니다. 보통 우리는 페이스북 유저나 인스타그램 유저들에게 노출하려고 광고를 합니다. 다들 당연하다고 생각합니다. 결론적으로 말씀 드리면 상황에 따라 전략이 다릅니다. 이렇게 말하는 이유는 바로 Audience Network 부분 때문에 그렇습니다.

용어

Audience Network 란?

Audience Network는 구글로 치면 "애드센스" 같은 겁니다. 개발자들이 페이스북 광고 코드를 가져다가 자신의 웹이나 앱에 광고수익을 내기 위해서 하는 광고 공유 시스템입니다. 페이스북은 앱 패밀리 라인업을 구축하고 있습니다. 모두 광고가 붙은 것들입니다.

〈출처: 페이스북 코리아〉

즉, 구글 애드센스처럼 웹, 앱 개발자 또는 콘텐츠 창작자들이 페이스북이 제공하는 광고 코드를 따서 붙인 후 광고 수익이 나면 페이스북과 수익을 쉐어하는 방식입니다.

그럼 교수님은 왜 그렇게 Audience Network에 대해서 열변을 토하시나요? 라고 하실 텐데요. 자! 그 이유를 설명하겠습니다.

여러분이 페이스북에 광고하는 목적은 무엇인가요?

페이스북 유저 – 화이트칼라 들이 몰려 있고, 자신을 소유물을 은근 슬쩍 자랑하고, 그것을 자랑하기 위해서 구매하는 사람들이 몰려 있는 곳 – 들에게 광고를 하려고 합니다. 기본적으로 소비 욕구가 어느 정도 있는 분들이 있습니다. 그런데 여러분이 광고 [자동노출위치] 로 하는 순간 Audience Network 에도 노출이 됩니다. 즉 페이스북 유저가 아닌 이 광고를 붙이 여러 앱, 웹, 동영상에도 노출이 되는 겁니다. 100원, 200원 내면서 게임하는 유저들에게도 노출될 가능성이 있습니다.

그럼 Audience Network가 나쁜 것일까요?

전혀 그렇지 않습니다. 서두에 제가 선택적으로, 마케팅 목표에 따라 달라진다고 했었습니다. Audience Network는 내 마케팅 상황에 맞게 쓰여야 한다는 것입니다. 무조건 활성화 시키는 것이 아니라는 말입니다. 즉, 홍보의 목적이라면 Audience Network 활성화 시킵니다. 노출이 확실히 많이 됩니다. 매출의 목적이라면 Audience Network 비활성화 시킵니다. 노출은 줄어들지만 확실한 진성고객들에게 내 상품이 노출됩니다.

구분	설명
홍보와 노출이 목적	Audience Network 활성화
매출과 실적이 목적	Audience Network 비활성화

혹시 여러분이 마케팅 대행을 주고 있다면 대행사에서 '페이스북 광고를 통해 이렇게 많이 노출되었고 클릭을 했습니다.'라고 자랑하거든 Audience Network 여부를 확인해 보시기 바랍니다.

Audience Network 활성화 시키면 말씀 드렸다 시피 페이스북 인스타그램에서 노출되기보다 광고를 펴간 앱, 웹 유저들에게 보여 지기에 효과는 떨어질 수밖에 없습니다.

잘 알고 써야 하는데, 무작정 자동노출위치를 ON 해 놓고 광고집행 하는 것을 보며 안타까움을 느꼈습니다.

10 ❶ [노출 위치 수정]을 선택한 후, ❷ [Audience Network] 선택을 해제합니다. CPC 단가가 조금 올라가겠지만 저는 페이스북과 인스타 유저들에게만 광고가 노출되게끔 하고 싶기 때문입니다.

11 ❶ [예산 및 일정]에서 광고의 ❷ [하루 예산] 설정과 광고 ❸ [시작과 종료] 일정을 설정할 수 있습니다. 여기서 중요한 팁은 일단 1주일 먼저 집행하라는 것입니다. 이유는 애자일 마케팅(Agile Marketing) 때문에 그렇습니다. 1주일 집행하면서 정량화된 데이터를 수집한 후 그대로 계속 집행할지 아니면 수정할지를 결정하는 것입니다. 실시간 분석이 된다는 점이 온라인 광고의 장점이기에 이렇게 활용해 봅니다. 모든 결정이 되었다면 [다음]으로 넘어갑니다.

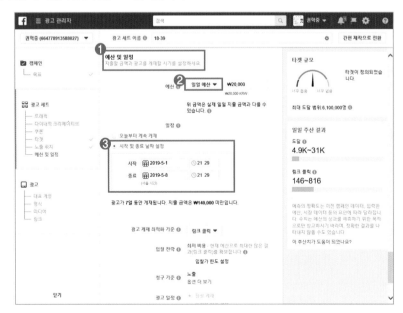

12 광고 만들기에서 **❶** [대표 계정]은 페이스북의 페이지를 선택하는 것입니다. 즉, 광고가 집행될 때 노출 이름이 바로 이때 설정한 페이스북 페이지 이름으로 나갑니다. 페이지가 없다면 **❷** [Facebook 페이지 만들기]를 선택하여 페이지를 만들어줍니다.
인스타 광고를 같이 해야 하기 때문에 **❸** [Instagram 계정]에서도 **❹** [Page setting]을 통해 연동해주도록 합니다.

13 광고형식은 **❶** [슬라이드] **❷** [단일 이미지 또는 동영상] **❸** [컬렉션] 이 있습니다.
경험상 가장 좋은 광고 형식은 [단일 동영상]입니다. 하지만 대부분 동영상 콘텐츠가 많이 없기에 [단일 이미지]를 많이 선택합니다.

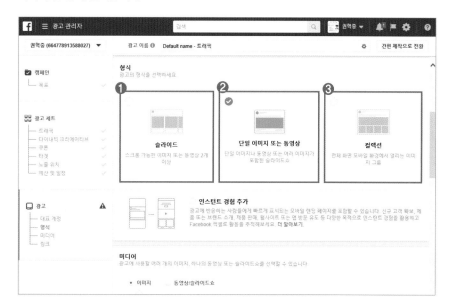

14 ❶ [미디어]는 광고가 실제 나갈 때 어떤 이미지로 나갈지 선택하는 곳입니다.

❷ 권장 이미지 크기는 1,080 x 1,080 픽셀로 나오고 있습니다. ❸ [이미지추가]를 통해 내가 원하는 광고 이미지를 넣을 수 있습니다.

❹ [라이브러리 찾아보기]는 과거 광고를 집행했을 때 사용했던 사진이나 인스타그램 사진 등 본인이 사용했던 사진들을 선택할 수 있습니다. 여기서 꼭 알아야 할 한 가지 기능은 바로 ❺ [무료 이미지] 입니다. Shutterstock 이라는 세계적인 이미지 라이선스 회사가 있는데, 페이스북 광고를 할 때 무료로 Shutterstock 이미지를 사용할 수 있습니다. 여기서는 ❺ [무료 이미지]를 선택하여 원하는 사진을 가지고 오겠습니다.

15 [링크]를 선택합니다. 홍보문구를 세팅할 수 있습니다.

교육생님들이 가장 궁금해 하는 것으로 무엇이 어떻게 표현되는지 궁금해 하십니다.

한눈에 파악하실 수 있도록 번호로 맞춰 놨습니다.

❶ 페이지 이름

❷ 문구

❸ 웹사이트 URL

❹ 제목

❺ 뉴스피드 링크 설명

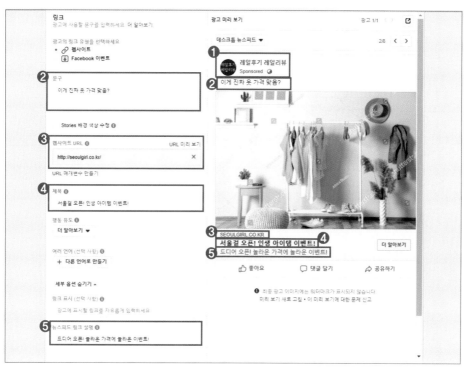

〈데스크톱 페이스북 에서의 디자인〉

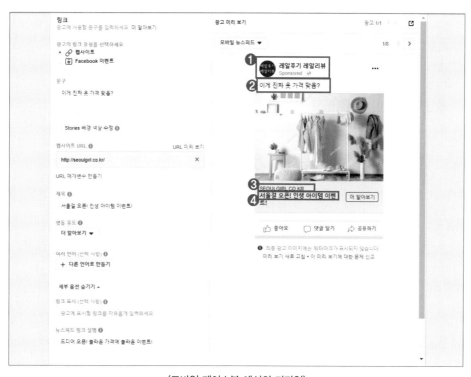

〈모바일 페이스북 에서의 디자인〉

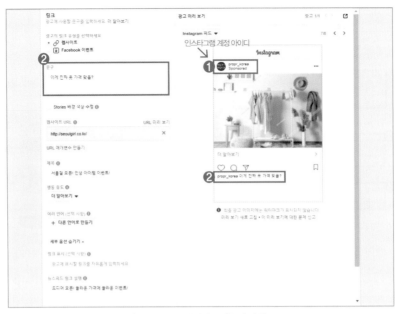

〈인스타그램에서의 노출 디자인〉

16 여기가 끝이 아닙니다. 가장 중요한 페이스북 로봇을 여러분의 쇼핑몰에 삽입하는 것이 남아 있습니다. 일명 페이스북 [픽셀]이라고 표현 합니다. 즉, 여러분의 쇼핑몰(자사몰)에 페이스북 로봇(알고리즘)을 심어놓고 페이스북을 타고 넘어온 유저들을 추적하는 것입니다. 그렇기에 페이스북 광고를 보고 전환(구매)이 되었는지 안 되었는지 까지 추적이 가능합니다. 우리가 구글 애드센스에서 말씀 드렸듯 코드를 여러분의 쇼핑몰에 심어 넣는 작업을 하셔야 합니다. 유명 쇼핑몰 소스를 분석하면 구글 로봇, 페이스 로봇, 네이버 로봇 등등이 다 들어간 것을 볼 수 있습니다. 그만큼 광고를 하고 그에 맞는 평가분석을 위해서 고객을 추적하고 분석할 수 있는 코드를 심어 놓게 됩니다.

❶ [광고 관리자]에서 ❷ [픽셀]을 선택합니다.

17 확인 창이 몇 개 나오는데 경우에 맞게 가입 및 확인을 선택하면 ❶ [설정 방법 선택]이 나옵니다. ❷ [코드 직접 설치]를 선택합니다.

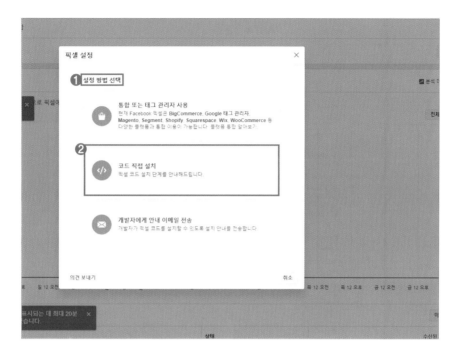

18 ❶ [2.전체 픽셀 코드를 복사]에서 ❷ [클립보드에 코드 복사]를 선택합니다.

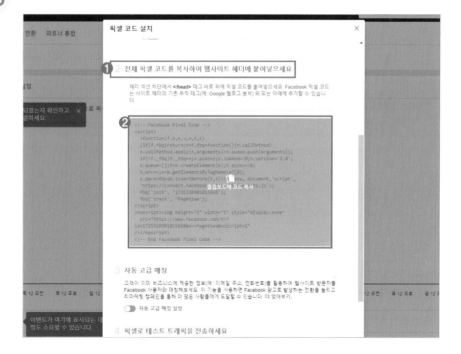

19 그럼 과거 우리 웹마스터도구에서 배운 대로 카페24 쇼핑몰 ❶ <head> 밑에 복사한 ❷ [소스코드] 를 붙여넣기 합니다. [저장]를 눌러 마무리 하면 픽셀이 여러분의 쇼핑몰에서 살아 움직이게 됩니다.

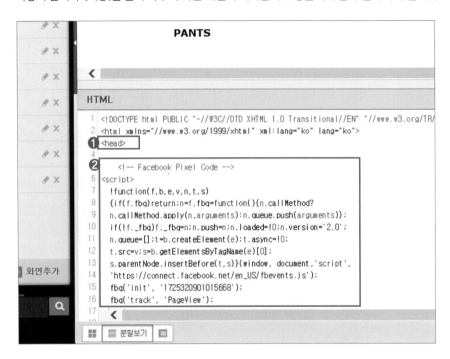

20 자! 기나긴 페이스북 광고 세팅이 끝났습니다. 이제는 '확인'을 누르시면 곧 광고가 집행됩니다. 물론, 광고비를 집행할 신용카드를 미리 등록해 놓아야 합니다. 페이스북에서 친절하게 안내를 하니 너무 겁내지 않으셔도 됩니다. 등록창이 나오면 해외결제가 가능한 신용카드를 등록해 놓으시면 됩니다.

Lesson 45 | 인스타그램 마케팅

인스타그램은 사진 공유 어플입니다. 특징은 사진 콘텐츠가 중심이다 보니 뷰티 쇼핑몰, 패션 쇼핑몰, 잡화, 생활용품 쇼핑몰 등에서 가장 많이 활용하는 온라인 마케팅 툴입니다. 그럼 인스타그램으로 어떻게 마케팅이 가능한지 알아보겠습니다.

Q1 해시태그가 무엇인가요?

먼저 인스타그램을 가지고 마케팅으로 활용을 하시려면 '해시태그'라는 기능을 이해해야 합니다. 인스타그램의 핵심이기 때문입니다. 현재 우리는 정보의 홍수 속에서 살고 있습니다. 지금은 정보를 만드는 것이 중요한 것이 아니라 내가 원하는 정보를 잘 찾는 일이 더 중요해졌습니다. 비디오만 보더라도 유튜브를 통해 이미 만들어진 영상들이 많이 있습니다. 중요한 것은 수많은 비디오 중 내가 원하는 비디오 영상을 잘 찾는 것이 중요해진 것입니다. 즉, 기업 입장에서는 정보를 가공해서 잘 보여주는 서비스가 성공을 한다는 말입니다. 이런 것을 큐레이션(curation)이라고 합니다. 즉 이미 만들어진 정보를 목적에 따라 분류하고 제공, 공유하는 것입니다. 그럼 이미 만들어진 정보를 어떻게 분류하고 어떻게 공유할 수 있을까요?

현재의 기술로는 해시태그가 가장 유력한 방법입니다. 인터넷 상에 돌고 있는 수많은 정보를 이 해시태그로 모으고 공유할 수 있는 것입니다. 예를 들어, 내가 인스타그램에서 #사과라고 해시태그를 터치했을 때 #사과라고 해시태그를 단 모든 사진들이 내 눈앞에 보여집니다. 또한 #일상이라는 해시태그를 터치하면 누군가 #일상 이라고 올린 콘텐츠(사진, 동영상, 텍스트 등)들이 내 눈 앞에 펼쳐지는 것입니다. 인스타그램은 그 중에서는 사진에 특화되어 있는 어플입니다. 요즘은 페이스북이 앞서 설명한대로 '비디오 퍼스트 전략'을 세웠기에 동영상도 인스타그램에서 특화된 서비스로 인기를 얻고 있습니다. 그럼 마케팅적으로 생각해 보겠습니다. 내 상품을 인스타그램을 통해 어떻게 홍보할 수 있을까요?

그렇습니다. 사람들이 많이 찾는 해시태그를 달아서 콘텐츠를 올리면 됩니다.

수많은 사람들이 즐겨 찾은 해시태그를 달면 그 태그를 터치했을 때 내가 홍보하고 싶은 사진이 보일 가능성이 큽니다. 물론 인스타그램 알고리즘에 의해서 상위에 나오느냐 뒤에 나오는가의 차이가 있지만 일단 같은 해시태그일 경우 같이 걸릴 가능성이 있는 것입니다. 예를 들어, 제가 인스타그램에서 #apple을 검색해 보겠습니다. 이미 #apple 해시태그를 단 콘텐츠가 25,385,333개가 있습니다.

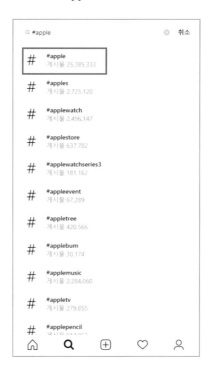

그럼 어떤 콘텐츠들이 있는지 확인해볼까요?

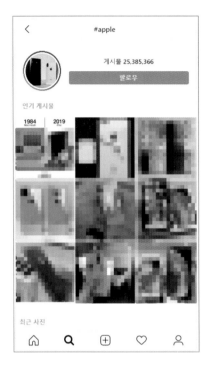

위에 보이는 사진들은 다 사진을 올릴 때 #apple을 단 사진들입니다.
첫 번째 사진을 보니 이런 해시태그들을 써놓았습니다.

#mac #macintosh #macintosh35 @imac #2019imac #apple

보시면 #apple이 보입니다. 즉, 이 사진을 올린 유저가 위 해시태그를 올렸기 때문에 제3자인 제가
#apple을 터치했을 때 보였던 것입니다. 반대로 생각해보면, 내가 올린 #apple을 전 세계의 수많은
사람들이 인스타그램을 통해 언제든지 볼 수 있습니다. 굉장한 홍보 채널이 되는 것입니다. 물론 앞
서 강조했듯이 알고리즘에 의해 상위에 노출될 수도 있고 하위에 노출될 수도 있습니다.

이제 해시태그의 기능을 잘 아시겠죠? 여러분도 이런 해시태그의 기능을 활용하여 여러분의 상품
을 홍보해보시기 바랍니다.

Q2 쇼핑몰 관련 유명 해시태그를 알려주세요.

우리나라 인기 해시태그 중에서 쇼핑몰 운영자들이 활용할 수 있는 해시태그만 모았습니다.

#일상 #소통 #팔로우 #맞팔 #선팔 #데일리 #좋아요 #인스타그램 #셀스타그램 #얼스타그램 #셀카 #셀피 #럽스타그램 #데일리룩 #옷스타그램 #옷 #패션 #패션스타그램 #운동 #헬스타그램 #헬스 #다이어터 #먹방 #먹스타그램 #음식 #다이어트 #뷰티 #네일아트 #립스틱 #입술

만약 여러분이 패션의류를 한다면 패션과 관련된 이런 해시태그를 같이 걸어주시면 매우 효과적입니다. 패션 관련 대중들이 즐겨 사용하는 해시태그이기에 터치하여 나의 콘텐츠를 자연스럽게 노출할 수 있기 때문입니다. 반대로 만약 #권혁중교수 해시태그를 걸어서 콘텐츠를 공유한다면 어떻게 될까요? 저는 연예인이 아니기에 해시태그를 터치하는 분들이 없을 것입니다. 즉 이런 해시태그가 존재하는 지도 모르기에 아무런 홍보 효과가 없을 것입니다. 정리하면 해시태그로 네트워크 효과를 내기 위해서는 모두가 많이 쓰는 해시태그를 걸어서 나를 노출하려고 하셔야 합니다. 그래서 위에 인기 해시태그를 소개하니 꼭 활용해보시기 바랍니다.

Q3 인스타그램 마케팅? 인플루언서 마케팅 이해!

인스타그램 스타 중에서 영향력이 큰 사람을 뽑으라면 역시 '켄달 제너'라는 모델입니다.
무려 팔로워가 약 1억 2백만 명입니다. 우리나라 인구가 5,000만 명을 조금 넘어가니까 우리나라 갓난아기부터 모든 인구를 다 합친 숫자보다 2배 많은 팔로워를 거느리고 있습니다.

한번 생각해보시기 바랍니다. 만약 그런 사람이 여러분의 제품을 들고 사진 한 장을 찍어 올린다면?

엄청난 홍보 효과가 있있을 것입니다. 우리나라 인구보다 더 많은 사람들이 여러분의 상품을 알 수 있게 됩니다. 요즘 '인플루언서 마케팅(Influencer marketing)'이라는 말을 많이 합니다. 이는 켄달 제너처럼 SNS상에서 영향력 있는 개인을 통한 마케팅을 의미합니다. 어렵게 생각할 필요 없습니다. 그냥 켄달 제너를 보시면 됩니다. 요즘은 이런 스타가 아니더라도 평범한 개인이 인기 인스타그램 스타가 되는 경우가 있습니다. 유튜브에서도 개인이 유튜브 스타가 되기도 합니다. 이런 SNS 스타를 활용하여 대중들에게 마케팅을 펼치는 것을 인플루언서 마케팅이라고 합니다. 그래서 많은 개인들이 자신의 인기를 더 높이고자 노력을 하게 됩니다. 그것이 곧 돈이 되기 때문입니다.

여러분이 쇼핑몰을 운영하신다면 주위에 인기 있는 SNS 스타들이 있는지 한번 알아보시기 바랍니다. 꼭 팔로워 수가 중요하지는 않습니다. 그 SNS 스타를 얼마나 충성되게 따르는 사람들이 많은지가 요즘에는 더 중요해졌습니다. 만약 주위에 그런 영향력 있는 SNS 스타들이 있다면 저렴한 비용을 들이고 상품 소개를 부탁해도 좋은 마케팅 방법이 됩니다. 아니면 본인 스스로가 인스타 스타나 유튜브 스타가 되려고 노력하시는 것도 좋은 방법입니다. 장사를 1년, 2년 할 것이 아니라면 스스로 인플루언서가 되는 것도 나쁘지 않습니다.

12 쇼핑몰 마케팅 성공법칙

Lesson 46 소비자 이해하기 '소비자행동연구'

Q1 단골 고객을 어떻게 만드나요? '고객 분류의 법칙'

고객을 나눠야 하는 이유는 각 고객층 마다 다가가는 마케팅 전략이 달라지기 때문입니다. 고객을 나눠서 그 니즈에 맞춰 광고 홍보를 해야 함에도 전 고객을 대상으로 똑같은 마케팅 전략을 쓰니 효율성이 떨어질 수밖에 없습니다. 그래서 이번에는 고객이 어떻게 나눠지는지 알아보고 그 특성에 따른 전략을 알아보겠습니다.

잠재고객 (Potential Customer)	● 기업의 재화와 용역을 아직 구매하지 않는 집단 중에서 향후 기업의 고객이 될 수 있는 잠재력을 가지고 있는 고객
신규고객 (Acquired Customer)	● 잠재고객이 처음 구매한 고객. ● 특징은 처음 구매 후 이탈하는 경우가 많다. 즉, 고객유지율이 낮다.
기존고객 (Existing Customer)	● 2회 이상 구매를 한 고객. ● 안정화 단계에 속하는 고객으로 기업과 제품에 대한 신뢰도가 높다. ● 1인당 구매금액도 높아진다.
충성고객 (Core Customer)	● 기존고객들 중에서 기업의 재화나 용역을 지속적으로 구매한다. ● 기업과 고객간의 강력한 신뢰가 존재한다.
VIP 고객 (VIP Customer)	● 스마트폰 및 SNS 발달로 인해 후기나 평가가 매우 중요한 시대적 배경과 맞물려 기업들이 가장 중요하게 간주하는 고객이다. ● 이들은 알아서 기업의 재화와 용역에 대해 SNS 통해 알려주며 우호적인 고객형성을 돕는다. ● 강력한 브랜드 충성도를 보이며 기업은 자주 이들과 소통하며 고객을 관리한다.

1단계 **잠재고객 만들기**	① 사람을 많이 만나 인맥을 형성한다.
	② 명함은 필수이며, 명함의 메일 주소는 다음 스마트워크 메일을 통해 자사 도메인 주소로 사용한다. ▶ 세팅 방법은 (타임머신) ▶ Lesson 41. 이메일 마케팅)에서 설명
	③ 오프라인 매장이 있다면 전단지, 현수막, 길거리 이벤트를 적극 활용한다.
	④ 오프라인 매장이 있다면 쿠폰 및 블로그 이벤트를 기획하여 실행한다.
	⑤ 오프라인 매장이 없다면 편집샵에 제안하여 제휴를 맺는다.
	⑥ 고객 타겟이 모이는 곳, 상품 관련 커뮤니티 사이트(카페 포함)를 5개 이상 가입한 후 활동한다. ▶ 고객 니즈 파악, 게시글 작성(네이버 검색에 노출), 친목 도모(단, 카페 운영 숙지)
	⑦ 커뮤니티 사이트와 제휴를 시도한다. (제안서 제작 필수, 이벤트 제안)
	⑧ Q&A 게시판 개설
	⑨ 후기 게시판 개설 (활성화)
	⑩ 상품 관련 정보 게시판 개설 (정보 제공)
	⑪ 고객 게시판 활용 (고객들 사이에서 다양한 이야기가 오갈 수 있도록 함, 커뮤니티 활성화)
	⑫ 고객 응대 프로세스 확립 (고객 등급을 엑셀 파일로 정리, VIP 등급 1:1 관리, 카톡 메신저 활용)
	⑬ 고객에게 도움이 되는 정보를 제공 (상품 정보, 상품과 관련된 정보)
	⑭ 이벤트 기획 (경품 추천, 단 자사 상품은 제공하지 않음)
	⑮ 권혁중 교수에게 매일 물어보기
	⑯ 초기 – 영업이익의 10%를 광고홍보비로 중기~후기 – 매출총이익의 10%를 광고홍보비로 책정
2단계 **신규고객 만들기**	① 기획 상품전 개최
	② 한시적 할인 이벤트, 경품 이벤트 진행
	③ 배송비 무료 이벤트 실행 (자주 활용하는 것이 도움)
	④ 바로가기 아이콘 활용 〉 스마트폰에서 어떻게 바로가기 아이콘을 만드는지 정보 제공
	⑤ 보안 내용, 웹 호환 등 인증 어필, 표시
	⑥ 개인정보보호 내용 게시.
	⑦ 1:1 게시판을 활용하여 적극적으로 고객 응대 서비스를 제공
	⑧ 큐레이션 서비스 제공
	⑨ 동영상 콘텐츠 정보 제공
	⑩ 좋은 상품 고르는 방법을 제공
	⑪ 가격 비교 제공 (선택 여부는 신중히)
	⑫ 상품에 대한 관련 뉴스 제공
	⑬ 밴드웨건 효과 활용 (상품 상단)
	⑭ 타협 효과 활용 (내가 진짜 팔고 싶은 상품을 진열)
	⑮ 기획전, 이벤트 배너 활용

3단계 **기존, 충성고객 만들기**	① 고객과의 소통 최우선 (빠른 답변, 응대) 〉 네이버 톡톡 및 카톡 활용
	② 약속 전략 (이미 되어 있는 것을 미리 약속하고 이행하는 방법 〉신뢰도 상승)
	③ 해피콜 필수
	④ 배송 사후 관리 필수, 오배송 등등 확인 절처
	⑤ 적립금 및 쿠폰 활용
	⑥ 후기, 댓글 이벤트 필수 (고객 참여 필수)
	⑦ 고객 니즈 항상 기록 (날짜별, 고객별)
	⑧ 고객 연구 필수 (특히 지역별 요구 사항 필수 기재 및 활용 전략 모색)
	⑨ 불만사항을 약으로 삼고 항상 기록, 개선
	⑩ VIP 고객은 따로 프리미엄 서비스(포인트 더블, 경품 등) 제공, 단 할인은 없음
4단계 **VIP 고객만들**	① 단골고객 SNS 1일 1회 방문 및 댓글 (블로그, 인스타 등등)
	② 카카오톡으로 1주일 1회 안부문의 〉 상품소개가 굳이 없어도 됨.
	③ 생활 정보 전달 (생활용품 및 외식 등등 할인 이벤트 소식 등등 메신저로 전달)
	④ 말을 걸어오면 무조건 이야기를 들어줌.
	⑤ 간담회 개최 (FGI 개최 하여 정보를 얻고, 특별한 고객임을 확인시켜 줌)

〈단계별 고객 만들기 프로세스〉

Q2 사용자와 구매자의 차이점은 무엇인가요? '구매결정권자 원칙'

예를 들어, 유아용품과 어린이옷 같은 경우 우리는 누구에게 타겟을 맞춰야 할까요?
그렇습니다. 사용자가 아닌 구매자에게 초점을 맞춰 홍보 마케팅을 해야 합니다. 즉, 주부, 엄마들
입니다.

    "사용자 〈 구매자"

그런데, 장난감, 게임기 같은 경우 누구에게 초점을 맞춰 홍보 마케팅을 해야 할까요? 이것은 구매자
가 아닌 사용자에게 초점을 맞춰야할 상품들입니다. 즉, 아이들입니다.

    "사용자 〉 구매자"

마찬가지입니다. 여러분의 상품은 구매결정권자가 누구인가요? 사용자 인가요? 구매자 인가요?
대부분의 상품은 구매자의 권력이 더 큽니다. 사주는 사람 마음이지만 때때로 어떤 상품 같은 경우
사용자의 권력이 더 큰 상품들도 존재합니다. 바로 장난감 같은 것입니다.

다시 한 번 묻겠습니다. 여러분의 상품에 구매결정권자는 누구인가요?
이게 중요한 이유는 많은 분들이 이것을 따지지 않고 엉뚱한 소비자에게 홍보하고 있다는 사실입니
다. 장난감을 파시는 분들이 엄마들 상대로 마케팅을 한다고 한들, 유튜브로 아이들의 시선에 맞춰
재미있게 장난감을 소개하는 분들에게는 질 수 밖에 없는 것입니다. 요즘 대부분의 아이들이 유튜브

에 나오는 장난감을 사달라고 조르니 말입니다.

여러분의 상품에 대해서 고민해 보셨나요?
도대체 여러분의 상품을 사는 사람은 사용자인가요? 구매자인가요?
꼭 정의를 내리셔야 합니다.

Q3 소비자는 어떤 과정으로 구매결정을 할까요? '소비자 구매의사결정 과정 5단계'

순서	상세 내용	예시
① 문제의 의식	구매의 필요성과 구매동기가 유발됨	이번 잔칫날에 뭐 입고 가지? 입고 나갈 옷이 필요해
② 정보의 탐색	의사결정을 하기 위한 다양한 정보를 파악	백화점 옷도 보고, 아울렛도 가보고, 온라인 쇼핑몰도 가야겠다.
③ 대체안의 평가	파악된 정보를 나의 상황에 맞춰 평가	그래 돈이 넉넉하지 않으니 백화점 옷은 부담되고, 아울렛은 디자인이 너무 오래되고, 여기 온라인 쇼핑몰을 보니 가격도 괜찮고 품질이 좋아 보이네.
④ 대체안의 선택	구매의사 결정	그래 현재 내 상황에서는 여기 쇼핑몰이 제일 합리적인거 같다.
⑤ 구매 후 행동	이 부분이 매우 중요하다! 재구매율에 매우 영향을 미치며 시몬스 교수가 말한 Other people 에서 주위 지인들에게 영향을 미치기 때문. 더 자세히 알아보자!	(배송후) "언니 그거 넘 안이쁘던데?" "그래?" 아무래도 내가 잘못산건가...환불을 해야하나 말아야 하나...

고객은 총 5단계로 구매의사결정과정을 거칩니다.
여기서 가장 중요한 단계가 무엇일까요? 과거는 3단계 '대체안의 평가'부분에서 마케터들이 영향력을 행사하려고 노력을 많이 했습니다. 하지만 요즘은 5단계가 더더욱 중요해졌습니다. 왜냐하면 모바일 세상의 도래로 인해 이 '구매 후 행동' 단계가 단지 끝이 아니라 새로운 마케팅의 시작이 되었기 때문입니다. 예를 들어, 우리는 이런 경우를 SNS에서 자주 보곤 합니다.

누군가 옷을 사고 나서 멋진 곳에서 차를 마시며 노출하는 경우, 은근 슬쩍 자랑하는 경우입니다. 그런데 과거 같으면 지인 몇몇에게만 보여주었을 옷이 이제는 SNS를 타고 수백, 수 천명에게 알려집니다. 영향력있는 SNS 스타라면 그 숫자가 더 큽니다. 그래서 현재의 SNS 세상에서는 "구매 후 행동"이 가장 중요하다고 생각됩니다.

Q4 소비자는 왜 환불을 할까요? '인지부조화'

바로 귀인이론 과 인지부조화 이론 때문에 그렇습니다.
귀인이론(Attribution Theory) 이란? 원래 행동의 원인을 추론하는 사회심리학적 이론입니다.

귀인이론을 쇼핑몰로 말하자면 소비자가 자신이 산 옷에 대해서 원인을 찾으려는 행동을 말합니다. 우리는 많은 고민 끝에 소비를 결정합니다. 그런데 왜 결정을 내렸음에도 '내가 왜 그랬지'라고 원인을 찾으려 할까요? 이미 수많은 고민을 했는데도 말입니다. 꼭 물건을 받고 난 후 잘 산건지 아닌지를 따져보게 됩니다.

인간은 소비를 한 후 부조화가 일어납니다. 그런 것을 인지부조화라고 말합니다.

구매 후 심리적인 불편함 및 불안감 즉, 내가 잘 샀는지 못 샀는지 확인받고 싶어 하는 심리 현상이 일어납니다. 그런데 그 인지부조화 즉 불안감을 소비자는 어떻게든 해소를 시키게 됩니다.

어떻게 해소를 할까요? 딱 두 가지입니다.

1) 자신이 선택한 제품의 장점을 의식적으로 강화하고, 단점을 해소시키기 위해 자신의 선택을 지지하는 정보를 탐색하게 됩니다. 구매 후 동생이나 친구들에게 물어보는 이유가 바로 이것입니다. 속마음은 "언니, 예쁘다! 친구야! 너무 예쁘다"를 듣고 싶어 합니다.

2) 환불합니다. 환불도 이런 불편함을 해소하는 방법입니다.

정리하면, 인지부조화를 해소하는 방법은 나의 선택을 다른 사람들에게 입증 받아서 맘이 후련해지는 것과 아니면 환불을 빠르게 결정해서 맘이 후련해지도록 만드는 것입니다.

그럼 이런 인지부조화로 인해 오는 환불을 어떻게 감소시킬 수 있을까요?
쇼핑몰에서는 어떤 전략이 필요할까요? 답은 바로 "댓글"입니다.

지금 당장 유명 쇼핑몰을 찾아보면 일부러 댓글 수를 표시하는 쇼핑몰 들이 점점 많아지고 있음을 확인할 수 있습니다. 또한 칭찬댓글 이벤트, 댓글 몇 천건 돌파 이벤트 등등 댓글을 강조하는 것을 볼 수 있습니다. 이유가 무엇일까요? 물론 진짜 이벤트를 위한 것일 수 도 있지만 댓글을 활용한다는 것은 나와 다른 이들이 만족하며 사용하고 있고, 칭찬하고 있다는 other people를 전략적으로 활용하고 있는 것입니다. 즉, 이런 전략은 인지부조화로 인해 불안한 소비자의 마음을 환불이 아닌 만족하며 쓰도록 만들어 줍니다.

이 부분을 강의하다 보면 많은 성공한 쇼핑몰 사장님들이 자기는 실패의 경험을 통해 댓글의 중요성을 알았는데, 이런 걸 미리 알았다면 시행착오 없이 성공했을 것이라고 얘기하십니다.

Lesson 47 | 쇼핑몰 마케팅 12가지 성공법칙

> **Q1** 쇼핑몰 매출이 높은데 왜 망할까요? '매출함정법칙'

쇼핑몰은 매출의 함정에 빠지기 쉬운 업종중 하나입니다. 대부분 제조업이 아닌 사입을 통해 사업을 진행하다보니 남들보다 1000 원이라도 싸게 팔면 오픈마켓에서 매출은 쉽게 일어납니다. 이것을 회전한다고 하는데, 물건은 계속 나가고 매출도 일어납니다. 그리고 매출로 번 돈은 고스란히 다시 사입하거나 비용으로 지출합니다. 이렇게 몇 번 회전하면 매출은 금방 일어나게 됩니다.

이때 매출의 함정이 생깁니다. 마치 내가 5천, 1억, 10억을 버는 사장으로 착각하게 됩니다. 물론 틀린 말은 아닙니다. 매출을 계산해 보면 분명 1억 입니다. 그런데 번 돈 그대로 사업비, 각종 비용을 쓰기 때문에 정작 남는 돈이 없습니다. 순수익을 계산해 보면 마이너스 인 분들이 태반입니다. 순수익이 0원이라는 분들은 결국 마이너스나 다름없습니다. 왜냐하면 꼭 그런 분들은 나중에 내야하는 세금을 생각하지 않으시는 분들이 많습니다.

그래서 앞서 설명한 손익계산서 공식을 기억해야 합니다.

영업이익이 나야 진짜 쇼핑몰을 잘 한 것입니다. 매출의 함정에 빠지지 않도록 조심하시기 바랍니다.

Q2 혜택을 강조한 마케팅은 좋은 방법인가요? '손실회피전략'

한 미국의 연구결과 (holmes & Rahe, 사회재적응 평정척도)에 따르면 인간이 받는 가장 큰 스트레스 중에서 1위를 배우자와의 사별 이라고 말했습니다. 2위는 배우자와의 이혼 이라고 말했습니다. 즉, 인간이 느낄 수 있는 가장 큰 스트레스는 무엇과의 이별, 즉 나를 떠나는 것, 손실에 가장 큰 고통을 느낀다는 것입니다. 틀린 말은 아닌 것 같습니다. 우리는 무엇을 얻는 기쁨보다 무엇을 잃어버렸을 때 느끼는 고통이 더 크게 느껴집니다. 즉, 인간은 손실에 매우 민감합니다. 바로 이런 손실 프레임을 통해 구매를 끌어당길 수 있습니다. 제가 마케팅할 때 가장 잘 쓰는 효과이론중 하나가 바로 이 손실회피전략입니다. 그럼 쇼핑몰에서는 어떻게 이 법칙을 적용할 수 있을까요?

제가 쇼핑몰 운영자들 에게 항상 아쉬웠던 것은 다들 상세페이지를 만들 때 이런 표현을 쓴다는 것입니다.

"이 상품을 구매하시면 혜택1! 혜택2! 혜택3! ..."

뭐 나쁜 방법이 아닙니다. 이 정도도 고수라고 말할 수 있습니다. 하지만 초고수는 이런 표현보다 이 손실회피심리를 건드리는 전략을 씁니다. 예를 들어 우리는 성형외과 광고를 보면 before, after 광고나 성형 성공 모델을 제시하는 많은 광고를 보게 됩니다. 모두가 비저닝제시를 해주는 것인데, 마치 내가 저 성형외과를 가지 않아서 안 예쁘다는 묘한 착각을 하게 만듭니다. 또한 나도 저렇게 되고 싶다는 강한 욕망을 만들게 됩니다. 더 고수들은 이런 표현을 합니다.

"성형을 하고 난 후 좋은 게 단지 예뻐졌다는 것이 아니라 삶에 대한 자신감을 회복했다고..."

그런데 그것을 보는 소비자들은 많은 오해를 합니다. 내가 자신감이 없는 이유, 더 나아가 자신감이 없어서 번번이 면접에서 실패하는 이유가 바로 내 외모에 내가 자신이 없어서 삶에도 영향을 주고 있다고 착각하게 만들어 버립니다. 즉 예쁘지 않아서 손해라고 느끼게 되고 결국 소비자로 하여금 병원에 문의전화를 하게 만듭니다.

앞서 설명해 드렸듯 손해회피 법칙은 스토리텔링과 같이 섞어서 써야 합니다.

상세페이지에 손해1, 손해2 이렇게가 아니라 비저닝 제시(성공사례)를 스토리 형식으로 풀어서 써야 합니다. 예를 들어, 화장품이라면 이 화장품을 써서 면접이나 미팅에서 성공했다는 성공사례를 스토리로 담아 상세페이지에 녹여내셔야 합니다. 그럼 소비자들은 나도 면접이나 미팅에 성공하고 싶기에 이걸 안 쓰면 마치 내가 손해라는 느낌을 받게 됩니다. 무언가에 대한 이별과 손해는 사람을 정말 미치게 하는 주요 기제이기 때문입니다.

지금 당장 여러분의 상품을 홍보할 때 어떻게 홍보하시겠습니까? 혜택을 강조하실 건가요? 손해를 강조하실 건가요?

손해를 강조할 때는 직접적인 표현이 아닌 성공사례를 스토리텔링 방식으로 하시기 바랍니다. 돌려 보면 그게 소비자에겐 손해 프레임입니다.

Q3 유명 쇼핑몰을 보면 괜찮은 가격이 중간에 나오던데 이유가 있나요? '타협 효과, 준거 효과'

타협 효과는 소비자는 양극화된 선택에서 항상 중간을 선택한다는 실험에서 나온 효과이론입니다.

예를 들어, 저의 속마음은 [러블리 셔츠 9,900원] 을 팔고 싶습니다. 그럼 어디에다가 노출하면 좋을까요? 제일 처음일까요? 그렇지 않습니다. 가운데 놓아야 실제 잘 판매가 됩니다. 이는 동일 상품일 경우 더욱 효과가 큽니다.

이게 바로 타협 효과입니다. 절대 소비자들에게 양극단의 선택을 제시하면 안 된다는 것입니다.

둘 중 하나를 선택하게 만들지 말고 3개 중에 하나를 고르게 하는데, 내가 팔고 싶어 하는 주력 제품을 중간가격에 넣는 것입니다. 이렇게 하면 좋은 이유가 또 하나 있습니다. 바로 준거가격 때문에 그렇습니다. 준거가격은 어떤 상품을 판단하는데 있어 기준이 되는 가격을 말합니다. [서울걸 러블리 원피스]가 26,100원이 존재하기에 그 다음에 나온 9,900원은 엄청 싸게 느껴집니다. 즉, [서울걸 러블리 원피스]가 준거가격이 되는 것입니다.

저는 '스타일난다'가 마케팅을 참 잘한다고 생각합니다. 분명 전문 마케터가 포지션 되어있을 것이라고 확신하는 이유가 제가 말하는 모든 것이 그대로 재현되고 있기 때문입니다. 바로 준거가격도 마찬가지입니다. 상황에 따라 비싼 상품 뒤에는 가성비 좋은 상품(소비자들이 잘 찾는 상품)을 제시하여 매출을 극대화 하는 것을 봅니다. 이처럼 여러분도 타협 효과와 준거가격효과를 적절히 사용해주시기 바랍니다.

Q4 후기 댓글 효과가 있을까요? '후광의 법칙'

후광효과는 한 가지 두드러진 특성이 그 대상의 다른 특성까지도 긍정적으로 영향을 미치는 현상을 의미 합니다. 예를 들어 어떤 사람을 평가할 때 그 사람이 학력이 높으면 모든 일을 똑똑하게 처리할 것이라는 생각을 가지게 되는 경향을 말하는데, 사실 학력이 높다고 해서 그 사람이 똑똑하다는 것은 현실과 먼 이야기입니다.

다시 말하면, 연예인이 하는 쇼핑몰은 초반 특별한 홍보 없이도 일정수의 고객이 찾아오는 이유는 그 연예인이라는 후광이 있기 때문입니다. 이것은 일반적인 소비자들의 경향이기 때문에 어쩔 수 없는 것이죠. 후광의 법칙은 초반 그 쇼핑몰의 소비자들이 판단하는데 주요한 기준이 됩니다.

그럼 우리는 연예인도 아닌데, 어떻게 후광효과를 만들 수 있을까요?
간단합니다. 후기 댓글을 극대화하여 홍보하시면 됩니다.

리뷰를 보시면 첫 상품은 1,100개, 2,100개, 0개 이렇게 있습니다. 첫 쇼핑몰에 이런 리뷰가 존재한다면 그 쇼핑몰에 강력한 후광효과를 주게 됩니다. 그래서 요즘은 리뷰가 정말 중요합니다. 니트 같은 경우 리뷰가 0개입니다. 어떤 느낌이 드나요?

네이버의 스마트스토어의 장점은 후기 댓글을 달면 포인트를 준다는 것입니다. 즉 후기 댓글을 만들기 위해서 네이버나 스토어 운영자가 투자를 하는 것입니다. 여러분도 마찬가지입니다. 초반 마케팅을 한다면 후기 댓글 이벤트를 먼저 진행해 보시길 권유해드립니다.

Q5 세트로 묶어서 파는 것은 효과가 있을까요? '미끼 효과'

미끼효과란 하나의 제품에 하나를 더 끼는 옵션을 주어 판매와 수익을 증진시키는 것입니다.

예를 들어, 케익 가격이 25,000원 커피 3,200원 따로따로 사면 28,300원 이지만 같이 사면 26,000원에 판매하는 것입니다. 한 개의 효용이 조금 떨어져도 이번 기회에 장만하자는 심리가 커서 같이 구매 하게 됩니다. 쇼핑몰에서는 이렇게 기획상품으로 만들어서 팔기도 합니다. 똑 같은 셔츠 2개를 묶어서 팔수도 있습니다. 재고 정리가 급할 때는 남기는 것보다 판매하는 것이 좋기에 시즌이 끝나기 전 미끼효과를 사용하여 회전을 빨리 시킵니다.

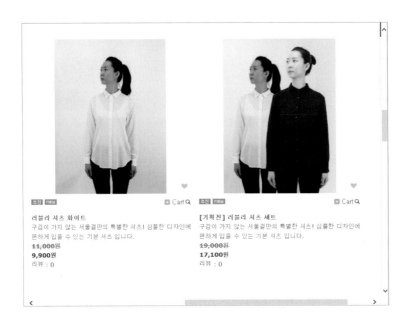

러블리 셔츠 화이트
구김이 가지 않는 서울걸만의 특별한 셔츠! 심플한 디자인에
편하게 입을 수 있는 기본 셔츠 입니다.
~~11,000원~~
9,900원
리뷰 : 0

[기획전] 러블리 셔츠 세트
구김이 가지 않는 서울걸만의 특별한 셔츠! 심플한 디자인에
편하게 입을 수 있는 기본 셔츠 입니다.
~~19,000원~~
17,100원
리뷰 : 0

Q6 하나 팔 때 여러 개를 같이 판매하는 방법은 어떤가요? '디드로 효과'

디드로 효과는 하나의 제품을 구매했는데 그 제품과 관련된 다른 제품을 연속적으로 구매하게 되는 현상을 말합니다.

디드로의 유래는18세기 철학가 디드로가 서재용 가운을 선물 받고, 또 가운과 어울리는 책상을 바꾸기 시작한 것에 유래 되었습니다. 책상을 바꾸니 서재를 새로 단장하게 되었고, 서재를 새로 단장하니 방 전체를 바꾸게 되었습니다. 즉 하나의 제품에 맞춰 다른 제품까지 바꾸고 싶어 하는 인간의 심리를 반영한 효과입니다. 예를 들어, 파티를 위해 케익을 사러 갔는데, 케익 + 파티용품 세트 45,000원에 판매를 한다면 사람들은 파티세트가 굳이 필요 없어도 같이 사게 되는 놀라운 일이 일어납니다.

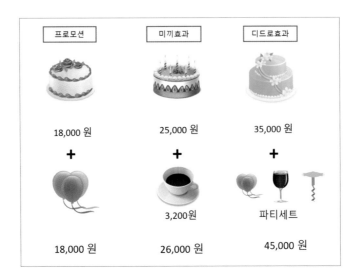

또한 이렇게 응용도 할 수 있습니다.

"이 상품과 잘 어울리는 상품"

"이 상품과 같이 많이 구매한 상품"

"이 상품과 같이 많이 본 상품"

이런 것들이 다 디드로 효과에서 비롯되었습니다.

카페24 쇼핑몰에 보면 [상품등록] [추가구성상품]을 활용하여 디드로 효과를 얻을 수 있습니다. 본 상품과 잘 어울리는 상품을 같이 노출하여 할인 이벤트와 같이 묶어서 들어가는 전략입니다.

Q7　상품 대신 서비스를 팔아도 된다고 하는데 맞나요? '큐레이션 효과'

4차산업혁명이 일어나고 있는 지금은 쇼핑몰도 큐레이션 서비스가 도입되고 있습니다. 즉, 여성 쇼핑몰이라면 카테고리 분류를 상품이 아닌 서비스 기준으로 보여주는 것입니다. '결혼식 갈 때 입고갈 옷' '면접 때 입고갈 옷' '캠퍼스 룩' '여행갈 때 편하게 입을 수 있는 옷' 등등으로 니즈에 맞는 큐레이션 서비스로 제시합니다. 아래의 예제처럼 [캠퍼스 룩]을 제시하여 큐레이션 하고 있습니다.

이 큐레이션 서비스는 타겟 분석을 제대로 해야 좋은 효과를 얻을 수 있습니다. 니즈와 원츠를 분석

하여 그 원하는 서비스를 상품으로 제시하는 방법입니다. 활용하기에 따라 매우 좋은 마케팅 툴이
될 수 있습니다.

또한 헤시태그나 고객들이 원하는 니즈에 맞춰 자동 검색해 주는 [쇼핑 큐레이션] 기능도 좋습니다.
카페24 관리자 [상품관리] [쇼핑 큐레이션]을 통해 가능합니다.

Q8 SNS 홍보하는 것이 지칩니다. 이게 과연 효과가 있을까요? '에펠탑 효과'

에펠탑 효과는 보통 광고에서 많이 사용하는 효과이론입니다. 예를 들어 사람들에게 반복적으로 한 사람의 사진을 보여주면 그 인물에 대한 호감도가 처음보다 증가 한다는 것에서 단순노출의 효과를 말할 때 많이 쓰입니다.

왜 에펠탑인지 궁금하시지 않으시나요?

에펠탑을 처음 파리에 세울 때 삭막한 철골 구조물이라 파리 시민들이 엄청난 반대를 했다고 합니다. 문화의 도시에 흉한 철골 구조물은 어울리지 않는다고 말했습니다. 그래서 정부당국은 고민 끝에 20년 후 철거하기로 약속을 하고 건설을 강행했습니다. 그리고 그렇게 시간이 지나서 철거를 할지를 파리 시민에게 물어봤다고 합니다. 그런데 놀라운 사실은 시민들이 오히려 철거를 반대했다는 사실입니다. 왜냐하면 20년 동안 파리 시민들에게 에펠탑은 생활의 일부가 되어 있었던 것입니다. 연인과 연예를 할 때도 에펠탑이 있었고, 가족과 행복한 시간을 보낼 때도 에펠탑이 있었는데, 그런 에펠탑이 없어진다고 생각하니 허전했습니다. 지금의 에펠탑은 그렇게 프랑스의 훌륭한 건축물이 되었습니다. 다시 말해서 무엇이든 소비자에게 익숙하게 만들면 처음엔 거부하다가도 이내 긍정적인 이미지를 구축할 수 있습니다. 결국 판매로도 이어질 수 있습니다.

쇼핑몰 홍보도 마찬가지입니다. SNS 채널이 처음에는 크게 효과를 발휘하지 못합니다. 영향력 있는 인플루언서가 아닌 이상 갑자기 폭발적인 판매로 이어지지 않습니다. 그렇기에 인내와 끈기가 필요한 것이 바로 SNS 활동입니다. 에펠탑 효과처럼 꾸준하게 나의 쇼핑몰을 홍보한다면 결국 소비자들에게 익숙한 브랜드가 되어 추후 내 브랜드가 다시 한 번 노출 됐을 때 익숙한 브랜드로 포지션되어 구매로 이어질 가능성이 높아집니다. 실제 쇼핑몰 성공 공식이기도 합니다. SNS 활동이 지쳐 있나요? 당장 효과가 없는 거 같나요? 이제 6개월 했다고 포기 하실 건가요? 에펠탑 효과를 믿고 SNS 상에서 꾸준하게 그리고 규칙적으로 여러분의 아이템을 알려야 합니다. 그렇게 한다면 매출이라는 달콤한 선물이 여러분께 배달될 것입니다.

Q9 신상품으로 만들어라! 'NEW 선호 효과 ①'

NEW선호효과는 말 그대로 새로운 것들을 선호하는 소비 성향을 말합니다.
소비자들은 새로운 것에 열광하는 모습이 있습니다. 끊임없이 새로운 것을 찾아다닙니다.

NEW선호효과를 어떻게 쇼핑몰에 적용할 수 있을까요?
첫째, 쇼핑몰에서 "NEW" 또는 "HIT"를 표시의 기간을 조절하여 고객의 눈을 사로잡아야 합니다.
카페24 관리자 [상품등록] [아이콘]을 통해 다양한 아이콘을 선택 및 세팅할 수 있습니다. 실제 학자들이 소비자들을 분석을 해보니 사람들은 "NEW"에 눈이 먼저 간다는 사실을 발견 했습니다. 즉,

"NEW"라고 표시된 상품에 먼저 눈이 갑니다. 그렇기에 전략적으로 "NEW"표시를 길게 설정하여 오랫동안 신상으로 남겨 놓을 수 있습니다.

Q10 메인 페이지의 상품순서를 변경하라. 'NEW 선호 효과 ②'

상품 구성을 바꿔주는 것도 소비자로 하여금 새로운 느낌을 받게 합니다. 강의를 하다보면 정말 신상이 많이 나오지 않아서 "NEW"를 너무 오래 하기가 민망하다고 하는 분들이 있습니다. 그럴 때는 상품의 순서를 바꿔주는 방법이 있습니다.

카페24 관리자 [상품관리] [상품관리] [메인상품진열 관리]를 통해 상품진열 순서를 변경 할 수 있습니다. 이런 단순한 작업만으로도 고객들에게는 뭔가 바뀌었다는 느낌을 받게 만들 수 있습니다.

잘 나가는 쇼핑몰을 가보면 반년씩 쇼핑몰 디자인을 바꿔주는 곳이 많습니다. 그건 정말 잘 나가는 쇼핑몰이니까 가능합니다. 아시겠지만 디자인을 변경한다는 것이 정말 쉬운 일이 아닙니다. 그 디자인에 맞게 최적화 작업을 해주어야 하기 때문입니다. 만약 창업 초기라 메인 디자인을 바꿔줄 여력도 없고, 신상이 자주 나오지 않는다면, 상품 진열만이라도 바꾸는 전략으로 NEW 선호 효과를 얻을 수 있습니다.

지금 당장 하길 권유 드립니다. 고객들은 지루한 것을 싫어합니다. 그리고 변화되지 않는 곳도 싫어합니다. 상품의 신상을 자주 올리던지 그럴 여력이 없다면 상품의 진열순서를 전략적으로 변화를 줘야 합니다.

Q11   쇼핑몰에 오래 머물게 하고 싶어요. '매몰 비용 효과'

매몰비용은 이미 지불되었기 때문에 회수가 불가능한 비용을 말합니다. 예를 들어, 만원을 지불하고 먹는 뷔페와 무료로 먹은 뷔페 중 사람들은 어느 것을 더 많이 먹고 나올까요? 그렇습니다. 대부분 만원을 지불하고 먹는 뷔페입니다. 만원이라는 것을 지불했기 때문에 그만큼 오래 머물게 되고 그만큼 먹고 나옵니다. 이것이 바로 매몰비용효과입니다.

온라인쇼핑몰에서는 체류율이라는 것이 존재 합니다. 그런데 재미있는 것이 사이트에 오래 머물수록 매출은 증대됩니다. 쇼핑몰뿐만 아니라 포털 사이트도 마찬가지입니다. 그래서 어떤 온라인 사이트이던 간에 고객들이 오래 머물게 만들어야 합니다.

그럼 방법은 무엇이 있을까요?

바로 동영상 콘텐츠입니다. 동영상 마케팅때 설명했지만 고객이 쇼핑몰에 찾아와서 2분짜리 동영상을 보게 만든다면 바로 이탈하는 고객층보다 구매 확률이 높습니다. 왜냐하면 자신의 시간을 매몰시켰기 때문입니다. 그래서 잘 나가는 쇼핑몰들이 동영상 마케팅을 활용합니다.

꼭 기억해야하고 강조해도 지나침이 없는 사실은 현재 구글, 페이스북, 네이버 등의 알고리즘은 동영상 콘텐츠에 최적화 되어 있습니다. 그렇기에 꼭 동영상을 쇼핑몰에 활용해야 합니다. 메인에 나와도 좋고 사이드 배너로 주어도 좋습니다. 고객을 오래 머물게 해야 합니다.

'사회적증거의법칙'은 사람들이 무엇을 결정할 때 다른 사람들이 무엇을 결정하는지 알아내고 싶어 하는 현상을 말합니다.

즉, 우리가 하나의 상품을 고르기 전 다른 사람들이 이 상품에 대해서 어떻게 평가하고 있는지 그것을 보고 판단한다는 것입니다. 이것을 사회적증거의법칙 이라고 말합니다. 즉 나의 선택 리스크를 줄이기 위해서 다른사람이 어떻게 평가하고 선택을 했는지를 알아내는 것입니다.

카페24에서는 [좋아요] 추천으로 응용할 수 있습니다.
카페24 관리자 [상품관리] [상품표시 관리] [편의기능 설정] [좋아요 등록기능]을 활성화 합니다.

Lesson 48 | 고객 응대 CS 매뉴얼의 중요성

Q1 쇼핑몰도 CS가 중요한가요?

앞으로 쇼핑몰은 고객 CS가 무척 중요해질 것으로 봅니다. 그렇다고 고객과 직접 대화하는 것이 아닌 바로 메신저를 통한 고객응대가 날로 비중이 커질 것으로 보고 있습니다. 실제 미국과 중국은 이런 메신저 마케팅의 영향력이 점차 커지고 있습니다. 하지만 이상하게 우리나라는 게시판이나 전화

응대가 많은 것이 현실입니다. 그래서 많은 대표님들이 전화 응대하느라고 일을 못한다고 하실 정도입니다.

아무튼, 그것이 메신저 응대이던, 전화응대이던 간에 중요한 것은 일관된 CS를 해야 한다는 것입니다. 어떤 고객에게는 된다고 하고 어떤 고객들에게는 안 된다고 하면 결국 그것이 드러나 곤란한 상황이 만들어 집니다. 소비자들이 다 카페나 SNS, 헤시태그로 정보를 올리고 공유하기에 언젠가는 다 드러납니다. 그래서 저는 절대 고객들에게 거짓말을 하지 말라고 말합니다. 그게 당연한 것이고, 또한 장기적으로 볼 때 더 롱런하는 기업을 만들기 때문입니다.

보통 CS를 MOT(Moment Of Truth) 마케팅이라고 빗대어 부르기도 합니다. MOT란 글자 그대로 진실의 순간, 결정적인 순간이라고 말하는데, 고객과 첫 만남이 기업과 브랜드에 강한 영향을 주기에 그 순간의 찰나를 잘 잡아야 한다는 말입니다. 어떤 사업이나 마찬가지입니다. 하물며 쇼핑몰도 엄연한 사업인데 동일하게 적용이 됩니다. 처음 고객과의 응대가 좋으면 그 고객은 나의 홍보 스피커가 되어주시는 분들이 많습니다. 알아서 홍보를 해주시기도 합니다. 특히 유아동복에서 어머님들이 유독 강한 연대성을 보여줍니다. 하지만 결정적 순간에 응대가 이뤄지지 않으면 인터넷에 그 회사에 대한 불만족과 단점이 한꺼번에 쏟아져 나옵니다. 인터넷지수가 높은 파워 블로그나 SNS 스타들이 좋지 않은 피드백을 날리면 그에 대한 부정적인 반응은 생각보다 파괴력이 있고, 오래 지속됩니다.

Q2 쇼핑몰 고객 응대 CS 매뉴얼을 알려주세요.

쇼핑몰운영자로서 고객응대 전략의 방법론으로 [CS 응대 매뉴얼]을 만드시길 권유 드립니다.
응대 매뉴얼을 만들어 놓으면 직원이 바뀌더라도 일관된 대응이 가능하고 무엇보다 상품에 대한 올바른 정보를 고객들에게 알려줄 수 있습니다.

사례로 어떤 직구를 주요 사업 아이템으로 하는 쇼핑몰이 있었습니다. 그런데 고객을 담당하던 직원한명이 퇴사를 했는데, 하필 대신해서 전화를 받은 직원은 성격이 그렇게 좋지 못한 분이었습니다. 박스포장에 대한 불만으로 전화를 준 고객에게 올바른 응대보다 "원래 그렇다" "그렇게 해외에서 보내줬는데 우리 보러 어떻게 하라는 거냐" 이런 응대로 인해 고객이 열 받은 적이 있었습니다. 그 고객은 바로 블로그에 그 회사에 대한 비판의 글을 올렸고, 현재까지도 그 글은 회사명을 치면 제일 상단 블로그에 올라와서 쇼핑몰 입장에서 지금도 큰 피해를 받고 있습니다.

단 한사람의 잘못된 고객응대로 정말 어마어마한 손해를 받고 있는 것입니다. 만약, 그 쇼핑몰에 고객응대 매뉴얼이 있었다면, 고객이 박스포장에 대한 불만을 표시할 때 표준화된 응대 매뉴얼이 있었다면 그 직원은 자신의 성격이나 성향을 드러낼 필요 없이 그 매뉴얼대로 움직였을 것이고, 그럼 현재처럼 손해를 보지 않았을 것입니다. 그래서 쇼핑몰에서 할 수 있는 [CS 고객응대 매뉴얼]을 간략하게 소개합니다.

아침에 출근해서 스스로 또는 직원들과 함께 꼭 한 번씩 연습하도록 합니다.

쇼핑몰 고객응대 CS 매뉴얼

아침에 출근하여 3번씩 읽기

"나는 성공한다. 나는 성공한다. 나는 성공한다!" 또는 쇼핑몰 기업 가치 구호를 외친다!

"고객과 만나는 15초의 대화가 기업의 운명이 결정한다"

아침에 출근하여 3번씩 읽기

수정 전	수정 후
네?	죄송하지만 다시 한번 말씀해 주시면 감사하겠습니다.
네.	네. 그렇습니다. 네 고객님이 말씀하신 것이 맞습니다.
본인이세요?	고객님 본인이 맞으신가요?
누구신가요?	실례하지만 전화거신 분이 누구신지 여쭤봐도 될까요?
잠깐만요	잠시만 기다려 주시겠습니까?
전화 돌려 드리겠습니다.	전문 담당자에게 바로 전화 연결해 드리겠습니다. 혹시 끊어지시면 죄송하지만 한 번 더 연락 부탁드리겠습니다.
제가 담당자가 아니라서요.	제가 담당자가 아니지만 제가 확인 후에 설명 드리는 것에 대해서 어떻게 생각하시나요? 아니면 전문 담당자가 고객님에게 전화를 드리도록 조취 하겠습니다.
쇼핑몰 어디어디에 나와 있습니다.	네. 고객님 많이 불편하셨죠? 쇼핑몰 어디어디에 보시면 확인이 가능하십니다.
(마무리) 네. 수고하세요.	고객님 궁금하신 내용은 다 풀리셨나요? 더 궁금한 사항은 있으신가요? 이렇게 전화 주셔서 감사합니다. 고객님. 좋은 하루 보내세요.

고객전화 응대 핵심 사항

① 전화벨이 3번 울리기 전에 받고 자신의 쇼핑몰 이름과 동시에 소속 이름을 말합니다.

② 고객에게 설명을 한 후 이해를 하셨는지 물어 봅니다.

③ 고객의 문의사항은 처음 받았던 직원이 마무리까지 응대를 하고, 다른 직원에게 연결할 경우 고객에게 사전 양해를 구해야합니다. 양해를 구할 때는 꼭 해당 담당자의 이름, 소속, 전화번호를 남겨 전화가 끊어질 경우를 대비해야 합니다. 고객은 처음부터 다시 전화를 거는 것을 싫어하기 때문입니다.

④ 고객응대가 끝난 후 항상 고객이 먼저 전화를 끊을 때 까지 기다립니다.

Q3 반품 및 취소 등 상황별 고객 응대 매뉴얼을 알려주세요.

[반품 응대 스크립트]

반품 응대

고객 : "안녕하세요. OOO 쇼핑몰이죠?"

응대 : "네. 고객님. 맞습니다. OOO 쇼핑몰 OO 담당자 홍길동입니다. 무엇을 도와드릴까요?"

고객 : 반품을 하려고 하는데요.

응대 : 네. 사용하는 불편함이 있으셨나 봅니다. 혹시 구매자 성함과 구매하신 상품은 어떻게 되는지 여쭤봐도 될까요? 전산에서 바로 확인해 드리겠습니다.

고객 : 구매자는 OOO, 상품은 OOO입니다.

응대 : 네. 고객님 감사합니다. 혹시 어떤 점이 불편하셨는지요?

고객 : 상품을 받아 봤는데, 맘에 들지 않아서요. 쇼핑몰에서 본 것과 좀 다른 거 같아요. 그냥 반품하려고요

응대 : 네. 그러셨군요. 고객님께서 만족하시지 못했다니 저희가 너무나 죄송합니다.
죄송하지만, 확인해 보니 고객님께서 상품을 수령한 날짜가 이미 10일정도가 되셨는데요. 단순변심으로는 반품이 불가능하십니다. 7일 이내로 말씀을 해주셔야 하거든요.

고객 : 그런게 어디 있어요? 제가 한 번도 사용도 안했는데, 저는 이거 맘에 안드니 무조건 반품해 주세요.

응대 : 고객님 너무 죄송합니다. **소비자보호에 관한 법 제17조는 소비자는 단순변심의 경우 7일 이내, 상품에 하자가 있거나 주문내용과 다를 경우에는 30일 이내에 쇼핑몰에게 취소·환불을 요구할 수 있도록 되어 있습니다.** (단호한 어투로) 이미 고객님은 상품을 수령한 이후 10일이 경과하셨기에 단순변심으로는 환불이나 취소 반품이 불가능 하십니다.
저희가 도와 드리고 싶어도 저희는 소비자보호법을 엄격하게 지키고 있습니다. 그 원칙을 지키고 있는데요. 현재의 상황으로 저희가 도와드릴 수 있는 방법이 없어서 저희도 안타깝게 생각하고 있습니다.

고객 : 아.... 네. 알겠습니다. 인터넷 찾아보니 정말 7일이라고 되어 있네요.

응대 : 네. 저희도 도와드리지 못해 다시 한번 죄송합니다. 다음에는 고객님이 만족하실 수 있도록 좋은 상품으로 보답 드리겠습니다. 혹시 더 궁금해 하시는 사항은 있으신가요? 이렇게 전화 주셔서 감사합니다. 고객님. 좋은 하루 보내세요. 이렇게 저희 쇼핑몰을 이용해 주셔서 감사합니다.

위 사항은 반품응대를 가정하여 고객응대 스크립트를 작성해 본 것입니다.

쇼핑몰은 위 사항처럼 여러 가지 고객대응 방법을 강구하여 스크립트를 작성해 놓아야 합니다.

이런 것을 상황별 대응이라고 하는데, 전문 CS 팀은 매일 연습을 합니다. 쇼핑몰을 하다보면 정말 다양한 고객들을 만나게 되는데, 맘이 약하신 분들은 우는 분들도 많이 있습니다. 이제 사회 초년생 이거나 학생이신 분들은 거친 욕설과 거친 말이 나오면 마음에 상처를 받으시는 분들이 많습니다. 그러면서 사회라는 것을 배우게 됩니다.

그렇다고 당황하거나 위축될 필요 없습니다. 위에 제가 작성한대로 상황별 스크립트를 미리 만들어 놓고 전화나 연락이 오면 응대하시면 됩니다.

중요한 것은, 이런 스크립트를 작성하기 위해서는 정확한 쇼핑몰 관련 공정거래법이나 소비자보호법을 알아야 한다는 사실입니다. 사실 소비자를 보호하려고 만든 법이다 보니 소비자에 매우 유리하게 되어 있지만 오히려 운영자 입장에서 생각해 보면 관련법을 통해 고객과의 불필요한 마찰을 사전에 예방할 수 있고, 더 명확하게 응대할 수 있습니다. 그렇기에 관련법을 소비자 입장이 아닌 운영자 입장에서 어떻게 해석하고 대응할지 알아보겠습니다.

취소 반품이 불가능한 경우

전자상거래 등에서의 **소비자보호에 관한법률 제17조(청약철회 등)에 보면 상품이 훼손되거나(포장 제외), 일부 사용하면서 상품 가치가 현저하게 떨어지는 경우에는 환불이나 교환이 불가능합니다.** 그렇기에 운영자 입장에서 만약 상품이 훼손되어있다면 청약(취소,반품 등등)철회 요구를 거부할 수 있습니다.

그런데 그런 경우가 있습니다. 포장과 상품이 일체형이거나 포장이 상품의 가치에 영향을 미치는 것이라면 포장 훼손도 반품이나 취소에 대해서 거부할 수 있습니다. 명품 같은 경우입니다.

즉, 운영자 입장에서 고객이 반품이나 취소를 해서 상품을 받아보았는데, 본품은 아무 이상 없지만 포장이 심하게 망가진 경우가 종종 있습니다. 관련법에 의하면 환불을 해 줘야 함이 맞지만 만약 포장이 상품가치에 영향을 미치는 것이라면 그것은 조금 더 따져 봐야 한다는 것입니다. 운영자 입장에서 거부할 수 있다는 것입니다. 단 판매전 미리 고지를 해야 합니다.

주문 생산일 경우

쇼핑몰 중에서는 수제구두나 수제 가죽공예 등 맞춤형 주문 상품을 제작하여 판매하시는 분들이 있습니다. 주의할 점은 맞춤형 주문 상품이라도 만약 고객이 환불을 요청하면 환불을 해줘야 합니다. 많은 운영자들이 오해하시는 것이 "쇼핑몰에 정확하게 맞춤형 상품은 환불, 교환, 취소가 안된다"라고 고지했으니 되는거 아니냐? 라고 하시는데. 그것 가지고는 안 됩니다.

관련법은 주문생산일 경우 청약철회(취소나 반품, 환불 등등) 불가능 점을 정확하게 고지를 하고 그에 대한 소비자의 서면동의를 받아야 된다고 되어 있습니다. 그러니까 고지만으로 끝나는 것이 아니라 소비자가 그에 대한 내용을 확인했고 동의한다는 것을 받아야 한다는 것입니다. 그래서 꼭 맞춤형 상품, 주문 상품이라면 쇼핑몰에 고지와 더불어 구매할 때 옵션선택으로 환불정책에 대해서 확인했고, 동의한다는 것을 체크하시도록 한다면 소비자와 불필요한 분쟁은 피할 수 있다고 봅니다. 물론 상품 자체가 수천 수백씩 하는 것이라면 더 상황에 맞는 법률적 해석을 꼭 받아 봐야겠지만, 쇼핑몰에서 하는 제품들은 이정도 법률적 해석으로 충분히 소비자와의 불필요한 논쟁이나 서로 감정 상하는 일이 일어나지 않을 것입니다.

세일상품, 흰색옷, 특별 상품일 경우 취소나 환불 불가할까?

정확한 답은 아닙니다. 이것도 환불해줘야 합니다.

많은 쇼핑몰 운영자님들이 인터넷에서 잘못된 정보를 보고, 강사들도 소비자보호법에 대한 전문성이 떨어지다 보니 이 문제에 대해서 많은 혼란이 있는 것 같습니다. 그래서 많은 운영자님들이 쇼핑몰에 "이 상품은 할인상품으로 환불, 취소가 불가능합니다" 라고 적으면 되는지 아는데, 전혀 아닙니다. 우리가 백화점이나 아울렛을 가면 흔하게 발견할 수 있는데 그것은 엄격하게 말해서 불법입니다. 그냥 관행처럼 받아 들여 졌기에 소비자들도 모르고 받아들이는 것이지, 세일상품이나 흰색은 취소가 불가능하다고 고지했다고 해서 취소가 안 되는 것은 아닙니다.

그럼 운영자입장에서 어떻게 대응해야 할까요? 현장에서 하는 운용하는 방법이 있기는 하지만 책이다 보니 FM 대로 설명하겠습니다. 일단 소비자가 정확한 법을 알고 요구한 사항은 절대적으로 고객이 맞기에 법대로 응대해야 합니다. 이것 때문에 싸울 필요가 전혀 없습니다. 소비자도 명확하게 법을 알고 요구한 사항이기에 당연 판매자는 법대로 환불, 취소를 해줘야 합니다. 쇼핑몰을 운영하면 알겠지만 정말 환불, 취소 때문에 시간이 오래 걸립니다. 그런데 잘 나가는 쇼핑몰을 관찰해 보면 특징이 하나 있는데, 무조건 고객이 원하는 대로 환불이나 교환을 해줍니다. 사실 소비자보호법을 따져보면 대부분 그게 맞기 때문입니다. 즉 법에 근거하여 소비자와 싸우지 않고 깔끔하게 환불을 해주는 것입니다. 사실 법대로 해주는 것인데 소비자 입장에서는 이 쇼핑몰 서비스가 좋네, 고객에게 잘한다는 평가를 듣게 됩니다. 다음에 찾아오도록 만듭니다. 즉, 2보 전진을 위해서 1보 후퇴하는 것입니다.

그런데 이런 경우는 있습니다.

한 고객이 하자를 너무 늦게 발견하고 사용 후 환불을 요구하는 경우입니다.

우리 상식적인 입장에서 보면 당연히 환불은 불가능해 보입니다. 사용하지 않고 바로 요구했으면 되는데 사용을 이미 했으니까 말입니다. 그런데 관련법은 **소비자가 통상적인 주의력을 갖고도 확인하기 어려운 경우에는 착용 수선 세탁을 했을지라도 청약철회가 가능하도록 되어 있습니다.** 그러니까 일반적으로 주의력 있게 봤음에도 구입 당시에는 너무나 작은 하자라 발견을 못했는데, 사용하다가 발견될 수 도 있습니다. 여기서 법적인 다툼의 여지는 있습니다. 바로 통상적인 주의력이 어디까지이냐 이런 문제입니다. 하지만 다툼의 여지는 있으나 일반적으로 청약철회는 가능하도록 되어 있습니다. 그럼 판매자는 너무나 억울합니다. 처음부터 말하던가. 사용한 후에 환불요구는 너무나 심한 처사가 됩니다. **그래서 관련 법규는 판매자는 소비자가 상품의 일부를 사용해서 얻은 이익 또는 그에 상응하는 비용을 소비자에게 요구할 수 있습니다.** 즉, 소비자도 그 옷을 입고 생활을 통해 이익을 얻었으니 그에 대한 비용을 소비자에게 청구할 수 있는 것입니다.

그래서 그런 소비자가 나타난다면 정확하게 법을 제시하고 그럼 소비자도 그에 대한 비용을 내라고 당당하게 요구해야 합니다. 물론 대부분 하자가 있어도 사용 후에는 요구하지 않는데 만약 관련법을 근거로 고객이 요구하면 판매자입장에서도 당당하게 비용을 청구하여 대응 할 수 있습니다.

가장 많이 일어나는 몇 가지 사례를 중심으로 설명했습니다. 사실 현장에 나가보면 다양한 사례들이 있기에 꼭 하나의 법가지고 판단하기 어려울 때가 있습니다. 그렇기에 혹 소비자와의 불필요한 분쟁이 일어났다면 전문적인 법률 서비스를 받아 보시길 권유 드립니다.

이렇게 쇼핑몰 고객응대CS 에서 가장 많은 비중을 차지하는 취소 환불에 대한 내용을 살펴봤습니다. 그럼 이런 내용을 중심으로 관련 스크립트를 작성하여 서로 연습하여 숙지시킨다면 대기업 못지않은 고객 서비스가 될 것으로 생각합니다.

지금까지 쇼핑몰(전자상거래업)에 최적화된 전략기획(PART1), 쇼핑몰 디자인 구축 및 운영 (PART2), 마케팅(PART3)을 알아봤습니다. 이렇게 체계적으로 쇼핑몰 창업과 마케팅을 가르쳤기 때문에 많은 예비 창업자 및 운영자들이 성공할 수 있었습니다.

여러분도 하나하나 따라하시다 보면 어엿한 쇼핑몰 창업자 또는 인기 있는 쇼핑몰 운영자가 되어 있을 것입니다.

중요한 것은 절대 포기하지 말아야 합니다. 성공에 대한 꿈을 품어야 합니다. 여러분은 충분히 해낼 수 있습니다!

많은 사람들이 '난 안 될거야, 불가능해, 그 길은 힘들 거야, 이미 늦었어'라고 말합니다. 또한 도전하지 않습니다. 하지만 지금 이 책을 선택했던 여러분은 분명 다릅니다.

다른 이들은 안 된다고 할 때 여러분은 이미 시작하였습니다. 지금 눈을 감고 성공하고 있는 자신을 그려 보시기 바랍니다. 많은 성공한 사람들의 공통점은 바로 여러분과 같이 성공에 대한 꿈을 꾸고 행동한 분들입니다.

여러분의 꿈을 저자인 권혁중교수와 출판사 디지털북스가 진심으로 응원해 드리겠습니다.

저자협의

인지생략

누구나 따라하는
쇼 핑 몰
창업&마케팅
성공하는 인터넷 쇼핑몰 도전하기

1판 1쇄 인쇄 2019년 4월 20일   **1판 1쇄 발행** 2019년 4월 25일
1판 5쇄 인쇄 2024년 3월 25일   **1판 5쇄 발행** 2024년 3월 30일

—

지 은 이 권혁중
발 행 인 이미옥
발 행 처 디지털북스
정   가 25,000원
등 록 일 1999년 9월 3일
등록번호 220-90-18139
주   소 (04997) 서울 광진구 능동로 281-1 5층 (군자동 1-4, 고려빌딩)
전화번호 (02)447-3157~8
팩스번호 (02)447-3159

—

ISBN 978-89-6088-255-3 (13000)
D-19-09

DIGITAL BOOKS
디지털북스